普通高等教育“十四五”系列教材
浙江省普通高校新形态教材项目

商务沟通与礼仪

（第二版）

主编　张晓明

·北京·

内 容 提 要

本书主要针对商务沟通与商务礼仪两大篇章的主体内容进行编写。在编写过程中，编者着重强调在案例分析中逐步掌握商务沟通的基本知识与技巧，强调在实际的技能训练中了解更多的商务礼仪原则与规范。在编写中，本书还紧密结合眼下商务运作过程中活动的新颖性和国际化发展特色，增加了跨文化沟通与涉外礼仪等知识章节，力求紧跟时代发展特点，把握时代背景下的沟通特征。

本书可以作为本科院校、高职院校的会展经济与管理、旅游管理、工商管理等专业必修的通识教材，也可以作为商贸企业及会展公司等从业人员的培训教材，或供沟通与礼仪爱好者参考阅读。

图书在版编目（CIP）数据

商务沟通与礼仪 / 张晓明主编. -- 2版. -- 北京 : 中国水利水电出版社, 2021.3(2022.8重印)
普通高等教育“十四五”系列教材 浙江省普通高校新形态教材项目
ISBN 978-7-5170-9503-3

Ⅰ. ①商… Ⅱ. ①张… Ⅲ. ①商业管理－公共关系学－高等学校－教材②商务－礼仪－高等学校－教材 Ⅳ. ①F715②F718

中国版本图书馆CIP数据核字(2021)第052563号

书 名	普通高等教育“十四五”系列教材 浙江省普通高校新形态教材项目 **商务沟通与礼仪**（第二版） SHANGWU GOUTONG YU LIYI
作 者	主编 张晓明
出版发行	中国水利水电出版社 （北京市海淀区玉渊潭南路 1 号 D 座 100038） 网址：www. waterpub. com. cn E－mail：sales@mwr. gov. cn 电话：（010）68545888（营销中心）
经 售	北京科水图书销售有限公司 电话：（010）68545874、63202643 全国各地新华书店和相关出版物销售网点
排 版	中国水利水电出版社微机排版中心
印 刷	清淞永业（天津）印刷有限公司
规 格	184mm×260mm 16 开本 20.75 印张 505 千字
版 次	2013 年 8 月第 1 版第 1 次印刷 2021 年 3 月第 2 版 2022 年 8 月第 2 次印刷
印 数	5001—10000 册
定 价	**62.00** 元

凡购买我社图书，如有缺页、倒页、脱页的，本社营销中心负责调换

第二版前言

随着时代的发展与社会的进步，无论是丰富多彩的商务活动，还是蓬勃发展的会展产业活动过程，各层级从业人员对沟通及礼仪素养的提升和基本礼仪规范的了解及运用都变得越来越重要。这是本书自发行以来相对受学界业界普遍欢迎的主要原因，同时也对编写组进一步提升编写质量和深入探讨沟通礼仪素养提出了新要求。

本书第二版的具体分工为：浙江大学城市学院张晓明（主编）负责前言、第一章、第二章、第四章、第六章、第九章、第十章、第十三章、第十四章及第十六章；北京石油化工学院马瑛（副主编）负责第七章、第十二章和第十五章；衢州学院张乐明（副主编）负责第三章、第五章、第八章。张晓明和马瑛共同编写第十一章。全书由张晓明负责统稿。在第二版编写中，编写组主要对第十一章（商务职业形象礼仪）部分插图及相关内容作出调整，也对其他章节的部分内容进行了修正。期间，资深礼仪专家浙江经济职业技术学院张秋埜副院长给予了大力支持，并协助完成了本书部分章节的模特造型与仪态拍摄工作。感谢浙江大学城市学院会展1501班何璐瑶同学参与礼仪素养环节的模特拍摄工作。感谢杭州叁月玖摄影工作室的摄影师臧明生专门为本次改版提供摄影服务。此外，根据新形态教材的编写要求，在每一章的开篇处增加了课件内容。读者扫码便可清晰了解该部分核心内容。

在第一版发行过程中，特别感谢浙江工业大学之江学院与浙江越秀外国语学院等学校的多位老师，感谢他们主动采用本教材，并在教学与实践过程中及时提出宝贵建议。

即便是在2013年8月就编写了此书，我们也在教学实践中陆续发现一些值得继续优化的内容与插图，这是本次改版的初衷。另外，逐渐积累的礼仪素养也萌发了“将沟通与礼仪文字更优化”的念头。因而编写组在2015年就有了改版的想法，由于多种原因至今才最后完成。编写过程中，特别感谢中国水利水电出版社韩月平副社长与王倩楠编辑的大力支持，感谢美术编辑芦博多次不辞辛劳地为本书精心设计封面。能在中国水利水电出版社出版教材并受到足够的关照是我的荣幸。

我们仍将继续一如既往地完善本书，也期待商界、会展界、礼仪界、公关界朋友继续提出宝贵建议，以便今后再版时能够更优化。

张晓明

2019年4月25日于汉密尔顿

第一版前言

沟通是一门学问，也是一门艺术。礼仪是一种规范，也是一份素养。历经四年深造，大学生终将走向社会而现身职场，也必将有一些学子在商务场合“纵横驰骋”。在现实的社会和经济背景下，他们在商务活动中能否得心应手、游刃有余，很大程度上得益于高校四年的“理论造诣”和“实践锻炼”。作为多年从事“商务谈判”、“商务礼仪”、“沟通与礼仪”等课程教学与研究的老师，很想那些曾朝夕相处的学生在商务活动中有出色的表现和得体的行为，期待他们能帮助组织一次次地攻克商务沟通的难关。于是，我们逐渐有了编写本书的设想，也一直为编写此书而积极准备各类素材，至今终于有了付梓的时候。

首先，我们认为，编写此类书籍，基本的出发点或定位很重要。对于本书定位，编写组试图让大学生对商务沟通的主要内容有相对全面的了解与理解，对初涉商务场合的基本礼仪有比较清晰的学习与提高，使他们在进入商务场景时尽可能避免过多的沟通障碍，尽可能减少由于礼仪失态而导致的“沟通尴尬”，减少因此而导致的各类商务活动的经济损失。基于此，编写中我们主要试图做以下两件事情：

(1) 为大学生加强沟通与礼仪方面的理论和实践素养做点实际工作。眼下的大学生，接受知识的能力普遍既快又强，接受新鲜事物相对开放。在学生信息素质较强、接受知识的手段和方法不断更新的背景下，我们可明显发现，他们生活的网络化特点特别明显，对现实中的人际沟通及其商务交流等环节却很不适应。由于对沟通与礼仪的规范性要求相对不够重视等原因，他们在不少商务或社交场合“洋相百出”，造成了不少“尴尬”场面的出现，导致了并不少见的“无效沟通”。究其原因，除了学生对沟通与礼仪的基本知识与规范了解较少外，更关键的是经常停留在书面知识之上，缺乏实践经验及沟通的策略与技巧。在教学过程中，我们常发现，他们会为一点小事和自己多日相处的老师及同学争得“面红耳赤”，在很多沟通场合不够自信与从容。作为老师，一直以来“看在眼里，急在心里”，常常会产生一种要尽自身教学素养努力提高学生沟通技能与礼仪素养的强烈“冲动”。

(2) 为大学生近距离接触一本适合时代商务发展特点的教材做点实际工作。事实上，具有以上“冲动”的学者并不少，也作出了很多研究与探索，但从现实看，能基于商务特征的具有明显针对性的“沟通与礼仪”的教材并不多。目前市面上的相关教材在使用中具有明显的局限性。多数教材在编写体例上体现了一个明显特点，那就是商务活动本身、沟通过程与规律及礼仪素养三者的结合很不紧密，三者相对统一的教材显得有些凤毛麟角。然而，三者的完好结合恰恰是现实中最为需要的。还有，市面上的教材还有其他一些不足，例如有的教材理论体系性很强，实操性不足，造成“教材尽管体系全面、内容充实，但在如何自信和成功地展示自己方面缺乏力度”；有的教材实用性很强，职业场景模拟逼真，但缺乏理论支撑，素质培养的综合性程度不够，使学生“尽管技能培养基本到位，但综合素质明显欠缺”。因而，基于当代大学生的学习与生活特点，结合社会与经济发展的时代特点，以商务活动为基础，全面分析各类型沟通的基本过程、特点与技巧，详细介绍各类与商务联系紧密的礼仪规范与素养，显得十分迫切。然而，尽管有这样的意识或“冲动”，然而完成这一任务并非易事。尽管编写组老师进行了艰辛的思考与认真的探索，但编写也未必一定能让人如愿，好在我们已经为此尽力了。相信这样的思路能给较多的高校礼仪教师解除部分的编写困惑，为提高大学生的沟通与礼仪素养作出微薄的贡献。

其次，在编写中，我们也特别注重把握教材的特点。在将完整内容划分为“商务沟通篇”与“商务礼仪篇”之后，我们力求在编书过程中体现以下三大特点：

(1) “理解沟通过程与特征，强化案例实战与分析”。该特点主要体现在沟通篇中。编写组在“沟通篇”的沟通基础理论之外精心选择最新的沟通案例并作出案例点评。对于经典的沟通案例，我们则不苛求案例时间之早晚，重在揭示沟通规律，提升沟通技能。在“礼仪篇”中，我们也编写了不少由于礼仪规范掌握不好而导致商务活动“受挫”的生动案例，以使其与正确的礼仪规范形成鲜明的对比。

(2)“重视商务活动的特点，突出礼仪技能的实训”。“礼仪篇”紧扣“商务”两字，对于一些与商务无关的礼仪规范尽可能排除在外，以免造成“内容全面而没有针对性”的结局。并且，我们在介绍礼仪规范的基础上突出实训操练，以达到对书面知识的准确把握和完整理解。毕竟，礼仪教育的基本目的之一在于实用。

(3)“紧跟时代发展特点，注重新颖性和全球化发展特色”。我们用一定篇幅编写了“电话沟通”、“即时通信”等富有时代特点的沟通及礼仪知识，以求知识不与现实脱节，以求技能不落伍于时代。另外，我们结合商务的全球化发展趋势，编写了具有时代特色的“跨文化沟通”以及“涉外商务礼仪”，强调共同发展，体现文化融合。

在整书的编写中，编写组穿插了在多年从事“沟通与礼仪”等课程教学过程中积累的精彩案例和沟通技巧，力求使读者在一种相对轻松而愉悦的氛围中感知沟通真谛，体会礼仪魅力，使各种不同层次的阅读者足够受益。为了更好地理解沟通与礼仪的理论知识，加强沟通技能的培养与礼仪要点的掌握，本书作出了以下细致安排：

(1) 在每章内容前精心挑选了“导入案例”并给予点评，编写了各章“知识要求”和“关键术语”，使读者能逐渐进入每个章节的内容范畴，牢固掌握本章知识精髓。

(2) 在每章知识中穿插了不少“案例分析”、“相关链接”、“阅读资料”、“小贴士”等，以增强阅读效果，拓展知识面，以进一步强化技能与素养。

(3) 在每章知识后编写了“本章小结”、“思考练习”、“案例分析”与“技能训练”，以使该章内容得到细致的落实和真正的掌握。在“礼仪篇”的思考训练中还专门编写了技能训练题，以突出礼仪重在“实操”的特点。

本书由浙江工业大学之江学院张晓明老师担任主编，北京石油化工学院人文社科学院马瑛老师和衢州学院经贸管理学院张乐明老师担任副主编，浙江育英职业技术学院米晓莉老师参与了编写。具体的撰稿分工如下：张晓明（前言、第一章、第二章、第四章、第六章、第九章、第十章、第十一章、第十三章、第十四章、第十六章），马瑛（第七章、第十二章、第十五章），张乐明（第三章、第五章、第八章）。全书由张晓明负责全面统稿工作。马瑛老师、米晓莉老师在大纲制定与资料收集中付出了辛勤的劳动，并为教材的礼仪插图作出了默默的奉献。

本书可以作为本科院校、高职院校经贸管理类专业和旅游管理类专业必修的通识教材，也可以作为商贸企业在职人员的培训教材，或供沟通与礼仪爱好者参考阅读。

在本书编写过程中，编写组得到了著名礼仪培训师吕艳芝老师和纪亚飞老师的精心指点和大力帮助，在此，编写组对吕老师和纪老师的倾情相助深表谢意，并致以温馨的祝福。在编写过程中，我的科研助手刘珂煜、杨琪琪、徐佳慧、黄宁箐、宋咏莲、张霞、赵超男等学生为本书文稿的校对与编辑付出了努力，这里也向她们表示特别的谢意。编书是一种艰辛的付出，付出的同时难免少了很多对妻女的细致照顾，这里深表歉意，并以此作为送给妻女的温馨礼物。相信这样的付出与成果会让妻女感到欣慰。

编书期间，编写组参考了大量关于“商务沟通与礼仪”的同类教材以及相关文献资料，限于篇幅，我们未能一一清晰注明，只是在本书末尾列举了主要的参考书目。在此，编写组一并向提供资料的作者们致以诚挚的谢意。

由于编写组初次编写此类教材，知识水平有限，尽管编者尽可能地认真负责，但难免会有不够完善之处，期待礼仪界的专家、同仁们提出宝贵意见，恳请广大读者给予批评指正，以便本书再版时能更加完善。

本教材为浙江工业大学2013年度校级重点建设教材。在这里，编写组对学校及学院领导的大力支持表示由衷的谢意，并将以更好的状态投入新阶段的教学过程中。

沟通是一种能力，礼仪是一种素养。我们期待朋友们在商务活动中更出色。

张晓明

2013年6月15日于杭州

目　录

第一篇　商务沟通

第一章 商务沟通概述

导入案例

游泳池里谈生意

英国某啤酒公司的副总裁在去南美作商务旅行时，接到总部的传真，要他在归途顺便去牙买加和当地一家甜酒出口公司的经理谈生意。但问题是他没有去牙买加作公务旅行的签证，临时办一个，时间又来不及。于是，他只好以旅游者的身份来到金斯敦的诺尔曼雷机场。在检查护照的关口，移民官从他皮包的工作日志及来往信函中判明他是在作公务旅行，所以不许他入境。他反复向移民官声明，自己不过是在返回伦敦前来这儿作短暂的休整。这才勉强被允许入境。

他在旅馆安顿好后，便打电话和那位甜酒出口商联系。刚打完电话，就来了位移民局的官员，说他是怀着商务目的来到此地，而没有取得应有的签证，并且对他说，他将受到有关方面的严密监视，一旦发现从事商务活动，将立即被驱逐出境，并处以高额罚款。

足足两天，他身边总有一位警察，像个影子似的。使他不得不像个旅游者一样打发时光。看来此行只能是白费时间和金钱了。

但是在他离开之前，却在警察的眼皮底下与那位出口商谈成了生意。旅馆设有游泳池，池旁有个酒吧供客人喝喝饮料，稍事休息。监视的警察只见他与一位身着比基尼泳装的妙龄女郎正坐在酒吧前喝酒，还有一搭没一搭地和酒吧服务员聊天。谁知那位服务员竟是出口商打扮的，而那名妙龄女郎则是他的女秘书。

案例点评：商务沟通在现实生活中广泛存在。商务交流具有一定的程序性，但在形式上具有一定的灵活性，值得商务沟通者细心把握，随机应变。在沟通实践中，很多私人老板特别会利用与客人吃饭或者陪客人游玩时做成生意。

知识要求

1. 掌握沟通的定义、特征与类型。
2. 深入理解商务沟通的含义与过程。
3. 了解商务沟通的特征与主要原则。

4. 了解商务沟通中的障碍因素并设法有效克服。

第一章 商务沟通概述

关键术语

沟通 商务沟通 障碍 有效沟通

沟通存在于人类社会的方方面面、角角落落。只要有人类生存和活动的地方，就有沟通。沟通无时不有，无处不在。沟通是一种信息的传递，是一种思想的传播，是价值观的碰撞……沟通是人类社会行为中的基本行为。沟通是人类社会发展的基本动力因素之一，没有沟通就没有真正意义上的人类社会。尽管在社会发展过程中，沟通并非万能，但是没有沟通万万不能。沟通有自己独特的规律、方法与策略，值得人们好好总结，认真把握。

商务沟通是商务组织或个人在商务活动中发生的沟通行为。在世界各国合作与交流日益频繁、世界经济更趋全球化和沟通手段更趋多样化的今天，商务沟通几乎每时每刻都在“精彩”上演。较强的商务沟通能力正在成为商务人士事业成功的重要标志。

第一节 沟通与商务沟通

一、沟通概述

（一）沟通的定义与特征

1. 沟通的定义

关于沟通的定义，学者们的界定可谓众说纷纭。由于沟通的环境差异、研究层面的不同、沟通内容的复杂性等原因，至今学者们关于沟通的定义虽多达一百多种，特别权威而得到学术界广泛认可的定义却几乎没有。

英文中的沟通（Commonnication）来自拉丁语词根 common，表达了一种共同、共有的意思。对于沟通的定义，有两种比较流行的观点：说服派和共享派。说服派的观点认为，沟通是组织中的每一成员将信息与思想传送给其他有关成员的一种程序，重在强调沟通的程序。共享派的观点认为，沟通是信息发送者与接受者共享信息的过程，重在强调沟通的双向性。其实，沟通的程序性特别明显，注重程序优化的沟通相对而言会更加顺畅；沟通的共享性与双向性也很显然，注重共享是当今社会信息交流的时代特征，只有通过双向沟通才能使信息交流更深入并取得较为理想的结果。沟通是一种注重共享性和双向性的信息传递和理解的程序。

基于以上关于沟通的基本认识，我们认为，沟通是信息发送者和信息接收者通过一定的渠道将信息、思想及情感等进行传递、理解和共享的双向互动过程。

2. 沟通的特征

总结多种沟通现象，沟通具有以下特征：

（1）互动性。沟通的互动性主要指的是信息发出者和信息接收者在沟通过程中的相互作用，主要表现为相互传递信息并发生角色的频繁转换，是一种双向沟通。双方往往既是发送者，又是接收者，几乎同时进行着信息的发送与接收。双向的互动既体现在沟通语言

信息的互动上，还体现在非语言信息的互动上。

(2) 系统性。沟通的过程具有明显的系统性，着重体现在互动双方的相互依存。信息发送者和接收者由于依存关系成为一个系统，共同建立在双方愿意互相交换信息的基础上。如果其中一方觉得沟通过于别扭或者出于高度的不愿意，沟通则不可能继续，更不可能取得理想的效果。另外，沟通的依存性还体现为一定的沟通环境。在不合适的环境氛围和背景下，双方的沟通信息会失真，甚至还会因为不同习俗而导致对方反感。

(3) 动态性。人类沟通是一个持续不断的动态过程。沟通的动态性体现为沟通主体和客体之间的往来、持续不断地相互影响。尽管在一定时间内，双方有接收者与发送者之分，但他们的角色是不断变化的。在有效沟通中，双方都处于相对积极主动的状态，沟通中发生的不是简单的信息运动，而是信息的积极交流与理解。

(4) 不可逆转性。沟通的不可逆转性指的是在沟通过程中，一旦语言或非语言信息得以发送并再无收回的可能，因而可以认为，沟通中的时间和信息具有一维性。这就要求沟通者要注重沟通技巧与沟通策略，尽量不出差错，力求在沟通中取得较为理想的效果。

(二) 沟通的基本要素和类型

沟通过程包括六大内容，分别是信息策划、信息编码、信息传输、信息解码、信息反馈、信息干扰。根据信息沟通的基本要素，沟通又可以分为多种类型。

1. 沟通的基本要素

沟通主要包括六大基本要素，分别是发送者、接收者、信息、媒介、噪音、反馈，如图 1-1 所示，具体如下：

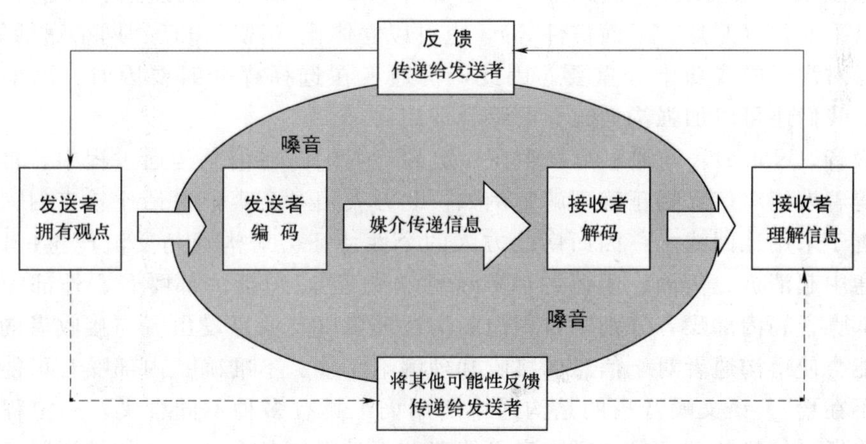

图 1-1 沟通的基本要素❶

(1) 发送者 (Sender)。为了分享信息、思想、情感，人们彼此之间就需要进行沟通。发送者，是信息、思想、情感等的发出者，是沟通的信息源与起始点。发送者可以是个人，也可以是组织。发送者的主要任务是信息的收集、加工、传递和对反馈的反应。要做到沟通双方有效的沟通，信息发出者必须有效选择语言和非语言信息，即常说的“信息编码”。信息编码的过程是将信息的意思进行符号化的过程。信息是否可靠，沟通是否有效，

❶ 编者改编．基础来源：[美] 玛丽·艾伦·古费．商务沟通精要（第1版）．北京：中信出版社，2004.4.

与发送者的可信度直接相关。一般而言，影响发送者可信度的主要因素有身份地位、良好意愿、专业知识、外表形象及其共同价值。信息发送者的文化涵养、表达能力、技能态度等都将直接影响信息发送质量，礼仪服饰、语音语调等也将对语言行为有一定的支持、修饰与否定作用。同时，发送者在沟通中也要善于变换角色，学会倾听。

（2）接收者（Receiver）。信息接收者是信息指向的个体，是发送者的信息传递对象。接收者是沟通的终结点，但要作出及时反馈。接收者的主要任务是接收信息发出者所传递的多种信息、思想、情感等并及时将自身思想和情感进行反馈。信息接收者在信息接收中要开展“信息解码”工作，即信息接收者在进行信息反馈前接收信息并赋予其意义。诸如宗教信仰、价值观念、社会阅历、知识结构、处世风格、心理因素等内容都将会影响解码质量。其中文化差异的影响相对比较显著。积极地接收并反馈信息是双方沟通成功的关键过程。

（3）信息（Imformation）。信息是信息发送者所发送的内容。在沟通过程中，信息发送者和信息接收者之间传递的信息内容是很宽泛的，包括思想、情感、观点等丰富的多方面内容。这些内容一般都在通过承载一定意义的符号来表示时才得以沟通。承载一定意义的符号分为语言符号和非语言符号。语言符号主要指的是代表特定事物的字、词、句。此外，还具有丰富的非语言符号，如面部表情、身体姿势等身体语言。在不同文化背景下，非语言符号的含义有明显的不同。

（4）媒介（Media）。沟通媒介又称为沟通渠道。在信息沟通过程中，依托一定的沟通媒介会使沟通更有效、更成功。沟通媒介是沟通者用以传递信息的必要手段或者途径。媒介可分为纸质媒介（报纸、杂志等），电子媒介（E-mail、手机短信、广播、电视等）；媒介既可以平面化（照片、书面信件等），也可以立体化（视频电话、网络通话等）。沟通媒介的选择对沟通的成功十分重要。因此，沟通者在选择媒介时要因时、因地、因人而异。同时，我们还可以加强沟通媒介的综合运用。

（5）噪音（Noise）。沟通总是发生在一定的环境中。在信息沟通过程中，常常会有一些因素阻碍着人们对信息的正确理解。例如，北方人相对豪爽，说话比较直白；南方人相对委婉，善于采用迂回战术，因而南北方人的个性特征会对沟通与交流产生一定的阻碍。这些在沟通中起消极、负面、阻碍的因素统称“噪音”，包括内部噪音、外部噪音和语义噪音。外部噪音和内部噪音分别来自周边的沟通环境以及信息发出者与接收者的内心。外部噪音可能会使得沟通者对于信息的接收和理解不完整、不准确；内部噪音可能会使得沟通者“心不在焉”。语义噪音指的是沟通中所用词汇具有多种不同含义，一定程度上会影响信息接收者对信息的理解。沟通噪音可能存在于过程的各个环节，如编码噪音、解码噪音、传输噪音、系统噪音、环境噪音、背景噪音、数量噪音（信息量过多或者过少）等。

（6）反馈（Feedback）。反馈指的是接收者接收信息后会对信息作出反应并回送信息。沟通只有在接收者感知、理解并作出反馈时才会真正发生。正是因为有了反馈，双方的双向交流特征才更为明显，也使得沟通会更加具有持续性。没有反馈的沟通常常会出现沟通失误或者失败。反馈分正面反馈和负面反馈。接收者接收并理解了信息为正面反馈，如若反馈信息与原先信息存有一定偏差则是负面反馈，或者说编码和解码存在信息的不完全对称。在信息出现负面反馈后，双方需要作出一定调整，直至正面反馈的出现。正反馈和负反馈都将在一定程度上影响发送者的沟通方式。反馈在很多情况下并非一次完成。沟通中

参与人越少，反馈的机会相对就越多。

2. 沟通的基本类型

由于沟通主体以及层次等的差异性，沟通可以分为多种类型，具体如下：

(1) 按照沟通方向的不同，沟通可分为向上沟通、向下沟通、横向沟通与斜向沟通。组织在经营与管理过程中明显存在“上情下达，下情上传”的情况。因而沟通是有方向之分的。

向上沟通指的是信息从较低层次流向较高层次的沟通方式。如被管理者向上级反馈和汇报各种信息属于上行沟通。向上沟通可以促使下级向上级反映情况，激发下级的参与热情并获得心理满足；向上沟通也可以因此与下属形成良好的关系。具体形式有汇报（口头汇报、书面总结汇报）、意见反馈、与上司进行座谈等。

向下沟通指的是信息从较高层次流向较低层次的沟通方式。上级向下级下达文件或者上级对下级进行工作指导属于下行沟通。下行沟通既包括从管理人员流向操作人员的沟通，也包括管理层内部的沟通。如果组织内管理层次较多，要注意信息传递的质量问题，尽可能减少信息失真或者扭曲。具体形式：口头沟通（包括谈话、电话指示、会议等）、书面沟通（公告、信函、指南、备忘录等）、电子形式沟通（电子信箱、传真、电话会议等）。

横向沟通主要指平级同事与部门之间的沟通，又被称为水平沟通或者平行沟通。横向沟通它不同于垂直沟通（上行沟通及下行沟通）时具有不同的层级，该沟通发生在同一工作群体的成员之间、同一等级的工作群体成员之间，以及同一等级的管理者之间任何等级相同的人员之间。这一类沟通一般不存在权力约束，常通过跨部门会议、传阅报告与碰头会来完成。

斜向沟通是指正式组织中处于不同层次但又不具有隶属关系的组织、部门与个人之间的信息交流。例如不同部门之间（有层次差别）为开展项目合作而开展的沟通活动就是典型的斜向沟通。

需要指出的是，横向沟通与斜向沟通都脱离了常见的上下沟通渠道，在沟通实践中要尽可能减少未经主管领导同意而产生的消极影响。

(2) 按照沟通主体的不同，沟通可分为自我沟通、人际沟通、群体沟通与组织沟通。

自我沟通严格地讲是人内心的一种活动，但却是人类一切沟通活动的前提和最基本形式。它是沟通个体对于信息的加工，是主我（I）与客我（me）之间的信息交流。

人际沟通是人与人之间的信息交流。人际沟通的最大特点在于两人之间的互动性。它既包括面对面以语言为主的沟通，也包括借助电话、网络、电报等手段与方式而开展的非面对面的信息沟通。如饭后与商务对方进行网络聊天，使用 E－mail 给家人写信，都属于人际沟通。

群体沟通指的是小组或者团队沟通，人数不多或者相对有限。如某车间的 A 小组关于某个项目的沟通与讨论。一对多、多对多的正式与非正式沟通都可能属于群体沟通。群体沟通的内容是比较宽泛的，往往在沟通中会掺杂一些个人心理因素。

组织沟通指的是围绕一定的组织目标，在组织内部成员之间或者组织与外部之间的信息交流。其主要目的在于协调关系，即内求团结，外求发展。组织沟通中的内部沟通主要指的是不同角色之间的沟通，而组织沟通中的外部沟通指的是组织与外部之间的信息互动，包括与顾客或者其他组织之间的信息交流，其他组织包括业务联系部门、权威机构（政府）及其与一些非业务部门（媒介机构、名人个体与群体）之间的沟通。组织沟通也是公共关系活动的重要内容。狭义的组织沟通特指内部沟通，如某酒店与员工、员工与员工之间的广泛沟通。

(3) 按照沟通的组织系统，沟通可分为正式沟通与非正式沟通。

正式沟通是指由组织内部明确的规章制度所规定的沟通方式，包括组织发布命令、文件、指示、正式会议以及正式颁布的法令法规、通知通告、简报手册等由于工作需要而进行的正式接触。在组织中，由于正式沟通具有比较权威、沟通效果好等特点，重要的正式信息一般都通过正式沟通的方式进行。但正式沟通需要经过层层传递，沟通中也具有速度慢、形式刻板等不足，值得沟通者注意。

非正式沟通是除了正式沟通以外的基于社会关系基础而与正式规章等无关的基本沟通方式。例如小道消息、传闻等。非正式沟通是组织正式沟通的有效补充。非正式沟通多为口头传播，内容可能是不够确定的信息，传播速度快，传播对象比较分散而不固定。组织既要充分运用非正式沟通形成一定舆论氛围，也要善于努力把握和控制非正式沟通的负面影响。

【案例 1－1】

上司与部下的沟通

店长李亮看到生鲜部7月份第三周的销售报表后不断摇头、苦笑和深思。这已经是张明连续第三个月只完成销售计划的60%左右。5月底李亮针对张明的销售目标和顾客服务进行了仔细的讨论并制订了改善的计划，双方认可了实现目标的每个步骤。6月底，张明仍没有达到目标。李亮再次检讨原因和定出对策，并对7月份的销售计划作了部分下调，张明也对7月份的销量作出承诺。但事实上7月份已经过去3周，只完成计划的57%，照此7月份又只能完成76%左右。李亮决定再与张明沟通一次。

案例点评：尽管上司与部下之间进行了正式的上下沟通，但这其中上司对于部下所定的目标却未能得到部下的充分认可，即李亮对于张明的目标要求没有得到张明的足够反馈，致使所谓的“沟通”未能取得明显的成效。

(4) 按照沟通所采用媒介的不同，沟通可分为语言沟通与非语言沟通。

语言沟通主要指的是以词语符号等为沟通载体的沟通，分为口头沟通、书面沟通和电子沟通等。其中口头沟通包括电话、会议、对话等借助语言而进行的信息传递与交流；书面沟通包括通知、通信、文件、布告、报刊、备忘录、书面总结、书面汇报等借助文字而进行的信息传递与交流；电子沟通又称E－mail沟通，指的是以计算机与电子通信技术组合而产生的信息交流技术为基础的沟通形式，包括计算机网络、电子邮件、传真机及闭路电视等。

非语言沟通是指不通过语言或者文字而是通过某些媒介或者通过肢体动作、语气语调、空间距离等方式进行信息传递的沟通方式。非语言沟通的主要形式有面部表情、手势、目光接触、肢体语言、身体接触、空间距离等。非语言沟通常被人们认为仅仅是辅助性或者支持性形式。其实，非语言沟通的内涵与形式相当丰富，是信息传递的重要手段。美国心理学家艾伯特·梅拉比的研究表明，在人们沟通过程中，93%的信息是通过非语言手段表达的，仅有7%的信息通过语言来表达。

(5) 按照沟通主体的文化背景不同，沟通可分为同文化沟通和跨文化沟通。

所谓跨文化沟通，是指发生在不同文化背景下的人们之间的信息与情感的互相传递过程。不同文化背景的人在历史传统、思维方式、思想观念、生活环境、宗教信仰等方面存在明显差异。掌握不同文化之间的差异，可在沟通中减少不必要的摩擦或麻烦，从而提高工作效率。由于经济的全球化以及沟通媒介的迅速发展等原因，跨文化沟通这一沟通形式正受到人们的重视。现实中，不同文化背景的沟通者之间的交流日显频繁，因此经常发生一些沟通障碍，这些问题正在不断引起学者的关注。

二、商务沟通概述

(一) 商务与商务沟通的含义

1. 商务的含义

为了便于理清商务沟通的含义与内容，我们首先要明白商务的基本概念。

商务实践早在我国远古时代就已经存在，但“商务”一词在我国很长时间未得到广泛使用。[1] 在我国经济体制发生关键性变化以及外国有关的经济管理理念不断影响我国商业及营销实践的情况下，“商务”一词在国内经济管理的著作中出现的频率越来越高，并逐渐为人们所接受。但是一直以来，对于“商务”的分歧仍十分明显。

多年以来，在具体实践中，商务与商业、贸易（包括外贸、内贸）、服务等有着一定的联系。从改革的角度看，商务经历了自身的演变过程，目前是内外贸一体化的综合概念。从广义上看，它指的是一切与买卖商品有关的商业事务。从狭义上看，它指的是商业或者贸易，更多情况下指的是商务活动或者贸易活动。商务活动是行为主体为了完成一定的生产经营目标而从事的资源筹措、知识传播和信息交易等活动的总称。它几乎涵盖了一切买卖商品和为买卖商品服务的相关活动以及旨在达成商品交易的相关行为。商务活动将涉及诸多资源，包括物质产品、劳务、土地、资本、信息等。尽管商务活动可能涉及商务组织、政府部门（包括事业单位），也可能涉及其他组织及一些家庭或个人，但商务活动的主要行为主体是那些以盈利为主要目的的营利性组织，如各种公司、企业等。

为了准确地理解商务的含义，我们要注意区分商务与商业、商务与贸易、商务与服务等之间的关系。

(1) 商务与商业。商业是一个特定的概念范畴，通常针对专门从事商品交换活动的独立的经济部门。也就是说，商业不是指一切商品交换行为与活动，而是特指独立的专门从事商品交换活动的部门与部门行为。商务的概念外延比商业宽得多，它泛指一切贸易行为和贸易形式。在传统经济体制下，我国的商业分为国内商业（常称“商业”）和对外商业（常称“贸易”），国内商业又分为生活资料交换活动（即为“商业”）和生产资料交换活动（即为“物资”）。随着经济体制的开展与深化，资料交换的界限不断突破，对外对内的界限逐步模糊或者通开，商业概念得到了很大程度的拓宽，商业与商务的概念渐渐趋同。

(2) 商务与贸易。贸易是各种商品买卖行为的总称，泛指一切商品买卖行为，可分为服务贸易、技术贸易和货物贸易，又可分为国内贸易、国际贸易（对外贸易），也可分为

[1] 刘兴倍．商务交流．北京：清华大学出版社，2007.11.

商业部门组织的贸易和生产企业组织的贸易。因而商务和贸易的概念十分接近。但是，商务涵盖的范围比贸易要宽泛，它不仅包含贸易所指向的各种直接买卖行为，同时还包括为商品买卖活动服务的相关活动，包括市场调研、寻找和创造商业机会，签订商业合同、调节和仲裁商务冲突、协调和优化外部关系、选择和开拓市场、筹措和配置资源、制定和实施战略、防范商业风险等。

（3）商务与服务。从经济学范畴看，服务指的是提供劳务来满足人们某种特殊需要的经济行为。西方经济学认为，服务是能够用于出售或连同产品一起出售的具有无形特征的活动。在市场经济条件下服务特指可以用来交换的无形产品。服务可以分为直接满足消费者需要的服务性劳动（演员劳动、信息提供等）和与有形商品交易结合在一起的服务性劳动（如售前服务、售中服务和售后服务等）。而商务活动是媒介产品（有形产品）和服务（无形产品）交易的服务性劳动。可见，商务是服务概念范畴的组成部分，服务活动包含了商务活动。

此外，我们还要善于区分商务与营销、商务与经营、商务与商事，这些相关的概念具有一定的关联度。对它们内涵的准确把握有助于我们更有效地开展商务活动。

2. 商务沟通的含义

由上可知，沟通是信息发送者和信息接收者通过一定的渠道将信息、思想及情感等进行传递、理解和共享的双向互动过程。而商务泛指一切与买卖商品有关的商业事务或者商务活动，其主要行为主体是以盈利为主要目的的营利性组织，如各种公司、企业等。因而，我们认为，商务沟通是行为主体特别是以盈利为主要目的的组织所开展的一切与买卖商品有关的商业事务或商务活动。商务沟通是企业组织管理过程中的基础性工作。

对于商务沟通，我们还需要注意把握国际商务与国内商务的异同。两种商务活动的最终目的是一致的，如企业的最终目的是实现收益最大化；两者所遵循的原则基本一致，如质量管理、成本控制等；国内商务是国际商务活动的基础，多数企业都同时经营着这两种业务。另外，国际商务相对国内商务而言需面对更为复杂多变的国际环境，需面对更多的政治、经济、文化、地理环境等多样化的商务环境；国际商务将面临更多的政治、法律、外汇、税收以及种族歧视、宗教信仰差异等带来的较大风险；国际商务在决策上会面临更多的难度。由于国际商务需考虑更多影响因素和采用更复杂的决策方法，不确定因素和不可控制的因素增多，国际商务的决策难度与风险都在明显增多。

第二节 商务沟通的特征与原则

商务沟通是以达成商务目的而进行的沟通交流。商务沟通和一般的沟通具有基本相同的基本原理，同时又具有自身的特征与原则。

一、商务沟通的主要特征

商务沟通除了具有沟通所具有的互动性、系统性、动态性和不可逆转性等特征外，还具有专业性、程序性、趋利性、事务性、礼节性等重要特征。

1. 专业性

商务沟通是行为主体特别是以盈利为主要目的的组织所开展的一切与买卖商品有关的商业事务或商务活动。作为企业等在管理过程中的一项基础性工作，商务沟通要求沟通者

具备一定的专业知识。比如沟通者要对商务活动的规律有较多的了解，要具备较多的营销知识，熟悉贸易领域的法令法规，具有较好的商务谈判素养。相应的专业知识背景是商务活动取得成功的前提。

2. 程序性

无论是商务谈判还是商务方面的电话沟通等活动，沟通者在沟通中都需要掌握商务沟通的程序问题。尤其是在商务谈判等程序性特别明显的商务活动中，商务沟通者要能够熟知商务谈判的基本环节与步骤，根据各环节的主要任务积极开展工作，结合各环节的主要特点采取相应的策略。商务人员充分了解商务活动的基本程序，更有利于提高沟通效率，避免不必要的差错与误会。

3. 趋利性

根据商务沟通的定义，我们不难发现，商务沟通的主要目的在于经济利益的“争取”，即商务沟通的双方会通过多种沟通方式尽可能为自身争取更多的经济利益，这就是商务沟通的趋利性。活动的多种“纠葛”与冲突其实主要都是围绕经济利益产生的，谈判过程中的多种策略也是围绕双方的经济利益进行设计和展开的。

4. 事务性

在一般情况下，商务沟通多是沟通者出于组织的经济利益等目的而代表组织与对方开展洽谈活动，呈现较明显的事务性特点。因此，商务沟通者作为组织代理人的角色，在商务活动中要尽可能从组织角度出发开展工作，尽可能避免掺杂过多的个人情感或情绪因素，做到“就事论事”而非“就人论事”。

5. 礼节性

除了沟通过程注重沟通必要的礼节外，商务沟通更加注重以合适的商务礼节与商务语言和对方进行交流。在跨文化商务沟通中，不同的生活环境、禁忌喜好、商业伦理、风俗习惯等多方面因素都会使沟通面临一定的困难与障碍，这需要沟通者积极开放地掌握对方的沟通礼节与合适的商务语言。在这方面产生的沟通不畅的例子是很多的，语言或者举止不礼貌很容易引起对方的反感，甚至造成沟通失败。

【案例 1 - 2】

“不够合拍”的商务会谈

王先生是国内一家大型外贸公司的总经理，为一批机械设备的出口事宜，携秘书韩小姐一行赴伊朗参加最后的商务洽谈。王先生一行在抵达伊朗的当天下午就到交易方的公司进行拜访，然后正巧遇上他们祷告时间。主人示意他们稍作等候再进行会谈，以办事效率高而闻名的王先生对这样的安排表示出不满。东道主为表示对王先生一行的欢迎，特意举行了欢迎晚会。秘书韩小姐希望以自己简洁、脱俗的服饰向众人展示中国妇女的精明、能干、美丽、大方。她上穿白色无袖紧身上衣，下穿蓝色短裙，在众人略显异样的眼光中步入会场。为表示敬意，主人向每一位中国来宾递上饮料，当习惯使用左手的韩小姐很自然地伸出左手接饮料时，主人立即改变了神色，并很不礼貌地将饮料放在了餐桌上。令王先生一行不解的是，在接下来的会谈中，一向很有合作诚意的东道主没有再和他们进行任何实质性的会谈。

案例点评： 该案例体现了王先生和秘书韩小姐在商务活动的诸多不合适，体现在：①不了解伊朗的禁忌，没有给予对方特别的尊重。对方为表示信奉伊斯兰教的虔诚，祷告时工作暂停。②伊朗人特别是妇女着装较保守，通常情况下除眼睛外会用一大块黑布将自己包裹得严严实实。秘书韩小姐穿无袖紧身上衣和短裙，过于暴露，伊朗人不能接受。③左手在西方常被人为是洁身之用，一般不用来递接物品。用左手接物和行礼在伊朗人看来是一种蓄意侮辱别人的行为。

二、商务沟通的基本原则

沟通者在商务沟通中需要遵循的原则与沟通的基本原则类似，主要遵循“6C”原则，包括清晰、简明、准确、完整、有建设性、礼貌等，如图 1-2 所示。

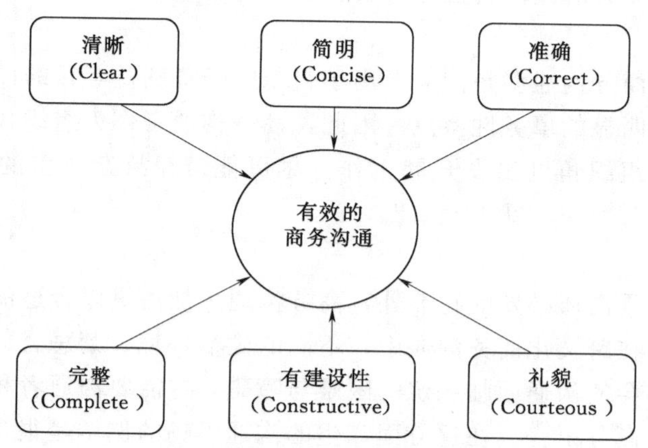

图 1-2　商务沟通的基本原则

1. 清晰（Clear）

商务沟通的清晰性要求指的是双方传递的信息要简单易懂，以让对方不需要过多地进行深入思考就能理解信息本意，以免造成信息沟通失真或者导致其他严重的后果。也有学者认为清晰就是要满足“KISS 原则”：keep it short and simple。这样的沟通原则便于对方有清晰的简单思考，并且能针对相应内容进行清晰的反馈和表达。然而现实的沟通实践表明，商务沟通涉及的信息并非都通俗易懂，这就需要沟通者对信息进行精心准备与设计，尽可能做到逻辑清晰和表达清楚，努力减少对方的误解。

2. 简明（Concise）

商务沟通的简明性，是指商务沟通者要从注重沟通效率的角度在表达信息内容时尽可能少地占用信息载体的容量，或者是使用尽可能少的语言表达信息。这样的原则既可以降低传输和保存信息的成本，又可以提高双方的沟通效率。在商务沟通时间中，简明的沟通风格，简捷的沟通文体更受商务交流者的普遍欢迎。

3. 准确（Correct）

信息的准确性是衡量信息质量和决定沟通结果的重要指标。商务沟通的准确既要求信

息内容的准确，也要求信息表达方式的准确。信息发出者在资料准备方面不够完备、对关键因素缺乏深入了解等都会造成信息的准确性产生偏差。信息发出者表达方式的不适当也会造成对信息理解的重大歧义，这值得沟通者引起高度重视。

4. 完整（Complete）

在商务沟通中，信息的完整性也是对信息质量和沟通结果有重要影响的一个因素，是对信息简明性的必要补充，即商务沟通既要求简明又要求完整。它表明信息的传递过程中要努力克服信息的片面性，要求传递的信息应当能够回答接收者关心的问题，为信息接收者提供必要的内容。这是对信息质量和沟通结果有重要影响的一个因素。

5. 有建设性（Constructive）

商务沟通富有建设性，指的是沟通对象在沟通中关注自身利益的同时要注意信息传递尽可能有助于对方态度和观念的转变，以促使对方采取有效的行动，达到双方商务沟通的目的。这样的原则就要求沟通双方充分考虑我方观点为对方的可接受程度，注意观察对方在商务沟通中的态度变化及时对自身沟通方式方法作出有效调整。

6. 礼貌（Courteous）

在商务沟通中，礼貌主要指的是商务沟通者在交流过程中要有礼有节，注重礼仪修养，讲究语言特色，力求以较好的第一印象和持续的良好形象与对方进行积极而富有活力的沟通，力求取得良好的沟通效果。

第三节　商务沟通的过程与障碍

商务沟通的过程与一般沟通的过程无明显区别，主要差异在于沟通信息的内容。要想更多地进行有效的商务沟通，就必须要了解和解决商务沟通的障碍问题，而其中最关键的是要熟悉商务沟通的过程并在各个环节发现产生沟通障碍的主要原因。

一、商务沟通的过程

商务沟通的过程就是商务信息传递的过程，具体包括六个步骤，分别是信息策划[1]、信息编码、信息传输、信息解码、信息反馈和信息干扰。如图 1-3 所示。

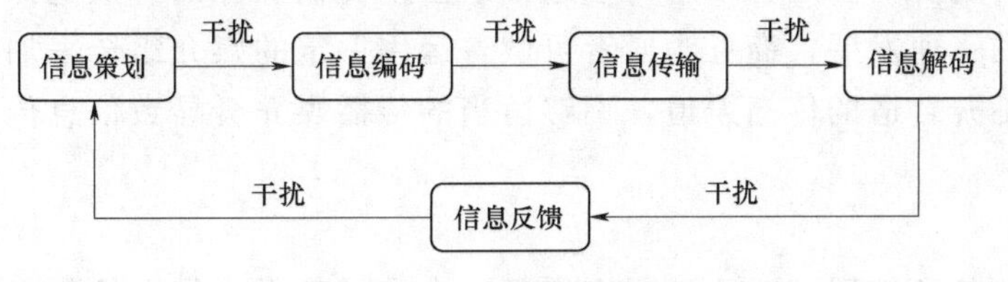

图 1-3　商务沟通的过程

1. 信息策划

进行信息策划是信息沟通的第一步，指的是商务沟通者首先要对商务信息进行有效的收集、整理和分析。信息策划的过程集中体现了信息沟通者的信息素质，反映着信息发出

[1] 本节中所提到的信息特指商务信息.

者逻辑思维能力的强弱和有效信息量的多少。只有信息发出者在头脑中形成清晰、完整、富有条理的信息，良好的沟通才有可能实现。如果连信息的发出者都有“我也不知说了什么”的感觉，那有效的商务沟通将会变得很遥远，这主要是信息发出者的信息素质不够强或者信息质量不够高而导致的。

根据商务信息是否容易为对方理解和掌握，可将信息分为明示信息和默示信息，明示信息和默示信息分别指的是那些容易为对方所理解和掌握的信息及不容易被理解和掌握的信息。一般而言，明示程度越高，沟通起来越有利。

信息策划的基本步骤如下：

(1) 确定信息范围。确定信息策划的目的，对要搜集信息的性质、质量进行初步判断并确定信息内容。

(2) 收集信息。根据确定的信息范围搜寻符合要求的信息供后续整理与分析。

(3) 评估信息。信息发出者对收集的信息进行真伪的辨别和准确与否的判断。该步骤的精度将会影响信息策划结果的有效程度。

(4) 整理和分析信息。信息接收者对收集到的合格信息做进一步的加工管理，并设法得出一些有价值的结论。

2. 信息编码

信息发出者的信息需要通过一定的形式才能予以传送，这一将信息的意思进行符号化的过程即为信息编码。其中，编码过程主要运用的形式是语言信息和非语言信息，其中语言信息包括口头语言和书面语言，而非语言信息主要是指面部表情、音调、手势、眼神等身体及动作语言。

在编码过程中，编码的方式会影响信息占用信息载体的容量，而占用信息载体容量越少越有利于沟通效果。编码方式也会影响信息还原的质量，因而发送者在发送信息的编码过程中需要考虑信息接收者的生活阅历、经验背景等内容。

3. 信息传输

信息传输指的是沟通主体将信息通过一定的渠道传至另外一个主体。信息的传送可通过多种方式来实现。由于不同的传播媒介具有各自特点，不同的传播渠道适合传递不同的信息种类，因而沟通者要注意在信息传输过程中注重传输媒介的有效选择。同时，随着当今信息时代媒介的飞速发展，商务沟通者可试着运用一定的媒介组合来加强信息传输。有效的信息沟通离不开合适的传播渠道，不够适当的传播媒介会导致信息传递出现失真、扭曲等问题。

4. 信息解码

信息解码是和信息编码相对应的一个过程。在该过程中，信息接收者在接收到对方信息符号后将其恢复为特定思想，并依托自身的思维方式理解该信息。信息解码包含两方面的含义：一是还原为信息发出者的信息表达方式，二是正确理解信息的真实含义。很显然，解码方式的不同会导致不同的沟通效果。商务沟通者在解码过程中要注意信息发出者的经验背景等因素，更准确地把握对方意图，以做到尽可能完整明白地接收到信息本意。正确的信息沟通只有在信息发送者传递的信息与信息接收者所理解的信息的含义基本相同或类似的情况下才会发生。保证信息不被误解是商务沟通成功的关键。

5. 信息反馈

商务沟通最主要的目的在于双方获得共同理解，而非商务信息的简单传输。从有效沟通角度看，信息接收者对于信息发送者通过一定媒介所传输的信息需结合自身理解、感受以及经验提出看法和建议，这就是信息反馈的过程。如果对方没有反应或者作出错误反应，则沟通是不成功的。正是有了信息的反馈，信息传输过程中传送者与接收者之间才会发生频繁的角色互换以及双向互动。信息的反馈既是对上一次交流结果进行评价的重要依据，也是进一步改进沟通成效的重要参考资料。

6. 信息干扰

我们不难发现，在商务信息沟通的过程中，存有很多的信息干扰。这些干扰有一些是由沟通环境因素造成的，还有些是由于沟通双方的各种因素造成的。这些因素的存在会导致双方在沟通上遇到很多的障碍，也自然会导致信息沟通的无效。外部环境的干扰比较常见，如场所的嘈杂程度等会对沟通效果产生影响。属于沟通双方的因素造成的干扰有可能是故意的，也可能是非故意的，但它们都会对信息的传输产生不同程度的干扰。信息干扰几乎存在前面提及的商务沟通的任何一个环节中，这充分说明了信息干扰的普遍性。

综上可知，商务沟通是一个完整的信息传递过程，其中的各个环节都存在诸多障碍。清楚地认识并努力克服在各个环节中可能产生的障碍是保证商务沟通成功的重要手段。

二、商务沟通的障碍分析

以下从信息发送者、信息传输过程以及信息接收者三个角度，分析商务沟通中的主要障碍。

1. 与信息发送者相关的主要障碍

这方面的障碍主要体现在两个方面：一是信息策划过程中的障碍，二是信息编码过程中的障碍。

信息策划障碍主要指的是由于信息发送者的信息素质所产生的沟通障碍。这里所指的信息素质指的是发送者对于商务信息的收集、整理与分析等方面的基本素质。因为这些能力的不完备将直接导致清晰、完整、富有条理的信息没法形成，也就失去了进行有效沟通的可能。这些障碍在商务沟通者进行商务信息的收集、整理和分析过程中发挥着明显的作用。

信息编码障碍主要指的信息发送者没能用相对有效的形式表达信息，包括发送者在思维能力、表达能力、文化背景以及个人兴趣等方面的障碍。如果沟通者的信息来源存在一定问题，或简单地作出无端的信息过滤，会造成沟通障碍。假设沟通者未能获得对方的足够信任，即便发出的信息足够正确，同样将导致沟通失败。另外，沟通者的社会文化素养、个性能力、情感因素、情绪控制等内容都会对商务沟通造成一定程度的障碍。

2. 在信息传输过程中的主要障碍

信息传输过程的障碍主要包括信息传输技术以及自然环境等因素所造成的沟通障碍。例如，早期的模拟音频电话产生的障碍就属于信息传输技术引起的障碍。信息传输技术的障碍也体现在沟通渠道媒介选择不当所造成的障碍上。例如，选取不适合于沟通对象的沟通方式、采用过长的沟通渠道、在多渠道共同作用之下信息出现冲突或者矛盾等情况均会造成沟通障碍。沟通环境中的噪声太大、光线过强、自然灾害对沟通造成干扰等则属于外部环境或者自然环境产生的障碍。此外，沟通者还要注意把握沟通时机的选择问题，沟通者有效选择合理的沟通时机会增加信息的沟通价值，提高信息传递的有效性。

3. 与信息接收者相关的主要障碍

在对方能够准确运用合理的沟通媒介传递信息的前提下，信息接收者在收到信息后由于自身多方面的因素会造成信息沟通的诸多问题。和接收者有关的主要障碍如下。

(1) 信息接收者的记忆能力、文化背景、生活经历、个人兴趣等会造成接收者对信息理解的偏差。

(2) 信息接收者的情感因素、情绪控制、个性特点等会影响接收者对沟通信息的敏感性与选择性。

(3) 不同信息接收者对于同一信息的不同理解，或同一接收者在不同场合和情绪状态下的不同理解会造成对沟通信息的曲解，甚至出现与发送者原意完全差异化的状况。

(4) 信息过量难免会造成接收者置身过量信息的海洋而无所适从而导致沟通终止或者失败。

相关链接

不同的民族性格特征体现在体态语上的差异

中西方民族性格特征有着强烈的反差，因而其体态语也迥然相异。中国是历史悠久的礼仪之邦，同时也是封建中央集权格局和传统主体文化最稳固延续时间最长的国家，严谨的等级秩序，系统的礼乐教化，向心型的内敛文化，使中国人熏陶出了谦虚、从众、克制、重礼节、尚伦礼，表达含蓄等的内敛性格。而西方则由于地理交通发达，异族入侵和民族迁徙频繁，其文化很难长久持续，而呈现出富于变动的扩张的多元文化混杂格局，同时，西方国家很早就有了朴素的“共和”“民主”的雏形，因此较早地击溃专制集权步入现代社会体制。于是造成了西方人富于冒险精神，崇尚独立和平等，性格外向、自信、直率、随便。两种不同的性格特征，导致产生形态各异的体态语，从而产生冲突。西方人可能会把中国人的谦虚、含蓄看作自卑，会把许多中性举动看成过于苛刻呆板。而中国人则会认为西方人爱表达自己，情感外露，毫无顾忌，“唯我独尊”。从走路的姿势就能体现这一差异，中国在清朝就有过欧洲人没有膝盖，走路双腿不会弯曲的笑话，据调查，中国人最看不惯西方人走路大摇大摆、昂首傲慢的样子，而西方人则看不惯中国人做事畏畏缩缩、羞羞答答，结果双方产生误解。

第四节 商务沟通的发展趋势

随着经济的全球化趋势不断明显，伴随着传播沟通媒介的不断变化与迅猛发展，企业等组织的内外部环境发生了更明显的变化，商务沟通呈现出新的发展趋势、面临新的严峻挑战。商务沟通者若能很好地把握商务沟通的发展趋势，往往能更好地在今后的商务沟通交流中取得更明显的主动权。

1. 商务沟通的范围不断扩大

随着商业竞争的日益加剧，现代全球经济一体化浪潮的掀起，企业不可能固守原先客户或者只是和特定区域的客户之间发生联系，而是开始与更多客户发生着业务来往，进行着更为广泛的商务沟通。因而，企业等组织在商务沟通方面的范围呈现扩大化的趋势，具体体现在：沟通对象不断增多、沟通领域继续扩大、沟通的地域逐渐突破以往的经营管理范围、具有“跨国性”的全球化竞争与合作成为常态。

2. 商务沟通的方式更趋多样化

在国际范围内商务沟通日益频繁和沟通难度不断增加的状况下，商务沟通方式的选择更多地引起了学者的研究与商务实践者的重视。这是商务沟通不断走向深化的必然趋势，也是现代商务沟通取得更多成效的必然要求。在认识到口头语言和书面语言表达信息足够有限的情况下，肢体语言等丰富的非语言信息的理解和表达正在引起并将持续引发商界的更多关注。

3. 跨文化沟通成为商务沟通新亮点

置身蓬勃发展的经济大潮，越来越多的企业等组织突破商务沟通的空间，进入世界领域开展多层次综合性的国际化商务沟通。如何在不同文化背景下做到沟通有效、成功，这是对企业管理人员和商务沟通者提出的新挑战。要使自身在跨文化与跨越国界的频繁沟通中掌握主动权，在多次商务交往中实现自身的经济利益等目的，了解不同国家、民族的文化背景，加强沟通思维的融合十分必要。然而，要做到这一点并非易事。毕竟，来自不同文化背景条件下的不同对象很容易因为文化差异而导致文化震撼（Culture Shock）的出现。

【案例 1－3】

“成功”的沉默并不一定成功

在日本，沉默可以表示“我不喜欢你的观点”，但有时也可以指“我还在考虑”。从事国际商务谈判的商人了解这一点很重要。有位美国人想以 10 万美元/台的价格提供给日本客户仪器。报价后，客户沉默地坐在那里。10 分钟以后，美国人再也忍受不了这种沉寂，将价格下调了 1 万美元。从一个美国人的角度看，你也许认为这位日本客户很得意，甚至认为他有意识地运用沉默达到了自己的目的。其实不然。事实上，日本人对谈判的结果大为失望，因为日本人更看重彼此建立的关系而非价格。那位商人怎么可以这么没有耐心呢？

（资料来源：黄漫宇．商务沟通．北京：机械工业出版社，2008.1，P20）

案例点评：案例中的“沉默”看似成功其实未必就是成功，至少在日本人看来虽然在经济利益上“沾光”却没有建立更好的沟通关系。试想美国客商如果更多了解日本人“沉默”的文化背景，情况又将是如何呢？

4. 商务沟通的团队合作性更趋明显

在商务沟通面临更多“创新性”的背景下，企业为了更好地面对外部竞争的压力，在不少沟通实践中进行“团队合作”式的沟通队伍建设。这些沟通团队由于成员之间彼此信任，互相取长补短，注重在互相学习中共同认识问题，因此在协同性地解决商务沟通问题过程中明显发挥着特别重要的作用。他们在争取富有合作性的商务伙伴、获取更为优质的组织资源、提高商务谈判中的作战能力等方面善出奇兵，屡建新功。可以预见，这样的商务沟通形式还将不断得到运用与加强。

5. 商务沟通技术的“现代性”更为突出

现代信息技术的发展为商务沟通的方式选择提供了更多的可能性。在今后的商务沟通中，由于全新的沟通工具与渠道在迅速获取和传递信息等方面特别高效，沟通者必将紧扣现代技术的迅猛发展，广泛应用电子邮件、视频会议等相对较为新潮的科技手段。另外，我们在认识到其便利性、高效性的同时，仍然要注重新技术的选择和运用，既要灵活地运用新技术体现“现代化”的沟通优势，也不至于使用不够合适的新技术造成对成功沟通的干扰。新技术的使用要求每位管理者紧跟时代前进的步伐，更好地通过运用这些信息技术实现高效沟通。

6. 商务沟通更加注重共同利益的实现

现代商务充满着竞争，也充满着合作。在以往很多年常见的“你死我活”的商务竞争逐渐淡出历史舞台。如今的商业竞争更加注重“双赢”、“三赢”，共同营造着“竞合”的沟通氛围。作为商务沟通者无疑要注重自身利益特别是经济利益的实现，也要注重自身在利益实现的过程中是否能更大程度地实现对方利益，以使双方的商务交流与沟通更长远，更富有建设性成果。

本 章 小 结

沟通是信息发送者和信息接收者通过一定的渠道将信息、思想及情感等进行传递、理解和共享的双向互动过程。沟通主要包括六大基本要素，分别是传送者、接收者、信息、媒介、噪音、反馈。

商务有别于商业、贸易、服务、商事等。商务沟通是行为主体特别是以盈利为主要目的的组织所开展的一切与买卖商品有关的商业事务或商务活动。商务沟通具有专业性、程序性、趋利性、事务性、礼节性等重要特征，需要遵循“6C”原则，包括清晰、简明、准确、完整、有建设性、礼貌。

商务沟通的过程就是商务信息传递的过程，具体包括信息策划、信息编码、信息传输、信息解码、信息反馈和信息干扰。商务沟通的障碍主要与信息发送者、信息传输过程以及信息接收者等有关。

商务沟通的发展趋势有：商务沟通的范围不断扩大，商务沟通的方式更趋多样化，跨文化沟通成为商务沟通新亮点，商务沟通的团队合作性更趋明显，商务沟通技术的“现代性”更为突出，商务沟通更加注重共同利益的实现。

思 考 练 习

1. 什么是沟通？什么是商务沟通？
2. 商务沟通的特征与原则分别是什么？

3. 商务沟通过程中的主要障碍有哪些？

4. 商务沟通呈现了哪些发展趋势？

案例分析

“善言”的谈判组长

中国某公司与伊朗某公司谈判出口陶瓷品的合同。中方给伊方提供了报价，伊方说还需要研究，约定明天早8:30到某饭店咖啡厅继续谈判。8:20，中方小组到了伊方指定的饭店，等到9:00还未见伊方人影，咖啡喝了好几杯了。这时有人建议离开，也有人抱怨太过分了。组长认为既来了，就等下去吧。一直等到9:30，伊方人员才晃晃悠悠来了，一见中方人员就握手致敬，但未讲一句道歉的话。在咖啡厅双方谈了一个钟头，却没有结果，伊方要求中方降价。组长告诉对方，按照约定8:20来此地，我们已等了一个钟头。桌上的咖啡杯可以作证，说明诚心与对方做生意，价格没有太多余地了。对方笑了笑说，我昨天睡得太晚了，谈判条件仍难以接受。中方建议认真考虑后再谈。伊方沉思了一下，提出下午2:30到他家来谈。

下午2:30中方小组准时到了他家，并带了几件高档丝绸衣料作礼物，在对方西式的客厅坐下后，他招来他的三个妻子与客人见面。三个妻子年岁不等，脸上没有平日阿拉伯妇女戴的面纱。中方组长让翻译表示问候。并送上事先准备好的礼品，三位妻子很高兴。伊方代表说：“我让她们见你们，是把你们当朋友，不过，你们别见怪，我知道在中国是一夫一妻制。我还有权按穆斯林的规定再娶一个，等我赚钱再说。”中方人员趁机祝他早日如愿，并借此气氛将新的价格条件告诉对方。对方高兴地说：“中方说研究就拿出了新方案。”于是，他也顺口讲出了自己的条件。中方一听该条件虽与自己的新方案仍有距离，但已进入成交范围。翻译看着组长，组长自然地说：“贵方也很讲信用，研究了新方案，但看来双方还有差距。怎么办呢？我有个建议，既然来了您的家，我们也不好意思只让你让步，我们双方一起让如何？”伊方看了中方组长一眼讲：“可以考虑，但价格外的其他条件呢？”中方：“我们可以先清理然后再谈价。”于是双方把合同的产品规格、交货期的文本等清理了一下。伊方说：“好吧，我们折中让步吧，将刚才贵方的价与我的价进行折中成交。”中方说：“贵方的折中是个很好的建议，不过该条件对我们还是过高些，我建议将我方刚才的价与贵方同意折中后再进行折中，并以此价成交。”伊方大笑，说：“贵方真能讨价还价，看在贵方等我一个小时的诚意上，我接受！”

思考：

1. 为什么中方人员对对方迟到的处理采取继续等待的措施？

2. 伊方把中方请到家里进行商谈的做法意味着什么？

3. 为什么中方要给伊方带礼物？

4. 你认为中方的组长在本次谈判中表现如何？

第二章 书 面 沟 通

导入案例

一封积极的促销信

尊敬的顾客：

为了回馈顾客对本店的大力支持和足够的信赖，我店将于2012年6月15日至2012年7月15日推出特价食品月活动。在活动期间，本店将特别推出“3元购买一个汉堡包”的特惠活动。牛肉类汉堡是本店的经典产品，看似普通的牛肉饼在送到顾客的手中前要经过40多项的检测指标。与其他速食店不同，本店的牛肉饼在餐厅进行烤制时不添加任何食油和脂肪，而是靠牛肉饼本身含有的天然油脂烤制，所以您在食用时不必担心会摄入过高的脂肪，保证对人体安全健康，而且口感不油腻。另外，更令人开心的是，您还可以参加“美味由您配”的活动。顾客可根据自己的口味及需求，随意地从汉堡类产品，薯条、甜品、鸡翅等多种美味中选择三种，搭配成自己喜爱的不同组合。令您在品尝美味的同时，还享受到随心所欲的乐趣。

某市惠民速食店

2012年5月25日

案例点评：该案例中，惠民速食店的促销信不失为一封内容充实、表达得当的积极性信函。促销信中在表示推出特惠活动的同时表达了该速食店对顾客健康方面的足够关注，表达了真诚的想法和良好的愿望。该信既明确表达了顾客参与活动的受益处，又对此作出了相应的解释，解释清楚且有说服力，增强了顾客对该速食店的信任感。

知识要求

1. 了解书面沟通的基本含义与特点。
2. 掌握书面沟通的主要原则与类型。
3. 掌握商务信函等常用沟通的基本方法与技巧。
4. 了解备忘录及电子邮件等其他书面沟通类型。

第二章 书面沟通

关键术语

书面沟通　商务信函　调研报告　备忘录　电子邮件

进入信息时代以后，商务活动显得更为纷繁复杂。尽管迄今为止，不同层次的管理者对于书面沟通方式在日常沟通中的重要性有不同的看法，认识有深有浅，但是我们必须看到，在全球化的经济背景下，如何有效提高书面沟通能力和开展有效的商务书面沟通已成为现代商务活动的重要话题。无论从组织层面还是个人角度，书面沟通都是开展商务沟通的重要方式。

第一节 书面沟通概述

一、书面沟通的含义

在日常商务活动中，书面沟通是很常用的一种沟通方式，是口头沟通、非语言沟通之外的第三种沟通形式。书面沟通，就是指采用信函、报告、备忘录、电子邮件、通知、规章等书面形式进行的信息传递和交流。在商务活动中，书面沟通的过程就是企业为了实现商务目标，将与商务相关的信息、思想与情感等通过书面形式与其他个人、群体和组织之间进行有效传递的过程。

无论是组织内部还是外部，书面沟通都广泛存在着并发挥着重要的作用。在组织内部，我们可以经常看见组织规章、备忘录、指示、议程、申请报告等多种文档材料，它们在组织成员之间的沟通中起着不可或缺的信息纽带作用；在组织外部，有诸如商务信函、财务报告、市场调查报告等正成为组织与其生存环境中的各类社会主体之间传递信息的重要手段。有效的书面沟通有助于组织与客户或顾客建立良好的关系，有助于树立组织的良好形象和声誉，从而有利于组织实现其战略目标。因而，在组织的内部与外部，书面沟通在互相协调、支持、沟通方面的作用十分明显。

在现实中，书面沟通能力的好坏也是衡量组织成员沟通能力强弱的重要标志之一。在这方面具有较强能力的员工往往意味着更多的晋升机会和更好的工作绩效，而能力相对欠缺的员工常常在沟通中处于相对不利的状况，工作绩效不够明显。对于管理者而言，书面沟通能力自然也很重要。在美国《沟通》杂志刊登的一篇文章中，管理学家克莱姆和史尼德指出，管理者将他们89%的时间花在与沟通有关的事务上。其中，59%的时间花在“听”和“说”上，19%的时间花在“读”上，22%的时间花在“写”上。因此，书面沟通是管理沟通的一个重要组成部分，在一定程度上与管理的效率密切相关。

二、书面沟通的特点

与口头沟通以及非语言沟通相比，书面沟通的特点比较明显。书面沟通的优点和缺点具体分析如下。

（一）书面沟通的优点

1. 准确性

由于书面材料是准确而可信的证据，即所谓的“白纸黑字”。书面材料传达信息的准确性高。相比之下，口头沟通可能不够正式，也相对无从查证，准确性稍差。另外，书面沟通具有周密、逻辑性强、条理清楚等优点。书面沟通的“非同步沟通”特点使得发送者可在发送信息前进行较充分的准备、核对，反复修改和仔细推敲，力求准确表达所要表达的商务信息，以最大限度地减少错误和不恰当的表达方式。自然，书面沟通在经过反复推敲后在语言的流畅方面也有了很大的提高。在日常商务活动中，即使有时采取了口头沟通的形式，事后也会通过纪要、记录、备忘录等书面沟通形式加以确认。

【案例 2－1】

"口头发货"中的困惑

2011 年 4 月 12 日，本公司外派维修的售后服务工程师陈某电话要求工厂售后服务部门为其在安徽芜湖的维修现场发送配件一个，按规定要求，陈某应当书面传真具体的规格型号然后发货，以保证准确性。结果陈某讲自己干了三年多，都很熟，声称要节省传真费用，且客户很急，要求电话口头报告型号，售后服务部担当人员鉴于这种情况，就相信了陈某，按陈某说的型号发去了配件，结果发到现场后，型号错误，又要重发，造成出差费用、运输费用等的增加，更重要的是影响客户生产。事后公司处理此事时，陈某一口咬定自己当初报告的就是第二次发的正确型号，而售后服务部担当人员则坚持陈某当初报告的就是第一次错误的型号。但是没有书面函件，该相信谁？最后，因为双方都在明知公司规定的情况下，违反了书面沟通程序规定，造成了损失，都有责任，分别受到了公司处理。

案例点评： 该案例中，工程师陈某自作主张，没有有效把握书面沟通的"准确性"特点，擅自以口头交流代替书面沟通，是事情的起因。而售后服务部的人员在明知对方违规操作的情况下竟然同意这种做法，最后导致了"损失"的发生，既增加了运作成本，又影响了客户生产。"困惑"发生的最主要原因是双方没有严格执行书面沟通程序的严格规定，最终酿成"悲剧"。该案例表明，书面函件对于组织沟通非常重要，并且一定要设法认真落实和加强监督。

2. 权威性

相对于口头交流的句子组织随意、口语化特点明显等特征，书面沟通具有明显的权威性。尤其是协议书、合同、通知、文件等沟通方式，以书面文字作为主要的信息传递途径，以比较正规的特点在商务沟通中发挥重要作用。"白纸黑字"，一目了然，不是谁凭主观意志就能随意修改的。

3. 稳定性

书面沟通相对口头沟通更具稳定性，体现在很多的书面语言和符号在很长时期内基本保持特定的含义。例如，现代人可以看懂几十年甚至几百年的文献，具有很强的稳定性。然而口头语言变化相对更快，近些年流行的"PK"、"火"（短期成名或者畅销之义）等词语在很早以前却往往有其他含义，远不是近几年这类词语所表达的含义。稳定性也体现在它的长期可查阅性。例如，一个新产品的市场推广计划，可能需要几个月的大量工作，以书面方式记录下来，可使计划的构思者在整个计划的实施过程中有依据。

4. 唯一性

书面沟通在不同的沟通场合中可以给每一个人完全相同的信息。然而，即便是记忆力

再好的商务沟通者，也很难做到和每一位交流者在口头沟通中交流绝对相同的信息内容。因而，在正式的商务沟通中，重要的文本都采用书面沟通形式。书面沟通的唯一性还体现在文本的存档、查阅和引用上。书面沟通文本可以长期保存，不受时空限制，查阅和引用相对方便，也尽可能地避免信息失真。

5. 规范性

在口头沟通中，不同沟通者对于相同的内容会有不同的表达，同样的表达对于不同的沟通者可能有不同的理解。然而，书面沟通在这方面要比口头语言要更为严谨。因为，各类商务文书往往都有各自的撰写规范，体现了一定的文本特点，便于沟通者在把握特点的基础上加强沟通。由于规范性的特点，沟通者对于书面的商务文本的理解才会更加一致，避免了一些不必要的合同纠纷。也正是这个原因，各类商务文本的撰写对于沟通者的书面沟通能力提出了规范性要求，以保证双方商务沟通得以顺利进行。

6. 去冲突性

由于沟通者地位的不平等、理解的不平衡、性格差异化等特点，沟通者在口头沟通中难免会产生一些争论或争执，使双方产生一些冲突或尴尬。然而，书面沟通在某些情况下可以减少面对面沟通的摩擦。例如，“仓库重地，闲人莫入”、“工作场所请勿嬉戏”等简单的书面语言，比起直接制止对方的不合理行为更有效果，有效避免了当事人之间的矛盾冲突。

（二）书面沟通的缺点

同时，书面沟通也具有自身的一些缺点，主要体现如下。

1. 耗费时间

（1）沟通费时。口头沟通是相对灵活和直接的一种沟通形式。和口头语言相比，书面沟通在相同的时间内传递的信息更少。

（2）准备费时。由于沟通者对于书面文本往往会需要更多的推敲与斟酌，因而相对比较费时。比如，花费一个小时写出的书面语言，或许只需十多分钟就能说完。再说，文本的规范性、准确性、权威性和可查阅性等特点都要求沟通者对书面文本不可掉以轻心，需要投入一定的人力及精力去面对它，而且文本往往可能是共同商讨和几经修改后才能定稿。

（3）传递费时。在商务文本的传递上，如果仅仅是纸质的打印文本，其传递速度相对缓慢，然而通过电子媒介传递文本信息则可以大大地节省时间。在计算机信息系统普及应用的今天，我们很少采用纸质的方式进行沟通。

2. 反馈不及时

口头沟通比较快速、简便，而且即时反馈很方便。在口头沟通中，信息的传送者和接收者经常发生角色转换，彼此之间信息传递迅速而广泛。双方可以根据沟通的进展情况及时转变话题，沟通者也可以当场核实对方对信息的理解是否符合发信者的原意。但是，在书面沟通中，及时反馈显得比较困难，这是一个很明显的缺陷，这将在无形中增加沟通的时间。书面沟通缺乏内在的信息反馈机制，可能会导致所发出的信息未能被及时接收。有时即使接收到却无法确保接收者对信息的解释和发送者的本意吻合。因此，发送者在了解对方是否已经接收信息以及正确理解信息方面往往比较费时，反映了“反馈不及时”的特点。

【案例 2－2】

到底是谁的错?

2010 年 3 月 20 日，公司总经理给新来的总经理助理曹小姐布置了一个任务，要求她向各个部门下发岗位职责空白表格，并要求各个部门在当天下午 2 点前上交总经办。总经理问曹小姐是否明白他说的意思，她说完全明白，于是就去执行。结果到了下午，事情出来了：到了规定的时间，技术部没有按时上交。总经理问曹小姐：你向技术部怎么传达的？曹小姐说，完全按正确的意思传达的。总经理又问为什么技术部没上交，曹小姐说技术部就是没上交，不知道为什么。于是，总经理把曹小姐和技术部负责人都召集到总经办会议室，问这个事情。技术部负责人回答说，当时他没有听到曹小姐传达关于上交时间的要求。而曹小姐说，自己确实传达了，为什么公司十二个部门就技术部没听清楚？技术部负责人说，确实没有听到。到底是曹小姐没传达，还是技术部没听到？没有书面的东西，说不清楚。

案例点评：案例中之所以出现公司内部沟通的“不和谐”，是因为办公人员没有严格按照 ISO 9001：2000 的文件管理标准的要求执行。如果在文件传达过程中，书面函件做好签字或者署名等工作的话，谁的责任就一目了然。因而，沟通者一定要认真把握书面函件的基本特点，做好记录与反馈工作。

3. 无法与副语言结合

口头沟通有一个明显的优点就是可以附以表情、手势等体态语言或声调、语气等副语言，以加强沟通的效果。口头语言和副语言的结合可以使传播信息更加生动，使得沟通者在信息理解上更迅速与全面。对于口头语言这一与副语言结合增强沟通效果的特点，书面语言是不可能与之相比的。也就是说，书面材料缺少非语言信息，无法在书面沟通的同时通过副语言增强沟通效果。

4. 对沟通者要求比较高

由于组织中大量的沟通都依赖于书面沟通，而各类书面文本具有较强的规范性，规则性也比较强，很多文本如合同等具有一定的法律特征，因而书面沟通对于沟通者的要求比较高。这就意味着如果沟通者在书面沟通方面能力相对欠缺，其书面沟通的效果明显将会有一定的局限性。

【阅读资料】

表 2－1　书面沟通与口头沟通之比较

	书面沟通	口头沟通
优点	● 适合传达事实和意见 ● 适合传达复杂或困难的信息 ● 可以进行回顾 ● 便于存档保管以便日后查证 ● 发送信息前可进行细致考虑	● 适合表达感觉和感情 ● 更加个性化 ● 成本较低 ● 可根据语言和非语言的反馈，及时进行改正和调整

续表

	书面沟通	口头沟通
缺点	● 耗时 ● 缺乏助于理解的非语言暗示 ● 有时人们不愿意阅读书面的东西 ● 你无法了解你所写的内容是否被人阅读	● 说话时较难进行快速思考 ● 话一出口很难收回 ● 有时难以控制时间 ● 容易带有过多的个人色彩而影响信息的可靠性

（资料来源：康青．管理沟通．中国人民大学出版社，2006.3，P219）

三、书面沟通的基本原则

作为一种特殊的沟通方式，书面沟通需要遵循以下基本原则。

1. 目的明确

在商务沟通中，沟通者既然选择了书面沟通这一方式，就要在了解沟通目的的基础上进一步明确写作目的。书面沟通的写作目的主要包括提出问题、分析问题、给出定义、提供解释、说明情况和说服他人，因而沟通者要了解本文内容如何有效展开、文本需要传递什么信息、信息传送的对象、预期想取得怎样的沟通效果等。目的明确是书面沟通的重要原则，不能很好地理解写作目的，就不可能产生思路清晰、主题突出的书面文本。

2. 主题突出

尽管书面沟通文本有一定的规范性，但这并不妨碍文本要做到主题突出。比如在商务信函中，为了使沟通顺利并取得实质性效果，书面沟通的主题有量的要求，即在信函表达中主要话题尽可能不多于两个，如果信息内容多而繁杂，建议通过小标题或者清单方式加以着重体现。否则，过多的信息量以及主题的不明确必然将影响接收信息者收获信息的有效性。比如，在发送电子邮件时，选择合适的标题也是主题突出的重要体现，不然该邮件可能被忽视甚至直接被删除。

3. 思路清晰

思维能力是各种沟通技能的基础，也是衡量书面沟通能力强弱的标准。在充分考虑书面沟通信息完整的前提下，思路的清晰则显得十分重要。在管理层，只有在思维清晰的前提下，有效沟通才能真正实现。所以，在商务信息量相对充足的状况下，不够清晰的沟通思路将可能产生双方沟通的一些障碍，有可能造成不必要的商业损失。相应地，在文本中运用合适的关键词、连接词、指示语等都可增加书面沟通文本的条理性，使书面信息内容更为清晰。

4. 表达简洁

莎士比亚曾说过，“简洁是智慧的灵魂”。在商务世界里，每一分钟都是金钱，将时间浪费在无用信息上就是自毁商机。因而在沟通中，书面沟通文本要求简洁，即尽可能言简意赅，做到不拖泥带水。商务书面沟通作为商务活动的主要传播媒介，要更注重商务活动的务实性，多运用简单朴实的语言说明问题，而不应用隆重华丽或者晦涩难懂看似深奥的词汇。只有这样，沟通者才能集中精力，强化沟通效果。所以，在书面沟通中，能用一个单词表达意思就不要用一个短语甚至一句话来表达。商务信函应在表达清楚意思的前提下以简短取胜而不是长篇大论。当然，文本的完整性与简洁性会有一定的矛盾，需要沟通者在“度”上加以把握。

5. 信息正确

无论采用哪种方法，信息的正确性都值得沟通者好好把握。由于书面沟通的反馈相对不够及时，而不及时的反馈可能导致一系列的商务后果，因而在书面沟通看来，信息的正确性显得更为重要，更加需要信息发出者对信息的正确性加以保证。言下之意就是，书面沟通的文本需要用准确的语言向对方传递正确的信息。这就要求写出的文章材料要真实、可靠，观点要正确无误，语言要恰如其分。初拟文本完成后，沟通者需要反复检查、认真思考，在仔细推敲后调整信息的表达方式。基于这个角度，我们要尽可能在商务沟通中避免运用易产生歧义、晦涩难懂的语言并注意语言的条理性和信息的简明扼要。规范的语言、合适的态度、友好的表达方式等会为信息正确起到一定的保证作用。

6. 换位思考

为了更好地完成信息传递，强化沟通效果，信息的发出者应具备一定的“换位思考”意识。信息发出者要善于从对方角度思考问题，重视对方的思维与意愿，重视对方的“风土人情”，尽可能使对方能够了解书面沟通的主要内容与沟通意图。另外，从尊重或者维护他方尊严等角度，沟通者也要注意一些称谓的合适性等问题，以免造成一些不必要的冲突或者尴尬。毕竟，措辞的不合理、写作口吻的不合适、随意的明显具有褒贬含义的评价、过于强硬的指责都会给沟通带来一系列问题。

【阅读资料】

电子邮件范例

日期：2006 年 2 月 6 日，星期三，13:03

至：AA1234@hotmail. com

由：Ron Hein (ron@ezmet. net)

主题：服务项目与报价

尊敬的顾客：

感谢您的询问和对我公司的关注。

我们为顾客提供的服务有以下几方面：①制作简历和求职材料。②查找和编辑学术资料。③编辑手册报告。④创作独特的汇报材料。⑤举办各类培训讲座。

由于服务性质和完成不同的项目所需要的技术的差别，一般我们按照个人要求报价。您提供的需求越详细，越有利于我们的准确报价。您也可以通过电话和我们进一步讨论为您提供的服务和相应的价格。

罗刚

M 公司市场部经理

2006 年 2 月 6 日

电话：(025) 95869341

传真：(025) 95869333

电子邮件：ron@ezmet. net

资料点评： 电子邮件没有隐私，任何人将可能读到你的邮件。及时更新主题句反复检查后再发送，用词得当、简洁明了。发送电子邮件时，尽可能学会换位思考，强调积极、正面的态度，不要制造垃圾邮件。回信时，可尽可能引用对方的来信，以便收件人更好地理解你的来信。同时，要注意电子邮件的称呼和签名。

此外，不少学者对有效的书面沟通进行了深入的研究。有学者提出，有效商务书面沟通应具备“ABC”三个特征，即准确（accurate）、简洁（brief）、清晰（clear）。还有学者认为，有效商务书面沟通要满足“4C”，即完整（complete）、正确（correct）、清晰（clear）、简洁（concise）。国际上还流行书面沟通的“7C”准则，即完整（complete）、准确（correct）、清晰（clear）、简洁（concise）、具体（concrete）、礼貌（courtesy）和体谅（consideration）。由上可知，尽管学者们对于书面沟通的研究成果相对较多，大体上都反映了书面沟通的内容正确完整、语言清晰简洁和注重实效等特点。然而在日常的商务活动中，由于不能很好把握沟通特点从而影响信息有效交流的书面沟通现象十分常见。例如，某员工收到一封口吻粗鲁无礼、内容拖沓啰嗦的电子邮件后，不仅对其内容理解不透而且情绪低落；某中层干部面对同事留下的一份备忘录，因为没有明确开会时间而“不幸”迟到，甚至受到上级的指责等。

四、书面沟通的基本类型

商务活动中，按照不同的分类方法，书面沟通种类很多。

按照书面沟通信息的载体不同，书面沟通可分为纸张沟通、传真沟通、电子邮件沟通和电子会议系统沟通等。

按书面沟通的使用场所区分，书面沟通主要可分为组织内部的书面沟通与组织外部的书面沟通。

1. 组织内部的书面沟通

在组织内部，常用的书面沟通形式有各类报告（调研报告、可行性报告、申请报告等）、布告牌、述职报告、工作说明、计划、建议书、备忘录、会议纪要、海报、员工手册、电子布告栏、求职信、请假条、票据、摘要、电子邮件（内部）等。

2. 组织外部的书面沟通

在组织外部，常用的书面沟通有商务信函、电子邮件（外部）、报告（查账报告、评估报告等）、建议书、传真、广告文案、合同书、协议书、投标书、产品目录、请柬、邀请函等多种形式。

其实，有些类型并没有严格的内外区分。例如，电子邮件在内外部的书面沟通中都广泛存在。备忘录经常出现在同组织人员之间的沟通，但在商务谈判中也会经常使用备忘录，以对相关内容进行有效确认。因而，作为商务沟通者，不必在该文本究竟属于内部沟通还是外部交流上花过多的精力去区分，而要掌握各种书面文本的基本撰写方法与基本技巧。

另外，以上所提到的各种类型往往具有多种形式。例如，关于报告的类型很多，可以是市场调研报告、财务审计报告、生产进度报告、销售业绩报告等多种内容；计划的形式也很多样，从内容上有生产计划、销售计划、研发计划、谈判计划等，按时间又可以包含年度计划、月度计划等。

第二节　商务信函与商务报告

本节主要介绍两种相对最为常用的书面沟通文本——商务信函和商务报告，具体如下。

一、商务信函

商务信函在现代商务活动中使用频率高，效果明显，方便易行。商务信函的目的在于传达意见，从事商务交往上的接洽、安排和发展，以便求得对方的理解和合作。一旦发生经济纠纷时，又常常作为书面证据，具有重要的法律意义。

（一）商务信函的特点与要求

1. 特点

和其他信函相比，商务信函一般具有以下特点：

（1）内容比较单一。尽管商务信函种类繁多，但由于商务信函的商品交易的目的性特别明显，信函的主要内容就是针对商品交易的磋商问题。因而，商务信函一般不涉及与商务交易无关的内容，不涉及那些不符合沟通主题或者对信函目的不能产生利益的内容。否则，这些内容不仅不能使交流通畅，反而会混淆视听，非但不能让读者感兴趣，反而会让他们恼火，产生反感。另外，商务信函内容的单一性还表现在“一文一事”上，即同一份商务信函一般不同时涉及几项交易。

（2）结构相对简单。商务信函的结构简单主要体现在两个方面，一是各类商务信函的段落比较少，二是商务信函每个段落的篇幅相对简短。

（3）语言表述简练。语言表述简练，指的是商务信函的措辞直截了当，言简意赅。商务信函并不要求沟通者使用华丽优美的词句，而仅需要用简单朴实的语言准确地表达己方的意思，以便让对方非常清楚地了解沟通的内容。从这个角度看，商务信函要让对方觉得读起来简单、清楚，容易理解。

2. 要求

基于以上特点，一份优秀的商务信函必须符合以下基本要求：

（1）结构完整而简洁。本着商务沟通的目的，商务信函要完整地告知相关的沟通内容与目的，不完整的信函内容令人难以理解或者产生误解。但这并不意味着长篇大论，而要讲究文本的简洁性，便于脉络清晰，有利于双方沟通。因而，沟通者在撰写商务信函时要做到思想表达明朗突出，语言清晰易懂。

（2）内容正确而无误。正确是商务写作的首要原则。商务沟通者对于商务信函的内容要多加检查，确保正确。尤其是关于沟通主要目的和内容的重要文字不得丝毫马虎，涉及人名、地名、时间、数字和术语等书写要准确无误。

（3）语气友好而诚恳。友好的语气有助于获得对方的好感。无论是具有积极意义的肯定性信函、具有消极意义的否定性信函，还是持中性色彩的其他商务信函，沟通者在撰写书面信函时都要注意自身的语气和态度。友好的语气更有利于双方更多更好的交

往，诚恳的态度更能增进对方好感，在出现一些不够和谐的商务来往时更容易得到对方的谅解。

(4) 礼节规范而自然。商务信函是双方为了特定的商务目的而进行沟通的书面文本。沟通者对商务信函礼节的良好把握，更有利于保持良好的组织形象与沟通者本人良好的礼仪素养。因而，商务信函比较讲究称呼等内容，注重语言的合理性，在内容上尽可能不产生歧义甚至触及对方的礼仪禁忌。

(5) 格式讲究而规范。商务信函的格式比较严格，不够规范的商务信函文本将破坏双方良好沟通的气氛。沟通者注重商务信函文本的规范性格式，也是沟通者良好沟通能力的重要体现。

(二) 商务信函的基本结构

一封比较规范、完整的商务信函一般包括信头、存档号码、收信人地址、主题行或标题、称谓、正文、结束语、落款、时间九个部分。

1. 信头

信头指的是事先印制在信纸上方或下方的内容信头的内容，通常包括公司的名称、地址、邮政编码、电话号码、传真号码、网址、公司标志等。如果信件有两页或更多页数，一般只在第一页用印有信头的信笺，其他页使用类似的普通信纸。

2. 存档号码

存档号码的设置主要是为了商务信函的存档和查阅，同时为了便于双方查阅各自的相关信函。存档号通常分为对方存档号和我方存档号。

3. 收信人地址

很多人在写商务信函时不在信函中写收信人的地址和姓名，因为信封上已经有这些内容了。事实上在信函中加收信人的地址和姓名还是很有用的，尤其是在国际间商务场合，这是不可或缺的信函内容。

4. 主题行或标题

主题行或标题主要用来说明信函的主要内容。主题行或标题的主要功能是帮助归类存档，因此每封商务信函都应该有一个主题行，以便收信人一眼就可以看出书信的内容。

5. 称谓

称谓指写信人对收信人的称呼，一般顶格写而不留空格。称谓能够体现沟通的基本礼仪素养。“亲爱的理查德”比“理查德”更能显示双方的亲近，“尊敬的唐经理”体现了己方对他人的基本尊重。

对于女性读者，尤其是在涉外沟通场合，信件发出者务必注意商务信函中的合适称呼，可以根据其婚姻状况称呼其为“女士”或者“小姐”。若无法判定其婚姻状况，可以直接用“Ms”称呼。另外，沟通者还可以用对方有名的“博士”或者“上校”等称号或者头衔。

6. 正文

正文是一封商务信函的核心部分。信函的正文部分是信函最重要的内容，沟通主题以及相关注意事项都通过信函正文得以体现，因而要求简明清楚、段落清晰、标点正确。

7. 结束语

结束语是信函正文内容结束之后的礼节性语言，如中文中的“此致”“顺祝商祺”等。

8. 落款

落款，又称“签名”，指信函末尾处要签署寄信人的姓名。另外，商务信函一般都需要表明寄信人的身份、职务。

9. 时间

不同国家对日期的写法是不一样的。中文信函的时间一般写在信的末尾。英国等欧洲国家的写法一般是日、月、年，美国写法是月、日、年。在书写英文商务信函时，我们要注意尊重对方的习惯。

（三）商务信函的主要类型

根据不同的分类标准，商务信函可以有多种形式。

从商务信函的形式及其传递的内容看，商务信函包括通知、公告、通信、介绍信、感谢信、邀请信、慰问信、求职信、备忘便条等内容。

从商务信函的沟通目的及其采用的语气来看，商务信函可分为肯定性信函、负面性信函、说明性信函和劝说性信函。以下主要介绍这四种商务信函的相关内容。

1. 肯定性信函

肯定性信函的主要目的是在商务沟通中向对方提供好消息、消除负面影响、同意做某事、答应某要求。肯定性信函包括提供服务、支付款项、出席会议、发送货物等。

肯定性信函的主要内容如下。

（1）告知好消息，综述要点。（开头）

（2）解释好消息，列出细节和背景资料。

（3）积极地说出可能的消极因素。

（4）阐明读者受益处。

（5）表达良好祝愿，表明诚意。（结尾）

【案例 2-3】

“餐盘中出现蟑螂之后”的肯定性信函

尊敬的张静怡女士：

您好！

据我们公司餐饮部主任李波报告说，在您 7 月 8 日乘坐我公司航班从上海飞往昆明途中，您的餐盘中发现了一只蟑螂。对此，请接受我公司对您的最诚挚的歉意，我真心希望我们不会因此而失去一个像您这样宝贵的顾客。

毫无疑问，这件事情引起了我们的高度重视。这次事件可能是由于我们质检程序的偶尔疏忽造成的，尽管我们尽一切努力避免类似事情的发生。对于这次事件，我们已按有关规定责令航班进行认真整改，保证类似事件不再发生，并随函附上一张 1000 元的南航机票折扣券，以表达我们航空公司对您的歉意。

我们非常感谢您在这一事件中所表现出来的豁达态度，并且希望这件事情不会破

坏您对南航公司的良好印象。欢迎您再次乘坐南航的航班，并认真监督我们的服务。

此致！

敬礼！

周晓杭

天马航空公司公关部经理

2011 年 7 月 22 日

案例点评：案例中，公关部周经理通过商务信函对张女士乘坐航班时餐盘中出现蟑螂一事作出了积极回应。信函的开始，周经理尊称对方，表达道歉。随后周经理对事情发生的原因及其后续处理作出了说明，并以折扣机票的方式对张女士的“损失”进行“赔偿”。最后，周经理在表扬对方豁达态度的情况下再次向对方表达了歉意和愿意建立良好关系的真诚愿望。至此，整个事件得到了圆满的处理。

2. 负面性信函

相对于肯定性信函，负面性信函则是一种否定性的商务信函。负面性信函的主要目的是告诉坏消息，让读者阅读、理解并接受该消息，同时尽可能保持已有的良好形象和信誉。其次要目的是减少和避免双方今后为同一主题而通信，减轻双方的工作负担等。负面性信函包括拒绝信、否定信、处分信、解雇信、不良业绩评估信等。

（1）负面性信函的主要内容如下：

1）用“缓冲”式的自然叙述开篇（为坏消息设置背景）。

2）在给出坏消息之前给予令人信服的理由（引向坏消息）。

3）明确而婉转地告知坏消息（提及积极面）。

4）提议某些可能的选择（减少坏消息影响的陈述）。

5）用友好而积极的祝愿结尾。

【案例 2 - 4】

“未能参加会议”的负面性信函

尊敬的张天阳经理：

您好！

很高兴能收到贵公司关于举办品牌建设研讨会的邀请，在此我表示衷心的感谢。在目前行业经济发展状况有所低迷的背景下，贵公司积极开展特别有意义的品牌建设活动，我很感兴趣并将予以最大的支持。

很荣幸能作为嘉宾在大会上发言，不过特别遗憾的是，研讨会召开期间，我将和我的团队去东南亚考察我公司产品的市场销售情况，因而届时我很抱歉未能参加这次研讨会。

不过，在此我愿意推荐我的同事李盼阳参加会议并进行发言。在我看来，他是一位理想的会议发言者。在近几年的公司发展过程中，他对于我公司的品牌发展与建设做出了突出的贡献，对于品牌的拓展等内容有丰富的经验，也开展了多次富有成效的品牌推广活动。我相信，如果时间允许的话，他愿意参加会议并做会议发言。是否可以，请张经理及时回复，以便我能及时联系我同事李盼阳并准时出席会议。

祝愿研讨会圆满成功！

马国庆

2012 年 6 月 18 日

案例点评：沟通者主动以愉悦的心情和衷心的感谢开篇，表达了己方对举办会议方的赞许，紧接着解释原因，表明自身由于未能抽身而参加不了研讨会的遗憾，再则积极推荐自己同事以表达己方诚意，最后积极表达己方对会议组织者的良好祝愿。

(2) 由于负面性信函明显将会涉及一些消极信息，对人说“不”难免对沟通者之间的情感交流有一定的影响，在一定意义上具有影响双方友好关系的风险，因而沟通者要掌握一定的技巧，设法学会缓冲语的运用。缓冲语，主要是指为了帮助拖延坏消息报告时间的一些中性或者较为积极的语言表述，以达到帮助对方树立良好心态的目的。显然，缓冲语具有明显的自然过渡性质。负面性信函的缓冲语可以包括以下几种：

1) 表示谢意，即对顾客购买产品或关注你的公司表示谢意。

例如，“十分感谢您能在日前专门抽时间参加我公司举办的产品推广会”。

2) 表示赞扬，即对顾客以某种正常渠道或理智的态度反映公司存在的问题表示赞赏。

例如，“首先，我对您对我公司产品质量的高度关注表示感谢，并诚恳地欢迎您对我公司产品一如既往地进行监督”。

3) 表示同意，即有可能的话，对顾客提出的有关意见加以肯定。

4) 表示理解，即对顾客关于产品、服务以及公司的抱怨表示理解。

例如，“作为公司的忠实客户，提出本公司提供的产品存在以上问题并积极要求赔偿，我代表公司对您的行为表示足够的理解，但是……”

【案例 2-5】

“产品保修超期之后”的负面性信函

尊敬的丁老师：

您好！

首先，我非常感谢您购买我们的音响设备，同时也为我们的产品给您带来的不便感到抱歉。

另外，我们也想告诉您，也许您未注意到我们产品保修期是一年，而您是 2011 年 10 月购买的。

尽管如此，我们仍然愿意为您提供方便优质的服务，但需按保修期外的标准适当收费。

我们衷心希望您的问题能够尽快得到妥善解决，让您能尽情地享受我们的产品给您带来的快乐。

附：公司维修站点和电话

江涛

公司售后服务部经理

2013 年 5 月 11 日

案例点评：即便是产品保修期之后，厂家也要尽可能为顾客提供合适的服务，以提升良好的组织形象。但这毕竟发生在超出产品保修期之后，作为厂家服务部，要明确表达维修态度，并婉转表达费用问题。相信诚恳的态度和优质的服务能够得到顾客的充分理解

另外，由于负面性商务信函的对象既有可能是组织内部，也可能是组织外部；对象有可能是同事、下属，也可能是自己的上司。所以，沟通者在运用否定性信函进行沟通时，务必要注意根据不同对象采取合适的处理方式和写作语气。总体而言，对上司的信函语气相对要果断而负责，对客户等对象语气要相对委婉，对同事和下属语气应该更倾向探讨。

【案例 2－6】

一封拒绝录用信

尊敬的施继鑫先生：

非常感谢您不久前来我公司应聘，我们很高兴与您会见并讨论职业机会问题。

通过对您的测试以及面谈，我们发现您有很多自身的优点，例如分析能力很强，善于独当一面开展工作，有一定的创新精神。同时，在面谈中，我们发现您的团队意识还有所欠缺。因为我公司人力资源部门需要较强的团队合作精神，因而很遗憾这次不能与您共事。尽管如此，由于我公司常年要聘用各类员工，我们会将您的资料放入公司人才资料库，等发现有适合您的职位时，我们会及时联系您。

再次感谢您对我公司的信赖，期盼您早日找到心仪的工作！

此致。

沈春明

江阳市科技设备有限公司人力资源部部长

2012 年 11 月 16 日

案例点评：“拒绝录用信”之类的负面性信函，尽管对当事人而言是一种明显的拒绝，但也要注意肯定对方优点，让对方意识到自身的能力与公司的要求“不够匹配”，使对方觉得公司的“拒绝”相对合情合理。另外，“拒绝”尽可能“不伤和气”，要设法继续维护组织的良好形象。

3. 说明性信函

说明性信函是一种中性信函，既不肯定，也不否定。说明性信函的主要目的是向读者说明情况，便于读者了解有关信息。主要的说明性信函有推荐信、评估信、资质证明、个人证明等。

说明性信函的主要内容如下：

（1）陈述主要观点。

（2）提供背景资料。

（3）列举有关细节。

（4）结尾表明友善及乐意提供帮助。

【案例 2－7】

“关于天阳公司信用问题”的说明性信函

尊敬的陈小姐：

您好！

现答复贵公司在 8 月 7 日的来函。

在频繁的业务往来中，我们一直认为，天阳厨具设备有限公司是一家很可靠的公司，具有较高的知名度、美誉度。多年来，我们一直为该公司提供货物。事实上，我们所收到的很多订单都大多超过 400 万美元。因此，我们觉得，为该公司提供 350 万美元的信用几乎没有什么风险。

如果您需要相关的任何细节资料，可以再与我方联系。

此致！

敬礼！

王 锦

信用管理部经理

2012 年 8 月 15 日

案例点评：案例中，该公司结合自身企业与天阳公司的业务来往，对合作伙伴天阳公司的信用资质作出了很好的说明，内容简洁却很有说服力，也表达了愿意提供更多帮助的良好诚意。

4. 劝说性信函

劝说性信函也是商务沟通中常用的沟通方式。在日常商务活动中，我们经常会遇上这样的场合：设法向对方推销相应服务及其产品或者向对方传递某个观点，逐渐改变对方对于服务、产品或观点等的可接受程度，促使对方从不感兴趣或者漠不关心直至产生兴趣，最终使对方接受我方观点，接受我方提供的服务与产品。此时，我们不可能对他人采取命令或胁迫的方式（无激励作用），往往需要运用一定的劝说来完成。面对他人，我们依靠严密的逻辑、动之以情的言辞和良好的可信度，最终使对方逐渐消除障碍。在这样的过程中，沟通者会经常使用建议信、推荐信、推销信、催款信、工作表现鉴定等劝说性信函。

由上可知，劝说性信函的主要目的在于推销某个观点、某种产品、某项服务，使对方

产生态度变化，进而完成我们的商务沟通目的。

劝说性信函的主要内容如下：

(1) 吸引注意力。

(2) 激发兴趣。

(3) 阐明益处。

(4) 明确行动步骤。

(5) 友善结尾。

【案例 2-8】

“关于购置家具”的推销信

尊敬的刘经理：

您好！

不久前，贵方垂询我公司牌家具情况，现回复如下：

迪森牌家具，系目前市场最新流行款式，按国际标准设计，采用德国进口木材制作而成。做工考究，质量上乘，曾荣获第二届国际博览会金奖。迪森牌家具组合，有四件套、六件套两种，其规格及价格情况详见附件。目前，贵公司开发中的江南名家小区，属于本市高档花园式建筑，如能在精装修过程中使用我公司的以上几款家具，我方将不胜荣幸，相信也能更好地提升贵公司小区开发的层次。

望贵公司对以上家具给予考虑，欢迎贵公司继续垂询、购买，早传佳音。

附件（迪森牌家具组合的规格及价格）

此致！

敬礼！

大地家具有限公司

2013 年 3 月 16 日

二、商务报告

与商务信函一样，商务报告也是很常见的商务书面沟通文件。商务报告是搜集、研究事实的人，与出于特定目的而要求看报告的人之间的书面信息或建议的交流形式。报告的最终作用是作为组织决策和行动的基础。

(一) 商务报告的常见类型与基本形式

1. 商务报告的常见类型

报告的种类很多，很多种文件都可以称为报告。按照不同的分类标准，报告可以分为不同的形式。

按照报告的长短，报告可分为长篇报告、中篇报告和短篇报告等。报告可长可短，仅有 1～2 页的备忘录可称为报告，长达数十页包含很多数据的文件也可称为报告。但是，无论长短或者正式程度如何，报告都向人们提供了组织计划和解决问题所需要的信息。

报告可以只提供信息，也可以既提供信息又分析信息，也可以在提供信息和分析信息之外提出建议。如果报告仅仅提供信息，一般称为信息性报告，例如销售报告、季度报告；如果报告既提供信息又分析信息，可称为分析性报告，例如年度报告、收益或者回报率报告；如果报告在提供和分析信息的同时还提出相应的解决办法或者措施，可称为建议性报告，例如可行性报告、申述报告、问题—解决式报告。

按照内容分，报告分为经营报告、信贷报告、调查报告、事故报告、建议报告、可行性报告等。

按写作用途分，报告分为临时报告、行动报告、状态或进展报告和总结报告。

按正式程度分，报告分为正式报告和非正式报告。

按照格式特征，报告分为信函式报告和纲要式报告等。

按照使用范围，报告分为公开报告和内部报告等。

按照内容的紧迫性，报告分为日常报告、特殊报告和紧急报告。

按照提交的周期，报告分为每日报告、每周报告、月度报告、季度报告、年度报告等。

按照涉及的业务范围，报告分为工程报告、财务报告、评估报告等。

按照写作文体，报告分为叙述性报告、说明性报告、图解性报告和统计性报告等。

2. 商务报告的基本形式

报告者在日常商务过程中，要注意根据对方的需求选择合适的报告形式及其长度。

(1) 固定格式商务报告。这一类报告在企业等组织中比较常见，主要用于日常事务或者经常发生的情况。报告撰写者一般只需要填写相关的报告表即可，例如每周销售情况报告、每月生产情况报告。

(2) 备忘录形式商务报告。以备忘录形式出现的报告一般篇幅不长，主要适用于内容简洁、篇幅短小的报告。这种报告涉及内容广泛，通常是公司内部的例行事务。备忘录形式商务报告是公司内部员工之间交流信息时经常采用的报告形式。

(3) 书信形式商务报告。书信形式商务报告一般篇幅较短，是公司外部交流信息时常用的报告形式。相对而言，这种报告内容比较简洁。

(4) 文件形式商务报告。文件形式报告一般比书信式和备忘录式更为正式。这种报告一般篇幅较长，涉及问题复杂，包含信息量大（长度可以达数十页甚至几百页）。

(二) 商务报告的语言特点

总体而言，商务报告的语言具有客观公正、明确真实、逻辑紧凑、简明扼要和严谨规范的特点。

1. 客观公正

撰写商务报告时，要尽可能摒弃个人偏见，因而报告内容要注重事实，不能随意带有主观臆断。在语言使用上，尽可能避免第一或者第二人称。

2. 明确真实

报告所呈现的信息应该是事实或者确实存在的情况，因而在语言使用上尽可能避免模糊表达，以免给人造成内容空洞的印象。

3. 逻辑紧凑

商务报告具有相对明确的沟通目的，这就要求商务报告具有紧凑的逻辑性，以便报告重点突出。

4. 简明扼要

商务报告的语言必须简洁、流畅，避免陈词滥调。报告者要设法用相对简洁的语言加强信息沟通。

5. 严谨规范

商务报告具有相对严格的规范，特别是书信形式的报告。同时，报告中经常涉及较多的各类图表与统计数据，报告者务必注意用图表描述语言的规范性。专门的术语表达力求准确严谨。

（三）商务报告的基本结构

一般来说，报告的目的有提供信息、档案记录、回答问题、提出建议、影响他人意见、公开宣传、完成法律义务等。尽管报告形式多样，但主体结构基本相同。

通常，报告包括三个部分，即报告简介（前言）、报告正文和报告结尾（总结）。

1. 报告简介

报告简介主要起引导作用，其目的在于给报告的阅读者一个清晰的概括性认识。对报告简介的总体要求是结构简单清晰；主题与目的突出；注重与正文内容相呼应。

在报告简介中，撰写报告者需要涉及以下内容：

（1）说明报告主题。

（2）指明报告目的、介绍背景信息。

（3）介绍信息获取的主要方法。

（4）以简洁的形式提出事实、结论与建议。

（5）说明正文结构安排。

2. 报告正文

报告正文是报告的主体，是处于报告简介和报告结尾之间的内容。在报告正文部分，报告者需要列出与报告主题相关的所有事实（包括数据的获得、问题分析与调查结果）。对相关事实做出分析，其目的是便于引导读者按照一定的逻辑思绪得出结论与建议。

报告正文是整个报告中篇幅较长的部分，可以包括若干级子标题。

3. 报告结尾

报告结尾是报告正文的总结部分。它位于报告正文之后，其主要目的是简洁、清晰地提出富有总结意义的报告结论和建议。信息类报告的结尾部分通常只对报告主体的信息进行概括总结。

必要时报告结尾还要附加附录材料（如参考文献和索引等）。

撰写报告者在撰写结尾时一般要注意以下要求：

（1）不引入任何新的观点。

（2）与简介和报告正文相一致。

（3）突出所要传达的结论。

（4）要给读者留下你想要留下的印象。

（四）商务报告的撰写

撰写报告应遵循一定的程序。其基本的程序包括：确定目标、拟定提纲、搜集资料、写作报告初稿、编辑修改报告、确定终稿等步骤。

其中，在商务报告的撰写过程中，研究搜集材料是很重要的一个环节，其工作质量将会直接影响报告的撰写质量。数据的收集相对费时，但拥有翔实准确的数据的报告才会更有说服力。数据可以来自个人发现、实验、问卷调查、书籍文献、各类访谈、财务报表及其一些重要的年鉴资料等。在材料的准备上，商务沟通者一般从两个角度开展工作：一是在平时积极建立专门数据库，便于需要时容易查找；二是在写作之初，根据报告的意图有针对性地收集补充信息，并进行归类整理。

在商务写作报告的过程中，要注意以下事项：

（1）内容明确完整，主题突出，尽量不掺杂与主题无关的内容。

（2）思路清晰，逻辑性强。

（3）各类资料、信息和推理过程要准确、严密，以免削弱说服力。

（4）写作顺序要适应读者的需要，使读者易获得报告中的各类信息。

（5）报告的风格简洁精练，意思明确。

第三节　其他商务文书的写作

除了最常用的商务信函和调研报告外，我们还需要关注备忘录、电子邮件、纪要、明信片等其他商务文书。限于篇幅的关系，本节主要介绍备忘录、电子邮件的写作。

一、备忘录

备忘录是记录有关活动或事务起揭示或提醒作用以免忘却的一种记事性文书。备忘录的类型主要有个人备忘录、交往式备忘录、计划式备忘录。例如，上级发给下级的工作要点备忘条、《天阳公司与春晖集团公司合作开发光伏产品面谈备忘录》。

信函主要用于组织外部的沟通，而备忘录主要用于组织内部人员之间的沟通，但也有用在组织之间，例如商务谈判备忘录。在现代组织中，不同部门之间用信函沟通还是运用备忘录加强交流，与组织文化有一定的关联。

备忘录的格式与信函有明显的差别。备忘录一般没有称谓、结束语和签名，段落也不缩进。但备忘录一定有主题行。标题可随意，不过如果有标题的话，必须涵盖其下所有内容，并且第一段不单独列标题。

备忘录的重点在于直接性与清晰性，因而它一般用较为直接的方式传递信息。备忘录的内容比较简洁，每一段的内容相对较简短，并列的各项内容前可以加项目符号。

备忘录需要注意风格问题。备忘录的写作风格需要考虑对方的地位以及对方与己方的亲疏程度。

通常，备忘录包括五个部分：接受人姓名，发送人姓名，标题、日期，主体，有时备忘录还包括发送人的一些联系方式，如办公地点、传真号码、电话号码和电子邮件地址。

备忘录书写可长可短，视传达信息的多少和复杂程度而定，较长的备忘录类似于商务报告。

另外，我们需要注意商务谈判纪要与商务谈判备忘录的区别：①内容不同。商务谈判纪要中记的主要是双方的一致性意见，商务谈判备忘录记的不一定是谈判达成的一致，内容相对灵活。②效力不同。商务谈判纪要有一定的约束力，商务谈判备忘录只起提示、备忘作用，没有约束力。

【阅读资料】

备忘录范例

送达：李强

人力资源部部长

发送人：吴明翔

培训部经理

主题：公司新提拔中层干部培训计划　　　　时间：6月6日9点（周一）

遵照您的要求，我在近日草拟了一份《公司新提拔中层干部培训计划》，由于涉及较多的培训内容与人员，培训计划需要您审阅后批示。

6月7—8日我在南京出差，本次培训将在下周一进行。在培训前我必须完成会议准备工作，所以敬请您在周四之前做出批示，以便对计划作出有效调整。谢谢！

附：《2012年度公司新提任中层干部培训计划》

二、电子邮件

电子邮件是通过互联网设备传递文件与信息的重要的商务手段。基于互联网的迅猛发展，由于方便快捷的原因，电子邮件在商务沟通中的作用越来越明显，在很多场合取代了其他商务信函等文书资料。目前，电子邮件已成为成千上万商务人士的基本通信工具。有资料表明，现代商务人士平均可以在20～30分钟内发送80～100封电子邮件。由于电子邮件可以发送附件，较多的资料可以事先编辑，因而可以节省大量的时间，邮件容量也比较理想。相对于会议沟通“即时性强、交互性中、正式性强”的特点，电子邮件“即时性中、交互性中、正式性中”。

尽管电子邮件撰写十分简单，发送也特别便利，但在商务活动中，电子邮件的速度和便利也给商务带来了一些麻烦。例如，不小心按下发送键将邮件错寄他人；未经深思熟虑却将带有个人色彩的邮件匆匆发出；经常受到一些于己无关的推销信息、房产信息等。这样的事例都在提醒我们，有效掌握撰写电子邮件的基本要点十分重要。首先，电子邮件的主题要中心突出并对邮件内容具有概括性。其次，电子邮件的主题要吸引人。撰写电子邮件时要遵循吸引对方兴趣的原则，而能否吸引对方兴趣其最重要的一点就是主题的选取与表述，以确保对方打开邮件不至于被对方认为是垃圾邮件而匆匆删除。再次，电子邮件要尽可能做到“一邮件一信息”。“一邮件一信息”要求发信者在有好几件事情需要告知对方时，最好采用“为每一条信息发一封单独邮件”的做法，并为每个邮件尽心选取合适的主题。这样的做法具有两大优点：便于对方及时就某事作出及时回应。尤其不同主题的处理时间有明显差异的时候。一个主题可能只需要很短时间就可回复，另一主题也许需更多时间进行研究。通过分开来写不同主题的邮件，您会得到清晰的回复；适应对方转发邮件的可能，避免多种信息“混为一谈”。最后，电子邮件要善于有效运用附件。附件的运用很好地解决了文档处理上的诸多不方便，特别是数据图表、计划文件等的传阅问题。对方可以方便地进行修改并及时反馈。附件的运用也会使主题文本思路更为清晰，避免多次不断滚动浏览页，造成不必要的麻烦。

电子邮件的格式取决于收件人使用的电子邮件系统，绝大多数的电子邮件系统一开始就会提示关于收件人地址和主题句的内容。计算机则自动将日期、发信具体时间和发信人的地址填在邮件上，有时在邮件的最后可以加上发件人的传真号码、电话号码等。

电子邮件没有隐私，任何人将可能读到你的邮件。撰写电子邮件时，沟通者要善于换位思考和强调积极、正面的态度，不要随意制造垃圾邮件。使用回信时，尽可能引用对方的来信，以便收件人更好地理解你的来信。

作为商务沟通者，要做一个好的电子邮件回应者，即尽可能确保每天至少一次清理邮件。这不是很难的事情，这样做是为了让发邮件的人及时回复您的邮件。如果回复时间很长，那么就要把所需要的信息立即整理出来，回复邮件说“我收到了邮件，正在处理中”，并向对方说明会很完整地回复他的邮件。倘若要离开一天或更多的时间，一定记住要设立离开办公室的邮件秘书服务。

【阅读资料】

电子邮件范例

日期：2011 年 2 月 5 日，星期五，13:03

至：ALICE8902@hotmail. com

由：FRANK（FRANK@163. com ）

主题：服务项目与报价

尊敬的顾客：

感谢您的询问和对我公司的关注。

我们为顾客提供的服务有以下几方面：制作简历和求职材料，查找和编辑学术资料，编辑手册报告，创作独特的汇报材料，举办各类培训讲座。

由于服务性质和完成不同的项目所需要的技术的差别，一般我们按照个人要求报价，您提供的需求越详细，越有利于我们的准确报价。您也可以通过电话和我们进一步讨论为您提供的服务和相应的价格。

张　扬

M 公司市场部经理

2006 年 2 月 6 日

电话：(025) 95869341

传真：(025) 95869333

电子邮件：FRANK@163. com

本 章 小 结

书面沟通是日常商务活动中除口头沟通、非语言沟通之外的常用沟通方式。书面沟通就是指采用信函、报告、备忘录、电子邮件、通知、规章等书面形式进行的信息传递和交流。书面沟通具有准确性、权威性等六大优点，还具有相对费时、反馈不及时等明显缺

点。在书面沟通过程中，沟通者需要遵循目的明确、主题突出、思路清晰、表达简洁、信息正确和换位思考等基本原则。

书面沟通中最为常用的两种文本是商务信函与商务报告。商务信函与商务报告具有各自明显的文本特点，值得沟通者认真学习其格式规范要求，注意把握各类商务信函和商务报告文本的撰写。

商务沟通活动中的商务文本种类较多，商务备忘录和商务电子邮件也是常见的书面沟通文本。它们在沟通中发挥比较重要的作用。

思考练习

1. 什么是书面沟通？书面沟通具有哪些优缺点？
2. 书面沟通的基本原则是什么？
3. 商务信函的基本特点与要求是什么？
4. 否定性信函和劝说性信函主要包括哪些内容？
5. 商务报告有哪些主要类型？其撰写有哪些注意点？

案例分析

在某市星光电子公司生产部的一个房间里，工人们正忍受着难以容忍的闷热生产彩色电视显像管。在这里，闷热的程度有些难以想象。在外界温度仅有28℃的状况下，该房间内温度可高达38℃。正是由于这一工作状况，2012年的6—8月，车间的36名工人中已有24名因为无法忍受炎热而辞职。这也是该公司每年夏天都会发生的一个现象。

在房间远处的角落里，电扇前坐着一位质量检测人员（房内只有一位）。相反，与其形成鲜明对比的是，生产线的工人们却正扛着10千克重的显像管。早在两年前，星光电子公司还没有收购这家工厂时，你作为生产主管就曾经为了改变这种现状而申请要求安装空调。但是管理层没有同意这一申请，因为直接上司认为，仅给车间安装空调很不合算，将厂房连同仓库隔离并安装空调费用很高。可是由于通货膨胀等原因，隔离厂房和安装空调的费用已从原来的30万上涨为现在的50万元，加之目前公司的工人转岗率仍然高，每年夏天工厂明显都要亏损。目睹这一现象的你，想再次提出申请，设法处理此事。

思考：

请以生产主管的角色给公司负责生产的副总裁李胜利写个申请报告。

第三章 非语言沟通

导入案例

非语言沟通的启示

小王是新上任的经理助理，平时工作主动积极，且效率高，很受上司的器重。那天早晨小王刚上班，电话铃就响了。为了抓紧时间，她边接电话，边整理有关文件。这时，有位姓李的员工来找小王。他看见小王正忙着，就站在桌前等。只见小王一个电话接着一个电话。最后，他终于等到可以与她说话了。可是，小王头也不抬地问他有什么事，并且一脸的严肃。然而，当他正要回答时，小王又突然想到什么事，与同室的小张交代了几句……这时的老李已忍无可忍，他发怒道：难道你们这些领导就是这样对待下属的吗？说完，他愤然离去……

案例点评：案例中小王虽然知道老李找他有事，也通过语言询问找她有何事，但老李最终却连话也没说就愤然离去。从结果来看，小王在语言沟通上好像并没有忽视老李，但小王的非语言表现却会让人产生更多的遐想：小王自始至终没和老李进行目光交流，在问老李有什么事时脸部也非常严肃。这些都是小王在非语言沟通上存在的明显欠缺。

知识要求

1. 理解非语言沟通的含义、特点、原则及类型。
2. 掌握非语言沟通与语言沟通的关系。
3. 了解非语言沟通的基本技巧。

第三章　非语言沟通

关键术语

非语言沟通　肢体语言　环境语言

信息专家们发现，只有不到三分之一的信息，是通过双方交谈的词语来传达的。而大多数思想的表达则是通过肢体动作、视线、姿势、语调、语气、节奏等非语言的方式。还有一些信息，是靠你的衣着、你用的时间和其他多种非语言的方式表达的。在现代商务活动和人际交往中，人们需要去学习怎样阅读和解释这些非语言信息。因为，从这些非语言

信息中，我们可以更好地去揣摩、了解一个人的内心想法和基本情感。当然，这对商务人士和企业管理人员而言也非常重要。

基于以上认识，现代商务人士和企业管理人员需要了解非语言沟通的定义、特点与基本原则，理解非语言沟通的基本类型及其重要性，掌握非语言沟通的基本技巧。

第一节　非语言沟通概述

显然，在商务沟通的过程中，语言沟通能够带来最直接的听觉和视觉感受。基于这样的观点，人们在努力掌握商务沟通技巧上相对会比较重视语言沟通。但事实上，非语言沟通也是非常重要的沟通方式。人们在面对面交谈时，会伴随着使用大量的非语言形式，这些非语言形式所透露的信息有时比语言本身更具实质性意义。

在沟通中，非语言沟通能够有意或无意地影响其他人。例如在商务谈判时，对方的主谈人员表现出一副懒洋洋、无精打采的身体姿态时，这就在有意或无意地向对方透露对这次谈判的不够重视，或者对对方提出的观点和理由有些不屑一顾。因此，沟通魅力的形成不仅依靠语言沟通，还应通过适度的肢体动作、丰富多彩的表情和优雅的姿态来获得对方良好的形象感受，增加沟通的吸引力，增进沟通双方的相互信任。

一、非语言沟通的定义与类型

非语言沟通，是指借用非正式语言符号即语言及文字以外的符号系统所进行的信息传递与交流。非语言沟通对商务人士来说，可能是有意识的能够灵活运用的沟通技巧，也可能是无意识的行为表现。据学者统计，高达93%的沟通是非语言的（包括55%是通过面部表情、形体姿态和手势传递的，38%通过音调）。其中，身体语言沟通所起的效果最明显。因而可以这么说，与有声语言相比，身体语言的真实性和可靠性要强得多。特别是在情感的表达、态度的显示、气质的表现等方面，身体语言更能显示出独有的特性和作用。

非语言沟通具有多种表现形式，主要包括身体语言、副语言和环境语言三大类，具体形式见表3-1。

表3-1　非语言沟通的类型

基本类型	具体表现形式
身体语言	身体动作类：手部语言、头部语言、腿部语言、脚部语言、肩部语言、面部语言、站姿、走姿、坐姿、蹲姿 身体特点类：身高、体形、体态、体味、肤色、头发颜色 物体操纵类：身体对其他物体的摆弄与玩捏 服饰仪态类：服饰款式、服饰颜色、服饰搭配
副语言	语气语调、语速、音质、音量、语气词
环境语言	环境设计：场所布置、家具摆放、色彩搭配、采光设计 空间位置：位置和座位的选择、谈话对象间的距离

二、非语言沟通与语言沟通的关系

（一）非语言沟通与语言沟通的联系

在沟通过程中，非语言沟通与语言沟通常常是相伴而生的，具有密切的联系。

非语言沟通在双方交往场合中能够起到强化和补充语言沟通的作用。如一位经理在介绍工作目标时强调一定要实现目标，这时，他会有力地挥动拳头；当上级拍下属的肩膀时，下属可能会感觉到领导对他的信任，从而下定决心："我一定要好好把工作做好"；当谈到某个方向时，手指会示意着向方向指去；而在道别时，除了语言上表示"打扰您了，我得走了"，还会辅以眼神，可能那眼神在表示："我们的谈话很有趣，有机会我还要和你好好聊"。

在一定的沟通场合，非语言沟通也可能对语言沟通起否定作用。当某人在争吵中处于劣势时，嘴里却颤抖地说道："我怕他？笑话!"事实上，从说话者颤抖的嘴唇上不难看出，他的确感到恐惧和害怕。这说明，当语言信息与非语言信息发生冲突时，非语言信息更能够体现出当事人的内心世界。

而且，非语言沟通可以代替语言沟通。非语言沟通能有效地传递许多用语言都不能传递的信息，并且，作为一种特定的形象语言，它可以产生语言沟通所达不到的交际效果。在日常工作中，我们也都在自觉或不自觉地使用非语言沟通来进行信息的传递和交流，既省去不少口舌，又能达到"只可意会，不可言传"的效果。比如，当经理走进办公室，显出一副伤脑筋的样子，不用说，此前他与上司的沟通效果实在有些不理想。

（二）非语言沟通与语言沟通的区别

非语言沟通和语言沟通虽然有着密切的联系，但两者间也存在着显著的差异，主要表现在以下几个方面。

1. 信息传递的方式

在非语言沟通中，信息的传递主要借助于声音的掌控、肢体姿势的表现和仪容仪表的修饰等形式。因此，在沟通中只要用眼睛观察、用心感受，就能够揣摩和理解对方的情感和意图。比如，可以通过微笑和点头来表示对别人说的内容比较感兴趣；坐立不安或频频看手表可以表示对方对交谈内容缺乏兴趣或者想早些离开沟通现场；可以通过一个人的着装、动作判断他的性格与喜好；可以通过对方的收藏品判断其业余爱好；可以通过对方的表情看出他对朋友的关心程度；可通过约会的地点看出对方对约会的重视程度。

而在语言沟通中，信息的传递主要借助于语言文字，包括口头语言和书面语言。语言沟通对双方来说需要关注其用词和语言逻辑安排。

2. 信息传递的连续性

语言沟通从词语开始并以词语结束，信息传递具有明显的间断性。而非语言沟通却表现出相对稳定的连续性。无论对方是沉默还是在说话，只要他在沟通对象的视线范围内，他的所有动作、表情都传递着非语言信息。比如：在超市里，一个妇女在面包柜台旁徘徊，拿起几样，又放下，还不时地问面包的情况，这表明她拿不定主意；一位顾客在排队，他不停地把口袋里的硬币弄得叮当响，这表明他比较着急；几个小孩试图确定自己的钱能买收银处附近糖果罐中的多少糖果，收银员皱着眉头叹了口气，可以看出她已经不耐烦了。

3. 信息的可控性

对于语言沟通来说，自我们出生以来便在经历着语言表达的训练，我们会用不同的词语去达到一定的沟通目的。因此，语言沟通对我们来说具有较强的可控性。但对于非语言沟通来说，绝大多数非语言信息是本能的、偶然的。而且，我们并没有从教育的角度给予重视，也常常会忽略非语言沟通的表现。因此，在沟通交流中我们往往会不由自主地或不经意地表达出非语言信息。比如控制程度最低的情感反应领域，高兴时会不由自主地跳起来，愤怒时会咬牙切齿。

4. 信息的结构

非语言信息的表现在很多沟通情境中是无意识地发生的，所以它的顺序是随机的，并不像语言沟通那样有确定的语法和结构。如果坐着与人交谈，你会计划你要说的话，但不会计划什么时候跷腿、从椅子上站起来或看着对方，这些非语言动作对应着交谈期间所发生的情形。一种行为在某种场合是否恰当或允许是非语言沟通仅有的规则。例如，在一些正式场合，即使你遇到再高兴或愤怒的事，也不能跳起来，要喜怒不形于色。

第二节　非语言沟通的特点与原则

一、非语言沟通的特点

非语言沟通包含着十分丰富的内容和信息，一个眼神、一个手势、一种表情、一种声调，都能给予一种信息的含义，这表明非语言沟通具有鲜明的特点。非语言沟通的特点主要表现在以下方面。

1. 普遍性与特殊性

非语言沟通的普通性是指非语言沟通作为社会文化继承和发展的产物，许多身体语言、副语言和环境语言为全人类所接受，具有普遍的适用性，为人类的跨文化交流提供了沟通基础。如握手和微笑，对于不同民族、不同地位和不同文化背景的人们来说，它们都代表着一种友好和善意。

非语言沟通的特殊性是指特定的社会和文化群体有不同的文化背景和生活习惯，这就形成了特定含义和风格的非语言沟通。例如，俄罗斯民族有不能用手指东西和指人的习惯，认为说话时指手画脚是缺乏修养的表现，因此俄罗斯人表露自己感情的方式比较矜持。然而，对于西班牙和拉美的人们来说，手部动作、头部动作与表情是加强说话语气的最有效的非语言辅助方式。同在中国，东北人可能更为豪爽，身体动作幅度相对更大一些，而其他一些地方的人可能显得含蓄、内敛。

2. 独立性与伴随性

非语言沟通的独立性是指在没有语言的表达情况下，非语言沟通能够单独地表示出一些意思，如满脸微笑表示高兴、横眉竖眼表示愤怒和敌对、唉声叹气表示忧伤等。即使在语言沟通高度发达的今天，非语言沟通仍能单独地表示一些特定的含义，而这非语言的表现能够弥补语言沟通带来的不便，从而减少沟通中可能会产生的尴尬。

非语言沟通虽然具有一定的独立性，但在人类的沟通过程中，非语言沟通往往起着配合、辅助和加强语言的作用。如它与语言表达的内容、对象、环境相结合，能够更为准确地反映语言沟通所要表达的真正思想和感情，起到传递信息的作用，从而使沟通达到更为显著的效果。

3. 规范性与情境性

非语言沟通的规范性是指非语言的行为表现具有规范性和制约性。这种规范性本身所反映的实质是一种被广泛认同的社会价值取向和对他人的态度。如握手要表现出对对方的尊重，握手时眼睛应注视对方，上身要前倾，必须要让对方能够感应到恰当的力量。假如握手时不遵循这样的规范，则会给对方一种被轻视的想法。再如在商务洽谈中，洽谈双方都会以符合礼仪规范的坐姿形态向对方表示尊重和对洽谈的重视。

非语言沟通的情境性是指非语言沟通应结合当事人所处的情境、环境背景和语言情境进行灵活的运用。只有那些善于将非语言符号与真实环境背景联系起来的人，才能使非语言符号运用得准确、适当。如在 2012 年“8.26”重大交通事故中，作为陕西安监局局长的杨达才却面露微笑出现在交通事故现场，这一非语言信息与现场气氛极不协调。

4. 情感性与态度性

非语言沟通传递给对方的信息含义必然是情感和态度的反映。面部表情、手势、形体动作及使用目光的方式，往往表达着很多的情感和情绪，包括愉快、悲哀、惊讶、恐惧、愤怒和兴趣等。研究也表明，绝大多数人能通过说话声音准确地识别对方所表达的情绪，比如当人比较高兴的时候，声音自然会显得较高亢。同时，非语言信息也表达了你的工作态度。在工作中，态度比能力更有价值。如果你总是表现出烦躁的情绪，尤其是在工作的早期阶段，那么老板就会把你归入“群体外的人”。这样的情绪会导致自身进入不同的工作层次。“群体内的人”获准去做最称心的工作并给予最灵活的工作时间安排，“群体外的人”得到相对辛苦的工作并进行最不称心的工作时间安排。

二、非语言沟通的原则

1. 依据背景来表现非语言沟通

非语言沟通是在一定背景中发生的。正如沟通背景对我们理解语言信息的含义非常重要一样，沟通背景对我们理解非语言信息也是很重要的。收起双臂和身体靠后的姿势，可以在一种情形下表示不感兴趣或厌烦，但在另一种情形下可能表示自省的意思。亨特学院（Hunter College）的约瑟夫·迪维特教授说过：“如果脱离了沟通背景，就不可能判断出任何一种非语言行为是什么意思……在试图了解和分析非语言沟通时，对沟通背景的认知是必需的。”

2. 注重非语言沟通的整体协调

非语言行为经常是配套的。按照多数研究者的看法，非语言行为是配套的或成组的，各种语言和非语言信息往往是差不多同时发出的。身体姿态、视线接触、手臂与腿的动作、面部表情、声调、措辞和节奏、肌肉伸缩以及其他多种非语言交流，都是同时发生的。要孤立地实现一种表现，不考虑所有其他的表现，是很困难的。

3. 遵守规则合理支配非语言沟通

语言学家致力于研究和解释语言的规则。口头的和书面的语言有特定的规则，非语言沟通也是这样。有些非语言行为，如面部表情可以表示悲哀、欢乐、满意、惊讶或悲痛，具有普遍性。也就是说，这些表现对所有人都是一样的，无论你生在哪里，长在哪里，在

哪儿受教育。但是，大部分非语言行为是学来的，是我们生长环境中的文化产物。我们应该遵守民俗习惯、社会行为规范等规则来合理支配非语言沟通，因为，一个动作或手势在不同的文化里所表示的意思可能完全不同。例如，“把拇指和食指联结起来形成一个圆圈”，在北美表示一切都很好，但在拉丁美洲却是一种侮辱人的手势。

4. 确保非语言沟通的可信度

人际交往和管理工作讲究的是相互间的信任，只有在信任的前提下我们才能拥有真诚的朋友，才能让管理工作具有高效性。非语言沟通作为人际交往和管理工作中必不可少的信息传递方式，要求能够以相互信任的姿态来表现非语言沟通。而且，研究人员已经发现，我们很久以前就知道：人们很容易相信非语言行为，即使其与语言信息表示的是相反的意思。当一位雇员思考主管所提问题的答案时，目光很快地闪开或注视地板，人们就会怀疑他在说谎。例如，在沟通中，我们不能隐瞒许多非语言行为，尽管我们可令人信服地写出或讲出一些不真实的话，但是，我们要做出假的或欺骗性的非语言行为非常困难。

5. 强化非语言的“元沟通”

Meta communicational 的 meta 来自希腊语，意思是“随同、关于或在其中”。因此，“元沟通”是关于沟通的沟通，是一种意识形态层面的东西，要求我们从意识认知上能够加强对非语言沟通的认识，并以此来强化非语言沟通的修炼。你在沟通中所表现的行为，实际上就是沟通本身。非语言沟通发生在沟通过程中，你的面部表情显示出你对一顿饭的感觉如何；你的握手、声调和视线接触，说出了你对刚才见过的这个人是怎么想的。对于这样反馈的信息要能够让对方感觉到我们所持有的真实感情。

第三节　非语言沟通的基本技巧

非语言沟通在一定程度上是一种无意识的表现形态，当这种无意识的表现形态潜移默化为习惯时，它就可能会对双方的沟通产生阻碍作用。因此，商务沟通者可以有意识地去矫正和修炼非语言沟通。非语言沟通技巧主要包括对身体语言的掌控和对环境语言的把握。

一、身体语言沟通技巧

（一）肢体语言

肢体语言包括具有传递信息功能的人们的躯体、四肢动作、姿势以及身体之间、身体和物体之间的触摸等。掌握不同的肢体语言表达的含义是沟通得以顺利开展的重要保证。如果不对各种肢体语言进行细致分析，我们就不能理解或解释肢体语言这种沟通形式的复杂性。

1. 手部语言

手势是身体动作中最重要、最明显的部分，因此，手部语言也就成了肢体语言中最核心的部分。演员、政治家和演说家通常会通过训练使自己有意识地利用一些手势来加强语气，而在一般的人际沟通过程中，许多手势都是无意识的。

从手势的含义和作用来看，手的动作可分为指示手势、摹状手势和抒情手势三种。第一，指示手势，是用来指示具体对象，指示出视觉可及范围内的事物和方向，便于通过视觉形象感受到具体事物。在商务交往过程中，当接待人员要向对方介绍己方人员时，接待人员会用手掌指示被介绍者，使对方能够清楚地认识被介绍者并掌握他的基本情况。第二，摹状手势，主要是用模拟的方式，给对方一种形象可感的印象，摹状手势具有具体性和象征性。具体性的手势要比画事物的大小、形状、方向；象征性的手势是根据说话内容，做出相应的动作，以启迪听众的思维，触发对方心理上的联想。例如，表示“我们要节约每一个铜板”时，用拇指和食指围成一个圆圈，代表“铜板”。在介绍不在眼前的产品时，可以通过具体性的手势比画出产品的形状和大小加深对方的感性认识。第三，抒情手势，是用来表达说话者喜、怒、哀、乐的强烈情感，使之形象化、典型化。我们常见到在诗歌朗诵会上，朗诵者在朗诵结束时，为了具体地表现丰富的感情，加强对听众的感染力，会做出两臂前伸，然后慢慢举过头顶的抒情手势，达到语言所不能达到的效果。

事实上，手势并没有固定的模式。个人的习惯不同，讲话的具体情况不同，沟通双方的情绪不同，手势动作也就不同。采用何种手势，都要因人、因物、因情、因事而异，总的来说，不同的手势有不同的含义。

（1）手指。将拇指和食指做成一个圆形时，表示的意思是“好”；而拇指与食指、中指相擒，则是一种“谈钱”的手势；将食指和中指做成V字形，并将手掌朝向他人时，表示的意思为“胜利”（这个手势原来是英国前首相温斯顿·丘吉尔先生所用的，但它很快传遍了全球）；把食指垂直放在嘴边意味着“嘘”（别出声）；食指伸出，其余手指紧握，呈指点状，这种手势表示教训、镇压，带有很大的威胁性；双手相握或不断玩弄手指，会使对方感到你缺乏信心或拘谨；十指尖相触，撑起呈塔尖式，表示自信或耐心，若再伴之以身体后仰，则显得高傲；十指交叉表示控制沮丧心情的外露，有时这种手势表示敌对和紧张情绪；双手合十表示诚意；以手捋发表示对某事感到棘手，或以此掩饰内心的不安；手指弯曲握成拳状则表示愤怒或激动。

（2）手掌。判别一个人是否诚实的有效途径之一就是观察他讲话时手掌的活动。人们一般认为，敞开手掌象征着坦率、真挚和诚恳。小孩子撒谎时，手掌藏在背后；成人撒谎，往往将双手插在兜内，或是双臂交叉，不露手掌。常见的掌语有两种：掌心向上和掌心向下。前者表示诚实、谦逊和屈从，不带任何威胁性；后者则表示压制、指示，带有强制性，容易使人们产生抵触情绪。比如，当会议进行得很激烈时，有人为了使大家情绪稳定下来，做出两手掌心向下按的动作，意思是说“镇静下来，不要为这一点小事争执了”。

（3）搓手。冬天搓手掌，是防冷御寒。平时搓手掌，正如成语“摩拳擦掌”所形容的跃跃欲试的心态，是人们表示对某一事情结局的一种急切期待的心情。运动员起跑前搓搓手掌，期待胜利；在商务谈判中这种手势可以告诉对手或对手告诉你在期待着什么。

（4）背手。手握手的背手，代表一种至高无上、自信甚至狂妄的态度；一个人极度紧张、不安时，常常背手，以缓和这种紧张情绪。学生背书时，双手往后一背，的确能缓和紧张情绪。如果伴以俯视、踱步，则表示沉思。若是一手握另一手的腕、肘、臂的背手，则成为一种表示沮丧不安并竭力自行控制的动作语言，暗示了当事者心绪不宁的被动状态。而且，握的部位越高，沮丧的程度就越高。

（5）双手搂头。将双手交叉，十指合拢，搂在脑后，这是那种有权威、有优越感或对某事抱有信心的人经常使用的一种典型的高傲动作。这也是一种暗示所有权的手势，表明当事者对某地某物的所有权。若是单手或双手抱头并俯视，表示沉思、沮丧或懊恼。如若

双手（或单手）支撑着脑袋，或是双手握拳支撑在太阳穴部位，双眼凝视，这是惯有的一种有助于思考的手势。

（6）手臂。双臂交叉于胸前，这种姿态暗示一种戒备、敌意和防御的态度；双臂展开表示热情和友好；双手插裤袋表示冷淡或孤傲自居；招手表示友好。

2. 头部语言

头部动作也是运用较多的身体语言，而且头部动作所表示的含义也十分细腻，需根据头部动作的程度，结合具体的条件来对头部动作信息进行判断。

（1）点头。点头这一动作可表示多种含义，有表示赞成、肯定的意思，有表示理解的意思，有表示承认的意思，还有表示事先约定好的特定暗号等。在某些场合，点头还表示礼貌、问候，是一种优雅的社交动作语言。

（2）摇头。摇头一般表示拒绝、否定的意思。在一些特定背景条件下，轻微的摇头还有沉思的含义和不可以、不行的暗示。

3. 肩部语言

耸肩膀这一动作外国人使用较普遍。由于受到惊吓，一个人会紧张得耸肩膀，这是一种生理上的动作。另外，耸肩膀还有"随你便"、"无可奈何"、"放弃"、"不理解"等含义。

4. 脚部语言

脚的动作虽然不易观察，但却更直观地揭示对方的心理。挑衅时双腿挺直，厌烦或忧郁时双腿无力，兴奋时手舞足蹈。抖脚表明轻松、愉快；跺脚表明兴奋，但在愤怒时也会跺脚。脚步轻快表明心情舒畅；脚步沉重说明疲乏，心中有压力等。双脚呈僵硬的姿势表示紧张、焦虑；脚和脚尖点地表示轻松或无拘束。

双腿交叉时，一般情况下是为了舒服。有些情况则不同。例如在谈情说爱的场合，若女的坐在一旁，双臂交叉，双腿相搭，就证明她内心不愉快；还有一些人常用一只手或双手掰住一条腿，形成一种"4"字型的腿夹，这暗示当事人顽固不化的态度；又如一些女性，喜欢将一只脚别在另一只腿的部位，这是一种加固防御性的体态，表示她害羞、忸怩或胆怯。

（二）姿态语言

一个人的身体姿势能够表达出是否有信心、是否精力充沛。通常人们想象中精力充沛的姿态是：挺胸收腹、肩膀平而挺直、下巴上提、面带微笑、眼睛里充满着必胜的信心。姿态语言的信息传递形式主要是走姿、站姿和坐姿三种。

1. 走姿

走路的姿势最能体现是否有信心。走路时，身体应当保持正直，不要过分摇摆，也不要左顾右盼，两眼平视前方，两腿有节奏地交替向前、步履轻捷不要拖拉、两臂在身体两侧自然摆动。正确的走路姿势要做到轻、灵、巧。男士要稳定、矫健，女士要轻盈、优雅。如果你的工作要求你经常出入别人的办公室，你要养成随手带些材料或者夹个文件夹的习惯，这不仅不会让你的手空着，反而会表现出你讲求效率的形象，会得到同事和领导的赞许。

2. 站姿

站立的姿态体现了个人的道德修养、文化水平以及与他人交往是否有诚意。站立时，身躯要正直，头、颈、腿与地面垂直；眼平视前方，挺胸收腹，整个姿态显得庄重平稳，

切忌东倒西歪，耸肩驼背。站立交谈时，双手随说话内容做一些手势，但不要动作过大，以免显得粗鲁。在正式场合，站立时不要将空手插入裤袋里或交叉在胸前，更要避免一些下意识的小动作。如摆弄手中的笔、打火机、玩弄衣带、发辫等，这样不仅显得拘谨，给人一种缺乏自信、缺乏经验的感觉，而且也有失仪表的庄重。良好的站姿应该给人以挺、直、高的感觉，像松树一样舒展、挺拔、俊秀。

3. 坐姿

在坐姿方面，要做到尽可能舒服地坐着，但不能降低自己的身份，从而影响正常交流。如果笔直地坐在一张直靠背椅上，你的坐姿会显得僵硬。最好的方式是将身体的某一部位靠在靠背上，使身体稍有些倾斜。当你听对面或旁边的人谈话时，你可以摆出一种轻松的而不是紧张的坐姿。你在听别人讲话时，可通过微笑、点头或者轻轻移动位置，以便清楚地注意到对方的言辞方式，来表明你的兴趣与欣赏。当轮到你说话时，你可以先通过手势来吸引对方的注意力，强调你谈话内容的重要性，然后，身体前倾，变化语调，配合适当的手势来强调你想强调的论点。面试时，应试者如果弓着背坐着，两臂僵硬地紧夹着上身，两腿和两只脚紧靠在一起，就等于对面试者说“我很紧张”。同样，如果应试者懒散地、两脚撒开地坐着，说明他过分自信或随便，也会令人不舒服。

（三）面部表情

面部表情语言主要是通过眼睛、眉毛、嘴、鼻、脸等的动作、姿态所传递的信息。美国学者巴克经过研究发现，光是人的脸，就能够做出大约25万种不同的表情。在交际过程中，交际双方最易被观察的“区域”莫过于面部。人的基本情感及各种复杂的内心世界都能够从面部真实地表现出来。与人说话，求人办事，请人帮忙，无一不需注意对方的“晴雨表”——脸色，可见面部表情对于有效沟通的重要性。

1. 眼睛

眼睛是心灵的窗户，它能够传神地表达出人的内容情感，具有很强的交流功能和感染力。有经验的说话者都很注意恰当而巧妙地运用自己的眼神，借以充分发挥口才的作用。如果一名管理者说话不善于用眼神传情，总是呈现出一双无表情的眼睛，就会给听众一种呆滞麻木的感觉，无法引起听者的注意，有损于语言的表达。眼睛的语言表现主要体现在注视、盯视、扫视、斜视和闭眼等视线交流与眼睛动作中。

(1) 注视。行为科学家们认为只有在相互注视到对方的眼睛时，彼此的沟通才能建立。在沟通中保持目光接触非常重要，甚至有的民族对目光接触的重视远远超过对语言沟通的信赖。在阿拉伯国家，阿拉伯人告诫其同胞“永远不要和那些不敢和您正视的人做生意”。在美国，如果你应聘时忘记看着主考官的眼睛的话，就别想找到一份好工作。加拿大人、澳大利亚人以及其他很多西方人认为：沟通时目光的直接接触传递的是一种诚实、真诚和坦率的信息。一般来讲，商务工作者说话时，目光要朝向对方，适度地注视对方的脸和眼，不要仰视天上，不要俯视地面，也不要不停地眨眼或者用眼角斜视对方。

1) 注视的时间。注视的时间对双方交流的影响十分重要。有时，和有些人谈话会令你感到舒服，有些人则令你不自在，甚至看起来不值得信任。这主要与对方注视的时间长短有关。当然，这也要区分不同性别之间的交流和同性之间进行交流的情况。当一个人不诚实或企图撒谎时，他的目光与你的目光相接往往不足全部谈话时间的三分之一。如果某个人的目光与你的目光相接超过三分之二的时间，那就可以说明两个问题。第一，认为你

很吸引他，这时他的瞳孔是扩大的；第二，对你怀有敌意，向你表示无声的挑战，这时他的瞳孔会缩小。在商务活动中，若想与别人建立良好的关系，你和对方的目光相接累计应达到50%～70%的时间，只有这样，才能得到对方的信赖和喜欢。相反，若你在交谈时眼睛不看着对方，那你自然很难得到对方的信赖和喜欢；异性之间进行交流时，不论是男性还是女性都不可长时间地注视对方。即使必要的注视也不能太咄咄逼人或太放肆，眼光必须是诚恳的、善意的。

2）注视的部位。根据注视的部位及所表达的含义，可以将注视分为三种类型。第一，公务注视。这是洽谈业务、磋商交易和贸易谈判时所用的注视部位。眼睛应看着对方额头上的三角地区（“△”以双眼为底线，上角顶到前额）。注视这个部位，显得严肃认真、有诚意。在交谈中，如果目光总是落在这个三角部位，你就把握住了谈话的主动权和控制权。这是商人和外交人员经常使用的注视部位。第二，社交注视。这是人们在社交场所使用的注视部位。这些社交场所包括鸡尾酒会、茶话会、舞会和各种类型的友谊聚会。眼睛要看着对方脸上的倒三角地区（“▽”，以两眼为上线，嘴为下顶角），即在双眼和嘴之间，注视这个部位，会造成一种社交气氛。第三，亲密注视。这是男女之间，尤其是恋人之间使用的注视部位。眼睛看着对方双眼和胸部之间的部位，恋人这样注视很合适，对陌生人来说，这种注视就有些不自然了。

3）注视的方式。眨眼是人的一种注视方式。眨眼一般每分钟5～8次，若眨眼时间超过一秒钟就成了闭眼。在一秒钟之内连眨几次眼，是神情活跃，对某物感兴趣的表示（有时也可以理解为由于怯懦羞涩、不敢正眼直视而不停眨眼）；时间超过一秒钟的闭眼则表示厌恶、不感兴趣，或表示自己比对方优越，有蔑视或藐视的意思。这种把别人扫出视野之外的做法很容易使人厌恶，这种人是很难与之沟通的。

（2）盯视。在人们的日常生活交往中，长时间盯视显示出它的特殊功能和意义。

1）爱憎功能。亲昵的盯视可以打破僵局，使谈话双方的目光长时间相接。若在公共汽车上对异性死死盯视，则可能伤害他（或她），引起对方的不悦。

2）威吓功能。长时间盯视对方还有一种威吓功能。警察对罪犯、父母对违反规矩的孩子，常常怒目而视，形成无声的压力。

3）补偿功能。两个人面对面交谈，一般的规矩是说者看着对方的次数要少于听者，这样便于说者将更多的注意力集中到要表达的思想内容上。一段时间后，如果说者的视线转向听者，这就是暗示对方可以讲话。

4）显示地位功能。如果地位高的人与地位低的人谈话，那么，地位高的人投于对方的视线，往往多于对方投来的视线。

（3）扫视与斜视。扫视常用来表示好奇的态度，侧视表示轻蔑的态度。在交际中过多使用扫视，会让对方觉得你心不在焉，对讨论的问题没兴趣；过多使用斜视会给对方造成敌意。

（4）闭眼。长时间的闭眼会给对方以孤傲自居的感觉。如果闭眼的同时，还伴有双臂交叉、仰头等动作，就会给对方以故意拉长脸、目中无人的感觉。

2. 眉毛

眉毛的信息传递主要体现在眉毛的形态和运动上。眉毛形态是指眉毛的粗细、浓疏，浓粗眉毛的人表现出积极、个性强等性格特点；细疏眉毛的人则相对表现得比较消极，工作主能性不强。眉毛的运动包括挑眉、耸眉、闪眉和皱眉。挑眉表示的是一种怀疑的表情，也可能是心情兴奋；耸眉表示的是悲伤、惊恐和惊讶；闪眉代表的是一种赞同、兴奋和激动的内心情感；皱眉表示当事人正在思索或对对方表示讨厌。

3. 鼻

虽然鼻子很少表现，而且大多用来表现厌恶、戏谑之情，但用得适当也能使话语生辉。比如愤怒时，鼻孔张大、鼻翼翕动，感情会表达得更为强烈。在管理活动中，当你内心对某事感到不满时，应理智地处理它，或委婉地说出来，千万不能向对方皱鼻子。

4. 嘴

嘴的表情是通过口型变化来体现的。鄙视时嘴巴一撇；惊愕时张口结舌；忍耐时紧咬下唇；微笑时嘴角上翘；气急时嘴唇发抖等。

5. 脸

如果你认真地对待某事，你会微蹙额头；如果你脸部肌肉放松，表明你遇到令人高兴的事情。

6. 微笑

在非语言沟通中，微笑是一种很常见但却很有效的沟通方式。微笑对他人有着一种心理学上所说的“移情”的效用。正如俗话所说，“笑有传染性”。微笑的作用是巨大的、多方面的，它能够向对方展现出你的友好和真诚，能够拉近人际间的距离，能表现出对对方的尊重。微笑是一颗“灵丹”，把它运用到日常工作中会带来意想不到的成功。正是因为如此，不少企业，特别是在服务业，非常看重对员工的微笑培训，让他们学会以微笑面对顾客。

善于交际的人在人际交往中的第一个行动就是面带微笑。一个友好、真诚的微笑会传递给别人许多信息。微笑能够使沟通在一个轻松的氛围中展开，可以消除由于陌生、紧张带来的障碍。同时，微笑也显示出你的自信心，能够使沟通达到预定的目标。真心和诚实的微笑就像一个“魔力开关”，能立即沟通与他人的友好感情。

微笑的培养可以先从面对镜子开始。面对镜子，回忆一些你确实喜欢的、令人愉快的事，然后得体地让这种感受呈现在你的脸上，心里想着今天你会碰到许多快乐的事情，你说服了你所拜访的每一个人，并与你所遇到的每一个人进行了成功的交往。凭这些想象酝酿出良好的感觉，然后把它们表现出来。镜子中的微笑练习会帮助你形成善意的、真诚的微笑。因为这使你能正确地调整情绪，做出真诚的微笑动作，而不是虚假的微笑。那种假装微笑的人，虽然做出了微笑的动作，但由于不是出于内心的真实感情，给人的印象只能是虚伪的，甚至让人看到了皮笑肉不笑的效果，因此仍然得不到真诚的感情交流。

【小贴士】

1957 年，美国心理学家爱斯曼做了一个实验，他在美国、巴西、智利、阿根廷、日本五个国家选择被试者。他拿一些分别表现喜悦、厌恶、惊异、悲惨、愤怒和惧怕六种情绪的照片让这五国的被试者辨认。结果，绝大多数被试者“认同”趋于一致。实验证明，人的面部表情是内在的，有较一致的表达方式。因此，面部表情多被人们视为一种“世界语”。在面部表情中，应该特别注意眼、脸部肌肉、眉的变化。

在日常生活中和一般的商务交往中比较常见的面部表情有挑衅的、傲慢的、厌烦的、不满的、着迷的、高兴的、震惊的、惊讶的、怀疑的、沾沾自喜的、同情的和气馁的。每一个面部表情所代表的意思会在对方用言语表达内心感受之前更加正确地传达给接收者。在商务谈判中，如果一方的谈判人员面无表情的时候也是其心理活动最难捉摸的时候，这时会使谈判的另一方得不到信息反馈而不知所措，也是谈判最难进行下去的时候，最后可能不欢而散。

(四) 服饰语言

俗话说："佛靠金装，人要衣装。"穿着打扮可以反映一个人的精神面貌、文化素养和审美水平，同时也反映出其地位、归属、遵循的规范等。由于它给他人留下的是至关重要的第一印象，因此，穿着打扮对于社会交往活动能否顺利进行和取得成功，有很大关系。

1. 服装

在现代的沟通中，服装的作用已超越了最基本的遮羞避寒功能，更重要的是向别人传递属于个人风格的信息。

一般来说，选择服装要遵循三个原则：第一，符合年龄、职业和身份；第二，符合个人的脸型、肤色和身材；第三，符合时代、时令、场合。服装可以分为制服、职业装和休闲装等。制服是最专业化的服装形式，它表明穿着者属于某一特定的组织。最常见的制服是军装，军装告诉人们着装者在军队中所处地位以及与他人的关系。职业装是企事业单位为员工提供的特定服装，它是企事业单位形象识别系统的重要组成部分。休闲装是工作之余的穿着，这种服装的选择权属于个人，所以休闲装相对而言更能够表现人的个性。

服装色彩搭配要求和谐、美观，否则就会给人不悦之感。选择适当颜色的服装，对于调整心理状态和改善会见气氛非常重要。服装色彩搭配有两种有效的方法，即亲色调和法和对比色调和法。亲色调和法是一种常用的配色方法。这种方法要求将色调相近似、深浅浓淡不同的颜色组合在一起。如深绿与浅绿搭配、浅红与深红搭配等。对比色调和方法的特点是在服装色彩搭配上以其中一种颜色衬托另外一两种颜色，各种颜色不失各自特色，相映生辉。三种颜色对比搭配，如红黄蓝、橙绿紫等。在着装颜色搭配上，切忌上下身都采用鲜明的颜色，否则会显得很刺眼，令人不舒服。如果你决定穿深蓝色的西装去参加一个重要会议，可以选择一条颜色稍浅点的领带和白衬衫，因为深蓝色的西装与高档的白衬衫相配，看起来最有力量。在西装袖口，还要露出衬衫袖口的金边，金边袖口将闪现出友好的火花。

2. 服饰

服饰穿着是一门艺术，不仅适应人的生理与心理需要，而且反映一定的文化修养水平。服饰在人的整体装束中至关重要。一件得体的服饰好似画龙点睛，使你更加潇洒飘逸。穿着服饰有三点要求：与服装相协调、与人相协调、与环境气氛相协调。

领带和领结被称为西装的灵魂，选择时应下一番工夫。在正式场合穿礼服时，可配以黑色或白色领结。蝴蝶结在运动场上或比较轻松的场合里大受欢迎，打上蝴蝶结参加社交活动给人的感觉就会不严肃。

男士的腰带分工作和休闲两大类。工作中应用黑色和棕色皮革制品为佳。而配休闲服装的腰带，只要漂亮就可以。腰带的颜色和式样不宜太醒目。女士系腰带应考虑同服装相配套，还要注意体型问题。如是纤细柳腰，系上一条宽腰带，会楚楚动人。如腰围太粗，可系一条环扣粗大的腰带，使腰带的环扣成为瞩目的焦点。

眼镜选配得好可使人显得儒雅端庄。方脸人要选大圆框、粗线条的镜框，圆脸人宜选四方宽阔的镜框，而椭圆形脸最适合选框型宽阔的眼镜。在室内不要戴黑色等有色眼镜，如遇眼疾不得而为时，应向主人说明。

女性手提包应套在手上，不要拎在手里，手包大小应与体型相适应。男士在公务活动中的公文包应以黑色、棕色上等皮革的为好。女士用的钱夹可以随手携带，或放在提包里。男士的皮夹只能放在西装上衣内侧口袋里。

3. 化妆

化妆有悠久的历史，往往可追溯到原始民族。古埃及妇女在三千年前已懂得装饰卷曲头发，并且在眼、脸部擦油以防止被太阳炙伤；新几内亚的原始部落亦擅长化妆，人们把身体涂得红红绿绿，是流行的习惯。

化妆是一种身体语言，是对皮肤的延伸。化妆的范围应集中在面部，目的是重整面部焦点的特征，例如单眼皮变双眼皮，细小的眼睛变大的眼睛、扁平的鼻子变高耸的鼻子、青白的面色变得红润……如一位女士精心打扮，除了令自己更好看、更健美，还“告诉”你三件事：第一，她肯花时间在化妆上，而时间就是金钱，所以她的社会地位并不简单；第二，她的化妆品是昂贵的，这反映了她的财富；第三，她与其他同样精心化妆的人是同一属群，“她们”是特别的一群，与其他人不同。

【阅读资料】

黑色衣服更显野蛮

根据两名康奈尔大学心理学家的研究显示，身着黑色球衣使足球运动员或曲棍球运动员在赛场上的表现看上去更为野蛮。

1970—1986 年，28 个全国足球联盟队所受裁罚的记录表明，12 个受处罚最多的球队中，有 5 个队的制服以黑色为主色调。同样，这 17 年间 3 个受罚最多的全国曲棍球联盟队运动员也身着黑色。

上面的发现促使心理学家对黑色衣着进行了一系列实验：将两盘足球比赛的录像带放给由球迷和裁判组成的小组观看。一盘带子上，防卫者身穿黑色球衣；另一盘上，防卫者穿白色球衣。观众认为虽然动作相同，但身穿黑色球衣的运动员比身穿白色球衣的运动员更具“攻击性”，也较肮脏。

心理学家推测：由于着黑色装的人往往给人以更具攻击性或更野蛮的感觉，这样一来，这个着黑色装的人也就变得更具攻击性。

二、环境语言沟通技巧

（一）空间位置

空间在这里是指两位沟通者之间的空间距离。通过控制双方的空间距离进行沟通，称

为空间沟通。而空间距离又包括位置、距离和朝向三个方面。

1. 位置

位置在沟通中所表示的最主要的信息就是身份。你去拜访一位客户，在他的办公室会谈，他让你坐在他的办公桌的前面，表示他是主人，他拥有控制权，你是客人，你要照他的安排去做。开会时，积极坐在最显眼位置的人，表明他希望向其他人（包括领导）显示自己的存在和重要性。宴请的位置也很讲究主宾之分，东道主坐在正中，面对上菜方向，他的右侧的第一个位置给最重要的客人，他的左侧的第一个位置留给第二重要的客人，其他客人、陪同人员以东道主为中心，按职务、辈分依次落座。由此可见，位置对于沟通双方的心理影响是非常明显的。

2. 距离

爱德华·霍尔是《无声的语言》和《隐蔽的一面》这两本有关“非语言沟通”的经典著作的作者，他为空间和距离的研究创造了“空间关系学”这一术语。通过观察和访谈，霍尔发现，北美人在与他人沟通时利用四个层次的距离：亲密距离、私人距离、社交距离和公共距离。

(1) 亲密距离。在亲密距离范围内，人们相距不超过 0.5 米，可以有意识地频繁地相互接触。适用对象为父母、夫妻或亲密朋友等。母亲和婴儿在一起时，抱着他、抚摸他、亲吻他，或者把他放在腿上。亲密距离存在于我们感到可以随意触摸对方或交流重要信息的任何时候。

当无权进入亲密距离的人进入这个范围时，我们会感到不安。如果在拥挤的公共汽车、地铁或电梯上，人们挤在一起，他们处在我们的亲密距离内，我们通过忽视对方的存在或不与对方进行目光接触来应付这种情况。因而我们即使不能在身体上也要能在心理上保护自己的亲密距离。

(2) 私人距离。在私人距离范围内，人们相互距离为 0.5～1.2 米，这是我们在进行非正式的个人交谈时经常保持的距离。这个距离允许人们与朋友或熟人随意谈话。同时也可以提醒或者阻隔陌生人进入自己的亲密距离之内。当在交谈中和对方的关系有一定进展时，也能给对方接近自己的机会。

(3) 社交距离。当对别人不很熟悉时，最有可能保持一种社交距离，即 1.2～3.5 米的距离。它适用于面试、社交性聚会和访谈等非个人事件，而不适用于分享个人的东西。

每当我们利用社交距离时，相互影响都变得更为正规。因为在社交距离范围内，已经没有直接的身体接触，说话时，也要适当提高声音，需要更充分的目光接触。如果谈话者得不到对方目光的支持，他（或她）会有强烈的被忽视、被拒绝的感受。这时，相互间的目光接触已是交谈中不可或缺的感情交流形式了。

(4) 公共距离。公共距离，即一种超过 3.5 米的距离，通常被用在公共演讲场合。在这种情况下，人们说话声音更大，手势更夸张。这种距离上的沟通更正式，同时人们互相影响的机会极少。

研究不同距离的意义在于：距离的不同表达了不同的意思。例如，如果你将“社交距离”改为“亲密距离”，你很可能会使对方感到不自在甚至误解，因为你没有传递任何距离变化的信息。但如果你将“亲密距离”改为“社交距离”，对方会立刻感到你在疏远（或是拒绝）他/她。你可能从未这样想过，但是，你选择何种距离以及在此之后所做的任

何变化都会无形中传递多种信息。

3. 朝向

朝向即交际主体调整自己相对于对方的角度。朝向可以分为以下四类：

(1) 面对面的朝向，即交际双方面部、肩膀相对，这种朝向通常表示着一种不愿让正在进行的交际活动被打断的愿望，同时也显示了双方要么亲密，要么严肃甚至敌对的关系。人们在讨论问题、协商、会谈、谈生意或争吵时往往都自觉不自觉地选择这种朝向。

(2) 背对背的朝向，它与面对面的朝向完全相反，所表示的否定的含义不言而喻。

(3) 肩并肩的朝向即两肩部成一直线，朝向一致。较亲密的人在随意的场合下喜欢采取这种方式。

(4) V形朝向，即两人以一定的角度相对。

肩并肩的朝向和V形朝向，既可以表示双方维持交际的兴趣，又显示出该兴趣比面对面的朝向略为减弱了。

4. 影响空间距离的因素

人们谈话时应保持什么样的距离、办公室应该多大以及该如何装修、会议室内应安放什么样的会议桌——圆形的、椭圆形的或是其他形状，所有这些及其他相关方面内容均与空间有关，而空间的构成则完全根据个人的地位及彼此间的关系不同来决定。管理者必须知道，在不同场合中什么样的空间行为是合适的，因为这些行为举止在形象管理中十分重要。

(1) 地位的影响。空间的利用通常表现出地位上的差异，我们只要看一看办公室的大小就能发现。譬如在美国以及一些亚洲国家，办公室越大，显示出主人在企业中所处的地位越高。一些办公室经常安放着大甚至非常大的办公桌。它们不仅使办公室看上去更气派，更重要的是：它们形成了“缓冲带”——与来访者保持距离。从某种意义上讲，这些大办公桌是一个“减访桌”——减少来访者与主人间的沟通。而一般员工则是共用办公室。

当两人之间地位差距拉大时，那他们之间的沟通距离也会随之增加。虚的地位差距和实的空间距离往往使员工们在心理上留下印痕，保持与领导的距离。这就是为什么很多员工尽量不和其经理接触的原因所在。

现在许多企业已经意识到距离因素扩大了地位所产生的影响，因此尽力去缩小它。管理层开始主动解决这个问题，努力缩小与员工的心理距离。例如，当一位下属来到总经理办公室时，这位总经理可以从其办公桌后面走过来，并且和这位下属坐在同一个沙发上。经理也可以直接到一线工人那里，和他们一起讨论某一问题的解决办法。有时候，还会和其员工共进午餐，或是参加其生日聚会。实践证明，这样的行动不仅有效地改善了管理层和下属的关系，而且还有益于增进员工们的自豪感和士气。这就是越来越多的企业正朝着这一方向努力的原因。

(2) 个性的因素。与性格内向的人相比，性格外向的人在与他人接触时能保持较近的沟通距离；与缺乏自信心的人相比，自信心强的人在与别人接触时，沟通距离也较近。

(3) 人与人之间的亲密程度。通常，人们总希望与自己熟悉的同伴或好朋友保持较近的距离，而尽量远离陌生人。因此，空间距离也成为亲密程度的一种标志。当与他人初次见面时，我们会保持社交距离甚至公共距离；只有在比较熟悉后，我们才被允许进入他们的私人空间。当然，即使是亲密的朋友，如果在正式场合，也不能再保持亲密距离，而应该保持社交距离或私人距离。

（二）环境布置

1. 办公室布局与陈设

对于办公室来说，最明显的评价是办公室的大小及装潢风格。一些组织对办公设备作了明文规定，办公桌的尺寸大小取决于权力的大小。而办公室的大小取决于职位的高低。在工作中，用明文规定的形式易于执行，也易于理解。除了尺寸大小外，人们也会对办公室家具的风格加以评价，包括窗户和视野、材料的质地（木头的还是铁的）、布局（杂乱的还是有序的）及配备情况（计算机、秘书）。观察者认为用红木或橡木桌子的人比用铁桌子的人重要，除了日常办公家具以外，他们还会根据画品、墙饰和花木等作出判断。有的办公室规章则禁止员工把他们自己养的花草带到办公室。

除了尺寸大小和风格，家具的陈设也影响沟通，并成为沟通含义的一部分，不管这是有意的还是无意的。管理者会离开办公桌、圆桌或一些舒服的椅子，试图直接去沟通，这会消除物理屏障或心理屏障，那些仍待在桌子后的管理者则保留了屏障。

2. 房间颜色搭配

研究显示，办公环境的颜色影响着员工和顾客的心理和感情。颜色易被看见，也能被感受到。红色、橙色、黄色会产生侵略性刺激，人们所处房间的地板、墙壁、天花板和家具如果是鲜艳的色彩，会使人血压增高，心跳加快，并增加脑部活动。冷色调会使人的生理器官正常活动，如蓝色具有镇静的效果，而淡绿色则让人觉得安详平和。

【案例 3－1】

惠普的敞开式办公室

美国惠普公司创造了一种独特的“周游式管理办法”，鼓励部门负责人深入基层，直接接触广大职工。

为达到此目的，惠普公司的办公室布局采用美国少见的“敞开式大房间”，即全体人员都在一间敞厅中办公，各部门之间只有矮屏分隔，除少量会议室、会客室外，无论哪级领导都不设单独的办公室，同时不称头衔，即使对董事长也直呼其名。这样有利于上下左右通气，创造无拘束和合作的气氛。

单打独斗、个人英雄的闭门造车的工作方式在现今社会是越来越不可取了，反而团队的分工合作方式正逐渐被各企业认同。管理中打破各级各部门之间无形的隔阂，促进相互之间融洽、协作的工作氛围是提高工作效率的良方。

不要在工作中人为地设置屏障进行分隔，敞开办公室的门，制造平等的气氛，同时也敞开了彼此合作与心灵沟通的门。

对于一个企业而言，最重要的一点是营造一个快乐、进步的环境：在管理的架构和同事之间，可以上下公开、自由自在、诚实地沟通。

案例点评：不同的环境布置可以创设更好的沟通环境，在这一点上，惠普做得很成功，从而拥有了特殊的沟通氛围。

（三）时间控制

时间本身不具有语言的功能，不能传递信息，但是人们对时间掌握和控制却意味着一定的含义。在职业生活中，人们往往会以时间来传递某种信息和态度。比如开会时早到、迟到或中途退场，往往对向会议召集者表达了自己对会议的态度，当然迟到本身也包含着不礼貌的信息。

本 章 小 结

非语言沟通在沟通中具有非常重要的作用和地位，人们往往会有意识或无意识地展现出各种非语言信息，如面部表情、手势、站立姿势和说话的语气语调等，这些都能够真实地反映出其内心想法，为正确把握和处理沟通中的关系提供信息支持，为作出合理决策提供基础。

非语言沟通技巧的修炼主要从肢体语言、姿态语言、面部表情、服饰语言和环境语言等方面来进行，非语言沟通的正确运用能够展现出沟通者更好的感染力和形象力。

思 考 练 习

1. 非语言沟通的含义是什么？它包括哪些基本类型？
2. 非语言沟通与语言沟通有什么关系？
3. 要提高自身的非语言沟通能力可从哪些方面进行修炼？

案例分析

风景秀丽的某海滨城市的朝阳大街，高耸着一座宏伟的楼房，楼顶上“远东贸易公司”六个大字格外醒目。某照明器材厂的业务员金先生按原计划，手拿企业新设计的照明器材样品，兴冲冲地登上六楼，脸上的汗珠未擦一下，便直接走进了业务部张经理的办公室，正在处理业务的张经理被吓了一跳。“对不起，这是我们企业设计的新产品，请您过目。”金先生说。张经理停下手中的工作，接过金先生递过的照明器，随口赞道：“好漂亮啊!”并请金先生坐下，倒上一杯茶递给他，然后拿起照明器仔细研究起来。金先生看到张经理对新产品如此感兴趣，如释重负，便往沙发上一靠，跷起二郎腿，一边吸烟一边悠闲地环视着张经理的办公室。当张经理问他电源开关为什么装在这个位置时，金先生习惯性地用手搔了搔头皮。好多年了，别人一问他问题，他就会不自觉地用手去搔头皮。虽然金先生作了较详尽的解释，张经理还是有点半信半疑。谈到价格时，张经理强调：“这个价格比我们预算高出较多，能否再降低一些?”金先生回答：“我们经理说了，这是最低价格，一分也不能再降了。”张经理沉默了半天没有开口。金先生却有点沉不住气，不由自主地拉松领带，眼睛盯着张经理，张经理皱了皱眉，“这种照明器的性能先进在什么地方?”金先生又搔了搔头皮，反反复复地说：“造型新、寿命长、节电。”张经理托辞离开了办公室，只剩下金先生一个人。金先生等了一会，感到无聊，便非常随便地抄起办公桌上的电话，同一个朋友闲谈起来。这时，门被推开，进来的却不是张经理，而是办公室秘书。

思考：请用非语言沟通的知识对金先生的商务活动进行分析。

第四章　倾 听 的 艺 术

导入案例

德第蒙德先生的亲身经历

世界服装行业最大的毛料供应公司——德第蒙德尼龙公司的创始人德第蒙德先生一直很清晰地记得与一位“特殊”客户的交往经历。

有一天早上，一位怒气冲冲的客户闯进了他的办公室，因为德第蒙德公司信用部接连给他发了好几封催款函，要求他归还拖欠的15美元。尽管他不承认有这笔欠款，但德第蒙德公司知道确实是他错了，所以坚持要他还款。在收到最后一封催款函之后，这位客户来到了芝加哥，怒气冲冲地闯进德第蒙德的办公室。下面就是他们的对话。

德第蒙德：“你好，汉尼，你怎么来了？”客户：“太过分了！我不但不会支付那笔钱，而且今后再也不会订购你们公司的任何货物。”德第蒙德见对方火气很大，就没说话，而是面露微笑地静听着。“我和你们做了这么多年的生意，竟然还会欠你们15美元……我可不是一个喜欢赖账不还的人！”在客户发牢骚的过程中，德第蒙德虽有好几次都想打断对方作解释，但他知道那样做并不能解决问题，所以干脆让对方尽情发泄。当客户怒气消尽，能够静下心来听取别人意见时，德第蒙德才开始平静地说：“你到芝加哥来告诉我此事，我应该向你表示感谢。你帮了我一个大忙，因为我们信用部如果让您感到了不愉快的话，那么他们同样也可能会使别的顾客不高兴，那对我们来说可真是太不幸了，一定是我们的工作方式出了问题。所以，你一定要相信我，我比你更想听到这件事。”对方怎么也没有料到他会这样说，本来是想和德第蒙德大吵一番，可是德第蒙德不仅没有和他争吵，反而表示感谢，这大大出乎意料。德第蒙德明白地告诉客户说：“我们要勾销那笔15美元的账，并忘掉这件事。因为你是一个很细心的人，而且只是涉及这一份账目；而我们的员工却要负责几千份账目，所以和我们的员工相比，你更不会出错。”这么一说，客户就更不知如何回答德第蒙德了。

德第蒙德又告诉客户：“我十分清楚你的感受，如果我是你，我也会和你一样的。既然你以后不想再买我们的产品，我就再给你推荐其他几家公司如何？”客户感到更不好意思了，就没说什么话。以前每当这位客户来芝加哥时，德第蒙德总是要请他吃饭，所以那天他照例请这位客户吃午餐。客户勉强答应了。但是当德第蒙德回到办公室时，为了回报德第蒙德的宽厚对待，这位客户订购了比以前多出许多倍的货物，然后平心静气地回去了。返回后，这位客户又特意检查了一遍他的账单，结果却找到了那张15

美元的账单，原来是自己弄错了，他更加感受到了德第蒙德的善解人意与宽厚的胸怀。于是，他立即给公司寄来了一张 15 美元的支票，并向德第蒙德表达歉意。从此以后，这位客户成了德第蒙德的朋友和忠诚的客户，后来，这位客户生了一个男孩，他就为儿子取名叫德第蒙德。

德第蒙德给所有的推销员上了非常生动的一课：即使你能肯定客户百分之百是错的，但是一旦客户坚持他们没有错时，那么你不妨耐心地去倾听，给他们发泄和抱怨的机会，等他们平静下来后，再推心置腹地给予同情和合理的答复，就像德第蒙德那样去做，这不但可以消除客户的抱怨，还能赢得客户，使他们最终成为你的忠诚客户。

案例点评：该案例说明了商务沟通过程中倾听的重要性，德第蒙德用自己特有的沟通方式告诉员工，有时耐心的倾听比“精彩”的发言更重要。在顾客怒气冲冲抱怨的时候，过多的解释有时无济于事，甚至会造成不可估量的损失。沟通时讲究技巧、设身处地地站在客户的角度思考问题有时会取得意想不到的理想结果。

知识要求

1. 掌握倾听的含义，注重掌握倾听的主动性。
2. 了解倾听的基本类型与重要意义。
3. 了解倾听的过程、主要障碍和克服倾听障碍的策略。
4. 熟悉有效倾听的基本技巧与肢体语言的运用。

第四章 倾听的艺术

关键术语

倾听　障碍　策略　效果　肢体语言

在商务沟通的过程中，善于表达固然十分重要，然而，懂得倾听有时比会说更重要。“最有价值的人不是那些最能说的人，而是那些最善于倾听的人。”用心倾听对方的声音，其实是对对方最好的关怀和体贴。即便倾听者在沟通中一时未能改变他人的想法，但却能够赢得对方的心，并最终在长期沟通中处于相对较有利的地位。因而，要想在商务沟通中从容面对，要想在商务沟通中有效胜出，在沟通中学会有效倾听十分必要。可以这么说，善于倾听是商务沟通取得成功的捷径。

第一节 倾听是一种艺术

一、倾听的概念与分类

1. 倾听的概念

倾听是商务沟通与谈判中非常重要的概念，是有效沟通的重要组成部分。只有懂得倾听，沟通双方才能获取互相需要的信息。为了更好地理解倾听的含义，我们首先要善于区

分“倾听”与“听”。

将“倾听”简单理解成“听”，是一种危险的误解。倾听与听是两个互相联系而又有区别的概念。听是与生俱来的一种生理感受或者生理本能，是人体听觉器官对于外界声音的接收与捕捉。相对于外界信息与信息传递者而言，信息的接收者的被动性十分明显。只要接收者的听觉器官是完善的，只要你不刻意去改变或者转移环境，你不得不听。

倾听以生理意义上的“听”为基础，并且是一种特殊形态的“听”。倾听在一定程度上超越了“听”的被动接收信息的特点，更多体现为积极和有意识的听觉与心理活动。倾听是一个能动性的过程，是一个感知信息并对信息加以处理而能动地反映自身思想的过程。大凡成功的商务沟通者都是主动倾听和善于倾听的人。

信息接收者除了积极而主动地进行信息接收外，还将对信息进行一定的思考、理解并作出反馈。在倾听过程中，不仅有听觉器官的感知，还有视觉器官也在专注地听，是眼、耳、心的一种综合性行为。倾听需要沟通者集中注意力，全身心投入。由此可知，闭上眼睛只有耳朵的听不能称为倾听，随心所欲不能集中注意力的听也不能称为倾听。沟通者在交流的过程中不仅要用听觉器官“耳朵”仔细获取语言信息，用视觉器官“眼睛”观察对方手势、体态和面部表情等非语言信息，还要用中枢指挥系统“大脑”分析对方各类信息并进行有效的分析与判断。

而且，倾听比单纯的听更加注重感情投入和相应的沟通礼仪。倾听者在接受和理解对方情感流露的同时，需要对说话者的面部表情和其他情感作出反馈，及时表达同情或其他情绪。在这样的基础上，双方的互动感更为强烈，也更容易营造一种相对亲切与真实的良好沟通氛围。双方在商务沟通的互动中需要特别注重肢体语言等的作用。

国际倾听协会对倾听的定义为：倾听，是接受口头和非语言信息、确定其含义和对此作出反应的过程。有学者提出，倾听就是用耳听、用眼观察、用嘴提问、用脑思考和用心灵感受的过程。[1]

基于以上理解，我们可把倾听定义为：充分运用耳朵、眼睛和大脑等器官，对沟通对方思想、信息进行有意识有情感的主动接受和理解并作出反应的综合性沟通行为。

2. 倾听的主要类型

（1）根据人们在倾听时投入程度的不同，可分为随意的倾听、专心的倾听和全神贯注的倾听。全神贯注的倾听强调思想集中性、分析的综合性和细节的重要性，注重信息理解的有效性，在商务谈判、进度计划的沟通等方面经常运用。只有全神贯注的倾听才能“听懂”对方的意思，正确理解对方的观点与感受。专心的倾听类似于全神贯注的倾听，注重信息的主要内容与细节，但涉及内容相对简单或具体，信息往往属于娱乐性或趣味性的内容。专心的倾听不仅能听到对方的话语，还能进行复述但不一定能够正确了解对方本意或真实意思。随意的倾听也称“社交性倾听”，相对较为普遍，其目的在于愉悦或消磨时光。随意性倾听时人们往往听到的是更加符合自己意思和口味的内容。

（2）根据注意力集中的重点不同，可分为侧重于人、侧重于时间、侧重于行动和侧重于内容的倾听。侧重于人的倾听指的是听者更关注对方情感的传递并主动寻求共同兴趣并

[1] 许肖辉．倾听是一种艺术．北京：北京工业大学出版社，2009.9，P51.

对其情感作出反应。在侧重于时间的倾听中，听者更愿意高效率短时间地进行交流，并且会让对方知道自己有多少沟通时间。在侧重于行动的倾听中，沟通者更加关注相对准确、没有错误的信息，对于相对混乱和明显有所差错的信息缺乏耐心甚至出现反感情绪。侧重于内容的倾听指的是倾听者更喜欢复杂、充满乐趣与挑战的信息，对感情不够敏感。见表4-1。

表4-1　　倾听在沟通时间中所占比例

项　目	撰　写	阅　读	言　谈	倾　听
比例（%）	9	16	30	45

二、倾听的重要意义

1. 倾听有助于提高商务沟通的成功率，便于管理者作出正确决策

无论是组织管理者还是经常从事商务沟通实务的人员，经常遇到需要其做决策的场合。能否基于真实信息作出有效决策关系到组织的生存与发展。他们能否注重深入各种商务沟通场合，善于倾听，及时收集第一手的生动而丰富的材料，直接影响决策的有效性与科学性。“兼听则明，偏听则暗”，倾听是信息爆炸时代科学决策的重要法宝。

2. 倾听有助于融洽沟通双方的人际关系，获得友谊和信任

无论从组织内部还是外部沟通的角度看，认真倾听对方的信息意味着对他方的尊重与关心，使对方产生被重视或者被鼓励的感觉。认真听取各种意见是一种有效的管理途径。耐心地倾听可减少对方的防范意识，可明显改善人际关系，给对方留下良好的印象。良好的倾听可以获取对方的足够信任，提高彼此的认同感，减少许多不必要的争端。不善于倾听的沟通者往往会形成沟通与其他工作上的障碍，久而久之则会造成日渐疏远的倾向。

3. 倾听有助于在沟通中发现机会，有效实现组织和个人发展

研究表明，人们在工作和生活中，平均有40%的时间用于倾听。善于倾听的组织领导可以从下属、同事那里获得很多重要信息供自身思考和决策，善于倾听的员工同样可以从高层或者主管领导那里捕捉很多发展的机会。这些都将直接影响组织的管理水平与成效，从而影响组织业绩。沟通中的倾听者可以提高思考力、想象力以及客观分析能力，可以在组织发展的同时有效实现个人发展。

4. 倾听有助于获取商务沟通信息，保证信息的及时性和完整性

在当前信息社会中，如何能在第一时间获取有用的完整信息，对商务活动至关重要。尽管报刊、文献资料对获取信息也很重要，但相比之下实时的倾听具有更大的时效性，并且可以设身处地地感知对方感情并据此推断对方性格、目的与诚恳程度。倾听也是彼此相互启发的过程，会激发双方更多的发言欲望，使双方沟通得以更顺畅地延续，为有效决策奠定基础。

5. 倾听有助于善言，更有利于在特定场合说服对方

“只有善听才能善言”。如果沟通者不善听，或总是急于发表言论而无心深入思考他人的观点，商务沟通很难获得好的结果。只有善听，才能更好地听清对方本意，更清晰地发现对方的出发点与弱点，从而为自己说服他人寻找契机。倾听也是解决异议和处理问题的好方法。互相听取对方观点意味着他们能够对他人的观点有更多较好理解的机会，不然交

谈难以合拍。而且，“言多必失”、“沉默是金”也再次说明，有效倾听可以在一定意义上掩饰自身的弱点，这也是己方在遇上不便直接回答或者考虑不成熟的问题时应对他方的最好方法。

第二节 倾听的过程与障碍

一、倾听的过程

为了更好地加强倾听效果，努力克服造成倾听障碍的主要因素，我们要对倾听过程有个清晰的认识。倾听是一个能动性地对沟通对方思想、信息进行有意识有情感的主动接受和理解并作出反应的综合性沟通行为。该过程主要分为五个阶段，分别是感知信息、选择信息、组织信息、解释或理解信息、作出倾听反应。其中相互联系相互影响的五个阶段中任何一个阶段出现问题，都会造成倾听在一定程度上呈现无效性，具体分析如下。

1. 感知信息

感知信息指的是人们各种感官对于信息发出方所传递信息的基本知觉过程，这是倾听的第一步。在这个阶段，倾听者不仅需要用听觉器官感知对方的语言信息，也要善于用视觉等感知对方的非语言信息，这是一个多种感官共同作用的综合过程。对方在发言时的“手舞足蹈”、“眉飞色舞”等非语言信息或者眼神、嘴角等动作一定程度上都在表达一定的心理状态，值得倾听者很好地感知。

2. 选择信息

即便是不存在任何的倾听障碍，我们也不可能强求对方所有的信息为我们接受。也就是说，由于倾听者的判断、理解等原因，或者人们的知识经验等因素，倾听者在感知信息后会对其中的一部分信息表示特别的关注与兴趣，显示了倾听者对于信息的选择性。事实上，这是倾听者对于信息的一种明显过滤。同时，人们对于信息具有完全集中注意力的时间很有限（通常只有 20 秒），也会导致注意力的分散，从另一个角度意味着倾听者对于信息的选择。

3. 组织信息

倾听者对信息作出有效选择后，往往会对信息进行识别、记忆与分析，并在此基础上对杂乱无章的信息进行适当的分类，浓缩那些相对冗长的信息，扩充相对简略的信息，以便更好地为下一阶段服务。

4. 解释或理解信息

在该阶段，倾听者主要基于自身大脑储存的知识、经历与经验等对经过组织与整理的信息进行评价，并通过判断和推断获得对信息的解释与理解。其中，精彩的评价是智慧的集中体现，表达了更多的艺术性与灵活性。

5. 作出倾听反应

在有效倾听的最后环节，倾听者将会对经过解释或者理解的信息作出反应，或者作出反馈。这有利于双方明确信息是否得到清晰和明确的表达，促进沟通过程的发展。

二、倾听的主要障碍

结合沟通与倾听的过程可知，沟通方面的障碍主要来自环境因素、信息发送者以及信息接收者三个方面，而倾听作为沟通的一个重要环节，障碍主要来自两大因素：环境因素以及倾听者本身的因素。

（一）来自环境因素的主要障碍

环境对倾听的影响是显而易见、理所当然的。来自环境因素的倾听障碍是造成倾听障碍的最常见的原因之一，环境因素主要通过干扰信息传递过程造成信息的失真、扭曲或者影响沟通者的心境起作用，即环境因素从客观因素和主观因素两大方面影响倾听。其中，主观因素主要指的是谈话者的心情、性格、衣着、谈话人数等，客观因素主要包括谈话场所的选择、环境布置、光线强弱、噪声大小、气候状况、温度高低以及座位安排等。

例如，沟通环境的嘈杂或者压抑会影响沟通的效果，沟通环境布局的杂乱会影响沟通者的心情，在办公室或聊天休闲场所同样问西服样式问题会造成不同的沟通效果。

造成倾听障碍的环境因素主要有环境的封闭性、环境的氛围、对应关系。其中，环境的封闭性与对应关系属于客观因素，环境氛围属于主观因素。

1. 环境的封闭性

环境的封闭性指的是谈话场所的空间大小，有无遮拦设施，光照强度（暗光给人更强的封闭性），有无噪声等干扰因素。环境的封闭性影响信息在传递过程中损失的概率及人们的注意力。例如，安静的环境信息更容易传递，倾听的效果也更好。暗光则因为更多的封闭感而对聆听效果产生影响。

2. 对应关系

对应关系指的是倾听者与说话者的人数对应性，包括一对一、一对多、多对一和多对多四种类型。对应关系的差异导致沟通者产生不同的心理角色、心理压力和注意力集中度。商务活动中，一对一的对应关系更显角色的重要性，沟通时有一定的压力感，注意力相对集中。相比之下，演讲过程中的听众会认为自己不够重要，压力小，注意力欠集中。如果是提问者众多而发言者只有一位的多对一的情况，倾听者则明显地处于全神贯注的状态。

为了防止各种不同环境因素障碍对倾听的影响，更好地加强商务沟通中倾听行为的有效性，我们有必要熟悉各种环境类型特征（表 4－2）。

表 4－2　　环境类型特征及倾听障碍源*

环境类型	办公室	会议室	现场	谈判	讨论会	非正式场合
封闭性	封闭	一般	开放	封闭	封闭	开放
氛围	严肃 认真	严肃 认真	可松可紧 较认真	紧张 投入	轻松 友好 积极投入	轻松 舒适 散漫
对应关系	一对一 一对多	一对多	一对多	多对多	多对多 一对多	一对一 一对多

续表

环境类型	办公室	会议室	现场	谈判	讨论会	非正式场合
主要障碍源	不平等造成的心理负担，紧张，他人或电话打扰	对在场他人的顾忌，时间障碍	外界干扰，事前准备不足	对抗心理，说服对方的愿望太强烈	缺乏从大量散乱信息中发现闪光点的洞察力	外界干扰，易走题

* 胡介埙．商务沟通原理与技巧．大连：东北财经大学出版社，2011.7，P110.

3. 环境的氛围

环境氛围是环境的主观性特征。它主要在心理接受定式方面影响倾听效果，亦即环境氛围会影响沟通者心态的开放性、接受知识的容易程度以及看待和处理信息的方法等。善于沟通的高手会设法营造环境氛围的角度使沟通者的心理接受定式发生一定的变化。例如，沟通时环境氛围的温馨和轻松更有利于倾听者能够拥有更好的沟通情绪，在一定程度上更愿意接受对方的建议，也更容易认可对方的观点。

(二) 来自倾听者本身的主要障碍

在商务沟通的倾听过程中，倾听者具有举足轻重的作用。因而，除了环境因素对倾听效果产生障碍外，倾听者本身也是倾听障碍的重要来源。倾听者对于信息的理解能力、理解信息的情绪与态度都直接影响倾听效果。因而，倾听者要在积极营造良好沟通环境的前提下，力争以最好的精神状态与态度面对发言者。

来自倾听者的主要障碍包括两大类。

1. 倾听者理解能力造成的倾听障碍

很显然，倾听者的素质如信息理解与接受能力将会影响倾听效果。而倾听者的信息理解与接受能力往往与其知识水平、文化素质、职业特点与生活阅历直接相关。“对牛弹琴”是倾听者理解能力问题造成倾听障碍的最典型的例子。

2. 倾听者情绪与态度造成的倾听障碍

除了理解能力外，倾听者的态度是造成倾听障碍的重要因素。而且，可能造成倾听障碍的倾听者态度有很多种类型，具体如下：

(1) 急于发言。“我们都倾向于把他人的讲话视为打乱我们思维的烦人的东西。”美国一位参议员这样说道。在商务活动中，多数人喜欢主动发言并把倾听看作一种被动行为，呈现喜欢发言的倾向。即便是在双方沟通场合的倾听环节，人们也会在别人未说完或者自己远还没有听懂对方信息的情况下，“积极”地打断对方，导致影响对方发言情绪，造成倾听障碍。这样的倾听习惯自然将影响沟通活动的质量。

(2) 排斥异议。“良药苦口利于病，忠言逆耳利于行。”尽管大家都认可此话的含义，但在商务沟通过程中，多数人往往比较喜欢听和自己意见相对一致的语言，喜欢和自己持有相同观点的人进行更多的沟通，而对不同意见则往往是置若罔闻。其实，这样的做法恰恰会错过许多通过交流获得重要信息的机会，或者会对所听到的信息作出错误理解。并且，持有这类观点的沟通者不可能怀有较好的沟通心理而使得注意力相对不够集中。因而，排斥异议将导致产生选择性倾听，观点的不同或者持有偏见是倾听的重要障碍。

(3) 用心不专。“身在曹营心在汉”，是对沟通者在商务沟通中呈现三心二意、心不在焉特征的写照。由于倾听者看起来身在现场但心思却远在其他场合，其在倾听过程中就不

可能较完整或较全面地接受和理解对方信息，很容易造成信息的失真或者扭曲。造成用心不专的原因是很多的，包括内在因素（持有偏见、思想僵化、缺乏信任、身体不佳以及年龄等）和外在因素（环境的噪声等）。这是倾听者最常见的障碍之一。

（4）心理定势。在商务活动中，人们的沟通不可避免地受自身不断积累的经验及以前一直作用于大脑的环境所左右。因而，在一定程度上，人们的思想都会有偏见。在这样的背景下，根深蒂固的心理定势与成见也就自然将对倾听者的态度产生影响，此时的倾听者很难拥有相对冷静和客观的态度接受说话者的信息，从而影响倾听者的倾听效果。在跨文化商务沟通过程中，偏见的存在十分明显，也在很大程度上影响着涉外商务沟通活动。

（5）先入为主。在行为科学中，先入为主又称“首因效应”，指的是进行社会直觉过程中对象最先留下的印象会对以后的社会直觉产生重大影响。在倾听过程中，倾听者对发言者最先提出的观点印象比较深刻，并且会将其与自身的初始猜测与判断加以比较。如果在比较之下双方观点比较悬殊，倾听者会产生一定的抵触情绪并呈现不愿耐心继续听下去的行为倾向，造成一定的倾听障碍。

（6）思维厌倦。由于思考速度相对讲话而言速度更为快捷（据统计：前者至少是后者的 3～5 倍，我们每分钟可说出 125 个词，但可以理解 400～600 个词），人们在沟通中时不时地会体现一定的厌倦情绪，尤其是对方谈及的内容有些枯燥乏味或者比较空洞时，倾听者的厌恶情绪将直接导致拒绝接受发言者的信息。这种不良的倾听习惯很难使倾听者处于积极接收和处理信息的良好状态，直接影响倾听效果。另外，情绪的焦虑和紧张也会造成一定程度的厌倦，造成倾听障碍。

（7）消极的身体语言。在日常的商务沟通中，经常可以发现有一些沟通者会有东张西望、双手抱拳、跷二郎腿或者用手不断敲打桌面的“丰富”的肢体语言行为。这样的一些看起来相对消极的身体语言事实上已经给对方释放出明显的沟通信号，那就是倾听者已经有点不耐烦，他已经没有耐心继续听发言者继续表达观点，因此敏感的发言者会采取停止发言或者匆匆收尾的沟通行为，从而大大降低沟通的质量。

（8）生理因素。由于倾听中包含感知成分，因而倾听的效果也受到听觉和视觉器官的限制。很显然，听觉器官的有所缺陷会使得沟通变得比通常更为困难，视觉器官的有所缺陷也会使得倾听者未能更好地感知对方丰富的肢体语言等，这些都会造成商务沟通受到一定的制约，从而明显影响倾听效果。此外，身体的相对疲惫或者有疾病也是生理因素造成的倾听障碍。当人们处于精力旺盛阶段时（一般而言，早上七点半到十点半是精力最旺盛的阶段），倾听效果相应会更好。而当人们身体疲惫、精力处于低潮时（中午十一点到下午一点是人们精力的低谷时间），倾听的效果会明显打折扣。人们深患疾病或者暂时的身体不适也会成为影响倾听效果的干扰因素。

（9）选择与过滤倾向。在倾听过程中，经常会出现一些倾听者以自我为中心，对信息具有明显的选择与过滤倾向，即常常会选择自己喜欢听的内容来听而对那些不喜欢听的内容采取明显的排斥态度。这就导致倾听者对信息具有明显的取舍或者典型的过滤行为，造成倾听者获取信息的不完整或者具有明显的片面性。这样的倾听倾向最终会使得倾听者无法正确完整地理解说话者的真实意图。

（10）观念或文化差异。在涉外商务活动过程中，观念的差别与文化的差异特别明显。如果双方不能很好地了解对方观念的主要特色以及对方民族的文化内涵，倾听者在倾听时

无形中会受到观念和文化差异的制约。这些差异会导致倾听者在沟通过程中具有一定的沟通困难，不可避免地对倾听行为造成障碍。

以上所介绍的环境因素和倾听者自身因素是造成倾听障碍的主要因素。此外，说话者也会造成倾听障碍，其主要原因是说话者信息质量的低下，具体体现在说话者不善于表达、不愿意表达或者说话者由于自身情绪等问题导致其未能及时发出有效信息。

三、克服倾听障碍的策略

从引起倾听障碍的主要因素出发，此处讨论的策略也主要基于环境因素造成的障碍以及倾听者自身因素造成的障碍。

(一) 努力克服环境因素造成的倾听障碍——积极营造良好的倾听环境

营造良好的倾听环境，一在于有效选择，二在于努力营造。从有效选择角度，我们要遵循时间适宜和地点适当策略。从努力营造角度，我们则需要实施氛围平等策略，具体分析如下。

1. 时间适宜策略

时间适宜策略具有两方面的含义：一方面体现在我们要为沟通与倾听过程在早晚选择上选择有利于倾听的时间段，另一方面体现在倾听时间长短的选择上。例如，一般情况下，人们在早晨的工作效率相对较高，中餐后相对会显得有些疲倦，倾听时间段的安排明显将会影响倾听的有效性。而倾听时间的长短与沟通内容的复杂程度以及沟通目的的综合性密切相关。沟通双方需要考虑沟通时间的充分性等细节，切忌在比较匆忙的时间节奏下试图完成较好的沟通。

2. 地点适当策略

除了时间选择的适宜性外，地点的适当性对于倾听效果的影响也不言而喻。从产生倾听障碍的角度看，地点选择的不适当而产生的场所嘈杂、喧嚣等必然会对双方沟通造成影响。除了沟通地点造成的干扰外，沟通双方还要注重沟通场所的家具摆放与位置的合理安排等问题。具体而言，家具的摆放不应对彼此的行走造成妨碍，位置的安排不应影响沟通过程中彼此的眼神交流，以免影响倾听过程中非语言信息的充分获取。

3. 氛围平等策略

在选择好时间与地点的基础上，具有良好的沟通氛围更多体现在彼此沟通地位的平等上。无论是严肃庄重的工作氛围，还是轻松愉快的联欢场合，我们始终要遵循平等、信任和相互协调的基本策略，使沟通双方不会在无形中形成地位的悬殊而导致倾听的障碍，从而影响倾听效果。

(二) 努力克服倾听者自身因素造成的倾听障碍——努力养成良好的倾听习惯

在沟通双方积极营造良好的倾听环境的前提下，只有倾听者努力养成良好的倾听习惯，倾听的效果才不至于大打折扣，才会更大程度地实现有效倾听。具体策略如下。

1. 集中注意力以排除内在干扰

倾听者在排除外界环境的干扰外，还要时刻提醒自己要尽力克服自身的内部干扰，以便集中注意力，准确、正确、完整地接受信息。漫不经心、三心二意的倾听方式将会严重影响倾听效果。

2. 以开放的心态与姿态面对

之所以存在很多与倾听者自身因素相关的倾听障碍，其中很大程度上与倾听者的心态与姿态有关。其中包括心理定位、晕轮效应、移情效应、首因效应等对倾听者心态造成的不良影响，也包括因为个人随意判断等形成的肢体语言的"不和谐"的信息表露。

3. 以适时适度提问作出及时反馈

有效反馈是有效倾听的表现。商务沟通中要营造所谓的"乒乓效应"，是指倾听者要适时地提出一些切中要害的问题或发表一些意见、感想以作为响应。这是沟通和谐进行的基本要求，也更能让沟通走向深入。

4. 使用和观察丰富的肢体语言

对发言者是否抱有浓厚的兴趣还是一开始就有些无所谓，是否在专心听取对方发言还是经常处于漫不经心的状态，这些经常会体现于丰富的非语言表达过程中。因而，要提高倾听的效果，倾听者就要善于培养倾听兴趣，通过得体的身体语言表达沟通态度和兴趣，及时运用眼神、面部表情等给予适时反馈。另外，在对发言者肢体语言进行细致观察的情况下，我们可以发现更多有用的信息。

5. 克服急于发言的不良习惯

无谓地打断对方的发言是不够有礼貌和社交涵养不够的体现。即便是在对方表达有所错误的情况下，马上打断对方发言而修正其中内容也是一种不好的倾听恶习。激进的个性和不周的礼貌是不利于有效沟通的。带有明显批评和纠正的话语对沟通氛围明显具有破坏作用。发言要掌握好节奏，倾听者要尽可能在一个意思表达完整或者有所暗示时适时适度插话，也要改变"恭维对方的话对方一定高兴，此类话语不需要考虑恭维的时间与时间长短"的错误观点。过于频繁或者过长的反馈会干扰对方思维的连贯性，既会降低沟通效率，还会招致对方的反感。

此外，适当记录、积极配合对方、克服以自我为中心、培养有效的倾听特质等都是倾听的良好习惯，值得我们在更多的商务沟通中逐步形成。

第三节　有效倾听的基本技巧

有效的倾听要求倾听者不仅要积极努力地接受和理解交流的内容，还要有效支持和鼓励对方畅所欲言，保障谈话的顺利进行。提高倾听的效果需要贯彻在倾听的各个环节，每个环节都有不同的技巧。

一、有效倾听的基本技巧

（一）感知信息阶段的倾听技巧

该阶段是倾听的第一阶段，其主要目的在于运用各种感官感知说话者信息，这就要求倾听者能够综合运用多种感官准确、完整、正确地接受信息。要达到这样的目的，首先，倾听者要尽可能带着目的去倾听，做到"准确"获取信息。例如，沟通前可以问自己"我为什么要与对方沟通"、"我想从对方那里获得什么信息"等问题，便于重点突出，也有利于后续阶段对相应信息的有效重组。其次，倾听者要全身心地投入该沟通过程，做到"完整"地接受信息。也就是说，倾听者在该过程中既要用耳朵认真听取内容本身，注意把握

对方发言的语速、语调和语气，还要运用眼睛等和对方保持目光交流，传达必要的思想与情感。再次，倾听者要尽可能适应对方的沟通风格，尽力排除内外部干扰，尽可能做到“正确”地接受信息，以免产生抵触情绪而影响倾听效果。语速的快慢、高低音的差别等都会在谈话者与倾听者之间产生差异，倾听者要注意调整自身的节奏，力求与说话者保持相同的频率。内外部的干扰会影响倾听者在重要的交流时刻不能集中注意力，较难掌握沟通的要点。

（二）选择信息阶段的倾听技巧

在准确、完整、正确地感知较全面的信息后，倾听者就要对信息进行全面有效的选择。在这个阶段，倾听者既要做到重点突出，又要做到不过多地因为自身的选择习惯而遗漏重要的信息。其中，倾听者以一种特有的胸怀面对说话者的信息很重要。在沟通中，倾听者要善于以一种海纳百川的姿态面对不同的信息，不轻易排除异议，不随意对那些不想听的内容采取明显的排斥态度或者随意丢弃一边。同时，开放的心态也不至于在不经意中忽视重要的沟通信息。其实，开放的心态与开放的动作是一致的。恰当的相对开放的肢体语言，表达了倾听者诚意的态度，也提醒自身注意听讲，切实把握信息重点。

（三）组织信息阶段的倾听技巧

信息的组织主要在于倾听者对信息进行识别、记忆与分析。为达到良好的识别、记忆与分析的效果，保持良好的精神状态、适时对那些与今后行动相关的内容有所记录，既能加深沟通印象，又能保证信息的准确性供随后需要时参考。

（四）解释或理解信息阶段的倾听技巧

要做到正确地解释或者理解信息，倾听者要做到以下几点。

1. 善于换位思考

在日常沟通中，不少商务沟通仅仅出于自身角度思考问题，因而时不时地造成沟通的不和谐。如若人们能多从对方角度、地位和背景等出发，试着进入对方的内心世界而感知问题和进行决策，沟通或许将变得格外顺利。如设身处地地思考问题，将会达到将心比心的效果，能促进沟通双方改变异议，纠正偏见，使双方取得更好的沟通效果。

2. 克服思维定式

思维定式以及一些成见必然会影响我们对说话者信息的理解，使得我们对于信息的解释不够客观，这是我们在倾听过程中要努力避免的。或许由于以往的经历曾经让彼此有所熟悉，或许对方的穿着和行为方式为我们所不屑一顾，但我们要努力克服偏见，不带过多的思维定式思考和分析问题，否则在一种“不欣赏”或者“讨厌”对方的情绪中倾听是不可能取得良好的效果的。

3. 善于理解“弦外之音”

良好的倾听效果既要求倾听者注意把握对方的语言表达，也要求倾听者注重在把握语言表达的同时善于“品味”丰富的肢体动作所传递的信息。有时，动作比语言更有效，有时非语言行为与本身要表达的语言有一定的抵触性。因而，倾听者要善于判断语言信息与非语言信息的一致性，思考语言传递的信息是否是说话者的本意，还要结合具体行为背景了解其真实的意图与内容。

（五）作出倾听反应阶段的倾听技巧

倾听反应阶段具有多种技巧，具体如下。

1. 适时适度提问

在谈话中，插话是不够礼貌的行为。然而在双向沟通中，只是由一人连续不断地发言会使沟通索然无味。因而，倾听者在沟通中适时适度地就相关问题进行提问不仅不失礼，反而十分有必要。提问既可以表示关注对方，也可以对发言者做出一些引导；提问既可以更加明确一些没有听清或者需要强调的内容，也可以因此而建立感情，表达诚意。因而倾听者要适时适度插话。适时指的是提问时机的把握，既要做到不随意提问影响对方思路而造成急于发言的感觉，也要避免话题过长才加以提问而造成提问过迟的印象。适度指的是提问的内容、数量、语气和方式的适度。漫无边际的提问将会偏离沟通主题，延误沟通时间，从而未能达到预期的沟通效果。过多的提问会使多方感到厌烦，问题过少会让对方觉得你没有深入思考甚至怀疑倾听者的合作诚意。提问的语气要注意与表达的内容相吻合，克服意气用事。同时倾听者在提问时需要考虑问题的开放性。如果只是想对方做出明确的是非答案，倾听者选取封闭式提问更为合适。

2. 积极给予反馈

有效的倾听要求倾听者及时作出反馈，这对激发对方以较大热情发言很有好处，不然会变成“对牛弹琴”。反馈首先体现为语言上的有效附和，表明我们在认真倾听，让对方感受到我们的真诚和自身受到足够的关注与尊重。反馈还将体现为丰富的肢体语言，如眼神与面部表情。眼睛是心灵的窗口，目光接触体现了倾听者的关注与真诚，期盼在一种“诚恳”的氛围中沟通信息。长时间的目光接触会让对方觉得不自然，间隔循环的目光接触是相对自然的目光交流。倾听者的面部表情也不时向对方传递很多的信息。倾听者肯定性的点头传递着对对方的内容感兴趣并有所赞赏，迷惑不解的神情向对方传递一种需要说话者及时调整语言方式的必要性。另外，不时看手表、玩弄钢笔、翻动无关资料等明显在表达着对对方的发言不感兴趣或者有所厌倦的信息。

【案例 4－1】

“调解员”以同情心面对凶狠的客户

某个电话公司曾碰到过一个凶狠的客户，这位客户对电话公司的有关工作人员破口大骂，怒火燃烧，威胁要拆毁电话，他拒绝付某种电信费用，说那是不公正的，而且写信给报社，向消费者协会提出申诉，到处告电话公司的状。电话公司为了解决这一麻烦，派了一位最善于倾听的“调解员”去见这位难缠的人。这位调解员静静地听着那位暴怒的客户大声地“申诉”，并对其表示同情，让他尽量把不满的情绪尽情地全都发泄出来。3 个小时过去了，调解员非常耐心地静听着他的牢骚，此后，还两次上门继续倾听他的不满和抱怨。当调解员第四次上门去倾听他的牢骚时，那位顾客已经完全平息了怒火，而且把这位调解员当作好朋友一样地看待了。最后，这位凶狠的客户终于变得通情达理，付清了所有该付的费用，还撤销了向有关部门的申诉。调解员利用倾听技巧，友善地疏导了暴怒顾客的不满，不但解决了矛盾，

而且成为了顾客的朋友。

案例点评：倾听是分层次的：忽视地听、假装地听、有选择地听、全神贯注地听以及有同情心地听。该案例中最善于倾听的“调解员”充分运用倾听技巧，全神贯注地倾听客户的抱怨，并且富有同情心地听客户述说，终于感动了顾客，取得了理想的倾听效果。

二、有效倾听中肢体语言的运用

肢体语言，又称身体语言、动作语言，指的是借用人体动作、表情、姿势、着装等表达特定的思想与态度。作为非语言信息的一种，它不仅是倾听信息的重要内容，而且会促进倾听者对语言信息的接受与理解。而且，肢体语言是非语言沟通形式中最复杂、最丰富也是使用最频繁的重要形式。

1. 眼神

倾听是眼、耳、心等的综合行为，倾听中必然包含感情因素的介入。通过视觉器官，我们可以捕捉对方的很多非语言信息。同样的，倾听者要注意运用眼神表达真诚，表达我们在关注对方。这也是良好倾听氛围的重要体现。因而，在倾听过程中，我们要保持眼神接触，注重眼神交流对倾听的重要性。例如，列宁在别人讲话的时候，经常微扬起头，眯着眼睛默默地听，体现了他的谦虚与不摆架子。但目光专注并不意味着死盯对方，那不仅仅是一种不礼貌，甚至会被理解成一种侵犯。眼神暂停时间一般以 5 秒为宜。目光相对时不宜慌忙移开，应在对视 1～3 秒钟后缓缓移开，以获取对方的信任。

眼睛是心灵之窗，但眼神是在表达情感方面最显著也是最难掩饰的部分。眼神的飘忽不定、左顾右盼等都在明确表达着倾听者的不够专心，目光相对时直接快速移开会被认为是胆怯或者引起对方怀疑，诸如此类的倾听行为都很不利于双方沟通。如果你觉得很难与对方进行眼神接触，可以试着把视线焦点移至对方两眼之间的鼻梁上。

2. 面部表情

除了关切的眼神外，我们还需要在倾听中注意多种面部表情的运用。面部表情是非语言沟通中使用特别频繁、表现力特强的重要形式。罗曼·罗兰曾说过：“面部表情是多少世纪培养起来的语言，是比从嘴里讲的复杂到千百倍的语言。”除眼神外，嘴巴、眉毛等都能准确表达人们的情感与想法。例如，比较紧张时，我们可以用微笑来鼓励对方大胆陈述或者表示对发言者的赞赏；扬起的眉毛、鼻子的张合、瞳孔的变化都在向对方传递着多种信息。友好真诚的笑容可以消除陌生和紧张带来的沟通障碍。微笑、狂笑、尴尬地笑、勉强地笑等都足够让我们体会到笑容的复杂性。

面部表情既能传达多种情感，也能较为轻易地隐藏感情。尤其是遇上那些善于掩饰的沟通对象，我们要善于正确解读对方的情感信息，揣摩对方真实的想法。

微笑中的信任感

心理学家曾做过这样一个实验：找100个人作为受试者，然后让他们分别来判断眼前出现的几个人的照片，说出对哪个人的印象最好，哪个人的品德与能力更强。这几个人的表情是不一样的：有的人面露凶相，咬牙切齿；有的人情绪平淡，面部表情冷漠；有的人面带微笑；有的人仰面大笑。受试者对这几张照片上的人都是一无所知，完全凭借看照片得出的基本印象来做判断。结果90%的受试者不约而同地指出面带微笑的人的能力、品行最好，给人留下最好的印象。而对面部表情平静但略显紧张的人的能力、品行持怀疑态度。这个实验明确地得出了一个结论：微笑是一个人能力和品行的最好体现，它能使别人感到信任和依靠。

3. 姿势

多数人都知道，双方在沟通时，身体的适当前倾给人以一种特别专注的感觉。这表明，在倾听过程中，倾听者的不同姿势有意无意地流露着内心世界的不同心理活动，表达不同的心理信息。

坐姿是倾听者常用的姿势，保持坐姿的正确与优美对沟通者十分重要。正确的坐姿要能体现轻松愉快的氛围，体现己方对说话者的信息比较感兴趣，并对他方充满信任。比如，身坐椅子前沿，身子向前，头微微倾斜。表达了一种比较感兴趣，而且相对喜悦和重视的感觉。落座时，两腿不宜分得太开，尤其是女性，不然会被认为“不雅”。双腿交叠时，悬空的脚尖要向下切忌向上，并不合适上下抖动。落座后左右晃动或者扭来扭去是不安分的表现。身体后仰，是轻视怠慢的失礼行为。背部要挺直，保持饱满的精神。身体侧转一侧或者背朝说话者，都是不够尊重对方的表现。另外，人们在交流时采取深坐还是浅坐也表达着不同的沟通态度。例如，深坐比浅坐更显优势，采取浅坐姿势的人往往在表达可以立刻站起的感觉，似乎意味着马上就要采取行动的状态。浅坐的人往往呈现屈居劣势的姿态，但其内心是具有反抗趋势的。沟通者若想与之建立关系，倾听过程中就不宜表露强大或者有些傲慢的神态。对于跷二郎腿，男性往往是沉稳或者不服输的体现，女性则表达了一种特有的自尊心，对自己的行为举止、衣着打扮相对自信。

双方交谈时站立的方向应该是正面朝向对方，表示尊重。基本的姿势是，挺胸收腹，略微收臂，精神饱满，面带微笑，上身微前倾，头略低，两眼平视，目视对方。双手叉腰、双手插袋或者双手交握于背后，都是商务沟通场合中不好的站姿表现。

另外，除了肢体语言外，非语言信息还包括衣着打扮、音调语言、空间语言等重要信息。沟通者需要细细打量自身着装，力争以合适得体的着装风格出现在沟通现场，为良好的倾听效果奠定基础。语速的快慢、语气的高低、强弱的变化无疑都在影响着倾听的效果。根据亲密程度的不同，个人心理空间分为亲密距离（一般在0.5米以内）、私人距离（0.5～1.2米）、社会距离（1.2～3.5米）和公共距离（3.5米以上）。与商务沟通场合基

本相适应的是社会距离，值得沟通者引起重视。

（备注：不同的教材对1.2米和3.5米两个临界值有争议，有的教材为1.5米和4米。）

本章小结

倾听是充分运用耳朵、眼睛和大脑等器官，对沟通对方思想、信息进行有意识有情感的主动接受和理解并作出反应的综合性沟通行为。根据人们在倾听时投入程度的不同，倾听可分为随意的倾听、专心的倾听和全神贯注的倾听。根据注意力集中的重点不同，可分为侧重于人、侧重于时间、侧重于行动和侧重于内容的倾听。

倾听主要包括感知信息、选择信息、组织信息、解释或理解信息以及作出倾听反应五个过程。造成倾听的主要因素主要包括环境因素以及倾听者自身引起的障碍因素。其中环境因素指的是环境的封闭性、环境的氛围、对应关系。倾听者主要从积极营造良好的倾听环境和努力养成良好的倾听习惯的角度把握策略。

结合倾听的过程，沟通者需要逐步形成一定的倾听技巧，并注重肢体语言的灵活运用。其中，眼神交流、面部表情、倾听姿势特别需要引起沟通者的重视并不断实践。

思考练习

1. 什么是倾听？造成倾听障碍的主要因素有哪些？
2. 不同场合环境类型的主要特征和主要障碍源是什么？
3. 倾听主要包括几个阶段？各阶段分别有哪些倾听技巧？

案例分析

你为什么提建议?

A集团公司是一家拥有62000员工的大型食品包装厂，B是其下属的一家分厂。最近A集团公司实行了一项让工人主动提建议的计划。工人可主动针对改善设备、工作环境或者工作方式等方面提出建议，如被采纳将得到奖品和奖励，金额由实施该建议而省下来的收益决定；另外，在指定时期中最好的建议还能得到公司股票作为奖励。

对B公司的抽样调查表明：75%的被访工人倾向于赞成该计划，但工人们都对于自己或其他工人可能因新建议的实施而被解雇感到害怕。

一位资深工人雷某说："我不会提出会使部分工友失业的建议，绝对不会；当我刚来这儿时，搬运水果到冰库的工作全部手工完成，但现在他们已安装了传送带，所需人手也减少了一半!"另一位老职工王某说："我不会为了几百元就提出一个会减少十个工人的建议。相反，如果一个建议可改善环境或帮助工人，我一定会提出来。当你开除一个工人时，心里感到很难受，这可能不单只伤害了他一个人，还伤害了他身边的人。"一工会负责人设计了一个防止工人被解雇的方案："工会应特别安排一个负责人，或者提议工人自己将建议交给一个知道工作安排情况的人审阅。如果不导致裁员，就可以提出。"但一位53岁的老工人刘某有不同看法，他说："我已递交了好几份建议了，虽然不希望拿到奖金，但我仍认为这是件好事。许多人认为新的发明会使人们失去工作，但事实并非如此。历史表明，有用的发明越多，就会创造出越多的工作机会。同时，产品也可以更经济地生产，许多人没有意识到这一点。”曹某是一个赞成“提建议计划”的工会负责人，他看穿了工人和公司双方的论点：“照理说，这计划是可行的，但却有一种与之完全相反的感觉，像一些人提了建议，于是就有2～3个人失去了工作，好在这事在工人中还不是很多。他们拿到了1000元，都可能因此使其他人一家的生计受影响。但从公司的角度看，追求的是改善生产而已。这的确是个棘手的问题。”

思考：

1. 你认为A集团公司的“提建议”计划能得以实施吗？
2. 计划目的是与员工沟通，试问“倾听”方案存在什么问题？
3. 公司可以采取哪些“倾听”方式，哪些更为可行和有效？

第五章　商　务　面　谈

导入案例

走样了的绩效反馈面谈

2007年年底的一个周三下午，安徽合肥高新区某IT公司销售部员工张三被其主管销售部赵经理请到了二楼会议室。

张三进门时，看见赵经理正站在窗户边打手机，脸色不大好看。约五分钟后，赵经理匆匆挂了电话说："刚接到公司一个客户的电话……前天人力资源部部长找我谈了谈，希望我们销售部能带头实施面谈。我本打算提前通知你，好让你有个思想准备。不过我这几天事多，而且我们平时也常沟通，所以就临时决定今天下午和你聊聊。"

等张三坐下后，赵经理接着说："这次的绩效考评结果我想你也早就猜到了，根据你的销售业绩，你今年业绩最差。小张呀，做市场是需要头脑的，不是每天都出去跑就能跑到业务的。你看和你一起进公司的小李，那小伙子多能干，你要向他多学着点儿！"张三从赵经理的目光中先是看到了批评与冷漠，接着又看到了他对小李的欣赏，张三心里感到了刺痛。

"经理，我今年的业绩不佳，那是有客观原因的。蚌埠、淮南等城市经济落后，产品市场还不成熟，跟江浙地区不能比。为了开拓市场，我可费了很多心血才有这些成绩的。再说了，小李业绩好那是因为……"张三似乎有满肚子委屈，他还想往下讲却被赵经理打断了。

"小张，你说的客观原因我也能理解，可是我也无能为力，帮不了你啊！再说，你来得比他们晚，他们在江浙那边已经打下了一片市场，有了良好的基础，我总不能把别人做的市场平白无故地交给你啊。你说呢？"赵经理无奈地看着张三说。

"经理，这么说我今年的奖金倒数了？"张三变得沮丧起来。

正在这时销售部的小吴匆匆跑来，让赵经理去办公室接一个电话。赵经理匆匆离去，让张三稍等片刻。大约过了三分钟，赵经理匆匆回到了会议室坐下来。

"我们刚才谈到哪儿了？"赵经理显然把话头丢了。张三只得提醒他说到自己今年的奖金了。

"小张，眼光要放长远，不能只盯着一时的利益得失。今年业绩不好，以后会好起来的。你还年轻，很有潜力，好好干会干出成绩来的。"赵经理试图鼓励张三。

"我该怎么才能把销售业绩做得更好呢？希望经理你能多帮帮我呀！"张三流露出

恳切的眼神。

"做销售要对自己有信心，还要有耐心，慢慢来。想当年我开辟南京市场时，也是花了近一年的时间才有了些成效。那个时候公司规模小，总经理整天带着我们跑市场。现在我们已经有了一定的市场占有率，公司知名度也有所提高，应该讲现在比我们那时候打市场要容易些了。"

张三本正打算就几个具体的问题请教赵经理时，赵经理的手机突然响了，他看了一眼号码，匆忙对张三说："我要下班接儿子去了，今天的面谈就到这里吧，以后好好干!"说罢匆匆地离开了会议室，身后留下了一脸困惑的张三……

案例点评：首先，案例中赵经理对此次绩效反馈面谈没有做好准备工作和重视面谈，可从多方面反映出来。例如，他未事先通知员工让其做准备，临时决定面谈；在绩效面谈过程中，他没有准备翔实的员工绩效记录作为证据；他在面谈前和面谈中随意接听电话并因电话匆忙离去，充分说明他没有为此次绩效反馈面谈事先做好时间安排。其次，对于本次面谈，赵经理未能直面问题的核心，没有提出改进绩效的具体措施。在赵经理告知张三绩效考评结果最差时，张三本打算和赵经理深入探讨他个人销售业绩不佳的深层次原因，而赵经理却岔开了话题，并没有去探寻该问题的深层原因。最后，赵经理没有很好地组织和控制面谈，如只谈下属的缺点不谈优点，把面谈气氛弄得太紧张等。

知识要求

1. 了解商务面谈的含义、特点和类型。
2. 掌握商务面谈的组织与控制要点。
3. 掌握商务面谈的基本技巧。

第五章　商务面谈

关键术语

面谈　面谈准备　面谈实施　面谈技巧

在企业的经营管理中，面谈是最常用的沟通方式，也会产生有效的沟通效果。因为双方不仅能了解言语的意思，而且能够了解肢体语言的含义，比如手势和面部表情。哈佛大学和哥伦比亚大学的研究表明，面谈能多吸引 38%的注意力。面谈能够传递一个有力的信息，表达了对对方、团队成员、项目及他们需要与之打交道的利益相关者的承诺。

面谈是建立业务合作关系的最佳方法。在很多文化环境里，面谈是做业务的唯一途径。此外，在处理微妙的人际关系或传递复杂信息时，面谈仍然是最合适的方式。比如，对于涉及支出和收入之类比较敏感的薪资或合同谈判情况，双方在同一个房间协商将更容易取得进展。面谈或者模拟的面对面互动有助于人们讨论复杂问题，迅速做出决策和商定较完善的解决方案。

第一节　商务面谈的概念与特点

在现代社会经济、生活中，面谈种类很多，例如求职人员为了找工作而与用人单位负责人之间的招聘面谈；在社会生活中，律师与当事人，新闻工作者与公众的面谈；企业之间为了达成双赢的目的，双方展开的商务面谈等，这些面谈中有正式的，也有非正式的。其中，商务面谈属于正式面谈。

一、商务面谈的概念与特点

（一）商务面谈的概念

商务面谈是指在组织的经营管理中有目的、有计划地通过两人（或更多人）之间面对面的交互式谈话而交流信息的过程。由面谈的概念可以得知，面谈应由目的、计划、信息和环境等要素构成。

1. 目的

面谈是“针对一个目的的谈话”。面谈的目的主要有传递信息、寻求信念与行为的改变、探求与发现新信息和共同商讨解决问题等。显然，面谈是一项目的明确的活动，要求面谈者要清楚面谈所要达到的目的是什么，为了实现这个目的应怎样来组织和控制面谈。

2. 计划

为了充分实现面谈目的，面谈者应当事先对自己的思路进行整理，拟订一个面谈计划。也就是说，要有一个框架性质的面谈指导，如面谈对象确定、面谈内容构成和面谈语言安排等。面谈指导制定得越细致，越有利于面谈者控制面谈过程，而且能够有效地去引导和激励受谈者，这样，面谈的效果才会是最理想的。

3. 信息

在面谈中，双方发出的信息可以分为两大类：一类是客观性信息，包括描述客观事实的信息、说明客观事物联系的知识性信息和描述个人行为的状况信息等；另一类是主观性信息，包括态度及信念信息、情感信息、价值观信息等。这两类信息在面谈过程中的作用是很不相同的。客观信息主要是通过语言形式来表达的，主动沟通者能够清楚地了解自己所表达的内容。主观性信息的表达虽然也可能借助语言信息，但更多的是通过语音、语调和肢体语言来表达的，这些信息往往使对方更够清晰地感受到，而发送者自身则浑然不觉。因此，在面谈过程中一定要有意识地控制非语言信息的使用，以免引起不必要的误会或者暴露过多的信息。

4. 环境

环境要素包括时间和空间两种因素。心理学家认为，面谈在不同的环境状况下所产生的面谈效果完全不一样。面谈时间若选择在离下班时间只有30分钟左右时，受谈者可能会受到下班的影响而影响面谈的效果。夏天，面谈时间安排在上午比安排在下午更能获得较好的效果，因为在上午人的精力比较充沛，注意力容易集中。对于一个较重要的事情，选择办公室或会议室进行面谈更能让受谈者清晰领会面谈的目的。

（二）商务面谈的特点

由商务面谈的定义可知，面谈是发生在信息收集者（面谈者）与信息提供者（面谈对

象）之间的直接沟通行为，它是人们（通常两个人，有时更多人）为某些特定的目的而相互收集、交流信息的过程。因此，商务面谈的基本特点表现为如下几点。

1. 目的性与计划性

面谈是一项目的明确的活动。不仅如此，这种目的还是在面谈发生以前就已经预先确定了的。如果要成为一名成功的面谈者，首先就必须有明确的面谈目的，然后再决定实现的途径和方法。

面谈是为了达到预定的目的而有组织、有计划开展的交换信息活动。因此，面谈的准备、实施与总结，都必须经过严密组织和周密计划。只有这样，才能有效地降低面谈成本，提高面谈效果。

2. 双向性与控制性

面谈是典型的面对面的双向沟通过程，双方的语言及行为表现是直接相连的，中间没有任何中介形式。因此，面谈双方之间的信息交流与反馈是相互作用的，双方都可以通过观察和交谈来判断对方的意图、态度、偏好、对自己表现的满意度等，并以此来调节自己在面谈中的行为表现。

在面谈过程中，双方担任的角色不同，地位也不同。一般情况下，面谈通常由参加面谈的某一个人组织、控制并实施，其在整个过程中处于主动地位，可以称为面谈者或主人；会见的另一方处于被动地位，被称为受谈者或客人，受谈者通常拥有更多的信息。面谈中面谈者需通过适当的方式引导与激发受谈者将信息展现出来。

3. 灵活性与即时性

面谈的内容应事先拟定，但这并不意味着面谈必须按事先拟订好的计划进行而不能有所变化。面谈者应根据受谈者回答问题的情况，来决定下一个问题问什么、怎么问。当受谈者在回答问题中引出拟定的内容以外的问题时，面谈者如果觉得必要，还可顺势追问，而不必拘泥于预定的计划。同时，面谈一般要求沟通双方即时对沟通信息作出快速反应，以满足双方在信息交流中实现各自的目的。

4. 合作性与冲突性

由于面谈建立在双方目的既有共同点又有分歧点的基础上，因此，从其特点来说，合作与冲突同时并存。合作性表现在双方目的共同的一面，冲突性表现在双方目的分歧的一面。面谈人员要尽可能加强双方的合作性，减少双方的冲突性。但是，合作性与冲突性是可以相互转化的，如果合作性的比例加大，冲突性的比例则会减少，双方面谈效果就会较好；反之，如果冲突的一面通过面谈没有能够得到解决或者减少，那么，面谈效果就比较差。

【小贴士】

表 5-1　面谈与自发性交谈的差异

面　谈	自发性交谈
有目的的	无目的的
有计划的	自发的
排除无关信息	欢迎无关信息

续表

面　　谈	自发性交谈
正式的	非正式的
受场所限制的	不受场所限制的
具有面谈特性	礼貌的寒暄
讲究技巧性	无须技巧性

二、商务面谈的类型

面谈的种类有很多，如招聘、绩效评估、劝告、训导、解聘、上岗、咨询、数据收集、发布指示等。归纳起来包括招聘面试、绩效反馈面谈、获取信息面谈、传递信息的面谈和解决问题的面谈。

1. 招聘面试

作为挑选员工的一个有效方法，招聘面试最为常见。如何有效地认识与把握面试的技巧和方法，是管理者的一项很重要的沟通技能，也是招聘中很关键的一环。通过面试者和应聘者面对面的接触和问答式的交谈，招聘单位可以进一步了解应聘者的各方面情况，从而作出正确的录用决策。

2. 绩效反馈面谈

绩效反馈面谈的目的通常是向员工反馈关于企业对于员工工作表现评价的信息。具体来说，可以包括回顾被评估者在某一特定时期内的表现；指明其将来业绩有待提高的方法；制定其个人绩效目标，以及评估其培训与发展的需要。绩效反馈面谈的具体目标因人而异，它依赖于被评估者的工作表现。

3. 获取信息面谈

获取信息面谈通常包括通过面对面的沟通了解有关数据、客观事实、主观评价和个体感受方面的信息，为组织制定和完善各项方针政策寻找依据。这类面谈的结果常常以报告或研究文件形式来展现。

4. 传递信息的面谈

传递信息的面谈是以面谈者向面谈对象发送信息为主要内容的面谈形式。传递信息的面谈的一个例子是向新进入公司的员工介绍本公司情况与其特定岗位职责的迎新面谈。迎新面谈的目的是帮助新员工明确职责、快速适应新的工作环境和工作风格。迎新面谈会影响新员工对企业的最初看法、态度和期望。

5. 解决问题的面谈

顾名思义，这类面谈旨在通过交互式沟通，以达到解决某个问题的目的。在这类面谈中，面谈的双方对面谈的顺利进行至少起着同等重要的作用。虽然面谈者的主要职责是陈述事实和寻找解决问题的方式方法，但同时要意识到面谈对象在其中所担负的重要角色。由于在解决问题的面谈中，面谈对象一般是问题中的相关者，甚至是关键性人物，解决问题的方案有赖于面谈对象的认同，而问题的最终解决也离不开面谈对象的参与。因此，这类会谈最需要面谈双方以平等的方式参与其中，也最需要面谈沟通技巧的应用。

【阅读资料】

行为面谈法招聘

在绝大多数的岗位中，唯一能使员工脱颖而出的因素，在于其展现出了完美完成本职工作的素质。如果你识别并定义好了这些素质，然后基于它们进行招聘面谈，就能大大提高为某个岗位找到合适应聘者的概率。

那么，这种素质到底指的是什么呢？简而言之，它指的是组织期望某人在特定工作环境下表现出来的一种或一组行为。这种工作环境可以是某个公司、某个职能工作组（如高层管理者、中层管理者、专业人士）或某个具体岗位。如果制定得当，素质要求可以成为确保员工在岗位上取得成功的标准，以及支持某项企业战略规划、愿景、使命或目标的行为规范。

素质有别于组织为某个特定岗位设定的其他要求，如技术技能、职能知识、受教育程度和工作经历。比如，某一岗位要求应聘者具有五年管理经验是一回事，而要求应聘者具有五年领导不同团队的工作经验又是另外一回事。在后一种场合，公司可能会要求应聘者不仅要具有五年的管理经验，也要具有重视员工队伍多样化的素质。

以职能为基础的行为面谈法（CBBI）是一种将应聘者的素质与下述前提（存在少数例外情况）相结合的面谈流程：历史绩效或行为是预测未来绩效或行为的最佳指标，出现这种绩效或行为的历史越短，就越有可能被复制。

在以职能为基础的行为面谈法中，面谈问题是根据真实的工作场景而提出的，这些场景都与针对目标岗位的素质有关。对应聘者做出的评估是基于已知的行为或绩效进行的，而不是基于可能或潜在的绩效或行为。如此一来，这种面谈方法比其他方法更能准确预测应聘者在目标岗位上可能出现的行为和绩效。

在以职能为基础的行为面谈法中，招聘经理不是直接询问应聘者是否具有某种特定的素质，因为应聘者极有可能会响亮地回答“是的”。相反，招聘经理会要求应聘者举例说明他是如何在工作中展示这种素质的。关键在于让应聘者通过讲述亲身经历，来证明自己具有特定的素质。

第二节　商务面谈的组织与控制

从沟通的一般过程来看，商务面谈是一个互动的沟通过程，这个过程通常包括三个环节，即面谈准备、面谈实施和面谈结束。每一个环节都需要面谈双方认真地对待和完成相应的工作，才能实现有效的面谈。商务面谈的组织与控制沟通过程如图 5-1 所示。

一、面谈准备

准备是面谈成功的重要环节，充分的准备工作可以有效地缩短面谈的时间，提高面谈的效果，也可避免面谈中可能出现的尴尬情况。面谈的准备工作一般包括以下几方面。

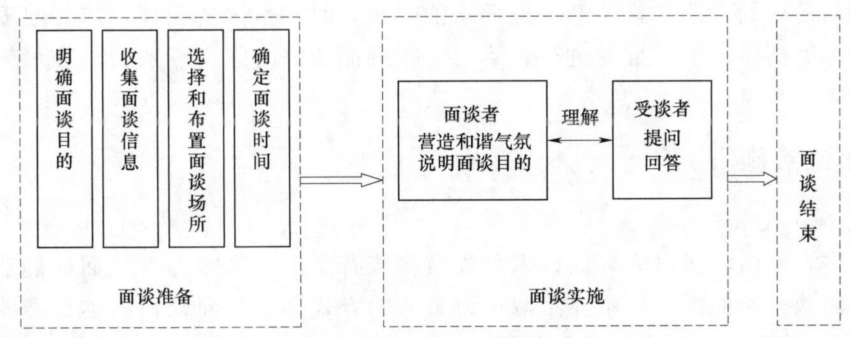

图 5-1　商务面谈的组织与控制沟通过程

1. 明确面谈目的

在进行面谈之前首先要分析自己和对方的目的是什么，具体来说，要搞清楚以下几个方面的问题。第一，面谈的目的是传递信息还是寻求对方信念或态度的改变？第二，解决问题的性质是什么？第三，面谈的主要类型是什么？第四，面谈中的主要信息类型是什么？第五，面谈的最高目标是什么？面谈的最低目标是什么？第六，如果面谈失败，会产生什么样的后果？如何进行补救？

2. 收集面谈信息

在面谈的互动过程中，面谈者主要通过提出问题来收集信息。由于面谈者所提问题的类型、提问方式以及受谈者本身的知识体系、个性习惯、思维定式都会影响受谈者对面谈者意图的理解，因此，面谈者在准备阶段应仔细阅读有关材料，明确自己所需信息的类型，如是仅仅需要“是”或“否”来检验已掌握的信息，还是需要更加详尽的资料以及更加深入的了解。面谈者事先将所需的信息罗列出来，既有助于选择提哪些问题，有效避免遗忘，也便于与受谈者提供的信息进行比较，找出差距。为了增强面谈的有效性，面谈者最好准备一张事先经过设计的问题表。此外，面谈者还需要了解受谈者的背景资料，预测其对不同提问方式可能的反应与理解，并准备不同的提问方式，以根据实际情况进行调整，引导受谈者按照面谈者需要的方式组织其拥有的信息。

研究表明，对同一面谈对象，不同的面谈主持人常常会做出截然相反的结论。原因之一是，不同的面谈主持人希望获得不同的信息，每个人都只在自己选择出的信息的基础上予以判断，而不是依据完整的数据资料。面谈指导可以帮助你有计划、有效率地主持面谈，获取最有用的信息。

3. 选择和布置面谈场所

面谈场所的选择与布置也很重要，适宜的环境有助于面谈的顺利进行，而不利的环境则会破坏面谈的进行。一个舒适宽敞、通风明亮的环境有助于面谈双方保持清醒的头脑，一个安静、不受噪声侵袭和电话打扰的场所会有效地提高时间的利用效率。而嘈杂的声音、极不舒适的座位、会见房间的温度过高或过低、不时地有外人打扰和环境陌生而引起的心力交瘁感等不利的面谈环境，会影响面谈双方的注意力，从而影响面谈的进行。因此，面谈者应根据不同的目的与需求来精心策划与调整面谈的场所。

4. 确定面谈时间

面谈时间的安排也会影响面谈的质量。确定面谈时间要考虑下列因素：第一，便于受谈者能够参与的时间；第二，注意把握面谈的时机，时效性强的面谈，应尽早安排，需酝酿和深思熟虑的面谈，可以推迟进行；第三，把握面谈的时间，一般力求在最短的时间内收到最大效果。

二、面谈实施

1. 营造和谐气氛

受谈者进入面谈场所以后，面谈者首先就应该有意识地努力为有效面谈创造良好的沟通氛围。在面谈开始前，一般不要采取单刀直入的方式（除非面谈目的本身需要向受谈者传递压力），或首先提出棘手敏感的问题，而应运用可以引起双方感情共鸣、交流的轻松话题和语言来开启面谈之门。如畅谈面谈的目的、议事日程安排、进展速度、面谈人员的组成情况等，也可以谈论双方感兴趣的题外话，还可以回忆往日合作成功的欢乐、感受等。在双方通过轻松的交谈、感情已见趋近、气氛比较和谐的情况下，一方才可试探性地选择一些相同或近似的正式话题进行交流，以此由表及里、由浅入深地循序渐进，使正式谈判之门慢慢打开。

2. 说明面谈目的

在必要的营造放松和谐的气氛之后，面谈者应以简洁、清晰的方式向受谈者说明面谈的目的、步骤与进度安排、面谈的期望等。对于面谈者而言，切不可因为这只是举手之劳或自认为面谈目的显而易见而将其忽视或者省略。除非由于某些特殊的面谈目的而有意不向受谈者透露这些信息。否则，面谈目的没有明示或单凭面谈者的主观臆断，常常会造成受谈者对面谈摸不着头脑，从而使面谈的效果大打折扣。

3. 提问与回答

面谈过程的控制是通过控制提问的方式来实现的。提问的方式可以分为两大类：一类是限定性提问，另一类是非限定性提问。所谓非限定性提问，又称开放性提问，是指回答者拥有比较大的选择余地的提问方式。例如，“你对这个问题有什么看法?”非限定性提问给予被提问者比较大的自由回答空间，容易制造轻松、平等的谈话气氛。

所谓限定性提问，是指回答者只有非常有限的选择余地的提问方式。提问的限定性越强，提问者对面谈过程的控制程度就越强。限定性提问方式主要包括直接提问、选择性问题提问、引导性提问、另有用意的提问、提示性提问、重复性提问、深入调查性提问、假设提问。

（1）直接提问。直接提问是指对于所提出的问题，回答者回答很少或没有，通常只有一个明确答案的提问。例如，“你叫什么名字”就是一个非常典型的直接提问。直接提问比较适合于寻求某个客观事实或者确定资料时使用，可以获得十分明确的信息资料。直接提问的不足之处是提问方式比较生硬、直接，连续使用多次后往往会使被提问者感到有受审的感觉，不够融洽，双向沟通不够。

（2）选择性提问。选择性问题提问是指提问者已经明确给出了关于问题的几个备选答案，回答者只能从中进行选择的提问。选择性问题提问比较适合于提问者对问题有比较多的了解，需要被提问者迅速给出答案的情形。选择性问题提问可以使获得信息的过程变得更为简单、直接。选择性问题提问的不足之处是，如果提问者对问题的可能答案归纳不全或者归纳方式不科学，将使被提问者处于没有合适答案而又不得不选择的窘困境地。

选择性问题提问的一种极端形式是是非问题提问，即提问者对问题给出了两种完全相反的答案，要求回答者必须作出选择。由于是非问题严重限制了被提问者回答问题的自由，如果使用不当，将使所获得的信息丧失使用价值。例如，如果要求每一个人就“他是否是一个好人”做出回答，由于两者之间的界限不是十分明确，答案将是十分不准确的。事实上，这类问题存在很大的中间区域，即既不是很好的人也并不一定是很坏的人。

（3）引导性提问。引导性提问是是非问题提问的一种特殊形式。它与是非问题提问的区别在于提问者在提问之前已经设定好了答案，只是希望被提问者说出来。例如，“你不认为我们最近的工作很出色吗”就是一个典型的引导性提问，其中的“你不认为”就是引导性提问的一种标志性语言。采用引导性提问，提问者可以牢牢掌握谈话的进程和方向，但是会给回答者一种强行接受答案的感觉，一旦被提问者给出相反的答案就会引起沟通双方的对抗。

（4）另有用意的提问。另有用意的提问也是是非问题提问的一种特殊形式。在另有用意的提问中，提问者使用某些特殊的字眼暗示问题的答案，从而使被问者无论给出是与否的答案，都会使自己处于很不利的境地。例如，“你认为我们应该接受这个愚蠢的想法吗”“你昨天干了坏事吗”都属于这种提问。对于前者，如果回答“我们不应该接受这个愚蠢的想法”，就很可能陷入对方的圈套，丧失了表达自己意见的机会，如果回答“我们应该接受这个愚蠢的想法”，则又暗示自己很愚蠢；对于后者，如果回答“我昨天没干坏事”，就可能给人一种你在其他时间干过坏事的感觉，如果回答“我昨天干了坏事”，则更加对自己不利。

很明显，另有用意的提问给了被提问者很大的心理压力，是提问者控制谈话进程、压制被提问者气势的一种重要方法。要打破提问者的这种企图，回答者就要把回答重点放在那些特殊的字眼上，对于第一个问题，可以回答“我并不认为这个想法很愚蠢”，对于第二个问题可以回答“我从不干坏事”。

（5）提示性提问。提示性提问是向被提问者提出建议的一种提问方式，它一般采取祈使句的形式，例如，“请谈谈你对这个问题的看法”。这样做主要是为了给不知所措的回答者一些建议。

（6）重复性提问。重复性提问是指提问者根据自己对被提问者阐述问题的理解所提出的寻求确认的提问方式，例如，“你的意思是说你做错了吗”。重复性提问是保证有效沟通的一种重要形式，通过寻求对方的直接反馈，可以保证理解的准确性。

（7）假设性提问。假设性提问是指假定一种情况，向被提问者征询答案的一种提问方式。例如，“如果你的一位好朋友在经济上遇到了困难，你会解囊相助吗？”这种提问方式的作用在于一旦回答者作出了某种回答，或者会遇到某种道义上的谴责，或者会被对方作为要挟的条件。例如，在这个例子中，如果回答“不会”，就很容易给人不义的印象，如果回答“会”，则其中的假设很快就会变成现实。

三、面谈结束

由于面谈具有明确的目的性，因此结束面谈时要注意做好三件事。

（1）简要总结面谈的结果或者重复自己的看法。长时间的谈话会使双方头昏脑涨，甚至双方分别作出了哪些让步、取得了哪些共识都记不太清楚了。因此，为了有效保证面谈的成果，在面谈结束时应总结面谈的成果或者重复自己的看法。

（2）感谢受谈者的参与。无论结果如何，面谈双方都付出了时间与努力，对这一点要充分理解。因此，在面谈结束时向对方表示感谢，有助于双方在今后建立更加紧密的关系。

（3）商定下一次的会面或下一步的行动。一次面谈不一定能够解决全部问题，有必要在面谈结束时商定下一次的会面时间和地点。即使面谈有了一定结果，也要考虑实施和评估的问题，这都需要在面谈结束时约定。

【案例 5－1】

罗芸的难题

罗芸是一家食品公司的地区经理，她手下的10名主任中资历最老的是陈万龙。陈万龙这个人他只念过一年大专，他从厨房代班长干起，直到三年前当上这个供应站的主任。老陈很善于和他重视的人，包括他的部下搞好关系。他的客户都是铁杆，三年来没一个转向汇丽的对手去订货的；他招来的部下，经过他的指导培养，有好几位已经提升，当上其他地区的经理了。不过，由于他的不良饮食习惯给他带来了严重健康问题，身体过胖，心血管疾病使他一年中请了三个月病假。其实医生早就给他提过警告，他却置若罔闻。再则他太爱表现自己，做了一点小事，也要来电话向罗芸表功。他给罗芸的电话的次数，超过其他9位主任的电话总数。罗芸觉得过去的同事中没有一个是这样的。

由于营业的扩展，罗芸需要增添一名副手。老陈公开说过，站主任中他资格最老，他觉得地区副经理非他莫属。但罗芸觉得老陈来当她的副手，真叫她受不了，两人管理风格太悬殊；再说，老陈的行为准会激怒地区和公司的工作人员。

年终绩效评估到了。公正地讲，老陈这一年的工作，总的来说，是干得不错的。公司的年度绩效评估表总体是10级制，10分最优，1分最差。罗芸不知道该给老陈评几分。评高了，他就更认为该提升他；太低了，他准会发火，会吵着说不公平。

老陈的自我感觉良好，觉得跟别的主任相比，他是鹤立鸡群。他爱去走访客户，也爱跟手下人打成一片，他最得意的是指导部下某种操作方法，卷起袖子来亲自下厨，示范手艺。跟罗芸谈过几次后，他就知道罗芸讨厌他事无巨细，老打电话表功，有时一天三四次，不过他还是想让她知道自己干的每项成绩。他也知道罗芸对他不听医生劝告，饮食无节制有看法。但他认为罗芸跟他比，实际经验少多了，只是多学点理论，到基层来干，未见得能玩得转。他为自己学历不高，但成绩斐然而自豪，觉得这副经理的职位非他莫属，而这只是他实现更大抱负的过程的又一个台阶而已。

考虑再三，罗芸给他的绩效打了个6分。她知道这分数远远低于老陈的预期，但她要用充分的理由来支持自己的评分。她觉得这是有充分理由的：然后她开始给老陈的各项考评指标打分，并准备怎样和老陈面谈，向他传达所给的考评结果。

案例点评：罗芸对于将跟老陈的面谈进行了认真的分析，根据老陈的工作表现、工作业绩与职务晋升等情况对老陈的绩效进行了评价。对于将进行的绩效面谈，罗芸最重要的事情就是要根据自己所要达到的目的来设计面谈的组织与控制。

第三节　商务面谈的基本技巧

面谈是管理中最常用的工具，用以满足不同的管理要求。有能力的管理者必须掌握大量的面谈技巧，并能将其运用到不同的环境之中，展开不同类型的面谈。面谈的技巧一般要根据面谈目的、面谈对象和环境进行选择和适当的变化，但对于面谈的共性的技巧而言主要体现为下述五点。

一、主动倾听

主动倾听是在面谈双方交流中增进理解的互动过程。良好的倾听并不是被动的行为，它需要听者付出努力、全神贯注并做出回应。

主动倾听由两个重要部分组成：信息澄清，也就是理解信息的内容；同感回应，即对信息中的情感部分予以认可。你必须心耳并用，既用耳听内容，又用心“听”情感。当倾听者做出回应时，他所表达的是对刚才听到的话的总体含意的理解。通常，倾听者一方并不会提出自己的观点，而仅仅是对听到的话的含意做出简单的回应或者加以总结。

持续、主动地倾听某人的讲话，实际上就是传递了这样的信息：你对他这个人非常感兴趣，认为他的感受很重要，而且尊重他的想法（即使你并不赞同他的想法）。此外，你还很重视他的付出，理解他的思想，并且认为他的话值得聆听。最后还能让对方感觉到你的确是一个值得信赖、可以坦诚交流的人。

二、注重复述

复述是指把所听到的他人所说的内容尽可能准确地复核一遍。在复述时使用你自己的语言，以表示你不但在听，而且听懂了。复述的基本形式包括澄清、鼓励性插话和作小结。

1. 澄清

澄清常采用的具体形式是“您的意思是……”、“我可以这样理解吧……”等。

通过澄清能让你把思路集中于具体的细节，而不是停留在一知半解上。

2. 鼓励性插话

鼓励性插话是指尽可能用简短的插话来使对方不断地往下说。

方法之一：如实地复核对方所说的某个词或某个短语。

方法之二：不作声只点头，或者附和式地说“哦”、“嗯”、“是”、“行”和“好”等，适当附和可以消除对方的敌对心理。

3. 作小结

在讨论一段落或在面谈结束之前，把你们所说的内容作个小结是高效是非常实用的技巧。这种小结把双方同意采取的行动或决定，在各奔前程之前再最后作一次澄清性的核查。如“让我们来回顾一下，看看我的理解是否正确……”

三、措辞简洁、得当

面谈中，面谈者应力求做到措辞简洁、得当，因为受谈者从面谈者的措辞中可以看出面谈者的知识水平、思维方式和个人价值观等，从而决定对其的态度是尊重还是轻视。要想做到措辞简洁、得当，面谈者就应做到以下四点。

1. 言语不能模棱两可和似是而非

特别是提与职业、专业有关的问题时，一定要确切，不要不懂装懂，以免说出幼稚可笑的话。一般来说，在面谈之前，面谈者应对受谈者进行一定的了解和分析，从而决定使用哪类专业词汇。

2. 要针对谈话对象的特点因人施语

语言是人与人交流的桥梁，但其前提是交流的双方要使用“同一种语言”。言辞对路可以事半功倍，言辞不对路可能事倍功半，甚至是“对牛弹琴”、毫无成效。例如，高雅华丽的辞藻，加上不时出现的新名词和外交，可能令大学生倾倒，但会使文化程度不高的工人、农民如坠五里雾中。因此，面谈者要学会对不同的人说不同的话，才能真正做到措辞得当。

3. 避免过多地使用“我”

西方古代哲学家苏格拉底曾说过：不要说“我想”，而多说“你想呢”。交谈中那种不停使用“我”、随时随地说“我”的人常常令人生厌。讲话者必须随时留意观察听者的反应，及时调整谈话方式，才能收到更好的面谈效果。

4. 采用呼应式交谈以巧妙引导话题

成功的面谈是一个相互应答的过程，自己的每一句话都尽可能应该是对方上一句话的继续，要给对方提供发言的余地，不要滔滔不绝，长篇宏论，使人插不上话；并要巧妙地引导话题，使双方所谈的内容与你的目的有关。

四、善于提问

有些问题可以直截了当地提出来，例如：“你对公司的人员结构、岗位设置有什么看法?”“你认为你在上一年的工作中有什么收获?”有此问题则不可直截了当地提出，而要婉转、含蓄一点，例如了解应聘者以前的收入情况、向工作中出现失误的员工了解情况。另外，在询问时一定要注意语气语调。语气语调的使用能够反映一个人的交谈状态。例如，面谈者用质问的语气提问，会给人一种居高临下的感觉，会引起受谈者的反感；面谈者的语调中缺乏高潮，语气平缓，则被看成冷漠、孤傲。因此，面谈者应学会正确使用语气语调，力争给人一种诚挚、谦逊的感觉。

五、巧用身体语言

成功的面谈不仅依靠语言的表达艺术，还要借助于身体语言的恰当使用。语言较多地显示着内在的思想和智慧，身体语言则更多地显露着外在的风度和形象。恰当地调动姿势和动作来帮助自己说话，会使你的表达更加富有魅力。

身体语言能弥补有声语言的不足，它通过有形可视的、具有丰富表现力的各种动作和表情，协助有声语言将内容准确无误地表达出来。视、听作用双管齐下，能给听者完整、确切的印象，辅助有声语言更好地表情达意。如面谈时，眼睛对对方的注视能够激发对方的谈话欲，能够让对方集中精力认真听取对方的谈话，也能让对方感觉到受到尊重；采用正确的面谈坐姿，能体现出对双方面谈的重视和面谈内容的重要性。

六、重视做笔记

不管你的目标设定、面谈组织、问题提问和倾听回答工作做得多么无懈可击，你仍会发现做出理想的合理的判断有难度，因为你无法精确地记住面谈过程中面谈对象发言的内容。研究表明，同在面谈中做笔记的经理们相比，那些仅仅依靠记忆做决定的经理做出的决定其精确程度和严肃程度都较低。LIMRA 的一项研究测试了经理们对面谈中应征对象的谈话内容能回忆起多少。在面谈之前，每位经理拿到一份面谈指导、一支铅笔及一张纸，并要求他们像真的主持面谈一样行事。接着对这 40 位经理放了一盘 20 分钟的增员面谈录像带。录像带放完以后，对经理们进行了 20 道题的测验。测验中所有的问题都直接针对录像带中的内容。有些经理一题未错，有些经理则 20 道题几乎错了 15 道。平均错题数为 10 道。

这就是说，经理中有半数不能准确地回忆起 20 分钟面谈中提供的信息。那些在测验中答题正确的经理正确使用了面谈指导，并做了笔记。评价面谈对象时，那些准确程度较低，也就是那些没有做笔记的经理给面谈对象打的分要高于那些准确程度较高的经理。掌握信息不充分致使准确度低的面谈主持人意气用事，只看到他们对面谈对象感兴趣的一面。这项研究表明做笔记同有组织的面谈指导结合使用对于提高面谈有效程度十分必要。

你应当连续做笔记以确保获取充分的信息并记下要点，以避免你重视的东西给面谈对象留下线索。记录面谈中的所有事实将帮助你以后做评估并为更进一步的面谈提供背景材料。你不必把笔记做得十分整洁或者记录完整的句子。笔记的内容应有组织，应包含充分的信息以便你使用，但是这些笔记用不着让别人看懂。

听比说更重要

一位西方哲人说过：“上帝给了我们两只耳朵，却只给我们一张嘴巴，意思是让我们多用耳朵听，少用嘴巴说，不逾越此原则，才不致违背了上帝的旨意。”这就是说，我们对于别人的谈话要多加以谛听。

谛听，即仔细聆听，它是面谈中促使顾客作出购买决定的一个非常重要的手段。在与顾客进行面谈时，不少推销员总是滔滔不绝，不给顾客表达意见的机会，因而很容易引起顾客的反感。实际上，谛听比谈话更重要。专家的资料表明，任何一次面谈成功，约有 75％要依赖推销员谛听功能的发挥，而只有 25％是依赖发问谈话技巧来完成的。

面谈过程中把更多的时间留给顾客，表面上看顾客似乎是主动的意见发出者，而推销员是被动的意见接受者，前者掌握面谈的主动而后者处于不利地位。其实心理学家经过大量的研究证明“说”与“听”两者相比，听者有利。原因很简单，在交谈过程中听者思考的速度大约是说者的五倍，显然在问题思考上，谛听的推销员要比说话的顾客更有优势。在谛听过程中，推销员可以有充分的时间，对顾客的真实需要疑虑

问题进行准确的判定，及时捕捉各种购买信息，同时善于聆听，投其所好，又能很快赢得顾客的注意、兴趣以及信任。所以，在面谈过程中，推销员一定要学会谛听，掌握谛听的艺术。

全神贯注、专心致志地听，是谛听艺术最重要、最基本的问题。

一方面，只有全神贯注地谛听才能准确把握顾客所要表达的真正思想。心理学研究表明，一般人听的思考速度远快于说话时，所以说话的人话还没有说完，听话者就已经基本理解了，这样，听者常常容易开小差。也许就在这时，顾客传递了一个至关重要的信息，这样就可能会由于你的大意而导致面谈的失败，因此要全神贯注地谛听。

另一方面，只有专心致志地听，才能赢得顾客的注意、好感和尊重。推销人员对此更不能掉以轻心。可以想象，如果你登门拜访某一位顾客，或在顾客的办公室里，或与顾客共进午餐时，你总是不用心，东张西望，三心二意，顾客会怎么想呢？事实上他会认为你没有把他放在眼里，你的推销计划也该就此终结了。所以，如果不想引起顾客的反感就必须用心地去听。美国汽车销售大王乔·吉拉德对谛听的理解是这样的当你听到顾客要说什么时，你必须凑上前去以表现出急于要听的样子；当你说话时，你通常应该两眼注视着他，而当你听他说话时，你通常应该双眼注视着他；甚至在你回答问题时，也需要表情自然，双目始终注视着他。这种眼神的对视接触是重要的，它表明你在真诚仔细地听他讲述。

（资料来源：易开刚．现代推销学．上海：上海财经大学出版社，2008.3）

【案例 5－2】

李林的求职面谈

李林在爱声公司担任培训师已经十余年了。当年她找工作时，爱声公司才有两年的历史，规模也大不如现在。当时爱声公司给她的反馈是：“虽然我们眼下不打算招聘培训师，但你还是可以马上把简历寄过来，因为我们总是在挖掘人才。”

翌日，在爱声刘总的办公室里，秘书拿来了李林的简历，并说：“我告诉她和您面谈的话得预约，可她执意要见您。”刘总扫了几眼简历，发现还不错，但没有什么过人之处；他感觉她有点咄咄逼人，但出于礼貌，他还是接见了李林，就在他见到她的一瞬间，他发现女孩本人比她的简历更打动人。

她的从容淡定——明亮的嗓音，充满朝气的举止，优雅的姿态和真诚的笑容，无一不在流露出自信，体现出才能。就在见面握手的那30秒钟，刘总感觉，自己已经进一步了解了超过简历之外的那个李林。

他们面谈了半个小时，两个月后，李林如愿以偿地被录取了。

案例点评：在求职面谈过程中，语言的表达能够直接地反映出自身的基本情况，对面谈起到重要的影响，但非语言的表现在某种情况下却能起到至关重要的作用。李林就是通过在面谈前表现出的明亮的嗓音、充满朝气的举止、优雅的姿态、真诚的笑容和自信从而打动爱声公司刘总的，并最终取得求职面谈的成功。

本章小结

商务面谈是日常管理工作中最普通、发生频率最高的活动，是商务沟通中的基本方式。商务面谈是指在组织的经营管理中有目的、有计划地通过两人（或更多人）之间面对面的交互式谈话而交流信息的过程。面谈由目的、计划、信息和环境等要素构成。商务面谈的组织与控制应从面谈准备、面谈实施和面谈结束三个过程进行相关工作的具体执行。

在商务面谈中，面谈双方要注重运用主动倾听、注重复述、恰当措辞、善于提问、巧用身体语言和重视做笔记等面谈技巧来提高面谈的效果，使面谈目的能够有效地实现。

思考练习

1. 什么是商务面谈？面谈的特点和基本类型有哪些？
2. 简述商务面谈的组织与控制过程。
3. 商务面谈中，面谈者应注意哪些技巧？

案例分析

领班：小王，这两天我想就你近来的绩效考核结果和你聊一聊，你什么时候比较方便？

王明：领班，根据排班，我今天下午休息，明天有婚宴接待，后天以后行吗？您定吧。

领班：我星期五也没有其他重要安排，那就星期五？上午九点怎样？

王明：没问题。

星期五之前，领班认真准备了面谈可能用到的资料，他侧面向王明的同事了解了王明的个性，并对面谈中可能会遇到的情况作了思考。在这期间，王明也对自己本月的工作情况对照考核结果进行了反思，并草拟了一份工作总结和下月学习计划。

（星期五上午九点，某宴会包间，宽敞明亮，领班顺手关上了房门，在桌边坐下，王明侧坐在领班右侧）

领班：小王，今天我们打算用一个小时左右的时间对你上个月的工作情况做一个回顾。在开始之前，我想还是先请你谈一谈你认为我们做绩效考核的目的是什么？

王明：我觉得绩效考核有利于对优秀的员工进行奖励，特别是在年底作为发放奖金的依据。不知我说得对不对，领班？

领班：你的理解与我们做绩效考核的真正目的有些偏差，这可能主要是由于我们给大家解释得不够清楚。事实上，我们实行绩效考核，一方面是为了肯定员工的成绩和优点，并对相应的业绩给予实事求是的回报；另一方面，也是为了找出工作中的差距和不足，以明确下一步改进的方向。同时，也利用绩效面谈这样一个沟通的机会，使领导了解员工工作的实际情况或困难，以确定可以提供哪些帮助，尽可能地为员工以后的发展创造条件。

王明（不好意思地）：领班，看来我理解得有些狭隘了。

领班（宽容地笑笑）：我们现在不又取得一致了吗？在开始今天的讨论之前，我们先明确一下评价的项目，包括工作态度、工作效率、工作技能。

王明：我觉得自己工作态度没问题，可能工作效率上有些欠缺。

领班：好，那我们就来逐项地讨论一下吧。你先说近期自己的工作情况吧。

王明：我本月有三项重要的工作是：帮带班组新员工、协助其他班组做好大型接待，这三项工作都比较艰巨，我认为完善班组的五常规范、配合做好大型接待这两项工作做得不错，但帮带新员工方面有些欠缺。

领班：你对自己工作总结得比较全面了，我再补充两点。第一，你本月在完善部门的五常工作中，表现很好，工作做得很细致，在大型接待时也和同事配合得很默契，而且主动加班加点把收尾工作做好，这些都是值得肯定的。第二，在本班组新员工帮带这个问题上你的表现就不尽如人意了，比如，新员工工作中存在的问题你发现了就应该及时指出，避免其在实际工作中犯错，另外，你5月20日晚餐的收尾工作时打碎了一只水晶杯。在这一点上，请在下月注意。建议最好列制一个新员工帮带计划，这样便于操作。

领班：针对以上这些情况，我给你的打分是工作态度95分，工作技能92分，工作效率95分。对这个打分情况，你有异议吗？

王明：谢谢，没有意见，我一定会更加努力的。

领班：好。现在我们来回顾一下今天谈话的内容，首先我们对本次绩效评定的标准达成了一致的意见，然后回顾了你在本月的工作绩效，接下去讨论了你的主要优缺点和今后的工作目标。我想，我们今天谈话的主要目的已经达到了，那么，回去以后希望你制订新员工帮带计划，制订完毕后及时与我沟通，我们另找一个时间再进行交流。谢谢你！

思考：

1. 请问该面谈是否成功，为什么？
2. 请从面谈的组织与控制过程来评价领班与王明之间的面谈。
3. 请分析领班与王明在面谈中所使用的技巧。

第六章　商　务　谈　判

导入案例

善于准备的谈判高手

我国某冶金公司要向美国购买一套先进的组合炉，派一高级工程师与美商谈判。这位高工为不负使命，在谈判前做了充分的准备工作，查找了大量有关冶炼组合炉的资料，花很大精力对国际市场上组合炉行情及美国这家公司的历史和现状、经营情况等了解得一清二楚。谈判开始，美商一开口要价150万美元。中方工程师列举各国成交价格，使美商目瞪口呆，终于以80万美元达成协议。当谈判购买冶炼自动设备时，美商报价230万美元，经讨价还价压到130万美元，中方仍不同意，坚持出价100万美元。美商表示不愿继续，把合同往中方工程师面前一扔，说："我们已经作了这么大的让步，贵公司仍不能合作，看来你们没有诚意，这笔生意就算了，明天我们回国了。"中方工程师闻言轻轻一笑，把手一伸，做了一个优雅的请的动作。美商真的走了，公司其他人有些着急，甚至埋怨工程师不该抠得这么紧。工程师说："放心吧，他们会回来的。同样的设备，去年他们卖给法国只有95万美元，国际市场上该设备的价格100万美元很正常。"不出所料，一周后美方又回来继续谈判了。工程师向美商点明他们与法国的成交价格，美商又愣住了，没想到中国商人如此精明，于是不敢再报虚价，只得说："现在物价上涨得厉害，比不了去年。"工程师说："每年物价上涨指数没有超过6%。1年时间，你们算算，该涨多少?"美商被问得哑口无言，在事实面前不得不让步，最终以101万美元达成了这笔交易。

案例分析：从该案例中可以看出，中方总工对于谈判工作的准备全面、准确，无论是市场价格的把握还是对手以往的一些商务交往都了然在胸，最终步步为营，使得中方顺利地从每一次谈判中从容胜出。另外在谈判技巧的运用上，中方代表也能够以事实和详细的数据资料等为基础，明确双方依赖关系，善于识别美方佯装退出谈判的策略并不做无端的让步，赢得有理有据，让对方心服口服，充分显示了较强的谈判技巧。

知识要求

1. 理解商务谈判的概念、特点、原则及其分类。

2. 掌握商务谈判过程各阶段的主要任务及基本策略。
3. 了解商务谈判中基本语言的运用和常见沟通技巧。

第六章 商务谈判

关键术语

商务谈判 经济利益 沟通策略 语言技巧

美国著名谈判专家荷伯·科恩曾说过，“世界是张谈判桌，万事皆可谈判”。在商务活动过程中，大量的项目合作、技术贸易等往往都需要通过商务谈判来完成。商务谈判是企业等社会主体处理商务事务、进行商务活动最基本也是最重要的手段。商务谈判作为一种基本的经济活动，集政策性、技术性、艺术性于一体。成功的合作可通过商务谈判精彩开局，不成功的合作可能是由于双方未能准确把握商务谈判的策略。例如，从战略联盟或者特许经营等角度看，肯德基与麦当劳成功地在中国经营，可口可乐与百事可乐在世界商业领域占有很高的市场份额，不能不说是双方有效进行商务谈判的良好结果。

了解商务谈判的概念、主要特点与基本原则，掌握各阶段的主要任务与基本策略，熟悉常见的语言方式与沟通技巧，是现代企业管理人员和市场营销人员等必备的素质与能力。

第一节 商务谈判的概念与分类

从交流的工作方法上看，商务谈判是商务交流的核心内容。商务谈判的结果决定着交易与合作的成败，关系着企业等主体的生存与深层次发展。商务谈判是商务活动中处理利益冲突、实现合作与沟通的有效方法之一。

从商务面谈的工作类型上看，商务谈判是一种特殊的商务面谈，它相对其他商务面谈而言更具过程性、策略性和技巧性。它是人们在商务活动中为了改变相互关系而交换意见，为取得一致而相互磋商的一种行为，其目的是直接影响人际关系，使参与各方产生一定的经济利益。

从沟通艺术与语言技巧上看，商务谈判在各个阶段有一定的规律与规则，具有特定的策略与方法，在保持科学性的同时体现了鲜明的艺术性。商务谈判是科学性与艺术性的完美结合。

一、商务谈判的概念

商务谈判是指商务活动中存在利益冲突，而又不愿让利益冲突延续的双方或者多方，针对经济利益等相关问题进行有效沟通与磋商并设法达成各方都能接受的协议的经济交往活动。在该过程中，双方或多方在作出一定让步的前提下进行利益交换，或者实现共同利益。商务谈判实际上是人们相互调整利益，减少分歧，并最终确立共同利益的行为过程。成功的商务谈判过程将使谈判各方呈现“从不平衡到平衡、从无序到有序”的特点。

为了更好地理解商务谈判的含义，我们从以下角度加深认识。

1. 谈判对象

谈判一般要有两个或两个以上的对象参加，即“谈判主体”。对象可以是组织，也可

以是个人。其中，组织可以体现为国家层面的组织。谈判对象可能是劳资存在分歧的双方，可能是在价格上存在分歧的销售人员与用户，可能是存在原材料供应问题的生产商与供应商……谈判对象往往都会想方设法在其中取得较理想的主动权。

2. 利益关系

谈判对象之间存在共同的目标或者利益，这是谈判的基础。不然，谈判无法进行。谈判的议题及内容往往都围绕利益关系展开，特别是经济利益。在此基础上，谈判对象之间仍存在实质性的利益冲突。冲突可能体现为一个或多个共同的问题，这是对象之间开展谈判的主要原因，也是谈判的主要议题。如果双方或多方之间不存在利益冲突或分歧，在更多情况下也就不需要通过谈判形式进行利益交换。利益关系往往在一种讨价还价的过程中得到平衡。在谈判中，谈判对象在不损害双方关系的条件下积极寻找双方利益的平衡点，较好地解决了“争”与“让”、“取”与“舍”等问题。

3. 谈判意愿

谈判各方在谈判中体现一定的自愿性，都希望通过一定程度以及一定内容的磋商，在特定条件下作出一些让步，谋求共同都能接受的结果。假设谈判不具备一定的自愿性，商谈各方之间在更多情况下可能会出现价格方面的明争暗斗或者断绝商务关系等不够理想的结果。没有明显合作意愿的谈判是不现实的，也是很难取得成功的。

4. 谈判最佳可替代方案（BATNA）

最佳可替代方案（Best Alternative To a Negotiated Agreement，BATNA），是指商务谈判某方在谈判没有成功或者没有达成有效协议的情况下，自己所倾向采取的行动方针或者为达到目标可以选择的其他方案。知道自身的 BATNA 意味着，若目前谈判没有成功，谈判对象对未来应该做什么和将要发生什么则比较有底。尽管大多数谈判者认识自己的 BATNA 较困难，但拥有强有力的 BATNA 可加强己方的谈判主动权。BATNA 具有动态性，谈判对象需要在谈判中逐步改善自身的 BATNA，并通过各种信息设法判断对方的 BATNA。

二、商务谈判的分类

由于商务谈判具有普遍性等特点，在客观上具有不同的类型。加强对商务谈判类型的认识，便于谈判对象以较为有利的角色和较好的状态更好地参与谈判过程中，积极采取有效的谈判策略，体现谈判的高超艺术。根据不同的分类标准，常见的商务谈判类型如下：

（1）按谈判对象的地区不同，可分为国内谈判和国际谈判。

（2）按谈判方式的不同，可分为横向谈判和纵向谈判。

（3）按谈判的沟通方式不同，可分为口头谈判与书面谈判。

（4）按谈判参与方的数量，可分为双方谈判与多方谈判。

（5）按谈判人数的多少，可分为一对一谈判，小组谈判和大型谈判。

（6）按谈判目标的对立性，可分为竞争性谈判（对抗性谈判/零和谈判）和合作性谈判（双赢谈判）。

（7）按谈判内容的透明度的不同，可分为公开谈判、半公开谈判与封闭式谈判。

（8）按谈判双方在交易中的地位不同，可分为买方谈判、卖方谈判与代理谈判。

（9）按谈判所在地的不同，可分为主座谈判、客座谈判、主客轮流谈判和中立地

谈判。

（10）按谈判内容的不同，可分为商品贸易谈判和非商品贸易谈判（其中非商品贸易谈判又包括技术贸易谈判、劳务贸易谈判、投资谈判及索赔谈判）。

（11）按谈判态度和方针的不同，可分为软式谈判、硬式谈判和原则式谈判（又称为让步式谈判、立场式谈判与原则性谈判）。

三、商务谈判的基本特点与基本原则

（一）商务谈判的基本特点

商务谈判具有经济性、科学性、艺术性、平等性、合作性、时效性等多种特点，具体如下。

1. 经济性

由于商务谈判是属于不同经济实体的各方为了自身的经济利益和满足对方经济形势的需要，通过沟通、协商等方式把可能的商机确定下来的活动过程。因而，在商务谈判中，各方经济利益的目的性特别明确，这是商务谈判的根本特征。经济性是谈判对象积极开展讨价还价的主要动力。在实践中，有些商务谈判体现为多方以交易价格为核心的直接经济效益的调整，有的则体现为如交货期限等为主要内容的间接的经济利益的改变。从该角度看，谈判对象必须注意谈判成本与效率等问题。如果谈判对象不能很好地把握谈判的经济性，也就失去了谈判的价值与意义。从经济利益角度考虑，高明的谈判者往往善于以己方的非核心利益换取对方在本方核心利益方面的可能让步。

2. 科学性

商务谈判的科学性具有两方面的含义，其一，商务谈判具有明显的规律性。尽管商务谈判的对象多样，谈判内容五花八门，但我们仍能从多种谈判实践活动中寻求规律或者共性的内容，并在今后的商谈活动中加以运用。其二，商务谈判需要谈判对象综合运用多学科的知识。商务谈判常常会涉及金融、贸易、经济法、社会学、心理学、语言学、逻辑学、公共关系学等多门学科，是多门学科知识的融合，从另一角度体现了较强的科学性。因而，科学性特点要求商务活动管理者要善于分析与总结商务谈判的基本规律与基本原则，学会运用多种专业知识使自身在商务谈判中处于相对主动的地位。

3. 艺术性

谈判是科学性与艺术性的有机整体。商务谈判的艺术性指的是在谈判过程中，谈判对象的素质、能力、经验、心理状态等都将直接影响谈判的最终效果。固守谈判规律生搬硬套，鼓吹谈判科学性而不能活学活用只能导致僵局或其他不可能是双方都乐意接受的结果。艺术性地理解并运用商务谈判规律性的东西，会产生不同的谈判效果。因而，商务谈判的艺术性特点要求，谈判对象要具备一定的商务沟通技巧，较强的语言表达能力，在谈判各阶段有一定的“策略感”。谈判对象要在谈判中讲究战略、注重战术，体现较强的艺术性。成功的商务谈判多为理性与感性、刚性与柔性、科学与艺术的良好结合。商务谈判的艺术往往需要经过较多谈判实践而逐步达到炉火纯青的境界。

4. 平等性

商务谈判的平等性指的是各方要基于尊重价值规律并根据等价交换的原则基础上开展商务磋商。这就意味着，谈判各方不因组织大小或者实力强弱而在价值规律与相互关系方

面体现不平等性。商务谈判的平等性特点要求谈判双方既要注重自身利益，也要顾及对方经济利益。但平等性并不意味着谈判双方的利益分配是平均的，更多地会呈现一种相互平衡的状态。在实际运作中，决定利益分配的主要因素是谈判双方的实力对比。

5. 合作性

商务谈判的合作性，指的是谈判各方尽管在经济等方面存有各种分歧或冲突，但他们之间必然存在合作基础。不然谈判行为可能无从发生。正是因为具有合作性，谈判对象在商务谈判中并不仅仅是无限制地满足自己的利益，他们会基于自身利益做出一些让步，使对方利益得到一定程度的满足。而且，在更多情况下，谈判双方具有长期的合作意向，他们会选择在特定的谈判场合“艺术性”地开展讨价还价，使双方能够产生持久的合作性利益。商务谈判的合作性特点决定了谈判对象具有不断调节需求，使各方需求不断调和并达成一致意见的动力。在合作性谈判中，谈判对象允许双方实现自己的目标，努力做到互惠和双赢。

6. 时效性

由于商务谈判具有明显的经济性，而经济是具有时间效应的，因而商务谈判自然也就具有特定的时效性。商务谈判的时效性指的是谈判双方都特别注重是否能在一定的时间界限内达成协议。超过一定的时间，谈判也就失去了继续延续的可能性，意味着谈判未能达成协议或者将演绎为另一次新的谈判。时间时常在商务谈判中成为谈判力量的源泉之一。因而，商务谈判的时效性特点要求谈判对象注重时间效应，力求在双方可以接受的时间内完成谈判活动。

另外，商务谈判还具有普遍性、交易性等其他特点。

（二）商务谈判的基本原则

商务谈判是谈判对象基于现实的谈判，是各方追求经济等利益的谈判。商务谈判的原则是谈判的指导思想和基本准则，是谈判者在谈判过程中应该遵循的行动指南。

商务谈判的基本原则主要如下。

1. 诚信原则

如前所述，谈判双方既有利益的共同点，又有利益的冲突。因而，在谈判过程中，谈判对象既有竞争的一面，又有合作的一面，是一种“竞合”。从根本上说，商务谈判是一种软化冲突寻求更多合作空间的商务活动。基于这样的认识，谈判双方在经济交易中就要高度重视诚信问题，最大限度地体现合作诚意，逐步建立起互相信任、以诚相待的交往关系。市场经济既是规则经济，又是信用经济。信用经济的发展要求各行为主体在商务谈判中坚持诚信原则，在商务活动中强化诚信意识。

2. 守法原则

尽管商务谈判的核心是经济利益，谈判各方会根据自身利益在谈判过程中运用多种策略与手段开展智慧的较量，但其必然是在国家有关法律、政策等的限制下进行的。这就要求谈判对象要在国家有关法律法规的支配下开展商务活动，谈判各方最后达成的协议应是法律规范框架下的经济行为。在国际商务活动中，谈判对象除遵守国内法律外，还要遵守国际法则、有关的国际条约和公约，并尊重对方国家的有关法规、惯例等。

3. 相容原则

相容原则指的是谈判对象如何灵活准确地运用谈判策略和沟通技巧，努力使谈判往促进协议达成的角度发展。谈判对象在争取自身利益要求上具有一定的弹性。这也正是商务谈判之所以能够有效展开的前提。相容原则要求沟通双方在充分采用谈判策略与沟通技巧时能妥善解决双方之间的分歧和争论，给对方留下加强合作的空间，而非置对方于“死地”，从而恶化谈判气氛，导致谈判由于没有合作空间而趋向失败。相容原则要求谈判各方善于构思互利互惠的方案，强调共同利益，调和利益分歧。

4. 平等原则

谈判对象在商务谈判中具有同等的社会地位，在商务活动中应体现公平性。这是谈判双方互相磋商的基础条件。谈判对象只有以平等的原则面对经济交流行为的其他主体，双方合作才更有可能性。在市场经济条件下，平等原则是我国发展对外经济关系的基本原则。在经济交流过程中，我国历来反对附带任何特权来谋求政治和经济上的特权，也决不接受对方以任何不平等条件与不合理要求参与商务活动。

5. 利益原则

这里的利益原则指的是各方要注意在谈判中兼顾双方的经济利益。谈判各方应以利益为根本目的与出发点，而不只是以捍卫自身立场为目的。在商务谈判中，某方的立场是其在谈判中进行决策的基础，而利益是促使其采取某种立场的根源。在谈判中，如果谈判对象只是坚守自己的某个立场，可能会使得谈判最终趋于两败俱伤。如果谈判双方能够根据谈判的进展情况适时对自身立场作出调整，基于双方利益进行调和，常会取得比较理想的效果。坚持利益原则有助于双方共同营造更好的谈判氛围，避免陷入无休止的商务争执中。

6. 互惠互利原则

成功谈判的唯一标志是双方通过有效磋商达成对双方都有利的协议，即双方都有利可图，绝不是其中一方大大获利而另一方输得一败涂地。只注重自身利益而不考虑他方利益的行为从长期来看无异于“杀鸡取卵”。互惠互利原则要求谈判双方要注重研究双方利益的交会点和平衡点，最后达成协议。互惠互利，包括物质上的互惠互利、精神上的互惠互利或者物质与精神并存的互惠互利。互惠互利，并不意味着绝对的相等，或者一半对一半的互惠互利，而是双方的经济利益都能得到一定的照顾和满足。谈判所达成的结果是在当时的经济背景下双方都自愿和乐意接受的相对的互利。

第二节 商务谈判的过程与策略

一、商务谈判的过程

商务谈判是一个连续的沟通过程。过程中的前一阶段是后一阶段的基础，后一阶段是前一阶段的延续。商务谈判不是一个孤立时间点上的行为，而是跨越一定时间的具有一定强度的一系列活动，体现了商务谈判“环环相扣”的特点。

根据研究者观点的不同，在学科上对商务谈判阶段有不同的划分。综合分析和比较学者们的多种学术观点，可根据商务谈判的阶段数量及内容将其划分为三大类。

（1）三阶段商务谈判，包括开局阶段、磋商阶段、结束阶段。

（2）四阶段商务谈判（多种教材的不同表述）。

1）开局阶段、报价阶段、磋商阶段、成交阶段。

2）摸底阶段、报价阶段、磋商阶段、成交阶段。

3）谈判准备、谈判开局、谈判磋商、谈判结束。

4）谈判准备、谈判之初、谈判之中、谈判签约。

（3）五阶段商务谈判（两种教材的不同表述）。

1）谈判准备、规则制定、谈判辩论、讨价还价、谈判实施。

2）谈判准备、谈判计划制订、谈判开局、讨价还价与让步、谈判结束。

不难看出，以上分类大同小异，商务谈判不外乎谈判准备阶段、谈判进行阶段、谈判结束阶段。其中准备阶段一般包含谈判开局、规则制定、计划制订、谈判摸底等内容；谈判进行阶段包括谈判磋商、报价、辩论、讨价还价等内容；谈判结束或谈判履约阶段包括谈判内容的谈判成交、谈判签约、后续实施等内容。

为了便于谈判者更好地掌握商务谈判的策略，本书采用四阶段的商务谈判分类法，认为商务谈判是一种包含谈判准备、谈判开局、谈判磋商、谈判结束四阶段的环环相扣的经济沟通活动。

二、商务谈判各阶段的主要任务与基本策略

商务谈判这一具有持续性的经济活动因谈判进展的不同而在各个阶段具有特定的谈判任务，呈现出不同的阶段特征，在每一不同阶段又有相应的策略。谈判人员要准确把握各阶段的主要任务及其特征，运用特定的策略与对方展开有效谈判。

（一）谈判准备阶段的主要任务与基本策略

1．谈判准备阶段的主要任务

谈判准备主要指的是谈判各方在正式开展商务谈判之前的一系列准备工作，包括基础准备工作、谈判计划的制订、谈判规则的制定、设定最佳替代方案（BATNA）等。谈判准备过程是力求做到“知己知彼，百战不殆”的过程，对整个谈判具有重要作用。无论是人员安排的不合理、对他方风格的不够了解，自身谈判目标设置的不合理，还是谈判时间与地点安排的不合适，都可能造成己方在谈判中处于下风，这自然不是己方所期待的状态。

（1）基础准备工作。基础准备工作是整个谈判活动的基础性工作，其充分程度将直接影响谈判的效果。基础准备工作包括确定谈判目标、收集谈判信息、组建谈判队伍和谈判时间与地点安排等。

谈判目标分最高目标与最低目标。最高目标是谈判对象期待的最佳结果，最低目标是谈判对象至少要得到的结果，也称“谈判底线”。最高目标与最低目标之间即为谈判方可能的让步范围。

为了能在谈判中具有主动权，己方需要收集对方多方面的信息（如谈判人员、谈判目标及其对方利益所在等）以及与谈判相关的当前市场、技术与金融信息等。谈判过程是谈判人员主观能动性与创造性发挥的过程。

谈判各方要注重建立一支有明确分工而又具有较强的支持配合能力的谈判团队。谈判要求参与人员具有较强的观察能力、决断力、语言能力、应变能力和较全面的信息素质。

谈判时间与地点的确定是双方协商的结果。在谈判时间的安排上，既要避免谈判准备

的仓促性，又要防止谈判时间拖延过长。谈判地点的选择会对谈判各方的心理产生影响，因而在选择上要相对慎重。

（2）谈判计划的制订。谈判计划是谈判对象行动的指针与方向。周密的谈判计划是谈判各方实现事先预定的谈判目标的前提与条件。谈判计划的制订主要指的是在谈判准备过程中谈判者预先设计与安排自身的谈判策略、谈判风格与谈判程序等内容。

谈判策略是谈判对象为达到预期的谈判目标而采取的行动方案与对策，是在结合对方谈判实力和分析影响谈判实力的各种因素基础上制定的。谈判对象要注意结合灵活对抗性、主观能动性和动态性等原则制定谈判策略，并且要积极为实现谈判创造条件，提高谈判成功的可能性。

谈判风格是指谈判人员在谈判中通过言行举止表现出来的建立在其文化积淀基础上的谈判思想、策略和行为方式等的特点。一般而言，己方的风格与对方谈判人员会呈现一定的差异。谈判风格主要包括内向谨慎型、外向果断型、理性判断型和言简意赅型等。谈判对象可以选择对促进双方友好合作的良好氛围的相对积极、主动和开放的谈判风格。

谈判程序又称谈判议题。谈判程序的设计指的是谈判议题的先后安排，意味着谈判者需要对谈判议题进行有效识别并作出顺序排列。常见的议题安排方式有先易后难、先难后易以及混合型等类型。在谈判中，议题一般不合适安排太多，以免谈判不够简洁、中心议题不突出，甚至造成谈判人员过多的思想负担。如果谈判议题确实很多，建议通过多次谈判来实现目标。

（3）谈判规则的制定。谈判规则的制定在谈判中十分关键。在谈判的详细计划完成后，各方要在与对方沟通的基础上确定己方的基本规则，包括确定谈判的限制条件、思考如何避免在谈判中陷入僵局等。谈判规则的制定会使得谈判方的思路更清晰，更易把握谈判的重点目标，也更便于以此为依据做出谈判过程的适当调整。

（4）最佳可替代方案（BATNA）的设定。在谈判前，谈对者要对期望目标十分明确，这再过分强调也不过分。因而，谈判对象要设定最佳可替代方案（BATNA）。运用最佳可替代方案的例子有：经理重新搜寻供应商、投资人重新寻找自己的新用途、工会发起工人罢工、买家放弃目前买家等。缺乏清晰的最佳可替代方案，谈判者会因为没有参考标准而对谈判中对方提出的新提议出现一定意义上的“无所适从”。

油轮大王奥纳希斯的谈判总结

著名的油轮大王奥纳希斯在总结自己“一天赚 20 万美元的奥秘”时说：“我从一天赚 2 美元到一天赚 20 万美元，谈生意都是单枪匹马，没有女秘书，不带法律顾问，也不携带档案，许多人认为我的记忆力特别好，事实上，只是我事先做好准备而已！”

案例点评：油轮大王的总结充分表明了商务谈判中准备的重要性，值得谈判参与者引起高度重视。

2. 谈判准备阶段的基本策略

相对于后续阶段，准备阶段的基本策略相对较简单，主要需遵循以下策略。

（1）知己知彼策略。在准备阶段，谈判双方要加强对谈判对手多方面信息的搜集与调查，包括对方组织性质、整体实力、经营业绩、财务状况、谈判目标、预期参与谈判人员、谈判实力等相关信息等。在谈判的初期，己方也要注重对自身组织状态、拟选派的谈判人员、谈判预期目标等的重新认识，做到“知己知彼，百战不殆”。己方应通过多次协商讨论，逐步明确己方参与谈判的主要目的、详细计划、基本进度和核心人员。而且，还要充分估量自身团队的能力，清晰认知本次谈判的重要性，增强谈判信心。

（2）分工合作策略。商务谈判是充满智慧的极具管理艺术的经济活动，谈判队伍的组建要注重分工合作策略，即参与谈判人员既要特长鲜明、注重分工，又要团队互补、讲究合作。不能独当一面的谈判者常常会在谈判时处于被动，不注重互补而相互猜忌和彼此埋怨的谈判队伍注定将在谈判中甘拜下风。

（3）周密细致策略。准备阶段虽不是整个谈判最核心的阶段，但却是重要的基础阶段。无论是计划和规则的制定，还是谈判人员的确定、谈判风格的选择，都需要组织作出细致部署和周密思考。谈判时间、地点、议程等内容的确定同样需谈判方通过仔细商量才能定夺。任一环节的考虑不周都可能对后续谈判造成影响。在最佳可替代方案的设定中，己方需进行细致的工作之后才能制订出相对比较合理的最佳可替代方案。

（4）重点突出策略。尽管谈判准备阶段内容繁多，但组织方一定要做到重点突出，把有限的重要资源用到最为关键的工作中。在内容的准备上，要突出谈判目标、谈判风格，力求以合适的谈判风格投入到预期的谈判主要目标；在谈判人员的选择上，要突出特长，注重优势，并确定谈判人员的主次安排；在谈判议题的设定上讲究先后安排，注重突出中心议题。

（二）谈判开局阶段的主要任务与基本策略

1. 谈判开局阶段的主要任务

谈判开局是双方第一次亮相，是正式谈判活动的起点，是谈判介于谈判准备和谈判磋商之间的阶段。良好的开局将为有效谈判奠定良好的基础，良好的谈判气氛的积极营造有利于谈判目标的实现。谈判人员对谈判开局应予以高度重视。谈判开局阶段包括开局和陈述两个部分。

“良好的开端是成功的一半。”谈判开局是双方营造谈判气氛的过程，其主要任务是在沟通中针对谈判程序等相关问题达成共识。在该阶段，双方都要设法创造彼此信赖、注重合作的良好氛围，切忌过早形成冷峻紧张的对立局面。因而，该阶段一般不涉及过多谈判内容，即便有也往往是一些非实质性的内容。此时双方可以选择一些彼此相对感兴趣的话题。谈判人员平和的心态、热情的握手、信任的目光、自然的微笑都能在开局阶段为营造良好的气氛起作用。谈判开局一定程度上能反映谈判双方的基本诚意和相应的谈判风格，对积极开展谈判具有重要作用。

谈判陈述是在谈判开局后，双方表明己方的基本情况，包括己方对谈判目标、计划、进度和人员的理解及利益需求。谈判陈述阶段的主要任务是摸底与报价。其中，谈判目标是陈述的主要内容。计划是指谈判方围绕谈判目标而计划采取的措施。在该阶段，谈判双方将陈述自身在准备过程中初步形成的谈判计划。谈判进度是指预计的谈判进展速度，明确进度有利于双方把握谈判节奏。此外，谈判双方还将介绍己方人员组成的情况以及相应的组建依据，表明身份，便于进一步洽谈。此时，谈判双方将清晰地陈述己方观点、态度等，都试图进一步明确对方的真实意向和最低目标。同时，该过程也是双方讨价还价的开始，一方针对交易活动提出价格或交易条件（报价），另一方作出有效的回应（还价）。报价又称“发盘”或“发价”，在法律上称为“要约”。需要指出的是，报价分狭义报价（具体价格）和广义报价（包括具体价格的一揽子要求）。报价和还价并不仅限于价格（谈判核心内容），还包括数量、质量、包装、保险、商检、索赔、仲裁等多种详细的交易条件。

在谈判开局阶段，谈判双方在通过接触而获知对方一定信息后，要及时根据现实情况对谈判计划与策略等作出相应调整，以适应谈判后续阶段的要求。

2. 谈判开局阶段的基本策略

由于谈判开局阶段的气氛营造会影响谈判的全过程，因此在开局阶段运用合适的谈判策略非常重要。根据谈判开局阶段的主要任务，该阶段的基本策略相应包括开局策略与报价策略，具体如下。

（1）开局策略。在开局阶段，除了参与谈判者要做到寒暄恰到好处、动作自然得体、话题引人入胜、表情语言合适、善于察言观色外，掌握一定的开局策略很有必要。开局策略的实施目的是为己方在谈判初始阶段处于相对有利或较主动的地位，为开展后续阶段的谈判奠定基础。常见的开局策略有四种，具体如下。

1）协商式开局。协商式开局是一种以相对友好与合作的范式开始为谈判布局的开局策略。这种策略易使对方对己方产生好感，使双方在友好愉快的氛围中展开谈判。协商式开局一般适合于双方在以往几乎没有商务往来经历且谈判实力较为均衡的商务谈判。这样的开局便于双方处于相对平等与合作状态，为一系列的商务交往顺利打开局面。

2）坦诚式开局。坦诚式开局是一种以真诚方式向对方表达己方谈判意图以争取更全面合作的开局策略。坦诚式开局适合于双方在以往有较多的商务往来，彼此比较了解且关系相对较为密切的商务谈判。以这样的方式开局，双方可省去一些礼节性的外交辞令，可相对真诚热情地畅谈双方以往的商务合作关系，适当称赞对方在商务方面的良好信誉。这种开局策略更容易使双方产生并加强信任感。

3）慎重式开局。慎重式开局是一种以较为严肃郑重的态度加以陈述，表达己方对谈判高度重视的开局策略。慎重式开局适合于双方在以往有过商务往来，但对方在过去曾有不太令自身满意表现的商务谈判。它可促使对方放弃不良或不当意图，引起对方对相关问题的足够重视。该策略的主要目的在于寻求更有效的谈判成果。

4）进攻式开局。进攻式开局是一种以相对强硬的语言或者行为表明己方观点和态度，力求在谈判中制造心理优势而压倒对方的开局策略。相对其他策略而言，这样的开局进攻性强，具有明显的压倒性气势，对谈判气氛会有一定程度的影响或破坏，因而不常为谈判者所采用。谈判者运用该策略要比较谨慎，除非对方态度傲慢而出现不尊重己方倾向或者有必要运用该策略来改变被动局面才考虑使用。进攻式策略要运用得当，要有理、有利、有节，尽可能避免由于进攻式策略的运用而使谈判在较早时就陷入僵局，影响商务谈判的进一步发展。在运用时，谈判者要切中问题要害，适时转变做法，不能过于咄咄逼人。

此外谈判者还可选用挑剔式开局和保留式开局。挑剔式开局是指在开局时指责对方行为或礼仪失误，使其感到内疚而迫使对方作出让步的开局方式。保留式开局是指在谈判开始时对谈判对手提出的关键问题不做彻底和确切回答，给对手营造一定程度的神秘感，以吸引对手步入谈判的开局策略。

【案例 6-1】

进攻式开局策略

日本一家著名的汽车公司在美国刚刚“登陆”时，急需找一家美国代理商来为其销售产品，以弥补他们不了解美国市场的缺陷。当日本汽车公司准备与美国的一家公司就此问题进行谈判时，日本公司的谈判代表路上塞车迟到了。美国公司的代表抓住这件事紧紧不放，想要以此为手段获取更多的优惠条件。日本公司的代表发现无路可退，于是站起来说：“我们十分抱歉耽误了你的时间，但是这绝非我们的本意，我们对美国的交通状况了解不足，所以导致了这个不愉快的结果，我希望我们不要再为这个无所谓的问题耽误宝贵的时间了，如果因为这件事怀疑到我们合作的诚意，那么，我们只好结束这次谈判。我认为，我们所提出的优惠代理条件是不会在美国找不到合作伙伴的。”日本代表的一席话说得美国代理商哑口无言，美国人也不想失去这次赚钱的机会，于是谈判顺利地进行下去。

案例点评：进攻式开局策略是指通过语言或行为来表达己方强硬的姿态，获得对方必要的尊重，并借以制造心理优势，使谈判顺利进行。在本案例中，美方基于日方迟到一事咄咄逼人，一度使得日方处于被动局面。日方运用进攻式开局策略为自己能够和美方处于平等的谈判地位创造了条件。

（2）报价策略。报价策略是指谈判者为了解对方谈判条件与目标而采取的行动方式或者手段。常见的报价策略如下：

1）报价时机策略。报价时机策略是指谈判者结合自身经验巧妙选取报价时机努力达成谈判的策略。在价格谈判中，报价时机的选择特别富有策略性。根据时机的不同，报价分为先报价和后报价两种策略。

先报价一方由于其价格划定了谈判的基准线而常在谈判中具有先发主动权，而且先报价在一定程度上会打乱对方的谈判计划，影响对手的期望水平。当己方的谈判实力强于对方或彼此相当时，谈判者要设法争取先报价，尽早获得更明显的主动权。先报价适合用于高度竞争和冲突的谈判中。在对方还没有完全明白商品为其带来的实际好处及在谈判开始就询问价格的情况下，先报价策略不适合采用。后报价虽然会失去一定的主动性，但后报价者可通过对方先报价获得更多的价格信息，并根据先报价者的报价水平及时调整自身策略，迫使先报价者被动让步。当谈判方未能准确判断对手实力和水平时，后报价具有明显的优势。

在谈判双方十分了解对方的情况下，先报价和后报价对谈判结果影响不大。而且，谈判要遵循一些惯例，包括发起谈判的一方先报价，买卖双方卖方先报价，招投标活动中一般投标者先报价等。

2）报价起点策略。报价起点策略指的是作为卖方报价起点要高，即“开最高的价”；作为买方报价起点要低，即“出最低的价”。美国谈判专家卡洛斯在调查中发现，若卖方开价较高，双方往往能在较高价位成交；若买方出价较低，双方可能在较低价位成交。

谈判双方报价起点的这种“一高一低”的策略，较合乎常理，也是商务谈判中的惯例。因为谈判者在商务活动之初都有要求得到比他们预期多的心理倾向。值得指出的是，这种策略的运用须基于谈判的合理范围，一方的报价只有在得到对方相对认可的情况下才会产生预期结果。因而谈判参与者需要审时度势，在反复比较和权衡之后找到相对较为合理的“最高价”或“最低价”，不然可能失去交易机会和导致谈判失败。

3）报价方式策略。在商务谈判中，存在两种典型的报价方式策略，即西欧式报价和日本式报价。

西欧式报价是一种高价报价方式，也称“吊筑高台”式报价，即从高价开始，先报出一个有较大回旋余地的价格，然后根据双方实力，慢慢软化谈判对手的立场和条件，最终达成交易。实践证明，这种报价策略在能稳住对方的情况下往往会有好的结果。日本式报价是一种低价报价方式，也称“抛放低球”式报价，其一般做法是将最低价格列在价格表上，以求首先引起买主兴趣。日本式报价在面临众多外部对手时是一种较艺术化和具有明显策略性的报价方式。由于这种低价格一般是以对卖方最有利的结算条件为前提条件，并且在这种低价格交易条件下各个方面很难全部满足买方的需求。如果买主要求改变有关条件，则卖主就会相应提高价格。因此，买卖双方最后成交的价格往往高于价格表中的价格。这正是卖方期望得到的结果。

由上可知，报价方式策略基于“高出手往下走，低出手往上走”的基本规律。一般而言，日本式报价有利于竞争，而西欧式报价比较符合人们的价格心理。多数人习惯于价格由高到低逐步下降，而不是相反的变动趋势。

4）报价态度策略。报价态度策略，又称郑重报价策略，指的是谈判者以相对较为郑重而坚定的态度进行清楚而完整的报价。除非对方提出一定要求，否则报价方对价格和其他交易条件不作任何解释和说明。这种报价策略能使得报价方在谈判中体现认真而真实的谈判态度，促进商务谈判的顺利进行。

此外，报价阶段还有报价差别策略、报价对比策略、报价分割策略等，在特定的场合，它们都能够起到特殊的谈判效果。用较小的单位报价等报价分割策略比大单位报价会使人在心理上产生便宜感，更易让人接受。例如，茶叶每公斤 400 元报成每两 20 元；大米每吨 1200 元报成每公斤 1.2 元。巴黎地铁公司的广告是：“每天只需付 30 法郎，就有 200 万旅客能看到你的广告。”

（三）谈判磋商阶段的主要任务与基本策略

1. 谈判磋商阶段的主要任务

谈判磋商阶段，即“商务磋商”或“讨价还价”阶段，指的是谈判各方在谈判原则的基础上互相争取利益与作出有效让步的过程。这是实质性商务谈判的核心阶段，也是谈判双方矛盾和冲突不断激化并设法解决的阶段。谈判磋商阶段的主要任务是积极磋商、作出让步和打破僵局。

在商务谈判的开局阶段中，双方表明了己方思路及其“家底”，然而双方关于价格与交易条件等方面的分歧必然存在。因而在商务磋商阶段，双方需要在前一阶段基础上进行议价和磋商，以解决其中的矛盾与分歧。谈判双方在议价和磋商时必须充分了解对方进行报价或还价的基本依据，以使自身在后续谈判中把握谈判的方向。在对方想方设法了解己方的报价或还价的理由时，要善于把握分寸，尽可能不过多地传递信息，以免对方轻易掌

握已方根底而造成自身谈判被动。

在议价和磋商过程中，分歧的原因会逐步得到一定程度的明确。为了取得好的谈判效果，双方作出一定的让步很正常也很有必要，这是双方达成一致的重要条件。谈判者要设法以自身的最小让步有效换取对方的最大让步，尽可能避免自身作出较大让步而未能取得较好的谈判效果。在让步过程中，双方要坚持一定的条件和原则，讲究让步的幅度和节奏。

在磋商和让步过程中，由于各方面条件和因素的制约，还会出现谈判双方进退两难的境地，即所谓的“僵局”。产生僵局的主要原因是双方的谈判目标差距较大，且双方都不太愿意做出较大让步。信息沟通的障碍和立场的争执也会使双方产生矛盾与冲突。在谈判过程中，谈判者要尽可能避免出现僵局。一旦出现僵局，双方都要尽可能采取积极措施来打破僵局，使谈判能够顺利进行下去。

2. 谈判磋商阶段的基本策略

商务磋商是商务谈判的核心环节，在该环节中，在坚持把握气氛、次序逻辑、掌握节奏、沟通说服等准则的基础上，策略与技巧的应用很大程度决定了生意能否成交，另外，还将在很大程度上决定已方是盈利还是亏损。

(1) 商务磋商策略。商务磋商的过程即为谈判双方“讨价还价的”过程。双方在充分议价的过程中充满策略性，常见的主要策略如下：

1) 投石问路策略。此策略主要用于谈判方对他方情况不太了解，对市场无把握的情形。谈判者可利用一些对对方具有吸引力或突发性的话题同对方进行交谈，借此探测对方态度和反应，引导其尽可能作出正面和全面的回答。该策略的运用可通过假设性提问获取对已方有利的信息，是探测对方真实意图和底细的有效途径。例如：常用的“石头”有——如果我们与你们签订为期两年的合同，你们的价格优惠是多少？如果我们采取现金支付和采用分期付款的形式，产品价格会有什么差别？如果我们要求你们培训技术人员，可否按现价出售这套设备等。采用投石问路策略时，谈判者提问要适当，要富有针对性并注重策略地将对方引导往成交的方向，尽可能不暴露已方真实意图。

2) 抛砖引玉策略。此策略主要运用在本方不愿意先出价而对方又期望本方先出价的情形下使用。在谈判对方询价时，本方暂不先开价，而是举一两个近期达成交易的案例，给出其成交价，进行价格暗示，然后反过来请对方出价。运用此策略时，谈判者所举案例的成交价应有利于本方，成交案例与本交易要具有可比性，且需要提供证明材料。

3) 吹毛求疵策略。此策略主要是为了给对方制造一定压力，迫使对方让步时使用。通常谈判过程中的买方会通过这种策略和卖方讨价还价，买方会对产品和对方的提议尽可能地挑毛病。不过，谈判者在向对方提出要求时不能过于苛刻，要有针对性，有效把握好分寸，切不可“漫无边际”地挑肥拣瘦，否则对方会觉得已方缺乏谈判诚意。

4) 价格诱惑策略。此策略又称“价格陷阱”策略，主要用来针对那些只注重或相对较注重价格的谈判对手，在已方试图使其忽略其他重要条件时适当采用。在该策略运用时，卖方主要利用买方担心市场价格上涨的心理，把对手注意力吸引到价格问题上，使其忽略对其他重要合同条款的讨价还价，进而在这些方面争得优惠。

5) 润滑策略。此策略适用场合为：对方属于关系性谈判人员，需要注重关系的建立和维护。因而，在商务谈判中，经常会发现谈判人员在相互交往中馈赠礼品，以表示友好

和联络感情。运用该策略时，谈判人员要充分考虑文化差异特别是中西方文化差异，注意把握馈赠礼品的价值和送礼的时机，力求取得比较自然的“馈赠”效果。

6）步步为营策略。此策略主要用于谈判时间充裕，谈判议题较少的场合。此时，谈判者在谈判过程中步步设防，试探着前进，不断地巩固谈判阵地。在该策略运用过程中，谈判者要小心谨慎，在前进中做到有理有据，让对方觉得情有可原，同时要把握好“还价要狠、退让要小而缓”的基本节奏。

7）疲劳轰炸策略。此策略主要用于谈判一方表现出居高临下，先声夺人姿态的相应场合。该策略主要通过疲劳战术来干扰对方的注意力，瓦解其意志并抓住有利时机达成协议。在该策略运用过程中，谈判者要防止激起对方的对立情绪而使得谈判破裂。

8）软硬兼施策略。此策略又称为“红白脸策略”，主要用于对方缺乏经验，又很需要与己方达成协议的场合。该策略主要是谈判方通过先礼后兵的举措来感化和压迫对方转变立场，从而打破僵局，促成交易。运用该策略时，谈判方要严格坚持“对原则问题毫不退让，对细节问题适当让步”的要领，要注意成员之间的有效配合，努力做到一唱一和，恰到好处。

9）以退为进策略。此策略的基本做法是：以退让的姿态作为进取阶梯，即谈判一方先让一步，顺从对方，然后争取主动、反守为攻。“退”是表面现象，“进”才是本质。该策略适合于谈判进程中想争取让对方就自己关心的内容作出让步，或者先通过赞赏对方表达良好意愿和友好态度的基础上再强调客观原因最后拒绝对方等场合，其主要目的是为己方争取讨价还价的余地。此时的谈判方特别讲究让步节奏，尽可能把握让步不要太快，不做无谓的让步。而且，谈判时要尽可能让对方先开口说话。

此外，在讨价还价过程中，谈判方还可运用以下策略：握有优势的谈判一方为坚持和实现自己所提出的交易条件，以没有先例为由来拒绝让步促使对方就范，接受自己条件的“不开先例策略”；有意识转移议题而分散对方注意力来实现己方谈判目标的“声东击西策略”；虽想做成某笔交易却故意装出满不在乎的样子使对方急于谈判，主动让步，实现先“纵”后“擒”目的的“欲擒故纵策略”；谈判一方故意装出糊里糊涂、惊慌失措、犹豫不决、反应迟钝等神态来松懈对方意志，争取充分时间，达到后发制人目的的“大智若愚策略”；谈判一方遇到关键性问题或与对方有无法解决的分歧时，借口不能决定转由他人再进行谈判的“走马换将策略”；在谈判中故意搅乱正常的谈判秩序，将许多问题一股脑儿地摊到桌面上，使人难以应付，以达到使对方慌乱失误目的的“浑水摸鱼策略”。

（2）让步策略。在商务谈判中，让步是一种必然的普遍现象。为了更好地达成谈判意向，双方需对原先目标做出适当调整。若双方都坚守各自价格，互不让步，那么协议或许将永远无法达成。著名谈判大师卡洛斯总结了八种让步策略。如果让步利益的总份额为60的话，假设己方让步分四个阶段，八种让步策略可以表示为表6－1所示的方式。具体分析如下：

表6－1 卡洛斯让步策略

让步策略	第一期让步	第二期让步	第三期让步	第四期让步
1	0	0	0	60
2	15	15	15	15
3	8	13	17	22
4	22	17	13	8

续表

让步策略	第一期让步	第二期让步	第三期让步	第四期让步
5	26	20	12	2
6	59	0	0	1
7	50	10	−1	1
8	60	0	0	0

1）0/0/0/60——“冒险型让步”。这是一种在让步的最后阶段一步让出全部可让利益的让步方法。该策略给对方的感觉是一直没有什么妥协的希望，因此也有人称其为坚定的让步策略。此种策略一般适用于对谈判投资少，依赖性差，从而在谈判中占有优势的一方。

2）15/15/15/15 ——“刺激型让步”。这是一种等额让出可让利益的让步策略，又称“等额让步”策略。该策略的特点是谈判者态度谨慎，步子稳健，极富有商人气息。该策略目前在商务谈判中较为普遍。在缺乏谈判知识或经验的情况下及在进行一些较陌生的谈判时运用该策略，往往效果较好。

3）8/13/17/22——“诱发型让步”。这是一种逐步拔高的让步策略，又称“递增让步”策略，其主要特点是比较机智、灵活，富有变化。该策略常常出现在竞争性较强的谈判中，由对手缺乏耐心和经验的谈判高手所采用。该策略很容易将对方胃口越吊越大，因而不适宜在具备良好合作关系的谈判中采用。

4）22/17/13/8——“妥协型让步”。这是一种由大到小、逐次下降的让步策略，又称“递减让步”策略，即先让出较大的利益，然后再逐期减让，到最后一期让出较小的利益。此种让步策略的特点是：较自然、坦率，符合商务谈判活动中讨价还价的一般规律。因而它易于为人们所接受，在谈判中应用最为广泛。由于是最常用的手法，因而谈判者会觉得较为乏味。

5）26/20/12/2——“妥协型让步”。这是另外一种形式的“妥协型让步”，它与 22/17/13/8 的“妥协型让步”策略的主要差别在于：一开始就以较高的起点开始让步，然后依次减少。其特点在于让步之初的高姿态表明己方足够的谈判诚意，让步后期的幅度减少又向对方暗示己方已尽最大努力或作出最大的牺牲。这种策略一般为谈判高手所采用。

6）59/0/0/1——“危险型让步”。该策略的特点在于以几乎一步到位的方式实施让步。初期让出绝大部分可让的利益，极尽己方的最大诚意。尽管最后只是让出微利，却也能体现足够的诚意。这样的策略给人以软弱、憨厚、老实之感，因而成功率较高。它适用于谈判竞争中处于不利境地但又急于获得成功的一方，因而在初期即让出较大的利益。

7）50/10/−1/1——“虚伪型让步”。这是一种以大幅让步开始，两次即让出全部可让利益，第三期赔利相让，在第四期设法讨回赔利的让步策略。该策略的特点是风格果断诡诈，又有冒险性，适用于陷于僵局或危难性的谈判，只有富有谈判经验的人才能灵活运用。在第三阶段讨回利益如果不成功，则明显会损害己方利益，甚至导致谈判破裂。

8）60/0/0/0——“愚弄型让步”。这是一种一次性让步的策略，即所谓的“一口价”，谈判者在一开始就拿出全部可让利益的策略。此种让步策略的特点是：态度诚恳、务实、坚定、坦率。在谈判进入让步阶段，一开始就亮出底牌，让出全部利益，以达到以诚制胜的目的。此种让步策略一般适用于己方处于谈判劣势或谈判各方之间的关系较为友好的谈判。

从上可知，八种让步策略仅仅是基于数量化角度的简单介绍，八种让步策略各有其特点和利弊，分别适用于不同的特点、内容和形式的谈判。谈判人员应根据实际需要，在谈判的让步阶段恰当地进行选择。实践证明，在货物买卖谈判中，买方最好采用缓慢而有节奏的让步策略，而卖方则适宜选择先稍大一点的让步，然后再缓减；谈判提议的一方往往是迫切要求谈判和局的一方，因此也应先作出较大的让步才能吸引对方。提议的接受方在谈判让步的开始阶段中最适宜选择少作让步，以强化议价能力，维护己方在心理上的优势。

除了自身采取一定的让步策略外，谈判方还可以运用策略促使对方做出一定程度的让步，具体策略有“戴高帽策略”“拖延时间策略”“最后通牒策略”等。

(3) 打破僵局策略。出现僵局是谈判双方的谈判目标较为悬殊并在较短时间内难以磨合的表现，也是双方让步不够积极的表现。此时，为了能够达成一定的达成目标，双方都要设法采取措施，实施一定的打破僵局的策略来使得谈判得以延续。主要的僵局调节策略如下：

1) 用语言鼓励对方打破僵局，化解冲突。

2) 寻找替代的方法打破僵局，化解冲突。

3) 运用休会策略打破僵局，化解冲突。

4) 利用调解人调停打破僵局，化解冲突。

5) 有效退让打破僵局，化解冲突。

6) 场外沟通打破僵局，化解冲突。

7) 以硬碰硬打破僵局，化解冲突。

8) 利用一揽子交易打破僵局，化解冲突。

9) 从对方的漏洞中借题发挥打破僵局，化解冲突。

10) 更换谈判人员或者由领导出面打破僵局，化解冲突。

【案例 6-2】

休斯巧妙打破僵局

有一次，亿万富豪休斯想购买大飞机，他计划购买 34 架而其中的 11 架更是非到手不可。起初，休斯亲自出马与飞机制造商谈判，但却怎么都谈不拢，最后搞得这位大富翁勃然大怒，拂袖而去。不过，休斯仍不死心，便找了一位代理人，帮他出面继续谈判，休斯告诉代理人，只要能买到他最中意的那 11 架他就满意了，而谈判的结果是这位代理人居然把 34 架飞机都以合理的价格全部买到了手，他是怎么做到的呢？——“每次谈判一陷入僵局，我就问他们：你们到底是希望和我谈，还是希望再请休斯先生出面来谈？经我这么一问，对方只好乖乖地说，算了算了，一切就照你的意见办吧。”

案例分析：该案例的谈判者休斯灵活运用代理人（更换谈判人员）的策略，而代理人却奇迹般地圆满完成休斯交给他的任务，巧妙地打破谈判僵局，使谈判获得了成功。

（四）谈判结束阶段的主要任务与基本策略

1. 谈判结束阶段的主要任务

成功的谈判意味着双方的经济利益得到了一定程度的满足，双方成交意味着谈判者要进行认真的签约和实施谈判结果。谈判结束是指如何将已经达成的共识正规化并形成正式协议，并为下一步协议的实施与监控制定程序。签订协议或合同是谈判的最终结果。该阶段的主要任务是整理谈判记录，签订和落实谈判协议，并就本次谈判进行有效总结。

整理谈判记录指的是对谈判双方在谈判过程中协商一致的意见进行归纳整理，为起草正式协议做好准备。签订协议不仅仅指的是签订协议过程本身，还包括正式签署协议之前的双方信息的充分沟通。在这个环节，双方要保证协议条款的清晰性、完整性，尽可能减少含糊其辞以及双方信息不对称、理解上有较大分歧的协议内容。协议的落实是谈判得到有序执行的重要内容。双方要认真履行谈判协议，明确各自的职责、相应执行人员和执行时间等条款。双方在协议有效期内有必要提醒对方的落实行为，对不合理的经济活动进行必要的制止与纠正。在谈判结束阶段，基于对本次谈判的评价以及对今后谈判的促进等角度，参与谈判的人员需要针对双方尤其是己方对于谈判的准备情况、谈判表现、目标的达成程度、谈判小组的协作配合等作出总结，总结经验，吸取教训，为今后相应的商务谈判活动提供借鉴。

2. 谈判结束阶段的基本策略

谈判结束阶段的基本策略主要有最后通牒策略和先斩后奏策略。

（1）最后通牒策略。最后通牒策略又称为“期限策略”，此策略的基本做法是：当谈判双方因某些问题纠缠不休时，其中处于有利地位的一方向对方提出最后交易条件。要么对方接受己方提出的交易条件，要么己方退出谈判，导致谈判结束，以此迫使对方作出让步。交易条件包括两种情况：一是利用最后期限，也称“死线”；二是以强硬语言（包括口头或书面）向对方提出最后一次必须回答的条件。由于这是争取较好谈判效果的重要时候，这样的策略在很多时候能够奏效。不然，谈判可能趋于取消。这样的策略在用来打破对方对于未来的奢望、击败犹豫中对手的幻想是十分有效的。这种策略的运用实际上把对方逼上了绝路，因而对方既有可能无所选择而采取让步行为，也有可能因此而不能接受己方敌意而使得谈判中断。

（2）先斩后奏策略。先斩后奏策略也称“人质策略”，是指在商务谈判中实力较弱的一方通过一些巧妙的办法“先成交，后谈判”而迫使对方让步的策略或技巧。其实质是让对方先付出代价，并以这些代价作为“人质”，扭转自己在谈判中的被动局面，让对方衡量所付出的代价和中止成交所受损失的程度，被动接受既成交易的事实。在商务运作中，买卖双方都可以运用该策略。在没有正当理由下运用先斩后奏的策略，是缺乏市场经济条件下商务道德的体现。

【阅读资料】

中国客商在从事商务谈判中的特点

（1）大陆地区商人的特点。中国是世界四大文明古国之一，在漫长的历史岁月中，我们的祖先创造了举世瞩目的中华文明。由于中国文化的渊源来自中庸儒学，受儒家文化熏陶的中国人在谈判中有他们独特的风格。中国人待人注意礼节，重人情，讲关系，故中国素有“礼仪之邦”的美称。中国人吃苦耐劳，具有很强的韧性；谈吐含蓄，不易直接表露真实思想；工作节奏总体不快，比较保守，不轻易冒险；工于心计、足智多谋。在谈判桌上，中国人卓越的才能和独特的谋略，常常令其对手不敢轻视；在大多数时候由老板亲自出面谈判，即使在谈判之初由代理人或雇员出面，最后也要由老板拍板才能成交。而善于讨价还价是我们在谈判中表现出的又一个特点，这在世界上颇有名。

（2）港台地区商人的特点。港台两地的商人都是谈判中的高手，在谈判中，切入谈判主题较快，都是我们强有力的对手。在国际商场上，他们已树立了独树一帜的风格。总体来说，他们都极重礼仪，喜欢在讨论实际内容前进行礼节性的拜访或送礼，目的在于建立良好的关系。但在实际谈判中，台湾商人会平静、含蓄地与对方谈，在其间用“逐步紧缩”的方式与对方谈（开始大方，而后逐步缩小让步幅度）；而香港商人则刚好相反，开始时坚持讨价还价，做出小让步，然后视情况增大幅度，这就是香港人在谈判过程中惯用的“逐步升级”的方法。香港人大多热情好客，讲究礼节，注重身份地位，喜欢讨吉利，而且知识丰富，精于讨价还价，故有人称他们兼容了日本人的善于讨价还价、英国人的精明慎重、美国人的讲究效率的特点。

第三节　商务谈判中的沟通技巧

谈判是一门科学，也具有特定的艺术。在谈判过程中，有不少规律可供谈判者遵循和把握，可供谈判者在谈判实践中灵活运用。语言是思想的直接显示，商务谈判的整个过程是谈判者进行语言交流的过程。谈判者对于语言沟通技巧的掌握程度差别很大，运用不同的语言技巧和沟通手段会取得不同的谈判效果。因而掌握一定的语言沟通方式，善于在各个阶段掌握一定的谈判沟通技巧十分必要。商务谈判中的沟通技巧主要包括提问的技巧、倾听的技巧、答复的技巧和说服的技巧。

一、商务谈判中的提问技巧

提问是商务谈判中用来了解对方立场、观点、态度及其心理变化的重要手段，也是引导对方思维最终与己方达成一致的重要技巧。高明的谈判人员会在倾听基础上把握机会适时地巧妙发问。谈判不能随心所欲，要把握好时机，要注意提问的方式方法。

1. 巧妙把握提问的最佳时机

谈判中谈判方一般不急于提问，而要在提前准备好所提问题的情况下适时提问。这是

赢得谈判主动权并引导谈判按提问者思路进行的关键。在发问时机的把握上，提问一方要注意坚持在对方详细陈述后发问的原则，这既是尊重谈判对手的体现，也为了能更全面了解对方的真实意图以免己方所掌握对方信息的局限性。为更好地控制谈判节奏和方向，在己方陈述完毕或答复完毕后要适时提出有利于自身谈判目标的问题。为了能使谈判具有较高效率，谈判一方在发现对方游离主题或顾左右而言他时要及时发问，在对方发言停顿和间歇时也可以及时发问。例如“您刚才说的意思是……”“第一个问题我们听明白了，那第二个问题呢”等。在谈判议程规定的辩论时间里，谈判双方要提高效率，及时针对相关事项向对方提问。

2. 注重提问方式的选择

为了更好地在谈判中具有提问效果，谈判者就要注重提问方式的选择。提问的常见种类如下：

(1) 直接提问。如“你觉得我们的价格合适吗?”

(2) 间接提问。如“我是这样思考的，某先生也是这样认为吗?”(注：某先生非谈判参与者，但却是对方很熟悉或者很尊敬的人；该人物也可以是某领域内的相对权威人士)

(3) 借助式提问。如“我们请教了某某顾问，对该产品的价格有了较多了解，请您考虑，是否把价格再降低一些?”

(4) 引导式提问。如“违约一方是要受到惩罚的，您说是吗?”

(5) 协商式提问。如“你看给我方的折扣定为2%是否妥当?”

(6) 封闭式提问。如“您是否认为售后服务没有改进的可能?”

(7) 开放式提问。如“您如何看待贵公司售后服务改进的可能?”

(8) 婉转式提问。如“这种产品的功能还不错吧？您能评价一下吗?”

(9) 澄清式提问。如“您刚才说上述情况没有变动，这不是说你们可以如期履约了?”

(10) 探索式提问。如“我们想增加购货量，您能否在价格上更优惠些?”“您怎样能证明贵方可以如期履约呢?”

(11) 选择式提问。如“付佣金是符合国际贸易惯例的，我们从法国供应商那里一般可得到百分之三到百分之五的佣金，请贵方予以注意。”、“原定的协议，你们是今天实施还是明天实施呢?”(这类提问明显具有一定的强迫性)

(12) 坦率性提问。如“贵方能接受的最低价格是多少，能告诉我一声吗?”

需要指出的是，谈判中的提问方式并无严格的优劣可言，最好的发问是最有益于谈判成功的发问。提问方式的灵活运用还需要谈判者通过长期的谈判实践才能有效掌握。

3. 谈判中提问的注意事项

(1) 提问要尊重对方，问题不具有压迫性。如“我们赶快签约吧”不如“我想现在签约对我们双方都有利，不知您意下如何”合适，也给了对方足够的回旋余地。

(2) 提问要做到内容明确，句式简短。明确的提问内容是为了得到对方具体明确的回答。提问要讲究越短越好的特点，争取引发对方较为详细的回答。

(3) 提问要做到态度诚恳，措辞适当。诚恳的态度和适当的措辞不至于刺伤或者为难对方，以免使对方陷入窘境，产生过多的顾虑与担心。

(4) 要避免提出那些可能会阻碍对方让步的问题。

(5) 尽可能回避不适合提问的问题，例如带有敌意的问题，指责对方信誉和品质的问题，有关对方个人生活和工作的方法的问题，为表现自己而故意提出的问题。对于对方不感兴趣或者不愿回答的问题，己方需要在发问中采取合适的方式，例如相对采取有些拐弯抹角或者比较委婉的方法。

(6) 提问后要保持沉默，静心等待对方回答。这样的做法事实上要求对方做出回应，可以让己方得到更多的对方信息，如若对方保持沉默，无形中形成己方的谈判主动权。

二、商务谈判中的倾听技巧

在当今信息时代，在商务谈判中善于倾听是谈判者具有较高信息素质的重要体现。倾听可以改善谈判双方的关系，可以使己方获取对方重要信息，可以调动谈判对方的积极性，可以使己方善言和更加有力地说服对方，有助于在谈判中解决一些实质性问题。

除了一般人际沟通中的倾听相关知识适用于商务谈判场合外，谈判过程有自身特定的技巧，具体要注意以下技巧。

1. 兼容并蓄，心胸开阔

谈判者在谈判过程中要尽可能抛弃“先入为主”的思维习惯，要客观地听取对方表达，而不只是按照自身理解或结合自身兴趣曲解对方发言的本意。只有完整准确地理解对方的语言信息，谈判者才能更好地把握对方发言重点，为自身适时提问提供条件。开放的姿态既可以传达接纳、信任和尊重的信息，又可以控制自身偏见和情绪，克服心理定式。

2. 专心致志，集中精神

由于谈判初期精力相对充沛和谈判临近结束易受成交刺激而体现较高的兴致等原因，谈判者往往在谈判初期和后期相对容易集中精力，而由于谈判时间持续等问题难免会出现谈判者在一些环节精神不够集中，偶尔出现“开小差”现象，这不利于谈判者专心面对谈判对手，不利于及时捕捉与己方有直接影响的重要信息。为了尽可能避免“漏听”或者“误听”，谈判参与者要保持旺盛的精力，善于倾听。

3. 学会约束，善于控制

多数人有急于发言的习惯，“我们都倾向于把他人的讲话视为打乱我们思维的烦人的东西”(美国前参议员 S. I. Hayakawa 的说法)。但是，在谈判过程中，这样的不注重约束自己的随意插话行为会影响自身的倾听效果。因而，谈判者要注意克制自身急于发言的情绪，控制插话行为。

4. 善于鉴别，把握要点

“兼容并蓄，心胸开阔”并不意味着谈判者毫无选择地接收谈判信息，而是谈判者开放心态的体现，也绝不是无所事事。善于谈判的高手在开放地面对另一方信息的同时，一定是善于有鉴别地倾听，并在其中判明真伪，把握信息要点，力求取得较理想的倾听效果。

三、商务谈判中的答复技巧

有问必有答，商务谈判中谈判者对于相关问题的回答，往往是针对谈判对手的提问。问有艺术，答也有技巧。不会回答就等于不会谈判，答得不好也可能会使己方陷入一定的被动境界。因而，谈判者如何结合自身实际情况和谈判运作阶段作出有效答复，尽可能不在对手面前随意透露有用信息，明显具有一定的技巧性。这方面的技巧值得谈判者慢慢积

累和不断实践。

1. 学会争取充分的思考时间进行答复

商务谈判中，谈判者回答问题不是越快越好，而是要尽可能回答得相对合适。未经深入思考而急于回答是谈判不够专业的表现。因而，谈判者需为自己争取较多时间来加强思考。有经验的谈判者可通过调整坐姿、整理文件资料、喝一口茶等辅助动作来延缓时间，等有所思考后再作答复。

2. 学会把握提问者的目的和动机答复

谈判者提问的目的具有多样化，动机具有一定的复杂性。谈判者在回答问题时要注意分析对方提问的动机与目的，不能简单地进行低层次回答。如果不加分析地按常规思路作答，往往效果不佳。只有在准确了解提问者真实心理的情况下进行作答，才能更好地把握谈判主动权。

3. 学会不过于彻底或者确切答复

在谈判中，谈判者需要对他方提出的各种问题加以区分。有些问题的彻底回答可能会有损己方形象，或者无形中会泄露商业机密，此时不妨采用相对较为含糊的回答。对于一些无聊的提问，已方可以采用不做理睬等做法，以保证己方的多项利益。

4. 学会婉拒不愿意或不知道答复的问题

谈判者在谈判中经常会遇上一些为自己所不愿意回答的问题，可采用避正答偏、避实就虚、答非所问等方法避开对方的话锋。对于一些不知道如何回答的问题，谈判者可坦率告知对方此问题不能回答或者暂时不作回答，以免无形中损害己方利益，造成不必要的损失。

5. 学会用“答非所问”面对无法回答的问题

答非所问是谈判过程中给自己解围的一种行之有效的方法。从谈判技巧的角度，这对那些无法实话实说或者根本没有办法回答的问题是比较奏效的。

6. 学会使用“反问”技巧面对棘手问题

谈判中，高明的谈判者常采用反问的办法或以问代答的方法，用来应对那些一时难以回答或者不想回答的问题。这样的做法事实上是让对方在自己的领域内反思后寻找答案。这对于某些场合打破窘境具有一定的作用。

总之，谈判者在谈判中回答问题的要诀在于明确知道该说什么和不该说什么，而不必考虑过多关于是否切题等问题。谈判者要善于通过回答来了解对方的实力与诸多信息，尽可能避免过早透露己方信息。

四、商务谈判中的说服技巧

商务谈判的过程就是一个说服对方的过程。因而，在商务谈判中，双方的出发点都是希望对方能改变初衷而心甘情愿地接受己方意见，这就需要己方能有效说服对方。说服对方的具体做法是：先对分歧避而不谈，而更多关注彼此的共同点，让对方在对共同利益的多次认可中较自然地同意己方观点。

1. 善于区分议题，讲究议题顺序

谈判者要善于把握“让人舒服的议题先行，不太令人舒服的议题断后”的基本方法，设法先说服那些让人舒服的方面，然后再在那些不太令人舒服的方面进行说服。对那些有难易程度不同的议题，最好先讨论较易解决的问题，然后讨论容易引起争议的问题。

2. 善于求同存异，多强调立场一致性

在谈判中，双方是在强调共同利益的基础上出于自身意愿努力争取己方的利益，因而他们都想方设法取得较为理想的谈判结果。因而，谈判者要更多强调双方谈判立场的一致性，这比过多强调立场的差异更易说服对方，更易取得对方的认同感。

3. 善于引发兴趣，顺势提出观点

谈判者在谈判中可以多提及对方较为感兴趣的信息，然后在一种较为和谐的氛围中提出自己的观点，并设法说服对方。

4. 善于加强联系，逐步说服对方

在谈判过程中，由于议题讨论的先后，在不同阶段会产生双方对议题认可程度的不同。谈判者可以将已经解决的问题和眼下正在进入谈判视野的问题进行联系，逐步增强更多的认同感，从而说服对方。

5. 善于营造氛围，建立轻松环境

在实际谈判实践中，是否愿意接受对方的提议或者能否同意签署协议有时也与双方的熟悉程度或者亲密程度有关。因而，要想在谈判中有效说服对方，谈判双方要设法建立起互相信赖、热情友好的人际关系。

6. 善于巧用工具，注重多管齐下

谈判者可以充分运用各种工具用来说服对方，例如印刷品、可视媒介物、样品、宣传材料以及证明材料等。图像化、数字化的各种资料特别具有谈判的说服力。在多管齐下的情况下，谈判者的说服力更强，效果更为理想。

本章小结

商务谈判是一门科学，但更是一门艺术。本章主要介绍了商务谈判的基本概念及其分类，仔细分析了完整的商务谈判过程各个阶段的主要任务、基本特征及其重要策略，介绍了商务谈判过程中的语言运用与谈判人员需要掌握的基本沟通技巧。本章的学习重点在于明确商务谈判各阶段的主要任务，熟练掌握商务谈判过程中的主要策略，善于运用基本的语言与沟通技巧切实开展商务谈判，并力求达到己方预期的谈判目标。

思考练习

1. 商务谈判应该遵循的基本原则有哪些？商务谈判具有哪些基本特点？
2. 商务谈判过程一般要经历哪几个阶段？谈判磋商阶段的主要任务是什么？
3. 商务谈判各阶段可选择的策略有哪些？商务谈判的主要沟通技巧有哪些？

案例分析

谈判时机的掌握

1986年，日本一个客户与东北某省外贸公司洽谈毛皮生意，条件优惠却久拖不决。

转眼过去了两个多月，原来一直兴旺的国际毛皮市场货满为患，价格暴跌，这时日商再以很低的价格收购，使我方吃了大亏。

据记载，一个美国代表被派往日本谈判。日方在接待的时候得知对方需于两个星期之后返回。日本人没有急着开始谈判，而是花了一个多星期的时间陪她在国内旅游，每天晚上还安排宴会。谈判终于在第12天开始，但每天都早早结束，为的是客人能够去打高尔夫球。终于在第14天谈到重点，但这时候美国人已经该回去了，已经没有时间和对方周旋，只好答应对方的条件，签订了协议。

思考：

1. 谈谈你在阅读案例后对商务谈判心理的感受。
2. 一个成功的商务谈判者应注重收集哪些信息？

第七章 电 话 沟 通

导入案例

客户的投诉电话

一日，某公司的员工小王接到了客户徐总的电话。

客户：你们公司的效率怎么那么差？

小王：徐总，您好！很抱歉，我姓王，能否告诉我究竟是什么原因让您如此生气？

客户：上个月跟你们公司订了一台裁纸机，说好了是上个星期五送货，今天都这星期三了，我还是没有看到货，你说我能不生气吗？

小王：徐总，真是抱歉，延误了贵公司的工作，我马上帮您查出货单。这是本公司的疏忽，我会立刻向主管反映此事，麻烦您给我贵公司的电话号码以及订单号码，查完出货单，我会马上给您回电话，请您不要生气，耐心等我一下。

几分钟后……

小王：徐总，您好！我是××公司的小王，刚刚是我接了您的电话，我已经帮您查过了，您订的裁纸机，因为缺少了一个小零件，所以延误了送货的时间。本公司未能及时告知您，这是我们的疏失，我已经跟经理汇报了，经理也已经亲自下达命令给生产科，保证这星期五以前一定把机器给您送过去，经理会亲自到贵公司向您致歉，再一次表示歉意，真是给您添麻烦了。

（资料来源：林雨萩，跟我学礼仪，北京大学出版社，2006.1，P106）

案例点评：在本案例中，我们可以看出，电话在现代社会中不仅仅是人际沟通交流的主要工具，也是企业经营管理的重要手段。规范的电话沟通能够树立和展现企业的良好形象。处理投诉或抱怨的电话在企业的商务活动中不可避免，但有些企业的部分员工会把这一类的电话视为“烫手的山芋”，不愿及时接听，这往往使客户不满。案例中员工小王对于客户的抱怨电话，能及时接听、耐心倾听、诚恳道歉、语言规范、妥善解决，最终消除客户的不满，挽回客户对本公司的信任。可见，电话沟通需要规范的程序和必要的技巧。

知识要求

1. 理解电话沟通的基本情境。
2. 掌握电话沟通的基本技巧。

3. 了解手机沟通的基本技巧

第七章　电话沟通

关键术语

电话沟通　情境分析　接听电话　拨打电话　基本技巧

第一节　电话沟通的情境分析

“电话沟通”是人际沟通中一种比较经济、便捷的沟通方式。在现代人际交往中，电话的普及率越来越高。人们每天都需要拨打和接听大量的电话，约见朋友、洽谈业务、聊天谈事等几乎都离不开电话。在借助电话来进行沟通时，通常情况下交往双方都看不到对方，仅能通过电话沟通的口吻、语气和语调等来判断对方，因此用电话进行沟通时传递的是个人形象和气质。作为一家企业来说，员工电话沟通形象亦反映出该企业的风貌、精神、文化，甚至管理水平、经营状态等。因此，如果你是一个不会正确利用电话的人，就会跟不上现代社会的脚步，也极易导致外部人员做出对企业不利的判断。

1. 适宜电话沟通的情境

通常，电话沟通需要一定的情境和使用场合，以下情况宜采用电话沟通：交往对象彼此之间存在一定的距离，需要交流的问题比较简单；彼此之间的距离较远，很难或无法当面交流时；交往对象彼此时间有限；交往对象彼此之间已经采用了 E－Mail 的沟通方式但问题尚未解决。

2. 电话沟通的利弊

电话沟通既能够较为准确地传递信息、联络感情，又能够为自己塑造良好的“电话形象”，电话形象，即人们在通电话的整个过程之中的语言、声调、内容、表情、态度、时间感等的集合。它能够较为真实地体现出一个人的礼貌修养、待人接物的态度以及通话者所在单位的整体水平。现今，电话沟通的优点在于节约时间、节省费用，是现代社会比较廉价、比较便捷的沟通工具，电话沟通的双方可以直接针对某问题发表观点，直至清楚，提高办事效率。

另一方面，电话沟通的弊端在于交流双方看不到对方，达不到面对面交流的直接和清晰，有时因为交流环境不同，还容易造成一定的误解，另外，除了录音电话，其余电话沟通不能存档记录。

3. 电话形象

世界著名的汽车配件公司 NILES 原副社长铃木健二先生曾说过：“不管是在公司还是在家里，凭这个人在电话里的讲话方式，就可以基本判断其教养水准。我每天收到许多预约演讲的信件，还接到很多委托演讲的电话。我凭着对方电话里的讲话方式就能判断其修养如何，凭对方在电话里的第一句话就可以基本决定我是去还是不去。”

电话形象，是指电话交流的双方，由于互不熟识，不了解对方的情况，只有凭借在通话时的语言、语调及语速初步感知和评价对方。电话沟通不同于面对面的交流，有时双方可能天各一方，相距甚远，对于素未谋面的双方通过电话进行联系和交往，给对方留下良好的第一印象十分重要，尤其是拨打和接听的双方代表着组织利益时，在某种程度上就是通过电话沟通来建立个人或组织的形象，而这种形象的好坏、高低必将影响着双方今后的交往。

【阅读资料】

电话的发展

1876年，贝尔发明了电话，揭开了一页崭新的人类交往史。1877年，第一份用电话发出的新闻电讯稿被发送到波士顿《世界报》，标志着电话为公众所采用。1882年，纽约和芝加哥的电话线路开通。从此，人类文明又向前跨出了一大步，人际交往也进入了一个飞速发展的时期。

电话自发明以来，就一直在人们的生产、生活中起着举足轻重的作用，成为人类交往的现代工具。一百多年以来，从带摇把的磁石电话机，到拨号盘式自动电话机，再到按键电话机和如今闻声见影的可视电话机，它们都记录了电话百年的发展足迹，也记录了人类科技发展的脚步。

电话在中国的发展主要始于鸦片战争以后，中国古老的邮驿制度和民间通信机构逐步被邮政和电信替代。“中华民国”时期，中国的邮电通信仍然在西方列强的控制中，连年战乱，通信设施经常遭到破坏。抗战时期，日本帝国主义出于战争需要和企图长期统治中国的目的，改造和扩建了电信网络体系，他们利用当时中国经济、技术的落后和政治制度的腐败，在技术、设备、维修、管理等方面对中国的通信事业进行控制。1949年以前，中国电信系统发展非常缓慢，新中国成立后，中央人民政府迅速恢复和发展通信，1958年建立起来的北京电报大楼成为新中国通信发展史的一个重要里程碑。然而，十年“文革”，邮电通信再次遭受打击，一直亏损，业务发展停滞。1978年冬改革开放后，为了克服落后的通信网络成为经济发展的瓶颈，中国政府加快了基础电信设施的建设，固定电话和移动电话普及率逐年大幅度上升。与电话的发展同步，电话号码也在不断地发生变化，其位数逐年上升也从一个侧面反映了电话普及的迅速。

（资料来源：王群，礼仪宝典，复旦大学出版社，2010.6，P507）

第二节 电话沟通的基本技巧

在电话沟通过程中，沟通双方需要掌握一定的技巧。以下主要从拨打电话和接听电话两个角度进行介绍。

一、拨打电话

电话沟通时，总有一方是电话的发起者，称之为电话主叫方，其通话过程为拨打电话，另一方为受话方，其通话过程为接听电话。在整个通话过程中，主叫方拨打电话需要掌握以下一些基本技巧。

（一）准备充分

在电话沟通中，由于时间少、缺乏面对面的交流，双方容易产生误解等方面因素的存在，电话沟通前的准备工作就好像建大楼前要首先修筑地基一样重要。一个电话成功与否，能否达到沟通目标，与准备工作的充分与否有很大的关系。电话沟通的充分准备可以

从以下几个方面入手。

1. 检查设备

电话设备的可用性是保障电话沟通顺畅的必备条件，因此拨打电话首先需要检查设备是否完好、可用，做好充分的准备。确认使用电话无故障，电话转接机器无故障，电话相关终端无故障。

2. 准备纸笔

拨打电话，每次通话之前，调试好接听器材，准备好纸、笔，做好充分的准备，对于要陈述和解决的事宜做到心中有数，直入主题。准备纸、笔，将通话中有可能涉及电话号码、通话要点、个人信息等相关内容列出一张“清单”，这种办法简单易行，可以避免发话人缺少条理、丢三落四的情况发生。

【小贴士】

几种不同颜色的笔，帮你搞定电话前的准备

削好的铅笔。通常用来书写日常的备忘录，或者记下传真的收件者姓名。铅笔字随时可以擦掉，方便作常规更新。

红色的笔。对于一些一天之内可能会接到很多电话的工作人员来说，轻重缓急各有不同，特别重要的或紧急的电话用红笔标识，就非常醒目。

蓝或者黑色的笔。作平常记录用，通常在每一次电话过程中都会或多或少得到一些对方的信息。对于一些以电话沟通来营销的工作人员来说，记录下来对后续展开的服务及沟通非常有帮助，好记性不如烂笔头，随时记录，能保留很多客户的潜在信息。

3. 调整心态

俗话说，心态决定行为，积极的心理态度是电话沟通成功的动力。态度是一种思维方式，很多恐惧打电话的人往往感觉自己无能为力，他们常常告诉自己“我不能”。而思维积极者则恰恰相反，他们拥有“我能做”的态度。因此，这些人感觉自己很有力量，他们是乐观的，敢于面对挑战。

拨打电话前发话人首先要抱持积极、热情的态度，应调整情绪、集中精神，以积极饱满的精神状态尽快投入到通话中，给对方展示出良好的精神面貌，重视通话中的“第一声”。一般情况下，电话沟通是“只闻其声，不见其人”的过程，对方根本看不见你，其印象主要取决于你的声音，你的表达能力和音色至关重要。当电话接通时，对方能够听到你亲切悦耳、优美清晰的“第一声”，一定会产生浓厚的兴趣和愉悦的情绪，从而有利于双方通话的顺利展开。

4. 明确通话的目的和内容

一般情况下，拨打电话一定是有目的和原因的，或告知对方某事，或有求于对方，或致问候，等等。向对方发出邀请或通知时，应把话说得简单明确，符合规范。对于电话沟通来说，明确自己打电话的内容、目的或目标尤其重要。拨打电话前，主叫方要清楚自己打算说些什么，并懂得如何适时结束谈话，做到“讲话不跑题”，内容紧凑、清晰、有条理。

（二）考虑时机

拨打电话，需要考虑时机，主要应该注意两点：何时拨打电话比较适宜？通话时间掌控在多长时间内更加合适？

1. 选择时间合理

拨打电话时，时间的选择主要取决于两方面，一是按照通话双方约定的时间拨打电话，二是选择通话双方都方便的时间拨打电话。

通常情况下，对于私人电话，拨打电话的时间相对比较宽松，但也要充分考虑到对方的生活习惯，以及家中是否有老人、小孩等特殊群体，以免影响对方的休息和生活。一般不要在每日早晨 7 点之前、晚上 10 点之后以及用餐、午休时间拨打电话。

对于公务电话和商务电话，拨打电话时尽量公事公办，要在其上班时间拨打电话，尽量不要在下班以后或休假时间拨打，不要占用对方的私人时间，尤其是在节假日公休时间里去打扰对方，要有意识避开对方的通话高峰时间、业务繁忙时间、生理厌倦时间等。另外，上班时间拨打电话也不能在对方一上班就打电话，因为通常人们在上班后第一件事情就是计划当天的工作或处理头一天遗留问题，所以这个时间段最好不要打扰对方。同时也应避开在临近下班时间拨打电话，尤其是周末的下班时间，因为对方有可能急于下班，即便打过去也可能因为对方的搪塞和推脱而得不到满意的答复。

另外，拨打电话如果没有人接听，要及时放下电话，或许对方正在接听另外一个电话，或者对方现在不方便接听，如果你的电话铃声固执地响个不停，会形成交往对象的不良印象。

给海外人士拨打电话，一定要考虑到“时差”问题，千万不可不分昼夜，时间含糊。例如美国全国横跨 6 个时区，西部的洛杉矶时间比北京时间晚 15 个小时，可以说与我国黑白颠倒，因此拨打电话时就得体谅对方，考虑时差。

2. 通话时间合理

一般情况下，拨打电话的通话时间应遵循“通话时间三分钟”原则，就是“言简意赅、以短为佳”的基本原则，即在打电话时，发话人应当有意识地将每次通话的长度控制在三分钟之内，尽量不要没完没了、东拉西扯，一厢情愿地逼着通话对象和自己共煲“电话粥”。

煲“电话粥”

煲“电话粥”来源于粤语，形容长时间地和对方在电话里无聊地闲谈，正像煲粥一样，慢慢吞吞，细火慢熬，花上几个小时。煲“电话粥”日益成为现代人享受心灵沟通及信息交流的方式之一，尤其是在恋人、亲友之间的交流中广受欢迎，他们通过电话交流感情，诉说衷肠，流连忘返。但切忌将煲“电话粥”用于商务电话和公务电话中。

煲“电话粥”看似简单，却也需要一些主客观条件的支撑。主观条件来看，煲粥者要有共同感兴趣的话题和爱好，客观条件来看，煲粥者要有充足的时间和“鼓鼓的钱袋”，而且应该以不影响第三人的使用，不影响他人工作和生活为前提。

煲电话粥要根据双方的爱好、心态、情绪、时间、环境等进行，即要把握好尺度。

（三）重视"微笑"

电话沟通中，虽然对方看不到自己，但也必须把良好的情绪传递给对方。在这个过程中，微笑必不可少。微笑是一种无声的语言，却能作为语言的润滑剂，既可以使拨打电话的人心情愉悦，又可以令接听电话的人倍感亲切。电话沟通时，即使双方看不到对方的表情，但是人类的感知系统仍然可以通过对声音和语调的辨析，来感知说话者有没有微笑，这是人类的特质。

【小贴士】

在电话中交谈，应和面对面交谈一样，保持微笑。有时正因为看不见神情或态度，所以更要加上诚意。因为电话可以通过声音把说话人的感情和态度完完整整地传给对方。

——卡耐基《人性的弱点》

以微笑的姿态来和对方交流，交谈的语言一定会令双方心情愉悦，由微笑感知到的是对他人的尊重和重视，由微笑感知到的是态度的真诚和友好，由微笑感知到的是良好的修养和风度，在微笑中通话，既愉悦了自己也愉悦了他人。

电话，如同一面镜子

某大型信息平台要求每一个话务员在其电话机旁放一面镜子，以便随时检查自己是否记得微笑，这样通话时就可以保持微笑，从而提高服务水平，使得顾客的投诉率大大降低了。不管你相信与否，你脸上紧张的表情会表现在你的声音里，你的声音传送了你的态度，展示出你的"电话形象"。尤其是在商务电话沟通中，你的声音是显示积极态度的有力工具之一，声音中带笑将显示出一种更友好、更亲切的形象。

（资料来源：宿春礼．商务电话沟通技巧．中国国际广播出版社，2005.2）

（四）注重语言表达

1. 表述清晰

在电话里，自我介绍或表述一定要简短清晰，突出主要问题。让对方在最短的时间很轻松地理解你的话。与对方通话时，要有充分的心理准备，要换位思考，保持心态平和，既考虑到对方可能做出积极的反应，也要考虑到对方可能出现的冷淡。这种良好的心态会在你的语言、语调中表露出来，虽未谋面，对方也会感到你的自信和坦然，从而留下好的印象。

另外，打电话时，嘴部与话筒之间应保持 3 厘米左右的距离，这样对方接听电话时才能听得最清晰。

相关链接

拨打电话，右手拿听筒，还是左手拿听筒

接电话时，到底是右手拿听筒，还是左手拿听筒？有些人会觉得奇怪：“只要好拿就行!”其实不然，电话机的正确安放应该是在左前方，以坐着的姿势顺手伸出去正好可以拿到听筒为佳（而左撇子的人则相反），为什么呢？因为电话太近容易干扰工作，而太远了又容易推翻东西，起身弯腰的话又怕耽误了接电话。

对于一些工作人员来说，接电话时可能要做相当多的记录，所以，应该在右手边伸手可及的地方放置备忘录或便签。在左手拿听筒的情况下，右手可顺利地取出纸记下重点，而不至于右手持听筒，要记录时，匆忙地说：“对不起，请稍等。”再慌张地放下听筒，寻找资料或找笔记录，这样，事情进行的程序，一下子被中断，不仅思绪混乱，也会给对方留下不好的印象。

尤其是对于一些商务电话来说，最重要的就是准确敏捷，如果没有做好备忘录，打电话来的人究竟是谁，很容易忘记或搞错。没有备忘录或便签，一些信息勉强记在脑袋里，而人的记忆力经常会有模棱两可的意外发生，当放下听筒时很容易对自己的记忆产生怀疑，诸如“刚才到底是张先生还是李先生?”，“刚才留的电话号码到底是188××还是187××?”等等，重要的一个字听错，就很有可能铸成大错。

因此电话铃一响，应迅速用左手接电话、右手做记录，这是一个非常良好且重要的习惯。

2. 语言规范

拨打电话，简单问候之后应主动自报家门，通常情况下，自报家门有四种模式：

(1) 报本人的全名，即电话接通后，向对方说明自己的名字。

(2) 报单位名，有些电话只需要说明拨打电话人所在单位即可，例如知名餐饮、酒店等从事服务性产业的部门或单位。

(3) 报单位和本人名字。

(4) 报单位、姓名和职务。

3. 语调语速适中

电话中只有把握好语速、声调、语气，才能赢得对方的好感，展现出己方的良好素质。语调能反映出通话者的情绪状态，语音语调的变化能给通话者带来不同的感觉，例如身心疲惫时接听到好友的电话，本来无力和缓的声音会突然高涨，音调上扬，能让通话者感觉到你的兴奋与激动，从而感知自己在你心中的地位，自然心情愉悦；反之，若拨打电话音调下沉，通话者也会有冷淡生疏、不愿说话的感觉。

通话时声音要满怀热忱和活力，适当变换说话的语调，沟通者在交谈过程中要善于停顿，尽可能避免出现尖叫声和咳嗽声，避免发出怪异的腔调。

相关链接

在打电话时有三个因素构成了你的个性：声音、态度和彬彬有礼的言词。

——尤金·埃里克（美国）

4. 善于使用礼貌用语

电话沟通不同于面对面的交谈，它无法附加一些体态语言加深理解，因此在语言交流中，善于使用礼貌用语就显得尤为重要。例如，拨打电话通话开始时，以“您好”、“早上好”、“晚上好”等来问候对方；通话中，“请”字常挂嘴边，态度温和，尽量使用谦恭语、雅语，避免使用蔑视语、烦躁语、斗气语、否定语；通话结束时以“谢谢”、“打扰您了”、“再见”、“晚安”等来结束谈话。

【小贴士】

电话沟通中，常用的礼貌用语

您好！这里是××公司××部（室），请问您找谁？

我就是，请问您是哪一位？……请讲。

请问您有什么事？(有什么能帮您?)

您放心，我会尽力办好这件事。

不用谢，这是我们应该做的。

×××同志不在，我可以替您转告吗？(请您稍后再来电话好吗?)

对不起，这类业务请您向××部（室）咨询，他们的号码是……。

（×××同志不是这个电话号码，他（她）的电话号码是……）

您打错号码了，我是××公司××部（室），……没关系。

再见！(与以下各项通用)

您好！请问您是××单位吗？

我是××公司××部（室）×××，请问怎样称呼您？

请帮我找×××同志。

对不起，我打错电话了。

对不起，这个问题……，请留下您的联系电话，我们会尽快给您答复，好吗？

（五）举止文明

通话时应保持端正的坐姿，挺拔的站姿，力求做到举止仪态文明有礼。拨打电话时，应该双手持握话筒，起身站立或上身保持直立，不要把话筒夹在脖子底下，低头干着其他事情，也不要趴着、仰着、坐在桌角、跷起二郎腿等，这些看似很不雅观的举止不仅会影响通话者本人的“电话形象”，而且也会传递给对方不好的通话感觉。

【阅读资料】

特殊的客户电话

夏目志郎是日本著名的人际沟通训练师。有一天晚上他正准备休息，突然想起有一通电话没有打给客户。他马上起身，准备打电话给那位客户。

他太太觉得很纳闷：“你这么晚了，还起来去干什么?”

“我只是要给客户打一个电话，打完就睡觉。”

“打电话，床边不是有电话吗？你干吗不在床边打还要起来干什么呢?”

夏目志郎说：“我打完电话再给你解释。”

夏目志郎起床之后，走到衣柜前面，脱掉睡袍，穿上衬衣，打上领带，穿上西服、袜子和鞋子，而且走到洗手间，把头发整理好。他站在镜子面前，非常细心地给自己一个微笑；然后，把电话拿起来打给客户，因为他和客户已约好。他告诉该客户，在他们合作的课程里面应准备的用具、资料以及课程的讲义。在电话结束时，他非常真诚地感谢对方很晚还要为他的课程付出时间。

他的太太觉得不可理解，但夏目志郎解释道：“我的客户虽然看不见我是穿着睡衣给他打电话的，可是我自己可以看得到。我个人觉得教育训练工作者最高贵的品质在于说到做到，表里如一。我应该尊重我的客户，就像跟他直接见面一样。我的顾客认为我在办公桌旁工作，我不可以躺在床上打电话。因为我相信我接通和拨出的每一通电话都是最重要的电话，所以我觉得应该以这样的态度和精神去服务我的顾客。”

（资料来源：改编自宿春礼，商务电话沟通技巧，中国国际广播出版社，2005.2，P24－25）

相关链接

拨打电话时，不同姿势传递的感觉

趴在桌子上，会令对方感觉声音沉闷；
左右摇晃，会令对方感觉声音模糊；
话筒夹在脖子里，会令对方感觉声音漏风；
躺在床上，会令对方感觉懒散；
随意靠在椅子上，声音失去弹性和活力；
边走边说，会令对方感觉声音摇摆、不认真。

（六）态度规范

在进行电话沟通时，一定要注意调整好自己的态度。热忱、自信和真诚的积极态度更能保证交流的顺利进行。通话双方在电话沟通中看不见彼此的表情，但可以通过谈话感受到对方，因此通话双方如果在态度上文明友好，常常会影响彼此的情绪和心情，从而影响信息的接纳和处理，千万不可因为态度问题而使对方搁置电话、置之不理。

（七）礼貌挂机

拨打电话，通话结束时，主叫方应从容告别，礼貌挂机，主要应做好以下两方面。

1. 挂机的次序

通常情况下，拨打电话由主叫方先挂断电话。但出于礼貌，也可以由对方先挂断电

话，如果没有紧急情况，在双方通话快要结束时，不要急于挂断电话，避免对方还在表达而戛然而止。

当通话双方社会地位、工作职位有区别，无论谁是主叫方，通常由“尊者”或“地位高者”先挂电话，如长辈、领导、老师、上司、客户等。

若对方为女士，应有礼貌地请女士先挂电话。

2. 挂机的方式

挂电话时动作一定要轻、要稳，应用手轻轻按住切话键，再将话筒缓缓放下，切忌“啪”的一声将话筒重重一扔，这将会给对方在听觉上造成非常不好的感觉。

【小贴士】

拨错电话，怎么办?

如果是由于现有的电话号码错误，而拨错了电话，这时应向对方说明原因，礼貌致歉，求得对方的谅解停止继续拨打该号码；如果是由于本人疏忽，拨打电话时按错了号码，在电话尚未接通时，则应立刻挂断，如果电话已接通，应礼貌向对方道歉。切忌固执己见、含糊其辞地挂断电话，显得没有礼貌。

二、接听电话

（一）本人接听

1. 迅速及时接听电话

接电话的时机往往能够树立接电话人以及所在单位的形象，给对方形成一个粗略的印象。通常情况下，在电话铃声响起三声之内接听是比较合乎礼节的，这是与对方电话沟通成功的第一步。如果铃声响了很久都无人接听的话，对方往往会产生不好的印象。电话铃响一次约三秒钟，时间虽然短暂，可是从心理上讲等待的时间感觉更久，容易使人产生不悦，觉得不被尊重。因此，如果在铃响五声之后才接电话时就要先致歉：“抱歉！让你久等了。”

另外，不能同时接听两个或两个以上的电话。如果你正在接待客户或朋友，这时需要接听电话时，首先应该礼貌致歉，征得对方允许再接听电话。

相关链接

别让你的客户等太久

××家干洗店的员工表示，经常有客户打电话询问衣服是否洗好。由于洗好的衣服上都有一个号码牌挂在外面，所以每次接听这样的询问电话，他都会请这位客户稍等，然后放下听筒去里面查看号牌，只顾着自己赶紧找那号码牌，等找到以后再去接电话，电话早已因客人等得不耐烦而挂断了。

像这种因为找相关资料，而让对方久等的情况，很少有人能够忍受，应尽量避免。等待不超过一分钟，如果等待过长就是失礼的行为了，因此别让你的客户等太久。

（资料来源：改编自宿春礼，商务电话沟通技巧，中国国际广播出版社，2005.2，P35-36）

2. 接听规范

(1) 程序规范。接听电话时，应养成良好的“三部曲”接听习惯，即问好、自报家门、主动询问。具体而言，接听电话时所讲的第一句话应是问候语，如“您好”。接听电话所讲的第二句话应报上自己的姓名或者单位，如“我是×××”或“这里是××公司，很高兴为您服务”。如果线路繁忙延误接听，接听电话的第二句话应真心诚意致歉并表示为客户服务的意愿，如“我是××号话务员，为你长时间等候公司向您致歉，很高兴为你服务”。接听电话所讲的第三句话应主动询问对方有什么需要自己帮助解决的，如“请问我能为您做些什么?”

(2) 语言规范。接听电话时应使用标准普通话，电话用语要文明礼貌，内容简明扼要。打电话时，面带微笑，使用充满大方热情、自然真诚的语气；使用的语调应不高不低，接听电话的语速应快慢适中；接电话时不允许出现“喂”或“你找谁”等非话务用语，特别不允许一开口就毫不客气地查问对方，口气咄咄逼人，例如“你找谁”、“你是谁”、“你是哪儿”或者“你有什么事”；回答对方咨询时应仔细耐心地解答，尽量避免使用“不清楚”、“可能”或“大概”等不确定的词语。

(3) 询问规范。对于进行业务咨询等需要长时间交流、解答的对象，应询问其姓氏，如“请问您贵姓?”；在业务受理过程中需要客户的真实姓名时，需在进行说明以后询问其姓名，例如“代订机票、酒店，需要留下您的真实姓名，请告诉我您的姓名。”

(4) 记录规范。接听电话时，有时需要你做好电话记录，记录完毕，尽量向对方复述一遍，以免遗漏或记错。电话记录是为了方便通话双方而进行的书面记录形式，尤其是对于公务和商务电话，电话记录是重要的工作资料，它不仅有助于完善工作，还可以在关键时刻发挥作用。如果遇到法律纠纷时，电话记录就是很有力的证据和参考。正是由于电话记录的重要性，才有了后来的录音电话。录音电话大大提高了电话记录的完整性和真实性，受到现代职场人的青睐。

【小贴士】

电话记录记什么?

语言的交流是转瞬即逝的，如果没有记录，通话中许多重要信息将会遗漏，因此电话记录对于公务电话和商务电话来说是必不可少的，电话记录通常包括：

打电话者的姓名、所属单位；

转告的具体内容；

是否需要回电，以及回电号码、时间；

对方打电话时的日期、时间；

其他重要信息等。

3. 确定对方身份

经常有人打电话时只说“是我”，或者经常说“你猜猜我是谁?”“老同学，你不记得我了?”“喂，你猜我是谁？听不出来呀？太不够朋友了!”等模棱两可的询问。一般对经常打电话来的人，只要关系相当密切，就马上可以辨认出对方。但即使是熟人打来的电话，也有无法确认的时候。另外，也有人不等你自我介绍就指定要公司某位员工接听，如果问也不问

地把电话转过去，指定的人接了电话，却因和对方不认识而莫名其妙地愣在那里，就太欠妥当了。除此之外，也要小心提防一些犯罪分子及团伙以这种方式来敲诈、欺骗接听电话者。

如果双方在接通电话时迟迟不能确认对方身份，就会浪费宝贵时间，降低沟通效率。所以，接电话时一定要先确定对方的姓名。对于机构或组织而言，了解对方的姓名也是非常重要的事情。

通常，在电话沟通中确认对方的身份可以从自报家门入手。如何向对方自报家门呢？如果接听您本人的电话或公司的直线电话，只报自己的姓名和职务即可。如果接听公司总机的电话，报出公司的名称而不需要报出自己的姓名和职务。如果接听一个部门的电话——经过总机转的，只需报部门名称和自己的姓名，不需报公司名称。直接打进的，除了报部门名称和自己的姓名外，还需要报公司名称。

相关链接

这样的电话，让我很无奈

一位高校教师说，她经常接到学生的来电："老师您好！我是您的一名学生，在前几次课程中经常听到您的××观点和论断，我觉得……，"就这样与该教师交谈许久，直至结束，但老师始终不知道该学生的姓名，来自哪里，仅仅知道是一名学生。

因此拨打电话和接听电话都需要正确、清楚地确认身份，这是顺畅沟通的前提条件和必备基础。

商务电话，自报家门很重要

商务电话中，要在对方先报上姓名之前先"自报家门"，如果一开口先用"喂""你找谁"等非话务语言，然后等待对方开口的话，对方会以为自己打错电话。如果在一开始就先自报家门，例如，"××公司，您好！""金桥饭店，很高兴为您服务"等，对方一听就知道没有打错电话，可以安心继续通话了。

4. 态度耐心谦和

接听电话与拨打电话同样需要有喜悦的心情、耐心谦和的态度。接听电话时我们要保持良好的心情，这样即使对方看不见你，但是从欢快的语调中也会被你感染，给对方留下极佳的印象，由于面部表情会影响声音的变化，所以即使在电话中，也要抱着"对方能够看到我"的态度去应对。

由于人与人文化水平、理解能力以及语言表达的差异，在电话交流中我们不可能要求每个通话者都能够条理清晰、口齿伶俐，尤其是在对方因为心里紧张而出现语言的颠三倒四、含糊不清时，当接听这样的电话，作为接听方更应该耐心谦和、和颜悦色，消除对方的紧张心理，使双方能够平心静气地进行通话。

5. 仪态文雅庄重

电话沟通中，拨打接听的双方都需要保持仪态的规范端正、文雅庄重。通话时保持端正规范的坐姿或直立挺拔的站姿，会给对方传递出自然动听的声音，而趴在桌子上、左右摇晃、来回走动、斜躺横睡、边通话边饮食等电话仪态会让对方觉得你很随意，不重视此次通话，没有给予对方足够的尊重，从而会影响通话的质量。

因此接听电话时，即使看不见对方，也要当作对方就在眼前，尽可能注意自己的仪态举止。声音要温雅有礼，以恳切话语去表达。嘴巴与话筒之间，应保持适当距离，适度控制音量，以免听不清楚、产生误会，或因声音粗大，让人误以为盛气凌人、咄咄逼人。

6. 礼貌结束

与拨打电话一样，接听电话方也需做到礼貌结束，从容挂机。通话结束时，注意挂机的先后次序和礼貌挂机的方式。

挂机的先后次序上，遵循“尊者”或“地位高者”、主叫方、女士先挂电话的基本原则，在现实工作和生活中灵活应用。挂机的方式上，注意动作轻缓，不要随意将听筒一扔，更不能生硬地摔打话筒，显得极为不礼貌。

如果是代表组织或企业处理客户要求，通话结束之后，话务人员应适当使用祝语，例如，“祝您工作顺利”、“希望您能拥有美妙的旅程”等祝福语，在与对方互道“再见”后，应当在确认对方已挂断电话后再挂断电话。

【小贴士】

勿对拨错电话者咆哮

“人非圣贤孰能无过”，因此打错电话是常有的事。作为接听方，如何正确处理这样打错的电话呢？请先看以下的简短对话：

“喂！请问这里是×× 公司吗?”

“不是！打错了!”

接下来“啪”的一声挂断电话。

如此的应答是不恰当的，在忙得不可开交之际，突然来一通打错的电话扰人工作，固然令人生气，但是鲁莽的应付甚至口气很差，都会给人留下不好的印象。如果您将以上的通话这样进行，是不是会传递良好的电话形象呢?

“喂！请问这里是×× 公司吗?”

“对不起！我们这里是××公司，电话号码是××××××，请您检查一下是否拨错了电话?”

这样一来，可让对方清楚地明白究竟是错在哪里，知道是因为电话号码改了还是自己粗心拨错了电话，可避免犯同样的错误。虽然这是一通打错的电话，但有可能对方是看“客户清单”打的，不小心看错行而打错电话。虽然这是一件极小的事，由于你的疏忽，使客户产生一种极不愉快的心情，印象大跌，从此减少和公司的往来。倘若友善地回答，客户一定会觉得相当温馨，更加信赖此家公司，从而给公司树立了良好的形象。

接听这种打错的电话，一定要委婉地告诉对方打错了，千万不要粗鲁地来一句“打错了”，然后“砰”的一声挂断电话。这不仅会损坏公司的形象，更有可能丢掉一些潜在的客户。一时的应对态度可能会带给公司不小的损失，也可能带给公司更多的收益，所以，即使是对方打错了电话，也要有必要的电话应对礼仪。

(二) 代人接听

代人接听通常情况下分为两种情况，一种是转接电话，需要主叫方稍等，然后转接给他要找的人；另一种情况是主叫方要找的对象不在，需要留言。不管是哪种情况，都应该遵循以下的一些基本原则。

1. 态度积极，大方热情

在办公场合，我们经常会替别人接听电话，如果打电话的人找的不是你，你也应该态度积极、热情大方地礼貌应对，替人转接或记录留言。若是代人接听电话，一定要积极主动地询问对方是否需要留言。

转接中，请对方稍候，然后轻轻放下听筒，找来对方要找的人，切勿高声呼喊；如果转接的对象就在身边，可将听筒轻轻递给对方；如果对方要找的人不在或者暂时不方便接听电话，则应该委婉地向对方说明情况，请对方过一会儿再打过来，或者替他留言或留下对方的电话号码，以便回电。

【小贴士】

接听电话，如何委婉地告知对方“声音小”？

有时我们在接听电话或者拨打电话时，会遇到通话对方声音小，而导致自己听不清楚，这时应该既不失礼节，又清晰表达此意，比较妥当的做法是：

如果对方语音太小，接听者可直接说：“对不起，我这边通话效果不是太好，有点听不清楚，请您声音大一点好吗?”而不能毫无礼貌地大声呼喊：“喂，喂，喂，大声点!”或者“什么，什么？你说什么?”不停地重复询问对方。记住，这种情况下，需要提高音量的是对方，而不是你。

2. 尊重隐私，询问适度

转接电话或者代接电话既要礼貌客气，又要具体周到，不可将个人信息过分透漏，代人接听电话时，一定要做到尊重隐私，适度问询。需要留言或记录电话号码时，礼貌问询，不要刨根问底地询问对方。另外，不要将他人的行踪说得非常具体，例如将“他不在，上厕所去了”，“她回家生孩子去了”等非常具体的细节透漏给对方，比较恰当得体的说法是：“对不起，他有事刚刚走开，您一会儿再打过来或者留个电话，我帮您转述，好吗?”

【小贴士】

代接电话，该不该将他人手机号码告诉对方?

转接电话或者代人接听，通常不要轻易将他人手机号码告诉来电对象，尤其是身份不明的来电者，除非征得你的同事或朋友的允许。相对于办公电话来说，个人的手机号码更具有私密性和个人性，属于个人隐私信息，有些人不喜欢将自己的手机号码随便告知他人，所以，当有陌生人来电，向你询问同事或朋友的手机号码时，应谨慎对待。

3. 内容准确，记录完整

帮他人代接电话时，留言内容应做到准确清晰，记录完整，重点重复给对方以便确认，并且询问对方事情的紧要程度，以及完成的时间结点，以免耽误了他人的工作。代人接听电话，需要做好电话记录，记录信息应简洁、明了、准确，应包括“6W”要素，即：

“Who”，即“什么人”。它应当包括对方的姓名、单位、部门、职务、电话号码，等等。在记录总机转接电话或外地电话时，分机号码与电话区号、国家代码皆不可缺少。

“When”，即“什么时间”。它应当包括对方打来电话的具体年、月、日、时、分。必要时，还需记下通话所用时间的长度。

“Where”，即“什么地方”。它应当包括对方所在的地点，以及接听电话者当时所处的具体位置。

“What”，即“什么事情”。它主要是指通话时双方讨论的具体事情。

“Why”，即“什么原因”。它所指的是通话的主要原因，或者双方所讨论的某些事情的前因后果。

“How”，即“如何去处理”。它一般指的是进行电话记录的一方，事后对记录所做的处理。

4. 传达及时，信息有效

转接电话应注意尽量在10～15秒内保证被转接电话有人接听，或者需要代找对方接听电话，应尽快联系上对方接听电话，不可让主叫方等待时间过长，被转接电话在15秒后无人应答，话务员应转回话务电话并向主叫方致歉，进行转接电话业务时，一般不需要过多地进行询问。

代人接听电话，主叫方留下电话号码或者相关留言时，应尽可能及时联系到要找的人并将信息及时有效地传递给他，以便耽误彼此双方的重要事宜。例如，在传达电话内容前，清楚地表达“你好，××公司的××先生打来电话找您，他留了电话，请您回电。”要把对方的消息，简洁、迅速地传递给对方，以免耽误重要事宜。

【小贴士】

代接电话，经常使用的礼貌用语

“××现在不在办公室，请问您有急事吗？可否十分钟之后再打过来？”

“您方便留下您的电话号码及姓名吗？×××他现在不在，我会代为转告他。”

“您方便留言吗？我会转达给×××。”

“您稍等，我确认一下，您的姓名是×××，您的手机号码是××××××，对吗？”

“对不起，我这边环境有点嘈杂，您能再重复一遍吗？”

第三节　手机沟通的基本技巧

手机，又名移动电话，它是一种小型化、智能化的无线式电话。它由固定电话发展而来，但较之固定电话使用空间更广、更便捷、功能也更多样。近年来，移动通信业务有了飞速的发展，用户规模也在不断地扩大，很好地适应了工作繁忙、活动量大、时常“居无定所”而又急需“随时随地传递信息”的商务人员的需求。

眼下，使用手机通信的商务人员越来越多，移动电话的智能化趋向特别明显。在日常交往中，商界人士使用手机时大体上需要重视以下几个方面的技巧。

一、注意妥当地放置

商务场合，手机要放置在合适的位置上。通常情况下，随身携带手机可以将它放在公文包里，或者放在上衣口袋之内。如果在商务场合，有重要会议、商务洽谈等，可以将手机交给自己的助理、秘书代为保管。穿套装、套裙之时，切勿将其挂在自己的腰带上、挂在胸前、随时拿在手中等，这些做法往往都显得有些幼稚或不沉稳。另外，在较正式的商务场合，切不可有意识地将其展示于人。因为手机仅仅是通信工具，绝对不能视之为可炫耀的装饰品。把它们握在手中，别在衣服外面，放在自己身边，或有意当众对其进行摆弄，有失商务人士的形象。

二、注意使用的场合

（一）遵守公共秩序

1. 公共场合

在公共场所应该尽量做到规范使用手机，如果遇到非打不可的电话，就应该寻找一个较为僻静的地点，压低通话音量，千万不可旁若无人地大呼小叫、高声喧哗，弄得全场人员必须听你说话，这种干扰他人的行为必将招致大家的反感。影剧院、音乐厅、候机楼、学校、教室、图书馆、医院的病房等场所都需要保持安静，应当将手机调到振动状态，必要时应暂时关机，即使非要使用手机时，要避免高声喧哗。在医院等场合出现时，要避免其信号干扰医疗仪器等的正常运行，或者明显影响病人的休息。

2. 上班期间

在集体公用的办公场所，人人都需要有自己的办公空间，因此在上班期间，办公场所中使用手机应做到不影响别人的正常工作，可以选择在办公室外或楼道里接听、拨打手机。

3. 会议场合

在会议中或和客户商务洽谈时，尽量应该关闭手机或者将其调到震动状态，这样既不会打断讲话者的思路，显示出对交往对象的尊重，又能展示自身良好的素养。在会场上手机铃声不断地响，并不能显示你的业务水平有多么高，有多繁忙，反而显示出你缺乏修养。

4. 就餐场合

就餐时，应尽量关闭手机或者将手机调为震动状态，如果陪客户就餐而你因为忙于应接手机而冷落、忽视了客户，会非常不礼貌，是比较失礼的行为。

（二）考虑安全因素

1. 驾驶汽车途中

据科学研究表明，人们在驾驶汽车时使用手机会导致行动迟缓、思维减慢，因此驾车时使用手机是非常危险的，出于安全因素考虑，此时不应使用手机。2013 年 1 月 1 日施行的《道路交通安全法实施条例》中明确规定，驾驶机动车不得拨打接听手持电话、观看电视等妨碍安全驾驶的行为，对违反以上规定的驾驶人处以 20 元以上 200 元以下罚款，并记2分。

2. 易燃易爆场所附近

我们经常在加油站看到“禁止使用手机”的字样，当车辆在加油时候，周围的油气浓度会骤增，当油气浓度达到1.3%～6%时，遇到细小的火花就会发生爆炸，而目前大多数手机都不具备防爆功能，在按键的瞬间会产生静电火花，因此在诸如加油站这样的易燃易爆场所禁止使用手机。2002年7月23日《河南日报》报道了河南郑州一个加油站，因为一名司机在加油站内使用手机而引发爆炸的事件。可见，在这样的场合使用手机是非常危险的行为。

3. 飞机飞行途中

我国《民用航空法》第八十八条明确规定：:“任何单位或者个人使用的无线电台、移动通信及其他仪器装备，不得妨碍民用航空无线电专用频率的正常使用。”因此，乘坐飞机时应将手机关闭。在飞机飞行途中，空姐也会提醒乘客关闭手机等移动通信工具，商务人士要积极配合空姐的工作，自觉关闭手机。

4. 标有禁用手机文字或图示的其他地方

除了以上提到的驾车途中、易燃易爆场所以及飞机飞行途中以外，有些地方用文字或者是图示标注出来禁用手机，这时也应该遵守相关规定，做到禁止使用手机。

三、手机使用的技巧

(一) 保证畅通

使用手机主要的目的是为了保证自己与外界的联络畅通无阻，尤其对于商务人士而言，手机的畅通更是其工作开展的必备条件之一。

告知交往对象自己的手机号码时，务必力求准确无误。如系口头相告，应重复一两次，以便对方进行验证。若自己的手机改动号码，应及时告知给重要的交往对象，免得双方的联系一时中断。有必要时，除手机号码外，不妨同时再告诉自己的交往对象其他几种联系方式，以有备无患。

万一因故暂时不方便使用手机时，可在语音信箱上留言，说明具体原因，告之来电、来话者自己的其他联系方式。有时，还可采用转移呼叫的方式与外界保持联系。

(二) 规范设置

1. 声音设置

手机声音的设置表现在两个方面，一方面音量要适中，另一方面铃声要适宜。

太过于响亮的铃声是一种噪音，尤其是在办公室、会场、学校、影剧院、医院病房等安静场所，刺耳的铃声会对他人形成干扰。因此手机铃声音量的选择要适中，或者选择渐响渐强的模式。

手机来电铃声的设置要适宜，尽量优雅一些。个性化铃声要注意使用的场合，我们经常可以听到有些人的手机铃声喜欢选用“老婆，老婆，我爱你!”“老公，老公，我爱你!”“妈妈，来电话了，来电话了!”，这样的手机来电铃声不太适合商务场合，显得比较幼稚、不稳重。铃声设置应与身份相匹配，相对来说，个性化较强的铃声比较适合年轻人，年长者或者拥有一定身份地位的人最好选择适宜铃声，否则有损于自己的职场形象。

2. 彩铃设置

彩铃是“个性化多彩回铃音业务”的简称，它是一项由被叫客户为呼叫自己移动电话的其他主叫客户设定特殊音效（音乐、歌曲、故事情节、人物对话等）的回铃音业务。有了彩铃，主叫方在拨打被叫方手机等待接通时，听到的不再是“嘟嘟嘟……”的单调回铃音，而是为主叫方提供的一段悦耳的音乐或一句问候语。彩铃可以为我们的生活及工作增添更多色彩，而且也可以成为同事、客户乃至领导了解我们的一个渠道，选择恰当合宜的彩铃能够给我们的生活及工作带来许多益处，但彩铃设置不当，会给我们带来不必要的麻烦。

相关链接

手机的彩铃，如此设置

××医药销售公司有一位“金牌业务员”，销售业绩屡次夺得全公司之冠，业务能力相当出色。有一次，该名业务员负责与公司的一位大客户进行项目洽谈，对方主要负责人在与该名业务员打手机联系时，该业务员手机总是出现“对不起，您所拨打的电话是空号，请查证后再拨”的留言，弄得这位大客户莫名其妙，后来接通了才知道这是该名业务员设置的恶作剧手机彩铃，解释清楚后，大客户先是惊讶，然后沉默不语，不久便单方面提出取消合约。

可见，不恰当的彩铃设置会给我们的生活和工作带来不便。

（资料来源：改编自王群．礼仪宝典．复旦大学出版社，2010.6，P567）

（三）发信息要规范、文明

手机短信息是信息时代的产物，它以其快捷、隐蔽、风趣、经济等特点备受青睐。人们通过手机短信把美好的祝愿、生活的压力、工作的信息等化作空中语言，放飞心灵，相互交流。随着手机的普及，短信越来越多地成为人们传递信息、联络沟通、表达情感的重要方式。

1. 及时回复

当你收到交往对象的短信，应及时回复，以体现对交往对象的尊重和重视。若是由于自己实在没有时间做出及时回复，应该先简短地向对方作出解释。

2. 分时间、分场合发送短信

短信的发送应分时间和场合，在影剧院、音乐厅、图书馆等安静场所，如果必须要回复短信，应采用静音的方式，不要干扰别人的正常工作。

3. 编辑短信后要署名

逢年过节，我们总想借助短信对亲人、朋友送上真诚的问候和祝愿，尤其是手机短信群发功能的推广，但往往祝福短信送到对方手机中，而短信后没有署名，主叫方想当然地认为对方手机里一定存有你的手机号码，其实没有。因此，编辑和发送短信时，应在后面署名。

（四）慎用拍照功能

在使用手机对他人进行拍照或者摄影时，通常情况下应首先征得对方的同意，未经许可不得转发他人的照片和视频短片。利用手机的摄影、摄像功能进行偷拍的行为，可能会严重侵害个人隐私权。

慎用手机拍摄功能

江苏南京市的王某与李某到桑拿浴室洗澡，两人斜躺在椅子上玩手机，李某拿出自己带拍摄功能的手机炫耀，不断朝四处拍摄，并把“实景”照片发送到王某的手机上。浴室内另一名客人沈某见王、李二人不停地嬉笑，便凑过去看看，不料映入眼帘的正是自己的“全裸写真”，沈某恼羞成怒，继而三人打成一团。

（资料来源：改编自王群．礼仪宝典．复旦大学出版社．P570. 2010. 6）

本 章 小 结

电话是现代社会人际沟通的重要工具之一，也是企业经营的必要桥梁之一。电话沟通是一种比较经济、便捷的沟通方式，通过电话，可以将企业形象推销出去。成功的营销人员均能认识到客户与公司是生命共同体，为公司争取更多的利益和良好的企业形象，使得电话在商务活动中发挥着越来越大的作用。

电话沟通应掌握基本的技巧，拨打电话时，要做到准备充分、考虑拨打时机、重视微笑、规范语言表达、举止文明、态度规范、从容告别，礼貌挂机；接听电话时，分为两种情况，一种是本人接听电话，应做到迅速及时地接听、规范接听、明确对方身份、态度谦和、仪态文雅和礼貌结束，另一种情况是代别人接听电话，这时应做到态度积极、大方热情、尊重隐私、询问适度、内容准确、记录完整、传达及时、信息有效。

手机沟通作为当今社会商务人士的必备选择，也要注意基本使用技巧。手机要注意合理妥当地放置，安全规范地使用，使用过程中首先应保证畅通、规范设置，发送短信息要文明有礼，谨慎使用拍照功能。

思 考 练 习

1. 简要陈述电话沟通的利弊。

2. 接打电话应注意哪些基本技巧？

3. 假设你正在电话里与客户谈生意，这时另外一部电话响了，请问你应如何应对这种局面？

4. 技能实训题：你是某公司普通职员，有一天你接到一个电话，对方要找的是你的办公室主任，这时主任恰好有事外出，请问你应该如何替主任代接此电话？

案例分析

请看以下一段对话，小刘是××公司的销售员，一天他直接打电话到潜在客户单位：

小刘："请转采购部！"

总机人员："您找哪一位？"

小刘："采购部经理。"

总机人员："请问您是做什么的？"

小刘："我是××公司的，我们公司主要是从事××业务的……"

总机人员："抱歉，我们暂时不需要，谢谢，再见！"

小刘："……"

思考：

1. 案例中，××公司的销售员小刘的电话沟通是否成功？为什么？
2. 请你按照电话沟通的基本技巧，重新编演此段对话。

第八章　群体沟通与会议沟通

导入案例

京德制造有限公司的会议沟通

李曼如，京德制造有限公司的总裁，十分清楚不断让员工了解公司发展状况的重要性。最近，由于竞争激烈，产品价格持续下跌，她意识到公司正步入一个严峻的时期。为了保持住市场份额，她认为公司必须采取降价策略。

她相信自己每月一封寄给每个员工的“来自总裁办公室的信”是一种很好的充分传递信息的途径。然而，现在重大危机爆发了，她召集了所有部门经理在公司装饰简朴却不失威仪的董事会议室开会。选择董事会议室本身就向部门经理发出了一个信息——他们是管理层的一员，他们正参与重大决策。关于参加此类会议大家都达成了默契，所有与会者必须在预定的时间前就座，当总裁步入会议室时，全体起立，直到总裁让他们坐下。这一次，李曼如进入会议室时，她点头示意起立的各位坐下。

“我之所以召集各位出席这次会议，是想说明一下我们目前所面临的严峻形势。我们与那些眼睛发绿窥视着我们市场的‘狼群’狭路相逢，迫使我们不断降价，不断缩短发货时间，已让我们感到喘不过气来。如果我们伟大的公司——一座自由企业的堡垒——想继续生存下去，我们必须团结打拼。”

讲完开场白之后，李曼如注视着每一位与会者，知道他们不敢随便发言。的确，没有人讲话，每一个人都知道在这种场合下，开口发言就意味着与李曼如唱对台戏。

“让我进一步解释我的意思。首先，我们需要发挥想象力。我们需要积极思维，每个人都必须同仇敌忾。我们必须优化生产，绞尽脑汁，不放过任何一个环节，削减成本。为了实施这一项削减成本的紧急计划，我已在外面物色了一位高级生产经理来协助完成。”

“其次，我们要提高质量。在本公司，质量意味着一切。每一台机器、设备都要由生产主管负责定期检修。当机器轰隆隆作响开始生产，就表示主管已经对该机器的质量、性能作出认可。在质量上，没有一点东西可以被视为是芝麻点大小的事，微不足道，可以轻视。”

“第三点，我认为要加强销售队伍。客户是我们的生命线，尽管他们不一定总是对的，但我们仍要像安抚绵羊一样温和地对待他们。销售代表都要学会‘推销自己’，要使每一次拜访都有建树。我们对销售代表的补偿是非常公平的，即使如此，我们仍将

努力做到‘锦上添花’——对那些困难重重、进展缓慢的项目提高销售代表的佣金。我们将在董事会上讨论具体事宜，当然，我们不会超出成本。”

“最后一件事是团队精神，这是我们首当其冲要加强的。除非我们抱成团，否则别想成功。领导风范就是团队精神，团队精神就是为实现共同目标拧成一股绳。你们是管理层代表，非常清楚我们的目标。现在就让我们上下同心，齐心协力，去度过这一场危机。记住，我们是快乐的大家庭。”

当李曼如结束其掷地有声的总结时，每一位部门经理马上起立，恭敬地站在椅子旁，注视着总裁收拾文件，离开会议室通过小门走到她的办公室。

案例点评： 案例中，总裁李曼如通过会议沟通来传递高层的主要意图，但采用了一些“非民主式”的方法，使得整个沟通效果不尽如人意。其实，召开会议之前更多听取中基层管理者或者员工的意图，在会议中更多鼓励管理者畅所欲言，相信在会后能得到其他中下层管理者和员工的更大拥护。

知识要求

1. 理解群体沟通、会议沟通的含义与类型。
2. 了解会议沟通的组织与实施过程。
3. 掌握会议沟通的基本技巧。

第八章　群体沟通与会议沟通

关键术语

群体沟通　会议沟通　沟通技巧

现代企业中人与人之间、部门与部门之间、上下级之间，特别需要彼此进行沟通，互相理解，互通信息。群体交流是一项基本的管理技能，它要求沟通者根据不同的交流对象、采取不同的方法和扮演各种各样的角色来呈现不同的沟通风格。企业发展战略的实施和企业目标的实现都要通过群体沟通来进行信息的传递与交流。企业内部沟通的通畅性取决于群体沟通的系统性与完善性。

鉴于群体沟通在现代企业中的重要意义，现代商务人士和企业管理人员需要认真去理解群体沟通的基本形式，能够掌握会议沟通的基本技巧并合理组织会议。

第一节　群体沟通的基本概念

一、群体沟通的定义与特点

1. 群体沟通的定义

群体是两个或两个以上的人为达到共同目标以一定的方式联系在一起进行活动的人群。群体沟通则指的是组织中两个或两个以上相互作用、相互依赖的个体，为了达到基于

其各自目的的群体特定目标而组成的集合体，并在此集合体中进行交流的过程。

2. 群体沟通的特点

现代企业的发展和群体沟通联系很紧密。可以说，群体的有效沟通是企业管理和发展的重要保障，因为它能够确保企业运营所需信息在群体成员间的传递与交流。概括起来，群体沟通的特点主要有如下几点：

(1) 平等的沟通网络。对于群体沟通来说，群体成员间的关系是平等的，他们所面临的是内部平等的沟通网络。群体拥有全方位的、正式的和非正式的沟通渠道。信息在沟通渠道中的流通通畅，能够产生开放、坦诚的沟通氛围。在群体沟通中，成员能够发表自己的意见，也能够及时接纳他人建议；同时，群体成员会自觉遵守企业或部门的各项管理规范，其中的规范可能是明文规定的，也可能是约定俗成的，而这又能够促使群体成员间相互学习。

(2) 共同的愿景和目标。群体都是为了完成共同的任务而组织起来的，成员都会为了共同的愿景和目标来展现自己的能力。强大的共同愿景的树立必须由个人目标汇聚而成。所以，要建立起群体的共同愿景，群体领导就必须持续不断地鼓励成员树立发展自己的个人目标。如果一个人没有自己的个人目标，他对共同愿景的态度就只会是附和、顺从，而不会产生内心真正的意愿。只有将群体强大的共同愿景转化为自己的个人目标，才能激励自己。

(3) 成员具有团队意识。团队意识主要表现为群体成员对群体的责任感、满足感、自豪感和归属感。这种意识能凝聚人心、鼓舞斗志，吸引群体成员自觉地实现群体目标，自愿地为群体做贡献。

(4) 成员能相互帮助、激励和竞争。群体成员在群体平台的交往中能够构建起良好的交往关系和情感，这促使着群体成员会更进一步地去了解同事，彼此理解对方的工作，使得成员间能够相互帮助和鼓励。对于群体来说，虽然在某种程度上有着共同的愿景和目标，但对于个体的职业发展角度来说，他们又具有各自的具体工作和目标，因此，为了能更好地表现自己的能力，实现自我目标，群体成员间同时又富有竞争的成分。在群体中，如果能将帮助、激励和竞争进行团队式的表现，则群体的发展就会具备和谐性，群体就是一个具有竞争优势的群体，这对现代企业来说是最理想的状态。

二、群体沟通的作用

1. 理解公司决策，化解管理矛盾

公司决策需要一个有效的沟通过程才能施行，沟通的过程就是对决策的理解传达的过程。决策表达得准确、清晰、简洁是进行有效沟通的前提，而对决策的正确理解是实施有效沟通的目的。在决策下达时，决策者要和执行者进行必要的沟通，以对决策达成共识，使执行者准确无误地按照决策执行，避免因为对决策的曲解而造成的执行失误。同样的信息由于接收人的不同会产生不同的效果，信息的过滤、保留、忽略或扭曲是由接收人主观因素决定的，是他所处的环境、位置、年龄、教育程度等相互作用的结果。由于对信息感知存在差异性，就需要进行有效的沟通来弥合这种差异性，以减小由于个人的主观因素而造成的时间、金钱上的损失。

信息的沟通是联系企业共同目的和企业中有协作的个人之间的桥梁，在信息的流动过

程中必然会产生各种矛盾和阻碍因素，只有在部门之间、职员之间进行有效的沟通才能化解这些矛盾，使工作顺利进行。

2. 激励员工士气，提高工作效率

随着社会的发展，人们开始了由“经济人”向“社会人”、“文化人”的角色转换。人们不再一味追求高薪、高福利等物质待遇，而要求积极参与企业的创造性实践，满足自我实现需要。

沟通是让员工最大限度地干好其本职工作的重要动力和途径，是与员工联络感情的核心。马斯洛需求层次理论告诉我们，人有自我实现需要、有受人尊敬的需要。将这个理论引入到团队建设，是强化大家的主人翁意识，号召大家一起来参与团队的建设和发展，共享信息，下放权力和分担责任，大家一起在分工合作的氛围下完成自我管理。在其中，成员们满足了参与的愿望，满足了员工的沟通与交流的需求。这样做，团队成员会产生责任感和积极的参与感，意识到自己的工作在团队的重要性，不断地树立自信。成员们在团队合作中感觉自己得到了大家的尊重和信任，受到激励，就会积极主动地努力工作，争取更好的成绩，工作效率自然会提高。

3. 保持与外部信息联系，把握商机

任何一个组织只有通过信息沟通，才能成为一个与其外部环境发生相互作用的开放系统。尤其是在环境日趋复杂、瞬息万变的情况下，与外界保持着良好的信息沟通，及时捕捉商机，避免危机是企业管理人员的一项重要职能，也是关系到企业兴衰的重要工作。

4. 树立管理者威信，促使相互信任

作为管理者，要尽可能多与大家进行交流沟通，最好是一对一，面对面地互动沟通，使员工能够及时了解领会上级意图，明确责权赏罚，避免“推卸责任”“奖金要多工作要少”的观念。同时，他们会认为管理者之所以能成为管理者，是具备一定素质的，员工会心悦诚服地为管理者办事，且毫无怨言。

一旦他们开始关心公司，就会爆发出以前没有的热情和积极性，形成强大力量，任何艰难险阻也不能阻挡他们。这正是沟通的威力所在。如果领导不信任自己下属，不让其知道团队的现状或工作的进展，不去告诉员工，甚至员工主动提问也不回答，那员工就会感觉自己被当作“外人”，轻则会带情绪工作和生活，造成团队部门的工作质量下降；重则使管理者和被管理者，形成相互不信任的敌意，产生严重隔阂，无法达成共识，甚至产生“窝里斗”，消耗团队的能量。

5. 创造和提升团队精神与企业文化，完成共同愿景。

一个领导的管理思想如果缺失了和广大职工的有效沟通，得不到职工的认同、理解、支持的话，那么就不能形成真正的公司文化或公司精神。管理的最高境界就是要在企业经营管理中创造出一种企业独有的企业精神和企业文化，对企业这一组织赋予人性化管理，使企业管理的外在要求转化为企业员工自己内在的观念和自觉的行为模式，从而认同企业核心的价值观念和目标及使命，并自动自发地工作、去关心团队，能在工作中发现问题、解决问题，创新地工作，从而形成一股巨大的力量，使团队得到发展。

企业精神和企业文化培育的实质是团队的思想、观点、情感和灵魂的水乳交融，是沟通的精华所在，是沟通的形式和内容。没有沟通，就没有对企业精神和文化的理解与共识，更不可能认同企业共同的使命。任何团队的管理就是沟通，沟通是团队管理的核心、实质和灵魂。

第二节 群体沟通的优缺点与常见形式

一、群体沟通的优缺点

（一）群体沟通的优点

1. 产生更多的承诺

对群体成员而言，参与沟通有助于提高其对工作的满意感、兴趣感，加强其责任感，避免受冷落而导致消极情绪和不良动机，有助于其了解沟通的目的和行动计划，了解奖惩政策，从而提高其工作动机，激励其正确有效地去执行沟通。对群体人际关系而言，有助于上下级统一认识，化解分歧：可促进人际相互了解，加强认同感，促进合作和协调。对领导者而言，有助于其集思广益，提高沟通质量，了解下属的观点和意愿。

2. 产生更好的决策

群体沟通能够利用更多的知识优势，借助于更多信息形成更多的可行性方案。由于沟通成员来自不同的部门，从事不同的工作，熟悉不同的知识，掌握不同的信息，容易形成互补性，进而挖掘出更多令人满意的行动方案。群体沟通还有利于充分利用其成员不同的教育程度、经验和背景。具有不同背景、经验的成员在选择收集的信息、要解决问题的类型和解决问题的思路上往往都有很大差异，他们的广泛参与有利于提高决策时考虑问题的全面性，提高决策的科学性。群体沟通有利于在沟通方案得以贯彻实施之前，发现其中存在的问题，提高沟通的针对性。增加沟通的合法性。

（二）群体沟通的缺点

群体沟通虽然具有上述明显的优点，但如果不加以妥善处理，也会影响沟通的质量。

1. 费时和效率低

群体沟通鼓励与会者的积极参与，力争以民主的方式拟定出最满意的行动方案。在该过程中，如果处理不当，就可能陷入盲目讨论的误区之中，既浪费了时间，又降低了速度和决策效率，不易及时达成共识，可能错失良机。

2. 群体压力大

群体沟通之所以具有科学性，原因之一是群体沟通成员在沟通中处于同等地位，可充分发表个人见解。但在实际情况中，这种状态并不容易达到，很可能出现以个人或子群体为主发表意见的情况，容易形成权威型或多数型的群体压力，致使部分与会者不敢发表观点或只是无谓地随众。

3. 关心个人目标

在实践中，不同部门的管理者可能会从不同角度对不同问题进行定义，管理者更倾向于对与其部门相关的问题表现出强烈的敏感。例如，市场营销经理往往希望较高的库存水平，而把较低的库存水平视为问题的征兆；财务经理则偏好于较低的库存水平，而把较高的库存水平视为问题发生的信号。因此，如果处理不当，很可能发生决策目标偏离组织目标而偏向个人目标的情况。

4. 模糊的责任

由于在群体沟通中，参与者不止一人，当沟通出现问题或沟通失败时，参与决策者往往会推卸责任，很难找出承担责任的人，这对组织是一种伤害。决策失败没人负责的话，参与者就会不好好准备，就会产生"如果决策失败也没有我什么事"的想法。

二、群体沟通的方向

组织内群体沟通又可分为下行沟通、上行沟通和平行沟通三个方向，具体见表8－1。

表8－1　群体沟通的方向

沟通方向		沟通形式
组织内沟通	下行沟通	计划实施、控制授权等
	上行沟通	建议系统、申诉和请求程序等
	平行沟通	部门经理间的沟通、部门员工间的沟通等
组织外沟通		商务洽谈、市场调研、顾客交流等

1. 下行沟通

下行沟通是指在组织中从一个较高层次向另一个较低层次进行的自上而下的沟通形式。从现实来看，下行沟通一直是管理沟通的主体。公司管理所涉及的种种功能活动如计划实施、控制授权和激励基本上主要依赖下行沟通去实现。最初这种沟通的目的很简单：上情下达。其传递信息的方式主要有命令、指示、政策、措施、备忘录、布告、面试、会议和演示等。显然，由下行渠道沟通传播的信息可使公司日常活动正常运转。同时，下行沟通渠道本身还传播着一种理念：雇员们，公司不是老板的公司，而是全体员工的。下行沟通渠道营造的工作氛围，可帮助员工更好地接受和配合执行下达的指令和政策。

2. 上行沟通

上行沟通是指从组织的较低层向较高层的沟通。上行沟通的目的就是开辟一条让管理人员听取员工意见、想法和建议的通路。同时，上行沟通可达到管理控制的目的。上层管理部门特别需要知道生产的业绩、市场营销信息、财务数据以及基层员工在做什么、想什么。上行沟通可为员工提供参与管理的机会，减少员工因不能理解下达信息而造成的失误；也能营造民主式管理文化，提高企业创新能力；还可缓解员工工作压力。

这种积极的动机使上行沟通比下行沟通更有优势。有效的上行沟通与组织环境、氛围直接相关，在参与式和民主式管理的企业中通常可看到。除了指挥链系统外，有些公司会设置专门的上行沟通渠道，让高层能够听到低层声音。这些正规的途径包括：建议系统、申诉和请求程序、协商会议、离职会谈等。

3. 平行沟通

平行沟通是指组织内沿着组织结构中横线进行的沟通形式，包括同一层次上的管理者进行的跨部门沟通和不同部门间不同层次上的管理者和员工之间的斜向沟通。平行沟通包括部门经理间的沟通、部门内部员工间的沟通、部门经理与其他部门员工间的沟通、某部门员工与另一部门员工间的沟通等。

平行沟通的存在是为了增强部门间的合作，减少部门间的摩擦，并最终实现公司的总体目标，这对公司的整体利益有着重要的作用。从理论上讲，一个组织是一个有机的整

体，每个部门都是整个公司大系统中相互影响相互依存的子系统因素，协调每个子系统的关系是为了更好地创造整体效益。组织中各个部门的存在，不是作为一个孤立作战的个体，而是作为一个整体的部分而存在。认识到这一点，也就能清楚各部门间存在合作的需要，且这种需要又缔造出分享信息的需要。平行沟通正是为了满足不同部门间的信息共享而产生的。

【小贴士】

美国管理协会的“良好沟通的十项建议”

1. 沟通前先澄清概念。
2. 检查沟通的真正目的。
3. 考虑沟通时的一切环境因素。
4. 计划沟通内容时应尽可能取得他人的意见。
5. 沟通时应简化语言，既注意内容，也要注意语调。
6. 尽可能传递有效信息。
7. 进行跟踪反馈和敦促。
8. 沟通时不仅着眼于现在、还应着眼于未来。
9. 管理者应言行一致。
10. 应该成为一个好听众。

三、群体沟通的形式

1. 正式沟通

正式沟通是指由组织内部明确的规章制度所规定的沟通方式，它和组织结构息息相关。正式沟通的具体沟通形式主要有链式沟通、环式沟通、Y式沟通、轮式沟通和全通道式沟通。这五种沟通形式的比较见表8－2。

表8－2　正式沟通五种形式比较

评价标准＼形式	链式沟通	环式沟通	Y式沟通	轮式沟通	全通道式沟通
集中性	适中	低	较高	高	很低
速度	适中	慢	快	慢	快
正确性	高	低	较高	低	适中
领导能力	适中	低	高	低	很低
全体成员满意度	适中	高	较低	低	很高

（1）链式沟通是一个平行网络，其中居于两端的人只能与内侧的一个成员联系，居中的人则可分别与两人沟通信息。在一个组织系统中，它相当于一个纵向沟通网络，代表层次间的逐渐传递，信息可自上而下或自下而上进行传递。在这个网络中，信息经层层传递，筛选，容易失真，各信息传递者所接收的信息差异很大，平均满意程度有较大差距。此外，这种网络还可表示组织中主管人员和下级部属之间中间管理者的组织系统，属控制

型结构。在管理中，如果某一组织系统过于庞大，需要实行分权授权管理，那么，链式沟通网络是一种行之有效的方法。

(2) 环式沟通是链式形态的一个封闭式控制结构，表示相邻成员间相互联络和沟通，每个人都可同时与两侧的人沟通信息。在这个网络中，组织的集中化程度和领导人的预测程度都较低；畅通渠道不多，组织中成员具有比较一致的满意度，组织士气高昂。如果在组织中需要创造出一种高昂的士气来实现组织目标，环式沟通是一种行之有效的措施。

(3) Y 式沟通是一个纵向沟通网络，其中只有一个成员位于沟通内的中心，成为沟通的媒介。在组织中，这一网络大体相当于组织领导，秘书班子再到下级主管人员或一般成员之间的纵向关系。该形式集中化程度高，解决问题速度快，组织中领导人员预测程度较高。除中心人员外，组织成员的平均满意程度较低。Y 式沟通适用于主管人员的工作任务十分繁重，需要有人选择信息，提供决策依据，节省时间，而又要对组织实行有效的控制。但此沟通易导致信息曲解或失真，影响组织中成员的士气，阻碍组织提高工作效率。

(4) 轮式沟通属于控制型网络，其中只有一个成员是各种信息的汇集点与传递中心。在组织中，大体相当于一个主管领导直接管理几个部门的权威控制系统。轮式沟通集中化程度高，解决问题的速度快。主管人的预测程度很高，而沟通的渠道很少，组织成员的满意程度低，士气低落。轮式沟通是加强组织控制、争时间、抢速度的一个有效方法。如果组织接受紧急攻关任务，要求进行严密控制，则可采取轮式沟通。

(5) 全通道式沟通是一个开放式的沟通网络系统，其中每个成员之间都有一定的联系，彼此了解。此沟通形式的组织集中化程度很低，但主管人与成员的平均满意程度高且差异小，所以士气高昂，合作气氛浓厚。这对于解决复杂问题，增强组织合作精神，提高士气均有很大作用。但是，由于这种形式沟通渠道太多，易造成混乱，且又费时，影响工作效率。

2. 非正式沟通

现代管理理论提出了一个新概念“高度的非正式沟通”。它指的是利用各种场合，通过各种方式，排除各种干扰，来保持员工之间经常不断的信息交流，从而在一个团体或企业中形成巨大的、不拘形式的、开放的信息沟通系统。实践证明，高度的非正式沟通可以节省很多时间，避免正式场合的拘束感和谨慎感，使许多长年累月难以解决的问题在轻松的气氛下得到解决，减少了群体内人际关系的摩擦。

非正式沟通是指正式组织途径以外的信息流通程序，一般由组织成员在感情和动机上的需要而形成，促进成员之间意见交换与情感联系。非正式沟通一方面满足了员工的需求，另一方面也补充了正式沟通系统的不足。是正式沟通的有机补充。在许多情况下，来自非正式沟通的信息，反而获得接收者的重视。由于传递这种信息一般以口头方式，不留证据、不负责任，许多不愿通过正式沟通传递的信息，却可能在非正式沟通中透露。但是，过分依赖这种非正式沟通途径，有很大危险，因为这种信息遭受歪曲或发生错误的可能性相当大，且无从查证。尤其与员工个人关系较密切的问题，例如晋升、待遇、改组之类，常常发生所谓“谣言”。这种不实消息的散布对组织往往造成较大的困扰。

任何组织都或多或少地存在着这种非正式沟通途径。对于这种沟通方式，主管者既不能完全依赖用以获得必需的信息，也不能完全加以忽视，而是应当密切注意错误或不实信息发生的原因，设法提供组织人员正确而清晰的事实，加以防止。

【小贴士】

小 道 消 息

小道消息表明了一些员工认为很重要的事情，管理者未必能详尽透彻地说明，反而激起了员工的焦虑感。因此，小道消息具有过滤和反馈双重机制，它使我们认识到哪些事情员工认为很重要。从管理的角度出发，可能更重要的是，对小道消息进行分析并预测其流向看来是可行的。由于只有少部分人（大约10%）积极向其他人传递信息，所以通过了解哪一个联络人认为某种信息十分重要，能够提高我们解释和预测小道消息传播模式的能力。

非正式沟通常见的具体形式有群体链式、密语链式、随机链式和单线链式，如图8－1所示。

群体链式，即在沟通过程中，可能有几个中心人物，由他们转告若干人，而且有某种程度的弹性。如图中的B、C和D三人就是中心人物，代表三个集群的“转播站”。

密语链式，由一人告知所有其他人，犹如其独家新闻，如图中A。

随机链式，即碰到什么人就转告什么人，并无固定中心人物或选择性。

单线链式，就是由一人转告另一人，他也只再转告一个人，这种情况最为少见。

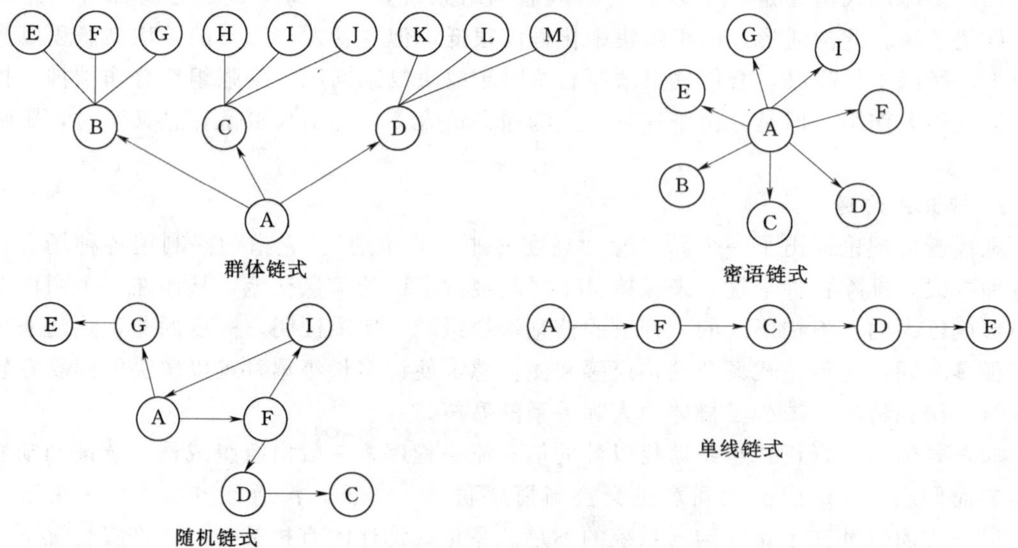

图8－1 非正式沟通四种形式

【案例8－1】

李开复的“午餐会”沟通

李开复在2000年回到微软总部出任全球副总裁，管理一个拥有600名员工的部门。作为一个从未在总部从事领导工作的人，他需要倾听和理解员工的心声。为了达到这样的目标，他选择了“午餐会”沟通法。

每周选出10名员工，与他们共进午餐。在进餐时，详细了解每个人的姓名、履历、工作情况以及他们对部门工作的建议。为了让每位员工能畅所欲言，“午餐会”尽量避免一个小组或一间办公室里的两个员工同时进餐。另外，还会要求每个人说出他在工作中遇到的一件最让他兴奋的事情和一件最让他苦恼的事情。午餐后，李开复会立即发一封电子邮件给大家，总结一下“我听到了什么”、“哪些是我现在就可以解决的问题”、“何时可以看到成效”等。

案例点评：李开复的“午餐会”沟通方式提供了管理者与员工进行良好沟通的平台，拉近了管理层与基层员工的距离，对于组织高层了解员工所思所想并就此作出管理调整很有好处。

第三节　会议沟通的组织与实施

会议是群体沟通的重要形式，是指有两个以上的人共同参与的、有组织、有目的的一种短时间举行的集体活动形式。人们在日常生活和工作过程中都要或多或少地举行和参加各种会议。会议是人们进行信息传递与交流的手段，也是人们进行决策的重要方式。但是，如果会议没有达到沟通信息的目的和实现沟通效果，则只会变成走过场而已，从而失去会议沟通的意义。因此，会议沟通是否有效直接关系到管理效能的高低。

一、会议沟通的目的与类型

（一）会议沟通的目的

现代企业的发展并不仅仅是依靠管理层所提出的管理策略，更要依靠策略在员工中的理解程度，以及员工在管理中的参与性。会议沟通正是实现企业有效管理的平台。在会议中，员工可以相互交流和探讨，分析企业发展中存在的问题，为企业发展献计献策；通过相互交流，员工可以认清企业的发展目标，形成共同的价值观，促使员工与企业协调统一。会议沟通的目的大致包括下述五个。

1. 信息交流，沟通有无

通过会议，管理者可以将有关政策和指示传达给员工，让员工能够充分地理解工作内容和目标，能够对企业的现状、发展方向等相关信息得到深入的了解；同时，管理者也可以从员工那及时得到反馈，并获得其他方面的有关信息。在会议平台中，员工间可以相互交流观点和思想，实现企业沟通的畅通。

2. 商量方法，解决问题

在企业的管理经管过程中，会遇到各种各样的问题。而会议是解决问题的最有效的渠道。会议是群体智慧的集中反映，大家可以集思广益，通过对他人意见及提供的信息进行综合、归纳、分析和处理后，会议所得到的解决方案一般是最优的或仅次于最优的。

3. 分配任务，量化目标

会议重要的一个职能是将工作任务安排告之员工，让员工清楚地把握各自的工作任务，使大家知道工作任务的要求是什么、要达到怎样的目标。同时，由于分配任务是公开透明的，因此有利于员工相互信任，保持良好的协作关系，实现融洽沟通。

4. 激励士气，提高绩效

会议是管理者倾听员工心声的有效渠道。与会员工通过会议可以表现出企业管理的参与性，能体现出企业主人的角色；当员工提出合理性建议时，管理者会给予肯定和表扬；在有重大任务开启前，管理者也会通过会议进行动员。这些都能激励员工的士气，使员工认识到自己在管理工作中的作用，增强工作热情，从而提高工作绩效，促进企业的发展。

5. 管理团队，协调发展

通过会议沟通，与会成员能够相互了解各自的观点，能够更清楚地理解部门、企业的发展愿景和目标，促进成员目标一致、和谐统一。团队要以成员为本，充分依靠成员，把个人偏好与团队角色要求适当匹配，使团队成员各尽其能。成员必须以团队利益为重，不管什么时候，个人的进步都要以有利于团队的发展为前提，要明白只有团队发展了个人才能发展的道理。

（二）会议沟通的类型

在现代组织中每天都会举行各种各样的会议，根据不同的划分标准，可以把会议分为不同的类型。

1. 按照会议的目的分类

（1）谈判。其目的是为了解决双方在利益上的冲突，常采取双向互动式的讨论方法，力求实现一致的意见。

（2）通知。其目的是为了传播信息，传播方式通常为单向式。通知型会议一般不鼓励讨论，否则会影响信息的传播。

（3）解决问题。其目的在于利用团队的创造力来解决问题。通常，会议主持人会将待解决的问题告之与会者，要求与会者通过讨论找到解决问题的办法。

（4）决策。其目的是为了在不同方案中权衡利弊并作出抉择。与会者要根据讨论的方案进行充分的讨论，为方案的抉择提出具有建设性的建议。

（5）信息交流。其目的在于交流信息、发表意见。此类会议鼓励广泛讨论和踊跃提问，每一位与会者都可以提出自己对问题的看法和意见，并从相互的交流中得到启发，为管理工作的开展产生促进作用。

2. 按照会议的时间规律性分类

（1）例行会议。是指那些定期举行的会议，如晨例会、周例会、月例会和年会等。例行会议一般按照工作计划和工作成果进行交流和探讨。

（2）非例行会议。是指那些不定期召开的，用来解决一些非常性问题和重大问题的会议，如在工作中的突发事件、顾客投诉处理、企业危机事件处理等情况下召开的会议。

3. 按照会议的内容分类

（1）业务会议。是指企业或部门在管理与工作中因一个共同的计划或项目而合作，或者将一个方法、项目推广所召开的会议。会议的主题可能是产生新的并要发送到企业其他部门的信息、讨论程序和建议，或者是关于预算、产品或产量等问题的内容。

（2）专业技术会议。是指专业技术人员进行交流与沟通，分享经验与科学技术成果的会议。不同部门、不同领域的员工在分享会议上可以获得最新的信息与方法，分享不同的

技术成果。

(3) 咨询性会议。是指为了实现企业的目标、进行管理改革和产品更新等内容而召集相关人员进行发布问题、听取建议的会议。会议鼓励与会者畅所欲言，提供解决问题的办法或方案。

(4) 座谈会和讨论会。座谈会是人们之间交流思想的主要形式，大家可以各抒己见、畅所欲言。与会者要准备一段简短的演讲或是报告向听众发表，其他人可以发表评论并提问。与座谈会相比，讨论会上与会者的互动机会更多，可随时提问、回答和对发言者作出反馈。

二、会议沟通的组织与实施

有效的会议沟通取决于对会议沟通模式的正确理解及合理地组织与实施会议。

(一) 会议沟通的模式

会议沟通的模式主要是解决会议沟通的组织与实施中相关职责的界定，具体形式如图8－2所示。

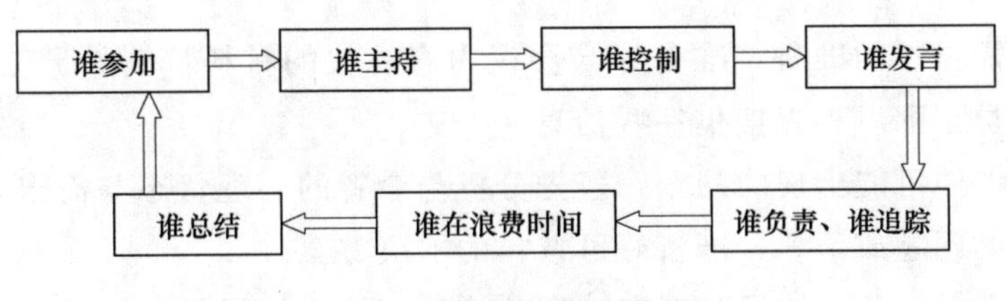

图8－2　会议沟通模式

1. 谁参加

会议的参与者必须要经过认真的确定，并不是参与人数越多越好，要根据会议的目的与性质来确定必须参加者和随意参加者。这样，才能让与会者明确自己在会议中的责任，才能达到预期的沟通效果。

2. 谁主持、谁控制

谁主持、谁控制是对会议主席、导言人和观察员身份与职责的界定，有时这三者的身份集中在一个人身上，他们的职责主要是引导会议流程、控制秩序和把握主题方向等。

3. 谁发言

发言并不只是主张自上而下的发言方式，而鼓励自下而上、自外而内的发言方式，能够让与会者有发言的机会，注重倾听与会者的建议。

4. 谁负责、谁追踪

会议要达到较好的效果，并不是取决于会议是否召开了，而是取决于谁在负责会议，以及会议结束后谁在追踪，因为会议产生的决策与结论是需要会后进行良好的执行与跟踪。

5. 谁在浪费时间

谁在浪费时间关注的是会议前有没有向与会者下发会议资料或告之与会者会议的主题

与要求，以及会议过程中能不能做到有效的控制。

6. 谁总结

会议的总结对会议沟通效果也起着非常重要的作用，简洁、精确的会议总结能够让与会者进一步明确会议的目的，明白自己所要做的事情。因此，总结人的选择需要会议主办方认真的挑选。

（二）会议沟通的组织与实施

1. 会议准备

（1）会议主题的准备：主要讨论哪些内容？最后要达到一个什么目标？需要哪些会员参加会议？

（2）会议程序的准备：会议将以什么程序进行？采取什么样的措施控制会议按照既定的程序进行？

（3）会议时间的准备：了解与会者可能出席的时间，并计划整个会议中各个阶段所需要的时间。

（4）会议场地的准备：安排好适宜的场地，并保证该场地在会议期间不会被占用或打扰。

（5）会议所需材料的准备：准备好与会议内容有关的材料，例如员工的书面报告等。如有必要可以从员工那里事先搜集一些信息。

（6）准备会议中可能出现的问题：事先分析与会者的心理状态与需求，考虑他们在会议中可能会提出的问题或争议，准备好可选择的解决方案。

（7）让与会者做准备：给予与会者必要的信息，使他们了解会议的主题，并告诉他们应该做哪些准备。这是非常必要但是却容易被忽视的一个步骤，很多会议的组织者都比较多地重视自己的准备，而忽视其他与会者的准备。其实只有所有与会者都充分地作好了准备，会议才能取得良好的效果。

2. 会议过程控制

（1）在会议开始的时候介绍会议的日程，使与会者了解会议全部的时间安排和规则。

（2）会议主持人要根据会议议程提出每个议题，并征求相关与会者的意见。

（3）会议主持人要注重控制讨论进程，当讨论偏离主题时，主持人应及时将注意力引导到会议主题上。

（4）如果会上出现各种不同的见解，主持人应根据自己的理解将各种观点加以概括。

（5）在每个问题讨论结束后加以概括，以便达成共识或做出决策。

（6）在会议即将结束时，回顾会议的全部内容，并重申会议上做出的决策，布置会议后应做的工作。

3. 会后工作

（1）为贯彻会议精神，执行会议决议，可将会议记录或会议简报下发至与会者及其他有关人员。

（2）根据会议精神，对执行工作进行跟踪、监督和检查。

【小贴士】

与会人数的确定

与会人数的确定应根据会议的目的来进行合理的安排，恰当的与会人数能够使会议的开展更为有效。与会人数的确定可参考表 8-3。

表 8-3　与会人数的确定

会议目的	参考与会人数
决策制定和关键问题解决	5
问题识别或头脑风暴	10
研讨会和培训班	15
信息研讨会	30
正式报告会	不限

第四节　会议沟通的基本技巧

一、会议准备技巧

会议的准备技巧应从分析会议的主题与必要性开始。会议的主题一般是就解决现在出现的问题或将可能出现的问题而制定相应方案。围绕会议的主题，应当设置一个比较具体的并且经过努力能够达到的目标。对会议的必要性要评估一下，只有当较大量的信息需要在短时间内扩散到较大范围，并且需要多方协商时，才有必要召开会议。

确定了会议的主题和必要性之后，要制定会议的议程。会议的议程即指会议中所讨论问题及讨论的先后顺序。会议的议程应由组织者精心考虑。议程涉及的问题不应该太多，否则开会时间过长，会使与会者感到疲倦。议程表上的内容不能写得太简单，让与会者不知道将要干什么。应将要讨论的部分重点标出来，并有条理，让与会者事前有所准备。议程中所讨论的问题应具逻辑性，比较重要的议题要先进行讨论，因为这样与会者的精力较旺盛，并且有较充足的时间安排。议程应该在会议前发放给与会者。

会议主题和议程是会议准备技巧的核心内容，但同时还要具备会议的辅助性准备工作技巧，包括选择会议时间、选择会议场所和会场布置等其他准备工作技巧。

第一，确定会议时间。时间安排得恰当是会议成功的关键所在。安排会议时间包括何时开会、开多长时间、何时结束，以及如何按时开始。时间安排不当，会使会议在很多方面出现差错。如选择节假日或有重大社会活动的日子开会，会影响与会者的心情；早上过早开会，会导致与会人员的迟到或忙中出错；会议时间分配不平衡，在某些议题上花太长时间，却匆匆跳过其他一些议题。

第二，确定会议地点。会议地点的选择一般要遵循交通方便的原则。会场应该能够适应会议的级别和与会者的身份，不能太简陋。当然也不必太奢侈，应符合经济适用的原则。会场应大小适宜，有良好的通风状况和光线照明。会场内应具有一些与会议有关的设施，包括黑板、粉笔、电源、银幕、投影仪、幻灯设备、扩音设备和录音设备等。此外，还要注意会场的座位布置和与会者座次安排。

第三，发放会议通知。会议通知一般应注明会议时间、地点、名称、参与人员、主要议题、主办单位、对方答复是否参加的最后期限及回复的地址、电话。但是很多人可能对这种约定最后期限的方式比较反感，而不愿意回复允诺。所以组织者应在最后期限前后打电话向各位受邀人征询一下，以确定他们是否参加会议。对于能收集到的回函要进行登记，最后给那些可能参与会议者安排座次、餐宿等。重要的会议，可以先寄发会议通知，对方答复后再寄发精美的请柬，这样可以表示对他们的尊重。

【案例 8－2】

金拇指公司年度总结大会

经公司高层研究决定，金拇指公司要在近期召开 2012 年度总结大会。

作为大会会务工作人员的张明亮主要负责会议文件材料工作。会前张明亮进行会议筹备有关信息的搜集，为会议议题的确定及大会会议材料的形成做好准备。

年度大会的工作报告非常重要，包括一定时期的工作总结、体会或者经验，对目前情况的分析和下一步工作的思路、要求及具体措施等内容。为此，张明亮有针对性地、广泛搜集一段时间以来各方面工作的进展情况。会议期间张明亮认真做好会议记录，力求会议记录准确、完整，忠实发言人的原意，并进行会议发言录音和录像。为了使会议信息尽快传递给与会者，她及时编写会议简报、使会议达到良好的效果。会后张明亮认真编写会议纪要，作为与会代表贯彻执行的依据，推动会议精神的贯彻落实，她还搜集齐会议期间所有文件材料，及时整理有关会议文件，为会议文件的归档打下基础。张明亮大会期间的表现赢得了大家的一致好评。

（资料来源：根据网络资料改编）

案例点评：为了达到较好的会议沟通目的，会前的准备工作繁杂而全面。会议准备将会涉及多项工作，这些工作的积极开展将为会议的有序进行奠定坚实的基础。

二、会议过程控制技巧

会议的顺利召开，取决于会议主持人对会议方向的有效把握和对会议过程的合理控制与协调。会议过程的控制技巧要主体现在以下方面。

1. 有效控制会议议程和议题

会议议程和议题的有效控制要借助会议主持人的职责履行。会议主持人的职责包括会议控制、会议引导、促进讨论、处理不同意见和做出决定。在会议控制中，主持人要决定讨论主题，明确讨论范围，确保人们围绕主题依次发言；尽可能做到公正，尽全力避免与与会者的争论；确保其他成员了解会议进展情况。会议引导是指主持人能够识别主题，促

进交换和开发建议，评价不同方案，最终选择行动计划。促进讨论是指主持人能够通过自己的引导、思考、激励和概括来促进与会者进行讨论、争辩，以便产生有价值讨论过程。处理不同意见要求会议主持人对争论双方或各方的观点能加以澄清，分析造成分歧的因素，研究争论双方或各方的观点，了解协调的可能性；将争论的问题作为会议的主题之一，展开全面的讨论，以便把会议引向深入。

2. 合理控制与会者的行为

要使会议有效进行，就必须采取有效的方法对与会者的某些不良行为进行控制，使会议严肃而不沉闷、活跃而不混乱。在会议上，有些人可能滔滔不绝，喋喋不休；也有些人可能夸夸其谈，高谈阔论。对于这些人，控制他们的最好办法是中断他的发言，或者提醒他最好将自己的发言进行概括。会议上，多数人在多数时间里是保持沉默的。沉默可以表示同意，或者没有什么建议，或者是期待得到更多信息，对这些沉默不必担心。但如果是缺乏自信的沉默或者对抗的沉默，则需要领导者来加以引导。

会议领导者必须尽力维护下级的权利，就其所谈内容的价值来肯定他们的观点，或者对他们的观点进行书面记录，来强化和鼓励他们的行为。当有人提出建议时，会议领导者要特别关注并表现出足够的热情，尽可能避免其他人压制该建议的做法。

三、会后管理技巧

1. 整理会议纪要

会议结束后，要派相关人员把会议的主要内容整理成会议纪要，分发给有关部门、人员，以便有案备查和职责清晰地贯彻执行会议的决定。会议纪要应包括相关部门应承担的工作任务、责任人、完成时间及验收标准等内容。

2. 报道会议信息

如果是对外公开报道的会议，事先应邀请或通知新闻记者到会，进行采访。在征得领导同意和符合新闻单位业务报道要求的情况下，根据会议的不同情况确定发布会议消息，或进行专题报道，或配发评论、社论，以推动会议精神的贯彻、宣传和落实。期间会议秘书要与新闻单位互相配合，撰写、修改稿件，并送相关领导部门审阅。

3. 监督检查执行情况

会议的决定应切实执行，并有进度报告、责任人、监督人以及检查考核的时间、标准和方法等。会议纪要可作为检查工作的一项依据。一定要明确会议是一种手段而不是目的，会议形成的某种思想必须通过贯彻落实才能真正取得实效。“议而不决”是开会的大忌，“决而不行”只能助长走形式、说空话的习气，白白浪费会议时间。因而一个有效的会议一定要做到议而有决、决而有行、行必有果。

本章小结

在现代企业管理中，群体沟通无时不在，有效的群体沟通不仅对员工关系的建立与维持至关重要，而且对群体绩效与企业绩效的提高也必不可少。群体沟通是管理的核心和灵魂。会议沟通作为群体沟通的重要形式，对企业的管理与运作发挥着积极的推动作用。因此，对现代管理者来说，要认真去把握群体沟通的目的和群体沟通的形式，能够掌握会议沟通的组织与实施，并在会议沟通中运用相应的技巧。

思 考 练 习

1. 什么是群体沟通？它具有哪些优缺点？
2. 群体沟通的方向可以分为几种类型？
3. 正式沟通与非正式沟通包括哪些类型？
4. 会议沟通的目的是什么？
5. 怎样合理地组织和实施会议？
6. 要提高会议的有效性，应注意哪些会议沟通的技巧？

案例分析

主席台布置的临时调整

5 月份是鲜花盛开的季节，某市的精神文明表彰大会选在 5 月上旬的一天召开。开幕这天上午，市政府礼堂主席台上摆满了鲜花，台下参加大会的人员已坐满了所有的坐椅，领导同志也到休息室等候，会场播放着悦耳的歌曲。这时距预定的大会开幕时间还有 15 分钟。

负责这次大会会务工作的市政府办公室田主任习惯地在会场周围巡视了一遍，检查有无不足之处。一位记者走到他身边提出建议，说主席台的背景两侧应插上红旗才显得庄重。田主任一想："有道理，我怎么原先就没有考虑到呢！"于是他立即将全体会务人员调到主席台上，要求重新布置主席台，搬走部分鲜花，在主席台背景两侧各插上 3 杆红旗。当场有同志告诉他，只剩 15 分钟大会就要开幕了，恐怕来不及改动。田主任却自信地说："时间够用，干吧！"主席台的红色大幕被重新拉上了，只听见里面响起一阵杂乱的搬动声。

然而，15 分钟已经过去，主席台并没有像田主任估计的那样在预定的大会开幕时间之前就重新布置好，大会被推迟了近 20 分钟才开幕。市政府领导对此很不满意，批评了市政府办公室主任。这件事在与会者中也造成了不良影响。

思考：

1. 为什么大会会延迟开幕？
2. 田主任的决定存在什么问题？

第九章 跨文化沟通

导入案例

经理与员工的“精彩”对话

经理（美籍）：你需要多长时间写这个报告？

员工（希腊籍）：我不知道。应该要多长时间？

经理：你应该最有能力判断需要多长时间。

员工：10 天吧。

经理：给你 15 天时间。你同意吗？

15 天之后

经理：报告呢？

员工：明天就应该行了。

经理：什么？我们不是说好 15 天完成吗？

案例点评：在该对话案例中，美籍经理与希腊籍员工之间存在不少的沟通误解。其一，美籍经理把 15 天看成是不可随意更改的“死期”，但在员工眼里只是一个大致的约定，不需要严格遵守。其二，美籍经理征询其时间是让员工参与管理，而非直接告诉员工多少天完成报告，但员工却认为应该由上级下达明确指令，因而随意估计天数。案例中正是两人在权力距离和利用时间这两个跨文化维度的差异造成了彼此的尴尬，甚至导致后续的“分道扬镳”。

知识要求

1. 认识跨文化沟通的含义及必要性。
2. 掌握跨文化沟通的基本原则。
3. 理解文化差异，认识跨文化沟通的主要障碍。
4. 妥善解决文化冲突，有效运用跨文化沟通策略。

第九章 跨文化沟通

关键术语

跨文化沟通　文化差异　障碍　文化融合

随着经济全球化进程的加速和信息技术的不断创新，跨国或者跨文化的沟通越来越频繁。和它国进行商务交往这一在许多年以前看起来相对“神秘”的事情，在现在看来已经司空见惯。如今，跨国的商务往来与日俱增，大量公司的跨文化交往、跨文化融合的劳动力多元化趋势日益呈现在我们面前。在地球逐渐变成我们眼中的一个小小村落的情况下，跨文化沟通与交流正在引起各国、各地区和不同组织之间的人们的广泛关注。商务沟通者只有正确理解文化差异，运用合适的沟通手段与方式，才能达到有效沟通的目的。

第一节 跨文化沟通概述

一、跨文化沟通的含义

根据第一章关于沟通与商务沟通的定义，我们得知，信息发出者和信息接收者是沟通过程中的两大主要因素。由于信息发出者和信息接收者可能拥有不同的文化环境，人们通常把那些具有不同文化背景的沟通者之间的沟通称之为跨文化沟通，以区别于“同文化沟通”。在这样的沟通氛围中，由于他们在历史传统、思维方式、思想观念、生活环境、宗教信仰、语言习惯等方面存在明显差异，来自不同文化背景的人之间共享（或重叠）的价值理念有限，其沟通行为难免会受到不同文化的影响与制约，从而造成一定的沟通障碍和沟通困难。在这样的过程中，不同文化背景下的人们在商务沟通过程中，误解也经常发生。但是，全球化趋势势不可挡，跨文化沟通在日常商务沟通活动却已经十分普遍，这值得沟通者好好把握。

跨文化沟通，在英文中常用“Intercultural Communication”或者“Cross－Cultural Communication”表示，在汉语中也被称为“跨文化交流”。由于学者处于不同的领域，跨文化沟通被赋予新的一些名词，如那些有一定语言学背景的学者常用“跨文化交际”，而管理学领域的学者常常将其称为“跨文化沟通”。也有学者称其为“交叉文化沟通”、“超越文化沟通”。对于跨文化沟通的含义，学者们给出了很多不同的界定，主要有：

（1）不同文化环境的商务人员之间的沟通。

（2）不同文化背景的人之间发生的沟通行为。

（3）具有不同文化背景的个人、群体或组织之间的沟通行为。

（4）处于不同文化背景的信息的发出者和接受者之间的沟通。

（5）跨文化组织中拥有不同文化背景的人们之间的信息、知识和情感的互相传递、交流和理解过程。

由上可知，学者们对于跨文化沟通的定义大同小异，主要的区别在于对象界定上的差异，其实都归属于沟通者。而且学者们都十分认同的是跨文化沟通中的文化差异，也比较认同具有差异性的文化在沟通中的影响。特别是地域、种族等内容差异化特别明显的时候，交流中难免会出现比较多的困难。本书中，我们将其定义为：跨文化沟通是指具有不同文化背景的商务沟通者之间互相传递信息、交流知识和理解情感的过程。其中，文化并不是人类社会宽泛意义上的文化概念，而是由某一群体的人类发展、共享并代代相传的行为方式，其文化要素涵盖了认识体系、规范体系、社会关系和社会组织、物质产品、语言

和非语言符号。[1]

事实上，从广义上看，跨文化沟通不仅包括在不同的国家和地区的人们之间的沟通，而且还包含相同国度内跨时代和不同角色之间的沟通。例如，在中国，身处不同省份的人们，语言特色、气候条件、饮食喜好、风俗习惯等差异很大，人们难免在沟通中出现很多的“水土不服”。因而，跨文化沟通可能发生在国际间，也可能发生在不同的文化群体之间。由于跨国沟通行为相对更为敏感，也更复杂，因而在更多文献资料里出现的跨文化沟通，一般指的是不同的国家和地区的人们之间的沟通行为，即所谓的狭义的“跨文化沟通”。

【阅读资料】

表 9－1　非口头语言沟通行为的跨文化差异

行　为	日　本	美　国	巴　西
沉默周期 （每 30 分钟沉默时间大于 10 秒的次数）	5.5	3.5	0
会话重叠 （每 10 分钟重叠的次数）	12.6	10.3	28.6
面部凝视 （每 10 分钟的凝视时间）	1.3	3.3	5.2
触摸 （不包括握手每 30 分钟的次数）	0	0	4.7

二、跨文化沟通的必要性

1. 跨文化沟通是企业等组织走向世界的必要环节

全球化的经济态势使得越来越多的企业等组织在立足国内经营与管理的基础上放眼国际，在国际化视野中与更多的同类企业开展竞争。据《商业周刊》报道，全球已经有三分之二的行业处于全球化经营阶段或正在向这一阶段迈进。在这样的过程中，企业也跟国际上大量的供应商、经销商及其客户等发生了更多的商务联系。目前，跨文化沟通不仅在大公司里十分普遍，在小公司里也不可避免。跨文化沟通正在成为商务人员必备的一种技能与手段。

2. 跨文化沟通是员工参与跨国公司经营的重要能力

和国内企业走出国门、走向世界而相对的一条发展道路是国外企业纷纷进入国内，开始在中国进行跨国经营与管理。这样的经营行为也为中国相对富足的劳动力进入跨国企业就业成为可能。可想而知，参与其中的这些管理人员和一般员工若想在其中能够有较好的作为，具备较强的跨文化沟通能力则非常关键。显然，具有跨文化沟通技能的人才会受到越来越多的关注。

---

[1] 康青．管理沟通（第二版）．北京：中国人民大学出版社，2009.5，P263.

3. 跨文化沟通是经济全球化背景下企业组织的常态沟通

如果说，若干年前跨文化沟通仅仅是凤毛麟角的话，眼下的跨文化沟通则是各国多数企业经营管理中的沟通常态。无论是企业走向国际，还是员工参与跨国企业各项工作，企业中都会形成多种国籍、多种文化背景、不同价值观的异文化员工“共处一室”的局面。由于“共处一室”的同事们在语言、习俗、历史等文化背景与文化理解上的差异非常大，这就给“共处一室”的合作伙伴们的跨文化沟通能力提出了挑战。可以这么说，跨国公司的管理就是在异文化之间的沟通和交流的基础上进行的，有效的跨文化沟通是跨国公司管理的出发点。

完全可以预见，随着经济的进一步发展，不同国家之间的商务往来会越来越多，不同国家之间的企业跨国行为会更加普遍。跨文化沟通不仅不会削弱，还会更进一步地得到加强。商务经营与管理者要充分认识到跨文化沟通的必要性，并注重把握跨文化沟通的特点与要求，力争在跨文化沟通中有更多的作为。

第二节 跨文化沟通的原则与障碍

尽管跨文化沟通如此普遍，但人们在与不同文化背景的人们进行交流时，跨文化沟通能力仍然比较欠缺，常会出现过于保守、信息闭塞、非理性反应以及怨恨心理等表现。这就要求沟通者要遵循跨文化沟通的基本原则，认清跨文化沟通的主要障碍并注重策略研究。

一、跨文化沟通的基本原则

在跨文化商务沟通过程中我们主要应遵循如下基本原则。

1. 相互尊重原则

人们相互尊重原则是指具有不同文化背景的人们在互相沟通时要尊重对方的文化意识。由于人们比较熟悉己方的文化背景，因而该原则更加侧重于要尊重对方的文化意识。文化是一个复杂的综合体，在很大程度上是历史和环境的产物。要相信，每一种文化之所以具有某种态度，必然有其合理性。各国文化虽然存在很大差异，却不存在简单的优劣和对错之分。这就要求沟通者在沟通中要注意仔细倾听沟通的内容，尽力去理解他人的感受。要做到这一点，沟通者就要了解对方国家的各方面的情况，包括地理状况、政体、文化、时事等。在沟通中尊重对方的文化意识，主要体现在尊重对方人格、尊重对方思想感情与语言、尊重对方风俗习惯与宗教信仰等，切忌习惯于“民族优越感”而将自己的文化看作唯一正确的东西，从而造成跨文化沟通的障碍。

【案例 9-1】

广东商人在澳大利亚的尴尬

广东一家公司的代表团到澳大利亚谈判一项技术引进项目。在上午的会谈结束后，澳大利亚的合作伙伴并没有留客人吃饭的意思，他们只是安排在晚上宴请。

当地华人翻译提醒澳大利亚主管，该主管欣然同意，不过强调只有一个小时的吃饭时间。于是双方代表到了公司外边一个卖三明治以及其他食品的咖啡店。

饭后，澳大利亚主管说，饮料钱我付了，饭钱我们各付各的。

案例点评：澳大利亚人待人比较朴实，乐于交往。但在讲英语的国家中澳大利亚人相对最无拘无束，轻松自在。

2. 求同存异原则

由于跨文化沟通发生在具有不同文化背景的沟通者之间，他们的文化差异是必然存在的，甚至沟通双方的文化在某一问题上存在严重对立。例如，基督教信仰上帝，伊斯兰教信仰真主，为了能够顺利进行沟通，双方就要遵循“求同存异原则”，尽可能避免触及此类问题。这样的差异是广泛存在的。再如，大多数北美人认同竞争，但日本人认为竞争会导致不和谐；美国商务人士认为成功主要靠个体的成就，对任何超越他人的行为持开明态度，但是在英国与法国，成功更多地与社会阶层有关。求同存异原则在跨国商务谈判中运用得很普遍，双方对不能求同的内容和不能消除的分歧不必强求一致，可以采取保留的做法，并通过进一步磋商达到一定的沟通目的。

【案例 9-2】

文化差异导致的不同思维

史女士（美籍经理）：林小姐，请坐。我注意到上个月你请了好多次病假，我对你的身体有点担心。

林小姐（新加坡籍员工）：对不起，史女士。

史经理：自从我把你提升到办公室以后你就这样了，是不是这个职位对你的担子太重了？

林小姐：可能是。

史经理：我也不知道该怎么办。我也想过让沈先生或刘女士来当主任，但他们都不如你做事有效率，尤其是上几个星期。

林小姐：哦，不是这样。他们都很不错，而且在公司工作的时间都比我要长得多。

案例点评：这是美国公司在新加坡的办事处里，公司的外派经理史女士和本地招聘的员工林小姐的一段对话。对话中双方对于员工提升标准的认识差异是明显的，史女士看重工作效率和工作绩效，林小姐看重任职的时间（资历）。明显的文化差异使得林小姐选择请病假逃避尴尬，而史女士却始终未能觉察到这一点。另外，史女士直抒胸臆，体现了就事论事的低语境思维方式；而林小姐尊敬上级，回答含糊其辞，表现出高语境的沟通特征。在这样的背景下，林小姐希望上司能猜到其用意，而史女士只能“有限理解”对方的文化背景。

3. 入乡随俗原则

入乡随俗原则又称为“属地原则”、“因地制宜”原则，即你进入一个地方，应该遵守当地人的做事原则。该原则要求沟通者要注重迎合对方所在地的风俗习惯，在饮食、着装与礼仪等方面对自身作出一定的调整，力求迎合属地文化。比如，1994 年开始的每次 APEC 会议中，参与国首脑都将身穿东道主提供的特色服装，拍摄“全家福”，体现了各国领导人对东道主文化的认可。再如，在墨西哥做生意，为了建立良好的私人关系，在谈生意之前你需要谈谈自己的情况，这一点很重要。然后对方也谈谈自己的情况，而且这样的交往不止一次。这样，墨西哥人才会相信你，并且看重你，乐于与你共事。这是因为，在墨西哥人看来，家庭应该放在首位，而工作是其次的。所以一旦发生什么事情，他们会放下工作回家。

入乡随俗原则要求我们在沟通中要注意尽可能准确把握民族禁忌。如美国人不吃大蒜；俄罗斯人不吃海蜇、墨鱼；英国人不吃狗肉和动物的内脏；日本人不吃皮蛋；穆斯林忌食猪肉、忌饮酒；印度教徒忌食牛肉；犹太教徒忌食非反刍动物等。因而，我们需要对不同地区、不同国度具体的、特殊的民俗与禁忌有更多的了解，以免在沟通中造成不必要的麻烦。

但是，“属地”原则并不意味着刻意模仿或者拷贝本地人的行为，而要有自己的特色。

【阅读资料】

与墨西哥人做生意

一般来说，人们都会按照事先约定的时间赴约。但在墨西哥，如果你和一位墨西哥政府官员约好某一时间会面，你不必为这位政府官员在最后时刻改约而感到吃惊。你可以准时赴约，但与你相约的墨西哥人迟到 30 分钟往往不足为奇，你大可不必为其姗姗来迟而抱怨不已。墨西哥人认为，人比时间安排更为重要。此外，在业务洽谈期间，因紧急电话传唤而暂时中断洽谈，墨西哥人一般不会对此表示恼怒。

墨西哥人非常注重身份和地位，他们对与之打交道的人的观察非常细微，注意你下榻的宾馆的标准，你的服饰，甚至连你戴的哪一类手表都不放过。这些虽然不是生意成功的关键，但有助于业务谈判的顺利进行。

与墨西哥人约会的最佳时间是上午 10 点到中午 1 点之间，这是墨西哥人正常工作的时间。墨西哥人吃午饭的时间持续较长，一般从下午 2 点开始，持续 2 个多小时，所以午饭也是洽谈生意的好时机。你可向所邀请的墨西哥客人提出 3 到 4 个餐馆，供他们随意选择，然后在饭桌上洽谈业务，墨西哥人也常常把约会的时间安排到晚上 8 点和 8 点半开始。

你如果是一家外国商行或企业的高级经理，认识墨西哥公司或企业的同行比较容易，这对在墨西哥做生意非常重要。如果你有一个熟人是你与之打交道的公司的高级管理人员、你实际上就有了一条门路，至少获得了一张介绍信。墨西哥人喜欢告诉外国商人：“你们提供做生意的诀窍，我们提供做生意的门路。”

4. 尊重隐私原则

跨文化沟通中的一些误解甚至产生敌意，有一部分是由于一方不能很好地坚持“尊重隐私”原则所造成的。尊重隐私原则要求我们在商务沟通中要注意回避与隐私有关的问题。“十里不同风，百里不同俗”道出了各地文化习俗的差异，也提醒我们要注意把握对隐私理解的分寸。尊重隐私，意味着保护好自身隐私的同时务必尊重他人的隐私。比如，在对外商务沟通中，一般交流内容不涉及对方私人收入支出、年龄大小、恋爱婚姻、健康状况、信仰政见、家庭住址、个人经历、所忙何事等相关话题。在西方，女孩特别忌讳年龄问题，老年人也会因为“老即没用”等观点而有所忌讳。

值得指出的是，我们要注意尽量不过多询问外国人类似于“忙什么”、“上哪里去”、“从哪儿回来”、“怎么好久没见到你”等问题，因为在他们看来，这些皆属个人私事，绝对没有“曝光”的必要。倘若你向别人探听与此相关的问题，对方往往觉得自己被“窥视”，或者触及对方隐私，也会采用“王顾左右而言他”，甚至缄口不语的做法。

【案例 9-3】

和外国人“拉家常”

张先生是北京市的一名个体出租司机，在北京申奥成功后掀起的学英语的高潮中，张先生自学英语，并成为他所在公司的学英语标兵，为此张先生感到自豪。

一天，张先生的车上来了一位外国客人，张先生觉得这正好是个锻炼自己的机会，便主动向他问好，对方发现北京的出租司机居然会流利的英语，显然很高兴，不一会儿，两人聊了起来。

在交谈中，张先生开始和对方像熟人一样拉起家常来。“您今年多大了?”对方没有正面回答却说：“你猜猜看。”张先生转而又问“你有家了吧？有孩子吗？是儿子还是女儿?”这位外国客人开始不耐烦起来，面对着路边的建筑说“北京比我原来想象的要漂亮多了”而岔开了话题。

后来的一路上，这位外国客人始终保持着沉默，直到到达目的地下车。张先生很是纳闷，难道我的英语太差他听不懂吗？

案例点评：案例中的司机张先生习惯于中国人善于以询问对方状况来作为交往的基本套路，对外国客人的个人隐私“炮轰”，引起了外国客人的足够反感。由上可知，张先生与外国客人不欢而散之原因不在于自身的英语水平，而在于无形中涉及外国人比较忌讳的诸多个人隐私问题，由此造成了双方交流上的尴尬。

5. 适度把握原则

在跨文化沟通中，文化背景上的差异和商务沟通活动的目的要求沟通者在对待本土文化上要把握一个合适的“度”，即要适度，既不完全固守，也不完全放弃。因而，沟通者既要在一定程度上把握好本土文化，又要善于迎合属地文化以尊重对方。“过”或“不及”都将给跨文化商务沟通造成障碍。

6. 平等交流原则

文化没有严格的优劣之分。平等原则指的是跨文化沟通应当在彼此平等的基础上进行，即沟通者既要在与来自不发达地区的对象沟通时克服文化优越感，又要在与来自发达地区的对象沟通时克服文化自卑感。沟通者不能以自身文化背景为标准，试图去征服、同化甚至灭绝与自身不同的文化。

7. 谨慎对待原则

由于文化的差异等原因，沟通者在短期内或通过间接手段准确了解对方的文化主旨是比较困难的。因而，在跨文化沟通中，沟通者可能时不时地会因为自身的一句话语或者某个举动而导致对方的反感、误解或者萌生敌意。这样的事实提醒人们在跨文化商务沟通中务必谨言慎行，认真对待每一句话或者每一个动作。例如，在我国，我们常用大拇指和食指合拢形成一个圆圈，表达“OK”的含义，这在法国表示“零”，在日本表示“钱”，这些还不至于造成太多的麻烦。但是这样的手势在巴西人看来却非常粗俗。再如，在北美的大部分地区，异性手拉手、肩并肩出入公共场合，人们司空见惯，但对同类之间存有此类行为则会嗤之以鼻；但在亚洲和中东地区、南美洲及非洲地区，这种情况刚好相反：对男男女女的同性朋友相对宽容，对异性在公共场合的这些接触则多少觉得特别诧异。

8. 适应差异原则

在跨文化商务沟通过程中，既然双方都能够充分认识到彼此的文化差异，为了更好地进行商务磋商，沟通者就很有必要在不影响本方基本信仰和习俗的基础上主动向对方学习，了解对方的文化和习俗，以较强的“适应性”获得对方的一定好感与足够的信任。

【阅读资料】

部分民族多姿多彩的风俗习惯

回族：回族人各方面均受伊斯兰教的影响。在饮食习惯上，回族人普遍吃牛、羊、驼等反刍类偶蹄食草动物，不吃马、驴、骡、猪、狗肉，不吃动物血液和自死动物。尤其禁食猪肉。回族很讲究饮食卫生，注意淋浴和洗涤。平时洗脸、洗手，则用汤瓶，而不用脸盆。

苗族：男子一般都穿对襟或左大襟的短衣，下穿长裤，系大腰带，头缠青色长巾。妇女大多穿大领短衣和百褶裙。山区苗族的住宅建筑大多是“吊脚楼”，它是按照山坡的自然地势，在下方和上方分别竖立较长和较短的木桩支撑，在桩上铺楼板建筑。楼上住人，楼下堆放杂物或关家畜。

维吾尔族：待人讲究礼貌。在遇到尊长或朋友时，习惯于把右手按在前胸中央，然后身体前倾，连声问好。家里来客都热情招待。维吾尔族是一个能歌善舞的民族。

哈萨克族：男女都娴善骑术。青年男子喜欢摔跤和刁羊，每逢节日和喜庆，牧民都要举行各种骑术表演和比赛；“姑娘追”是青年们最喜爱的娱乐项目。

畲族：有客人到门，都要先敬茶，一般要喝两道。有一种说法：“喝一碗茶是无情茶。”还有说法：“一碗苦，两碗补，三碗洗洗嘴。”客人只要接过主人的茶，就必须喝第二碗。如果客人口很渴，可以事先说明，直至喝满意为止。若来者是女客，主人还要摆上瓜子、花生、炒豆等零食。

彝族：男子通常穿黑色窄袖右斜襟上衣和多褶宽裤脚长裤，用长数丈的青布包头。女子头上缠包头，有围腰和腰带。男女外出时都披“擦尔瓦”，形如斗篷，下缀长穗。彝族的传统节日以火把节最为隆重。

土家族：妇女爱穿左襟大袖短衣，滚花边，下着八幅长裙或镶边筒裤，头挽发髻，喜欢戴耳、项、手、足圈等银饰物。男子穿对襟衣，多扣子。衣料多用土布或麻布，史书上称为溪布、峒布。

羌族：每家每户要做各种油炸面粉小牛、小羊、小鸡等祭品，用以祭祀祖先和天神，过年要喝咂酒，大家围坛而坐，由最长者唱《开坛词》，然后用约二尺多长的麦管从左至右，依次咂饮。

二、跨文化沟通的主要障碍

跨文化沟通的障碍主要包括主观障碍和客观障碍，具体内容有以下几个方面。

（一）跨文化沟通的主观障碍

跨文化沟通的主观障碍指的是商务沟通双方由于自身主观原因造成的沟通障碍。

1. 首因效应

首因效应又称“第一印象”、“预期反应”，指的是商务沟通者凭着自身在短时间内的片面资料为依据形成对方印象，并以此为基础与对方进行交往。这样的沟通方式自然能提高办事效率，但也很容易出现“以偏概全”的错误。毕竟，这样的意识与行为会影响沟通者对于文化的认识，形成知觉上的障碍。更何况，对方和自身具有不同的文化背景，不是在短期内所能准确把握的。

2. 光环效应

在商务沟通中，光环效应是指沟通者基于对某种文化的偏爱而对该种文化呈整体肯定，并体现相对比较宽容和积极接纳的态度。显然，这样的主观思维将影响沟通者评价对方文化的客观性，从而影响与对方的商务沟通行为。

3. 触角效应

如果说，光环效应侧重从积极的角度犯“爱屋及乌”的错误的话，那触角效应则是从消极的方面影响人们的主观认知。当沟通者对某文化的某个方面不够认同的情况下，他可能会对该文化持整体否定，并体现出苛刻的立场和逆反的倾向，认为该文化完全没有可取之处，真可谓“城门失火，殃及池鱼”。可想而知，这样的认知障碍也严重影响着人们对于某种文化的客观认知，从而对沟通行为产生不可小视的影响。

4. 成见效应

成见效应指的是沟通者在广泛认同具有统一文化背景的人们具有相同思维方式和行为特征的同时忽视个体差异的现象。这种效应有利于区分不同的文化，便于快速、方便地理解各种文化的内涵，但对全面认识和了解一种文化产生了冲击，很容易使沟通者产生刻板效应，从而影响与对方的信息传播与沟通。

5. 类我效应

类我效应指的是人们在商务沟通过程中，习惯于做出这样的假设：对方和自己有相似甚至相同的思维方式与行为习惯。这就将导致沟通者会将自身文化背景作为评判其他文化或在其他文化背景下人们的思维方式与行为特点。这么一种明显以自身文化为中心的沟通方式将使得沟通者没法正确对待自身文化与对方文化的差异，更不可能有机会从更深层次上理解对方的文化内涵。

总之，以上的几种效应都不同程度地影响着沟通者认知和评价对方文化的态度。要想在跨文化沟通中取得比较有效的沟通结果，双方要尽可能避免这些效应的不良影响。

【阅读资料】

晕 轮 效 应

所谓晕轮效应，就是在人际交往中，人身上表现出的某一方面的特征，掩盖了其他特征，从而造成人际认知的障碍。在日常生活中，“晕轮效应”往往在悄悄地影响着我们对别人的认知和评价。比如有的老年人对青年人的个别缺点，或衣着打扮、生活习惯看不顺眼，就认为他们一定没出息；有的青年人由于倾慕朋友的某一可爱之处，就会把他看得处处可爱，真所谓“一俊遮百丑”。

晕轮效应是一种以偏概全的主观心理臆测，其错误在于：第一，它容易抓住事物的个别特征，习惯以个别推及一般，就像盲人摸象一样，以点代面；第二，它把并无内在联系的一些个性或外貌特征联系在一起，断言有这种特征必然会有另一种特征；第三，它说好就全都肯定，说坏就全部否定，这是一种受主观偏见支配的绝对化倾向。总之，晕轮效应是人际交往中对人的心理影响很大的认知障碍，我们在交往中要尽量避免和克服晕轮效应的副作用。

（二）跨文化沟通的客观障碍

跨文化沟通的客观障碍指的是商务沟通者具有的不同文化背景在客观上所造成的沟通障碍。

1. 文化符号

文化是人类符号化的行为，文化的形式就是符号。不同的文化具有不同的符号系统。如果说“人类文化的全部意义是人类如何创造和利用符号”的话，那么这里所说的文化符号就是承载文化的符号，即文化载体。“每一种文化的词语都有各自的特征，即怎么用和指什么。”目前世界上有3000多种语言，而有文字的文化超过450种。符号作为人类沟通最重要的手段，在人们创造文化到对于文化的代代相传中起到了重要的作用。符号主要包括语言符号与非语言符号。语言符号主要指的是书面语言和口头语言，语言的多样性、复杂性以及使用语言的规则差异化都将会使得跨文化沟通相对比较困难，会造成一定的障碍。非语言符号主要指的是语言符号以外，在信息交流活动中能够发挥意指作用的其他符号形式。包括手势、姿态、动作、表情、腔调及身体接触等。常见的非语言符号一般分为

四大类：身势语、体距语、副语言、物体语言。非语言符号在交往中常能表达语言所不能表达的思想感情。甚至可以代替语言。许多年以来，非语言符号随着时代的发展不断地得以丰富。在不同文化背景下，语言符号和非语言符号的差异都很大，极易造成商务沟通的障碍。

例如，不同文化背景的人对于体距的习惯不同。如阿拉伯人与英国人交谈时，英国人往往步步后退，而阿拉伯人则步步进逼。这是因为阿拉伯文化属接触文化，英国文化属非接触文化，阿拉伯人习惯于交谈时尽量靠近对方，而英国人则习惯于离对方远一些。再如，身势语所表达的意义有着强烈的民族性。大多数地区都用点头表示肯定，摇头表示否定，但在保加利亚、土耳其、伊朗等国家，人们却用摆头动作（和摇头相似）表示肯定，而埃塞俄比亚人用扭头这个半摇头的动作表示肯定。

相关链接

目视行为的差异

“眼睛是心灵的窗户，透过眼神，可以窥视他人内心微妙的情感世界。”在大多数文化中，凝神表示专心听讲，是对说话人的尊重；眼睛左顾右盼则意味着心不在焉，对谈话不感兴趣，是唐突无礼的表现。但目视行为也有文化差异。如美国人两眼正视对方，眼光直接接触，表示感兴趣；波多黎各人则以避开眼光表示尊敬；非洲尼日利亚人把正视别人看成是对别人不敬的表现；中国人把紧盯着自己看的目光当成不怀好意或一种明显的挑战。

2. 价值观念

从文化是人们的一种认识和感知的角度看，它由世界观、人生观和价值观三个部分组成。尽管这三部分内容在跨文化沟通中不会特别令人关注，但却在不知不觉中影响和左右我们进行有效沟通。其中的价值观指的是不同文化背景下的社会和个人所接受的行为方式。同时，他们可能摒弃与其相反的行为或终极存在方式。在现实生活中，不同文化背景的人具有不同的价值观念，相同文化背景的人其价值观念也不尽相同，这就必然会导致商务沟通中会出现大量的价值融合与价值冲突。因而，如果沟通双方不能很好地了解对方的价值观，将会造成跨文化沟通的障碍。例如，对儒家文化而言，宗教就是一切；在清教徒看来，为上帝及其正义而奋斗才是一切。自然，处于这两种文化背景下的沟通者就很容易出现沟通失败。再如，以荷兰跨文化研究专家霍夫施泰德提出的高权力距离和低权力距离的文化价值观为例，高权力距离的社会常常是情境性的沟通风格，沟通双方会根据对方的地位、身份、社会角色来确定语言使用方式。而低权力距离的国家常采用私人性的沟通风格，人们关注的重点在于是否清楚地表达了自己的想法与意思，而不是对方的地位和身份等因素。

【阅读资料】

三类人的说话程式

如果我们把全世界的人简单划分成三大类：盎格鲁·萨克森（欧美）人，拉美人和东方（亚洲）人。他们在沟通中的说话程式是有很大差别的。（以下 A、B 是指对话中的两个人）

对盎格鲁—萨克森人来说，A 先说，说完时 B 接上，然后 B 开始说，说完停下时 A 再接着说，一来一往，有问有答，顺序清楚，是良好的对话方式。如果一个人在别人还没说完话就插进来，会被视为不礼貌，遭到白眼。

但对拉美人，这样的方式却未必被视为有效。他们的对话方式是，A 开始说话，但在 A 尚未停下时，B 就应该插嘴，打断对方，并自己接着往下说。然后 B 在还未结束时，A 插进来继续。打断对方被看成是对对方的谈话感兴趣，而且自己也有很多感受要分享。如果不插嘴，则说明话题无趣。

再看看东方人。A 先开始说，B 在接 A 的话之前两段话有小小的非重合区间，这段空白表示沉默。也就是说，在回答或接另一个人的话题时，应该有一个小小的停顿。这个停顿可能只有几秒钟的时间，显示的是你在思索对方的话，思考之后再回答。因此，沉默是对对方尊重的表现，同时也表现自己的深思熟虑。

3. 沟通风格

所谓沟通风格，指的是人们在沟通中采用的方式或者人们如何将自己希望传达的信息传递出去。在世界范围内，尽管沟通过程基本一致，但具有不同文化背景的人们在沟通风格的选择上有很大的差别。沟通风格包括喜欢谈论的话题、喜欢的交往方式、沟通中双方希望达到的深度等。由于商务沟通具有明显的互动性，如果双方的沟通风格相差太大，就会给双方的信息沟通带来影响。例如，美国人说话直截了当，开门见山；而中国人喜欢拐弯抹角，犹抱琵琶半遮面。同样是拒绝对方要求，美国人可能直接会说“不”，中国人可能会说“让我考虑考虑”。再如，中国人见面喜欢问寒问暖，寒暄许多细节，但在和英国人见面时，对方很忌讳论及五个字母“IWARM”，即 I（收入，Income）、W（体重，Weight）、A（年龄，Age）、R（宗教信仰，Religion）、M（婚姻状况，Marriage）。

【案例 9－4】

婉转表达的极致境界

美国的幽默作家大卫·贝雷（Barry，1993）曾经在日本遇到过这样一件事。他要坐飞机从东京去大阪，临时去飞机场买票。

大卫：请买一张从东京去大阪的机票。

满脸笑容的服务员：嗯，去大阪的飞机票……请稍等。

大卫：多少钱？

服务员：从东京坐火车去大阪挺不错的，沿途可以看风景。是不是要买一张火车票？

大卫：不要。请给我买一张飞机票。

服务员：那……其实，坐长途巴士也很好，上面设备齐全，豪华舒适。要不要来一张巴士票？

大卫：不要。请给我买一张飞机票。

案例点评：案例中的服务员（日本人）甚至比中国人更善于表达“拒绝”的含义。为了不从自己口中说出“不”字，服务员运用多个回合的富有创意的表达来面对顾客——大卫·贝雷。而贝雷（美国人）在最后才了解服务员的良苦用心：原来这是服务员拐弯抹角地试图用其他手段来帮助他到达目的地，但是服务员就是不愿直接告知机票早已售罄。

第三节 跨文化沟通的主要策略

由前述内容可知，除了沟通双方的主观因素外，造成跨文化沟通的障碍主要是由于双方的文化背景不同所造成的客观障碍。要想消除跨文化沟通的障碍，沟通者一方面要努力消除首因效应、触角效应等因素所产生的作用；另一方面沟通双方需要经历一个了解和认识文化差异、认同文化差异，最终达到一定程度的文化融合的基本过程。

一、了解文化差异

从深层次原因上讲，文化是一个群体在价值观念、行为准则、风俗习惯等方面表现出来的区别于另一群体的显著特征。哲学家帕斯卡曾说过，“在比利牛斯山这边是真理的东西，在比利牛斯山那边就成了谬误”。在跨文化沟通实践中，美国学者利克斯曾指出：“大凡跨国公司大的失败几乎都是仅仅因为忽视了文化差异这一基本的或微妙的理解所招致的结果。”文化的差异就是内在不同特质的外显。文化差异的存在是跨文化管理研究的缘起，是不可回避的现实，是实行跨文化沟通的前提。为了更好地进行跨文化沟通，我们就要更好地了解文化差异。所谓了解文化差异，指的是商务沟通者要在跨文化沟通中力求明确各种文化的主要特点，详细了解对方文化背景下多方面的情况，包括政治、经济、文化、教育、历史、地理、风俗习惯、生活方式、语言特点等，并在相互比较中获知有关“可行”、“不可行”或者对方视为“禁忌”的重要文化信息。商务沟通者在商务沟通前，需要深入了解自身文化与对方文化在各方面的差异，并做好相应的应对准备。在实践中，我们意识到，事前对于沟通对象的文化了解得越多，对差异认识得越彻底，沟通中产生客观障碍的可能性相对会越小，也可以尽可能避免不必要的误解与冲突。从这个角度出发，沟通者要立足自身文化背景努力提高自身对于文化的认知能力，也要努力提高自身对于文化差异的敏感度。

其中，文化差异会体现于语言交流中的差异、非语言交流中的差异、价值观念的差异

以及思维及行为模式上的差异。而且，不同文化对于非语言信息的阐释之差异是十分明显的。这样的差异可能会集中体现在问候、衣着、空间、触摸、姿势、肢体动作与礼仪等多个方面。比如，“竖起大拇指”在不同的地方代表不同的意思。在很多地方，竖大拇指代表好、高、妙、一切顺利、非常出色等类似信息。然而，竖大拇在尼日利亚被认为是侮辱性手势，在澳大利亚表示骂人，在伊朗及伊拉克等很多中东国家是一个挑衅的行为。竖大拇指在德国以及在中国划拳时代表数字 1，在日本表示数字 5。另外，不同的思维模式必然会产生不同的行为模式。例如，中国人习惯形象思维、偏好综合思维，具体体现在从整体到局部；欧美人习惯抽象思维、偏好分析思维，则体现为从部分到整体。东西方思维模式差异常常是跨国公司跨文化交流和管理中形成冲突的原因。

【阅读资料】

跨文化冲突的存在

(1) 跨文化广告传播最明显的障碍就是语言文字隔阂。沟通者只有选用恰当的词语才能在目标区域有效地传播信息。我国一公司在向外商推销国产“白象”牌电池时，在广告中大肆宣扬“white elephant”的性能如何好，却不知“white elephant”在西方文化背景下可能产生的“(保管起来既费钱又费事的) 累赘东西”的含义，这种带有令人反感的译名的产品，怎么能指望受众接受呢？因此精通目标国的语言，适应其语言习惯及特色，是跨文化广告用语的基础和保证。

(2) 不同服饰能反映不同的政治权力和社会阶层，服装往往有威严的说服作用，而服饰的颜色更是含义不同。美国一家公司曾计划在中国台湾地区为其产品打开销路。由于棒球是美国的一项非常普及流行的活动，考虑到“绿色贴近自然”，美国人认为绿色的棒球帽肯定会大受欢迎。于是，在搞产品促销的活动中，公司给潜在顾客发送绿色棒球帽。可是美国人万万没有想到，在中国文化中绿帽子有着特殊的含义，此路自然不通。

(3) 具有不同文化背景的人们会在时间上体现跨文化差异。以美国、德国和瑞士为代表的单色时间文化，商务活动的每个环节都应制订计划，时刻表、截止日、谈判、约会等非常准时，时间单位被划分得很细，对已定的约会时间通常不会轻易失约或改变，他们也不会在同一时间里有两个约会，商务约会迟到 15 分钟在美国是非常失礼的，一定得道歉，并说明原因。在阿拉伯、叙利亚等国家，与一位正在商谈的客人因时间关系而终止谈话，是难以想象的。东方为多色时间文化，把时间看作无止尽、无限度的资源，强调事务的完成和人的参与，中国人到了规定做某事的时候还在做其他事，在两人谈话时其他人进来插上几句话或商量其他事，在印度尼西亚让客人等 45 分钟，这些现象在此类国家中司空见惯。

二、认同文化差异

不同的国家、地区和民族就有不同的文化。实践证明，在以失败而告终的跨国企业中，有 30%是由于技术、资金和政策方面的原因引起，而有 70%是由于不同文化的差异

性引起的。美国著名管理学家德鲁克也认为，国际企业的经营管理“基本上就是一个把政治上、文化上的多样性结合起来而进行统一管理的问题”。因而在我们认知不同文化的差异后，就要有一个文化认同的过程。交流双方未能取得文化认同是跨文化沟通中产生误解和冲突的主要根源。所谓文化认同，指的是商务沟通者在跨文化沟通中了解和认识文化差异的基础上，要实现自身对他方文化足够的理解、承认与尊重。文化认同是沟通者对于文化的共识与认可，是人类对于自然认知的升华，是支配人类行为的思想准则与价值取向。因而，有效的跨文化沟通应该是沟通者以一种宽容的立场与积极的态度努力实现文化认同。在沟通实践中，人们很习惯于以自身文化作为评判标准去衡量异国文化中人们的行为方式，将自己的观点和行为方式强加给别人，即在现实中体现“文化优越感”倾向。在这样的思维中，人们往往会认为自身文化最好、最文明、最优秀，而同时觉得对方文化远远不及自身文化。这对于不同文化下的顺利沟通与多元文化的共存造成了障碍。

文化认同要求我们在跨文化沟通中要学会培养接受和尊重不同文化的意识。但是，要做好文化认同，并不是一件容易的事情。文化认同的过程会受到不少因素的限制，如感知方式的差异、相对僵化的成见、种族中心主义、缺乏共感等。

要做到文化认同，主要应做好以下几点：①坚持求同存异原则，善于搁置文化差异，寻求文化共同点。②坚持适应差异原则，善于学习对方文化，提高自身适应能力。③打破思维定式，善于开拓思路，坚持客观公正。

【阅读资料】

文化泛化

学者萨莫瓦等曾经提出“文化泛化”（culture - general）的观点。所谓文化泛化，就是要找出各种文化背景的共同点，找出适用于所有文化的技巧。具体到中国 和阿拉伯国家之间的文化泛化，就是要寻求中阿文化之间的共同点及其通用技巧，在此基础上建立彼此间的信任，从而解决沟通不畅的问题，此所谓“求同”。例如：礼貌、友好、互相尊重等都是百试不爽的通用技巧，也是中阿文化都提倡的精神。虽然，表达方式千差万别，但礼貌本身却是公认的美德。在跨文化沟通中，这种美德有助于人们跨越彼此之间的文化障碍。例如，曾有叙利亚商人给中国的贸易伙伴寄来圣诞卡。虽然，圣诞卡不符合中国的文化传统，但它所包含的礼貌信息却已明白无误地传递给了中方伙伴，为双方进一步交往做了良好的铺垫，也为解决这些问题提供了动力。彼此间有了友好交往的愿望，才能在遭遇沟通不畅的问题时，积极寻找原因，跨越障碍，寻求理解，使问题最终得到友好解决。互相尊重则是成功进行跨文化沟通的前提。尊重自己的文化，也尊重所有外族文化，容忍外族文化与本族文化的差异，并能够意识到外族文化和本族文化同样美好且引人自豪。这些已成为成功进行跨文化沟通人士的必备素质。

（资料来源：于元元．略论中国与中东阿拉伯国家跨文化沟通中遇到的问题．安徽理工大学学报（社科版），2004（6）：93 - 96）

三、融合文化差异

要进行有效的跨文化沟通，仅有文化认知、文化认同是远远不够的，消解文化冲突的重要手段是加强文化融合，在掌握对方文化价值观基础上努力提高调节沟通的能力。融合文化差异，是指不同文化间在承认、重视彼此差异的基础上，相互尊重，互相补充，相互协调，从而形成一种全新的文化。

文化的融合是一个互补的过程。文化的融合互补是人类未来文化发展方向，更是企业跨文化生存的必然选择。文化的融合也是一个扬弃的过程，其结果是形成了综合多种文化精华的新文化，这有别于文化认同过程中多种文化的共同存在。新的文化不仅具有较强的稳定性，而且极具杂交优势。成功的文化融合使国际企业具有了更多优势，能产生更好的创意、设想，更强的适应能力和应变能力。

有效的文化融合

融合两种文化优势的原则在跨文化广告中很重要。美国通俗文化，风行世界，麦当劳快餐店广告总是携着美国文化遍布全球，但麦当劳在不同国家有不同菜单，在法国配有香槟，在英国配有威士忌，在德国配有啤酒，在中国配有红茶。运用民族特色来宣扬产品，能形成独特的广告风格，这与世界化是不冲突的。法国香水、时装广告如不以其浪漫国度特色为卖点，肯定黯然失色。一个国家、民族独特的气质，精神传统、美学观念以及特有的文字，图案色彩，都能构成跨文化广告的鲜明个性，融合在广告创作中，选择目标国易理解的方式表现出来，往往是避免其淹没在大量广告信息中的高招。

为了更好地进行文化差异的融合，除了个人间积极良好的沟通外，主要有赖于跨文化管理者恰当的激励和发掘，设法将潜能优势转化为现实的优势。具体做法有：

（1）根据不同国家的文化特色，选择合适的管理人员和策略。在这样的过程中，我们还要细致考虑一下文化层面的影响因素：①个人主义和集体主义；②权力差距；③不确定性的规避；④阳刚与阴柔；⑤长期导向与短期导向。也就是说，沟通管理者要注重把握人们对于他人、权威、对不确定性、自我、时间等价值观的影响，并根据这些价值观作出沟通方式的调整。

（2）加强跨文化培训与研究。跨文化培训其主要目的是加强人们对不同文化传统的反应和适应能力，促进不同文化背景的人之间的沟通和理解，主要内容有文化敏感性训练、语言学习、处理跨文化冲突的技巧等。其中最重要的是加强文化敏感性训练，打破文化障碍和角色定位，增进文化之间的联系和合作意识。

（3）全球标准化和本土化策略相结合。从全球文化的明显差异性和节约沟通成本等角度，组织要注重实施本土化策略，正确处理好全球化标准和地方适应性管理之间的关系。

这样的做法一方面可以通过全球标准化管理达到节约成本和规模经济的目的，另一方面可以通过本土化策略达到融合当地文化以提高企业管理效益的目的。

总之，了解文化差异、认同文化差异、融合文化差异是构成一个完整的跨文化管理不可缺少的因素。同时，跨文化管理研究在目前还是处于起步阶段。随着中国经济的日益国际化和跨国公司的逐渐增多，跨文化管理研究的深入将会不断发展，这有待于专家学者协同努力，继续研究其体系构建和实践指向，以便能更好地促进跨文化沟通的顺利进行。

本章小结

跨文化沟通是指具有不同文化背景的商务沟通者之间互相传递信息、交流知识和理解情感的过程。跨文化沟通不仅包括在不同的国家和地区的人们之间的沟通，而且还包含相同国度内跨时代和不同角色之间的沟通。跨文化沟通是企业等组织走向世界的必要环节，跨文化沟通能力是员工参与跨国公司经营的重要能力，跨文化沟通正在成为经济全球化背景下企业组织的常态沟通。

跨文化沟通需要遵循八大基本原则：相互尊重、求同存异、入乡随俗、尊重隐私、适度把握、平等交流、谨慎对待、适应差异。

跨文化沟通的主要障碍包括两大类：一类是跨文化沟通的主观障碍，具体有首因效应、光环效应、触角效应、成见效应、类我效应等引起的沟通障碍；另一类是跨文化沟通的客观障碍，包括文化符号、价值观念、沟通风格等引起的沟通障碍。

跨文化沟通的主要策略是了解文化差异，认同文化差异，融合文化差异，它们是构成一个完整的跨文化管理不可缺少的因素。

思考练习

1. 什么是跨文化沟通？如何理解跨文化沟通的必要性？
2. 跨文化沟通的基本原则与主要障碍有哪些？
3. 在跨文化沟通中，沟通者可以采取的主要策略有哪些？

案例分析

优惠的谈判起价

玛沙：谈判进行得怎样？

珍妮特：不是很好，我们位于下风。

玛沙：出什么事了？

珍妮特：哎，我提了我方的起价，Maruoka 先生什么也没说。

玛沙：什么也没说？

珍妮特：他就坐在那里，看上去很严肃的样子。所以，我就把价格放低了。

玛沙：后来呢？

珍妮特：他还是没说话。但是有点惊讶的样子。所以我就把我方的价格降到了底线，再等他的反应。我已经不能再降了。

玛沙：他怎么说？

珍妮特：他沉默了一会儿，就答应了。

玛沙：我们最后还是成交了。你应该开心才是。

珍妮特：我也这样想的。但后来我得知 Maruoka 先生认为我们的起价就太优惠了。

思考：

1. 为什么珍妮特要一味地主动降价？

2. 如何理解 Maruoka 先生利用不同文化而采取的交易行为？

第二篇　商务礼仪

第十章 商务礼仪概述

导入案例

业务员推销照明器的"劣迹"

风景秀丽的某海滨城市的朝阳大街，高耸着一座宏伟的楼房，楼顶上"远东贸易公司"六个大字格外醒目。某照明器材厂的业务员金先生按原计划，手拿企业新设计的照明器样品，兴冲冲地登上六楼，脸上的汗珠未及擦一下，便直接走进了业务部张经理的办公室，正在处理业务的张经理被吓了一跳。"对不起，这是我们企业设计的新产品，请您过目"，金先生说。张经理停下手中的工作，接过金先生递过的照明器，随口赞道："好漂亮呀！"并请金先生坐下，倒上一杯茶递给他，然后拿起照明器仔细研究起来。金先生看到张经理对新产品如此感兴趣，如释重负，便往沙发上一靠，跷起二郎腿，一边吸烟一边悠闲地环视着张经理的办公室。当张经理问他电源开关为什么装在这个位置时，金先生习惯性地用手搔了搔头皮。好多年了，别人一问他问题，他就会不自觉地用手去搔头皮。虽然金先生作了较详尽的解释，张经理还是有点半信半疑。谈到价格时，张经理强调："这个价格比我们预算的高出较多，能否再降低一些？"金先生回答："我们经理说了，这是最低价格，一分也不能再降了."张经理沉默了半天没有开口。金先生却有点沉不住气，不由自主地拉松领带，眼睛盯着张经理，张经理皱了皱眉，"这种照明器的性能先进在什么地方？"金先生又搔了搔头皮，反反复复地说："造型新，寿命长，节电。"张经理托辞离开了办公室，只剩下金先生一个人。金先生等了一会儿，感到无聊，便非常随便地抄起办公桌上的电话，同一个朋友闲谈起来。这时，门被推开，进来的却不是张经理，而是办公室秘书。

案例点评：案例中，业务员金先生对商务礼仪的掌握比较欠缺，具体体现在：①商务拜访需要事先预约；②进入被拜访人办公室前需要整理妆容，需要在对方应允后才能进入室内；③交谈时悠闲地跷起二郎腿是一种失礼表现；④习惯性地挠头发既不卫生，也是一个业务员不自信或者业务不熟悉的基本表现；⑤商务场合不得随意使用对方固定电话，需征得对方同意。一连串的商务"失礼"终于让金先生感受到了不懂商务礼仪的苦楚。

第十章　商务礼仪概述

知识要求

1. 了解礼仪的构成要素、基本类别及其主要功能。
2. 掌握商务礼仪的主要内容与基本功能。
3. 掌握商务礼仪的基本特征与主要原则。

关键术语

礼仪　商务礼仪　行为准则　素养　规范

第一节　礼仪与商务礼仪

一、礼仪

（一）礼仪的来源及定义

1. 礼仪的来源

中华民族具有五千年文明历史，自古以来素有“礼仪之邦”的美誉。关于礼的来源，学者们作出了较多的研究，但总体上说法不一。归纳起来有五种起源说：一是天神生礼仪；二是礼为天地人的统一体；三是礼产生于人的自然本性；四是礼为人性和环境矛盾的产物；五是礼生于理，起源于俗。但从具体的仪式上看，礼产生于原始社会中晚期的宗教活动和祭祀活动。原始宗教活动和祭祀活动是最早也是最简单的以祭天、敬神为主要内容的“礼”，是严格按照一定的程序和方式进行的。这些祭祀活动在历史发展中逐步完善了相应的规范和制度，正式形成为祭祀礼仪。随着人类对自然与社会各种关系认识的逐步深入，人们将祭祀礼仪活动中的一系列行为，从内容和形式扩展到了各种人际交往活动，于是从最初的祭祀之礼扩展到社会各个领域的各种各样的礼仪。

【阅读资料】

礼 仪 的 发 展

礼仪的萌芽与草创时期：原始社会中晚期至公元前 21 世纪。

礼仪的形成时期 ：夏、商、周时期（公元前 21 世纪至公元 前 771 年）。

礼仪的发展与变革时期 ：春秋与战国时期（公元前 771 年 至公元前 221 年）。

礼仪的强化与衰落时期 ：从秦、汉朝至清朝末年（公元前 221 年至 1911 年）。

我国的现代礼仪时期 ：从辛亥革命以后至新中国成立（1911 年至 1949 年）。

我国的当代礼仪时期 ：新中国成立至今。

2. 礼仪的定义

礼仪，归根到底是由“礼”和“仪”组成。

所谓“礼”者，敬人也。礼是体现尊重的一种伦理道德要求。它要求我们在人际交往中要善于尊重和关心他人、尊重和关心自己。礼体现了“尊重人、关心人”，是人类

的一种思维方式和社会意识观念，礼是一种交往方式和行为准则。“仪”是“礼”的具体表现形式，是依据“礼”的规定和内容，形成的一套系统而完整的程序。所以，“仪”是表达人际尊重的交际技巧或者具体形式。“仪”包括“仪表”“仪态”“仪式”“仪容”，是对礼节、仪式的统称。“礼”和“仪”之间有着必然的联系。礼是仪的本质，而仪则是礼的外在表现。有礼无仪，再好的礼也无从体现；有仪无礼，再好的仪也只是形式。

从一定意义上说，律己是对自身的一种尊重，敬人是对他人的一种尊重。礼仪则是律己、敬人的一种行为规范，是表现对他人尊重和理解的过程与手段。在这样的过程中，由于人们共同遵循一定的行为规范，相互之间会更加友好，关系越来越融洽，这也是社会发展的基本要求。

因此，礼仪指的是在社会交往过程中，人们为了体现尊重与表达友好而约定俗成的、共同认可和遵循的一系列规范、准则和程序。从广义的角度看，它泛指人们在社会交往中的行为规范和交际艺术。从狭义的角度看，通常是指在较大或隆重的正式场合，为表示敬意、尊重、重视等所举行的合乎社交规范和道德规范的仪式。礼仪主要包括礼貌、礼节、仪表和仪式等基本形式所构成的系统化行为。其中，礼貌指的是人们在交往过程中表示尊重和友好的行为准则与精神风貌，是一个人在待人接物时的外在表现。礼貌反映了时代的风尚与道德水准，体现了人们的文化层次和文明程度。礼节指的是人们在社会交往过程中表示尊重、祝愿、问候、哀悼等惯用的惯用形式和具体要求。礼节是礼貌的具体表现，具有形式化的特点，主要指日常生活中的个体礼貌行为。仪表指的是人的容颜、服饰、姿态、风度等，仪式指的是举行一些特定活动的专门程序与规范。

有礼貌而不懂礼节，往往容易失礼；谙熟礼节却流于形式，充其量只是客套。礼仪在层次上要高于礼貌礼节，其内涵更深、更广，它是由一系列具体的礼貌礼节所构成；礼节只是一种具体的做法，而礼仪则是一个表示礼貌的系统、完整的过程。

从个人修养的角度看，礼仪是一个人内在修养和素质的外在表现。从交际角度看，礼仪是人际交往中适用的一种艺术、一种交际方式或交际方法，是人际交往中约定俗成的示人以尊重、友好的习惯做法。从传播角度看，礼仪是在人际交往中进行相互沟通的技巧。

（二）礼仪的构成要素

礼仪行为不是一个单一的、独立的行为，而是具有较强系统性的得到社会广泛认可的一种情感互动的过程。从礼仪的内容上看，礼仪的构成主要有四大要素，即主体、客体、媒体和环境。

礼仪的主体，是指各种礼仪行为和礼仪活动的操作者与实施者，包括组织和个人两种类型。其中，当礼仪活动规模较小、较为简单时其主体通常是个人；当礼仪主体的规模较大、较为复杂时其主体通常为组织。礼仪的主体和客体既互相对立又互相依存，同时在一定的条件下互相转化。

礼仪的客体，是指各种礼仪行为和礼仪活动的指向者与承受者（礼仪实施的对象）。从外延上看，礼仪的客体可以是人也可以是物，可以是物质的也可以是精神的，可以是具体的也可以是抽象的，可以是有形的也可以是无形的。

礼仪的媒体，是指礼仪行为和礼仪活动所必须依托的一定媒介的总称。礼仪媒体基本等同于一些礼仪符号。符号是人类进行思维活动和交际活动的有力工具，用之于或体现于人类的礼仪行为和礼仪活动之中。礼仪媒体包括人体礼仪媒体、物体礼仪媒体、事体礼仪媒体。在具体的操作过程中，这些礼仪媒体往往是交叉、配合使用的。

礼仪的环境，是指进行礼仪行为和活动的自然环境与礼仪的社会环境，即礼仪活动得以进行的特定时空条件。

（三）礼仪的分类

（1）按照礼仪适用对象及其适用范围分。礼仪包括政务礼仪、商务礼仪、服务礼仪、社交礼仪、国际礼仪。其中，政务礼仪、商务礼仪、服务礼仪等可统称为行业礼仪或职业礼仪、社交礼仪，社交礼仪和国际礼仪可统称为交往礼仪。其具体内容如下。

1）政务礼仪（国家公务员礼仪），指的是国家公务员在行使国家权力和管理职能所必须遵循的礼仪。政务礼仪是人类文明和国家形成的重要标志。讲究政务礼仪，不仅可以树立国家、政府、行政组织的形象，赢得人民的信任，而且还有利于使国家工作人员自身得到良好的人格提升和形象塑造。

2）商务礼仪，指的是公司、企业的从业人员以及其他一切从事经济活动的人士在经济来往中所应遵守的礼仪，是在商务活动中体现相互尊重的行为准则。商务礼仪的核心在于它对诸多商务活动的方方面面做出了约束，体现了商务活动中人与人之间的相互尊重。商务礼仪是商务活动中对人的仪容仪表和言谈举止的普遍要求。

3）服务礼仪，指的是服务行业的从业人员应具备的基本素质和应遵守的行为规范。从狭义上看，指的是各类服务行业的从业人员在自己工作岗位上所应当遵守的礼仪。此外，广义的服务礼仪还包括顾客在接受服务过程中的礼仪规范。服务礼仪是主要适用于服务行业的从业人员、经营管理人员、商界人士、职场人士、企业白领等从事服务工作的人士。

4）社交礼仪（交际礼仪），指社会各界人士在一般性的交际应酬中应当遵守的礼仪，是人们在人际交往过程中所具备的基本素质与交际能力等。

5）国际礼仪（涉外礼仪），指人们在国际交往中同外国人打交道时应当遵守的礼仪。国际礼仪是在长期的国际往来中逐步形成的外事礼仪规范和国际惯例。国际礼仪相对更为强调交往中的规范性、对象性和技巧性。

（2）按照礼仪服务对象的内外区别分。礼仪分国内礼仪与国际礼仪。其中，国内礼仪主要指本国范围内通行的一些礼仪规范和区域特征；国际礼仪（涉外礼仪）指的是参与外事活动应遵循的礼仪规范。

（3）按礼仪性质分。礼仪可分为个人礼仪、家庭礼仪、社交礼仪、商务礼仪、旅游礼仪、求职礼仪、宗教礼仪等。

（4）按礼仪的场合分。礼仪可分为家庭礼仪、学校礼仪、办公室礼仪、公共场所礼仪等。

（5）按礼仪主体身份分。礼仪可分为教师礼仪、学生礼仪、营业员礼仪、主持人礼仪等。

（6）按礼仪表现形式分。礼仪可分为交谈礼仪、待客礼仪、书信礼仪、电话礼仪、交换名片礼仪等。

总之，由于礼仪的分类标准比较多，学者们在礼仪分类方面的研究相对丰富，在此不一一赘述。

(四) 礼仪的功能

具体而言，礼仪主要具有以下四大功能。

1. 尊重功能

礼仪的尊重功能主要体现在礼仪实施过程中人对于自身与他人的尊重。只有建立在尊重人的原则基础上，礼仪才具有更明显的实际意义。只有懂得尊重人，我们在他人向自身表达尊重的同时才懂得还礼的重要性。也正是礼尚往来才使得交往环境更为和谐，人与人之间的关系才显得更为融洽。例如，双方握手时，彼此身体要适当地前倾；相互交谈时，倾听者要表现出一定的关注神情，让对方感觉到一种特有的“被尊重”；在交换名片时，相互之间要有意地轻声阅读名片上的职务与头衔等。

2. 约束功能

从核心上看，礼仪是一种行为准则，是一种伦理道德规范。在长期发展过程中，人与人之间形成了一些约定俗成的具有一定约束作用的行为方式。这样的行为方式一经制定和推行，任何一个生活在某种礼仪习俗和规范环境中的人，都将自觉或不自觉地受到该礼仪的约束。处于这样的环境中生活和工作的人们，如果能够很好地接受并执行这些规范，则是具有良好礼仪素养的表现。一旦他（她）不能接受这些规范，社会会以道德、舆论甚至法律等多种方式对其产生一定的约束力。尤其是面对一些民族或者地区禁忌，其规范的约束力将会更加明显。违背一定的礼仪禁忌，将会带来沟通上的不少“尴尬”甚至“严厉的惩罚”，从而会影响正常的商务沟通。

3. 教化功能

礼仪的教化功能，一方面体现在礼仪作为道德习俗针对全社会每个人施行的尊重和约束作用，另一方面体现在它作为社会传统文化的重要组成部分在社会进步中发挥的重要传承作用。例如，在2008年北京奥运会举办过程中，志愿者礼仪、东道国礼仪等作为重要的文化元素对公众具有明显的教育引导功能，也为奥运会的成功举办增添了不少魅力。

【阅读资料】

“小节是最好的介绍信”

一位先生要雇一个没带任何介绍信的小伙子到他的办公室做事，先生的朋友挺奇怪。先生说：“其实，他带来了不止一封介绍信。你看，他在进门前先蹭掉脚上的泥土，进门后又先脱帽，随手关上了门，这说明他很懂礼貌，做事很仔细；当看到那位残疾老人时，他立即起身让座，这表明他心地善良，知道体贴别人；那本书是我故意放在地上的，所有的应试者都不屑一顾，只有他俯身捡起，放在桌上；当我和他交谈时，我发现他衣着整洁，头发梳得整整齐齐，指甲修得干干净净，谈吐温文尔雅，思维十分敏捷。怎么，难道你不认为这些小节是极好的介绍信吗？”

4. 调节功能

礼仪作为一种行为规范、程序和文化传统，对于人们在各种礼仪场合的相互关系模式起着规范、约束和及时调整的作用。另外，某些礼仪形式、礼仪活动可能会为化解矛盾、

建立新关系模式起到调节作用。例如，在商务谈判的过程中，礼仪的规范性有助于谈判的顺利开展，得体的身体语言更有助于谈判的深入，这些在一定程度上也左右着谈判的沟通目的是否能最终实现。

【阅读资料】

藏族部分风俗习惯

1. 饮食习惯

以青稞等制作的糌粑、酥油茶、青稞酒是农牧民的主要食品。糌粑是由青稞或豌豆炒熟后磨制而成的炒面，把糌粑用酥油茶或青稞酒拌和，用手捏成小团就可以吃了。酥油茶是把砖茶的茶叶倒入1米长的木质长筒内，加上盐巴和酥油，用长轴上下冲击，使其各种成分均匀融合而成。藏族同胞宁可三月无肉，不可一天无酥油茶。青稞酒是用当地出产的青稞酿制而成的一种低度酒，男女老少皆喜欢，食物多用肉食和奶制品，不少人爱吃风干的牛羊肉。

2. 民族禁忌

接待客人时，无论是行走还是言谈，总是让客人或长者为先，并使用敬语，如在名字后面加个“拉”字，以示尊敬和亲切，忌讳直呼其名。迎送客人，要躬腰曲膝，面带笑容、室内就座，要盘腿端坐，不能双腿伸直，脚底朝人，不能东张西望。接受礼品，要双手去接。赠送礼品，要躬腰双手高举过头。敬茶、酒、烟时，要双手奉上，手指不能放进碗口。藏族人绝对禁吃驴肉，马肉和狗肉，有些地区也不吃鱼肉。敬酒时，客人须先用无名指蘸一点酒弹向空中，连续三次，以示祭天、地和祖先，接着轻轻呷一口，主人会及时添满，再喝一口再添满，连喝三口，至第四口时，必须一饮而尽。吃饭时要食不满口，咬不出声，喝不出响。喝酥油茶时，主人倒茶，客人要待主人双手捧到面前时，才能接过来喝。禁忌在别人后背吐唾沫，拍手掌。行路遇到寺院、玛尼堆、佛塔等宗教设施，必须从左往右绕行，不得跨越法器、火盆、经筒，经轮不得逆转。忌讳别人用手触摸头顶。

3. 献哈达礼仪

献哈达是藏族待客规格最高的一种礼仪，表示对客人热烈的欢迎和诚挚的敬意。哈达是藏语，即纱巾或绸巾。它以白色为主，亦有浅蓝色或淡黄色的，一般长约1.5米至2米，宽约20厘米。最好的是蓝、黄、白、绿、红五彩哈达。五彩哈达用于最高最隆重的仪式，如佛事等。

4. 民族礼仪

藏族在迎接客人时除用手蘸酒弹三下外，还要在五谷斗里抓一点青稞，向空中抛撒三次。酒席上，主人端起酒杯先饮一口，然后一饮而尽，主人饮完头杯酒后，大家才能自由饮用。饮茶时，客人必须等主人把茶捧到面前才能伸手接过饮用，否则即认为失礼。吃饭时讲究食不满口，嚼不出声，喝不作响，拣食不越盘。用羊肉待客，以羊脊骨下部带尾巴的一块肉为贵，要敬给最尊敬的客人。制作时还要在尾巴肉上留一绺白毛，表示吉祥。

二、商务礼仪

商务礼仪是指人们在从事商品流通的各种经济行为中应当遵循的一系列行为规范。商务礼仪的核心在于它对诸多商务活动的方方面面作出了约束，体现了商务活动中人与人之间的相互尊重。

商务礼仪与一般的人际交往礼仪不同，它特指商务活动中的礼仪规范和准则，是一般礼仪在商务活动中的运用和体现，因而其内容比一般礼仪更为丰富。和一般的人际交往礼仪相比，商务礼仪有很强的规范性和可操作性，并且和商务组织的经济效益密切相关。

商务礼仪和其他礼仪的最重要区别在于礼仪的适用范围、适用对象以及操作技巧。商务礼仪指的是公司、企业的从业人员以及其他一切从事经济活动的人士在经济来往中所应遵守的礼仪，是在商务活动中体现相互尊重的行为准则。商务礼仪是商务活动中对人的仪容仪表和言谈举止的普遍要求。

第二节 商务礼仪的内容与功能

一、商务礼仪的主要内容

根据商务开展的现实状况，商务礼仪主要包括以下内容。

1. 商务形象礼仪

商务形象礼仪是商务人员塑造外在形象和提升内在气质的行为规范。在商务活动中，个人的商务形象将直接影响组织的商务形象。因而，为了商务目标的有效达成，商务沟通者要特别重视商务形象礼仪。商务形象礼仪具体如下：

(1) 仪容礼仪（如头发、面容的修饰、化妆技巧等）。

(2) 着装礼仪（如男士西装、女士套裙的选择和搭配、各类饰物的佩戴等）。

(3) 仪态礼仪（如站姿、坐姿、行姿、蹲姿、表情、手势语等）。

2. 商务社交礼仪（商务交往礼仪）

商务社交礼仪主要指的是商务沟通者与他人沟通，并获得良好人际关系的行为规范。良好的商务交往礼仪将明显影响商务交往的质量，体现沟通者基本的商务交往素养。商务社交礼仪具体如下：

(1) 称呼礼仪（如职务称、职业称、泛尊称等以及称呼禁忌）。

(2) 介绍礼仪（如自我介绍的方法、为他人介绍的顺序、集体介绍礼仪等）。

(3) 见面问候礼仪（如致意礼、握手礼、鞠躬礼、拥抱礼、亲吻礼等）。

(4) 名片礼仪（如递送名片、接收名片、收藏名片、索取名片礼仪等）。

3. 商务接待拜访礼仪

商务接待拜访礼仪主要指的是商务人员在接待或者拜访其他商务伙伴时所应遵循的程序和行为规范，主要如下：

(1) 接待礼仪（如乘车礼仪、引导礼仪、电梯礼仪、会客礼仪等）。

(2) 拜访礼仪（如拜访前的准备、拜访中应遵守的规范等）。

(3) 位次礼仪（如平地行进、上下楼梯、进出房间、进出电梯等规范）。

(4) 乘车礼仪（如专职司机驾驶、主人亲自驾驶时位次安排）。

(5) 馈赠礼仪（如馈赠礼物的选择、馈赠和接收礼物要点等）。

4. 商务仪式礼仪

商务仪式礼仪是商务人员或组织在举行商务庆典、剪彩仪式时所应遵循的程序和行为规范。

商务仪式礼仪主要包括开业典礼、商务剪彩、商务交接、商务谈判、商务签约礼仪等。

5. 商务通信礼仪

商务通信礼仪是商务人员通过电话、互联网等媒介传接信息时所应遵守的行为规范。

商务通信礼仪具体如下：

(1) 电话礼仪（如拨打电话的礼仪、接听电话的礼仪、使用手机的礼仪等）。

(2) 手机礼仪（如手机使用的场合、使用的技巧、发送信息的注意点等）。

(3) 信函礼仪（如国内外商务信函的格式与撰写、商务信函中的礼仪规范等）。

(4) 电子邮件礼仪（如电子邮件的书写、收发规范等）。

6. 商务宴请礼仪

商务宴请礼仪是商务人员为了达到某种商业目的（如签订合同、洽谈业务、沟通信息、联络感情等）设宴招待商务对象时所应遵守的行为规范。商务宴请礼仪具体如下：

(1) 中式宴请礼仪（座次礼仪、餐具使用礼仪、进餐礼仪、劝酒劝菜礼仪等）。

(2) 西式宴请礼仪（如座次礼仪、餐具使用礼仪、菜肴食用礼仪、酒水礼仪等）。

(3) 自助餐礼仪（如自助餐安排礼仪、自助餐享用礼仪等）。

7. 涉外商务礼仪

涉外商务礼仪是指人们在国际范围内开展广泛的商务沟通过程中所需要遵循的行为规范，是礼仪在国际商务沟通过程中的具体运用。具体如下：

(1) 涉外商务礼仪的基本原则。

(2) 东西方文化及其礼仪差异。

(3) 各国礼仪风俗及禁忌等。

除以上礼仪类别外，其他商务礼仪还有职场工作礼仪、商务文书礼仪等。

二、商务礼仪的基本功能

商务礼仪的功能可以概括为“内强素质，外强形象”八个字，具体而言主要体现在以下几个方面。

1. 商务礼仪可规范商务人员的沟通行为，提高礼仪素养

“没有规矩，不成方圆”。在商务活动中，如果沟通双方不存在一定的必要规范，沟通行为将会显得杂乱无章，沟通目的相对不容易达成。而商务礼仪体现了商务活动过程中一系列的行为准则和活动程序，这样更能促使商务活动以更为体面和相对友好的方式进行，为沟通者达成一定的商务目的奠定基础。而且，商务礼仪反映了礼仪在频繁的商务活动中的具体应用，商务礼仪在商务活动中的充分体现正是商务人员礼仪素养的基本表现。例如，首饰的佩戴要符合身份，要讲究习俗原则；商务高级宴会中，女性可以穿无袖旗袍，戴高筒薄纱手套，但在正规的商务谈判场合则不合适。

2. 商务礼仪可有效塑造个人以及组织在商务沟通中的良好形象

由一定的商务人员所代表的商务组织之间的商务沟通是否能够达到较完美的目的，和商务人员以及商务组织的形象好坏不无关系。在当前社会背景下，各类商务资源相对丰富，多种产品和服务趋同性较明显，商务组织能否吸引对方眼球可能将直接影响双方进行商务交往与沟通的可能性。很显然，在良好第一印象基础上的得体的商务礼仪将为商务沟通的进行，以及达成理想的结果具有一定的促进作用。“教养体现于细节，细节展示素质。”在商务活动中，由于商务人员不熟悉商务礼仪而导致双方失去合作机会的沟通例子随处可见，更谈不上达成合理的商务结果。例如，一美国客商在参观中因为中方代表随地吐痰而临时改变签约计划，其关键点就在于美国客商在中方代表的随意行为中觉得中方提供的医疗设备很难有质量和卫生保证，中方代表的“失礼行为”给自身形象打了明显的折扣，更重要的是造成了中方组织形象的损失。相反，如果商务人员熟知商务礼仪，就能在商务场合不仅不出洋相或者少丢人，而且能够始终以良好的个人与组织形象出现，起到了明显的“减灾作用”。

3. 商务礼仪可促进商务组织有效加强与外界的沟通与协调

商务组织在发展过程中，需要与方方面面的其他组织进行信息沟通与行为协调。同样是沟通，其效果有无效与有效之分。同样是协调，有和谐协调与有所别扭的协调之别。整洁的穿着、得体的谈吐、优雅的举止、文明的语言等都将有助于商务组织广泛地与其他组织和个人发生沟通，在充满尊重和友好的氛围中传递商务信息，在较为协调的环境下促进双方关系的发展，不断开展彼此之间的商务往来。

4. 商务礼仪有助于商务组织积极有效地传递各类商务信息

商务组织向外界传递各类商务信息，可采取的方法和手段是多样的。不可否认，各类商务文书的撰写与传递可以向外界表达很多信息。此外，很多非语言手段如人体的肢体语言等同样可以传递丰富的信息内涵。无论是商务文书的格式规范、文书中称谓的合理使用、文书文本的语言使用，还是肢体语言中关于微笑、手势语、站坐行蹲等内容，都是商务礼仪的重要内容。另外，中西餐宴会中的餐具使用、敬酒劝菜行为和拜访接待中的引导规范、乘车位次、礼品馈赠等礼仪都属于商务礼仪的范畴。商务人员对于礼仪的有效把握一定程度上将使得信息的传递更为自然、更为有效，也更容易得到对方积极而友好的反馈。

5. 商务礼仪有助于展示商务组织在经济发展中的社会价值

商务沟通是现代社会经济发展的重要组成部分，商务组织则是社会经济系统的重要成员。商务组织为了顺利地经营并取得成功，为求得长期的生存发展和营造良好的经营环境，往往需要凭借一定的渠道传递信息并寻求反馈，求得商务组织内外的相互理解、支持与合作。在这样的过程中，商务组织则将会折射其一定的社会价值，一定程度上表明了它在经济生活中的渗透力。事实上，不论是组织形象的塑造还是商务人员素养的提升，不论是商务组织沟通有效性的提高还是协调的更为和谐，作为组织而言，都是其在经济发展中社会价值的“有效体现”。在涉外商务沟通中，得体的涉外商务礼仪更是体现了组织在世界舞台上的社会价值。

第三节　商务礼仪的特征与原则

一、商务礼仪的基本特征

结合商务礼仪的含义与基本功能，商务礼仪具有以下基本特征。

1. 规范性

商务礼仪的规范性，是指商务礼仪在商务活动中为商务人员提供了一套完整的行为方式和活动形式。亦即，人们在商务沟通中需要遵循一定的标准。比如，作为一个普通人，在平时你可以根据自身喜好穿一些具有个性特点的服装，但在商务场合男士一般会着正规的西服，女士一般会穿职业装。而一旦男士穿西服，就要穿皮鞋，重要的商务场合必须打领带。

也正是有了规范的行为方式与活动形式，商务活动中的人际关系更容易得到有效协调。例如，西餐礼仪为主宾双方一起用餐提供了基本的规范，它要求双方人员认真遵守餐具使用礼仪、遵循基本的位次礼仪等。如果其中一方或个别人不懂得西餐基本规范，会显得在此类场合没有基本礼仪素养，这完全有可能使双方的认知和感受发生变化。在西餐用餐过程中，无谓地劝酒劝菜将可能导致对方的反感，此类行为对达成有效的商务沟通目的会造成明显影响。

商务礼仪的规范性使礼仪的实施易于落到实处，也便于通过专门训练达到预期的效果。如：签署涉外商务合同时，根据国际惯例，合同文本应同时使用两国的法定官方语言，或是使用国际通行的英文和法文，除准备待签的正式合同文本，还须向各方提供一份副本。如果不具备这方面的文本规范，双方的商务沟通无疑将具有一定的障碍。

【阅读资料】

常用商务交际用语

首次会面应说：幸会	看望他人应说：拜访
等待他人应说：恭候	婉拒送别应说：留步
烦劳他人应说：打扰	请人帮助应说：烦请
请求方便应说：借光	请人办事应说：拜托
请人教导应说：请教	请人指点应说：赐教
请人解疑应说：请问	很久不见应说：久违
夸人见解应说：高见	物还原主应说：奉还
求人谅解应说：包涵	欢迎宾客应说：光临
宾客来到应说：欢迎	中途先走应说：失陪
和人分别应说：告辞	赠送作品应说：雅正

2. 继承性

商务礼仪的规范性，是指商务礼仪与一定的文化传统、风俗习惯密切相关，是在一般礼仪基础上发展起来并经由一定的年代长期发展而成。当代礼仪都是在既往礼仪基础上继承、发展起来的。商务礼仪的继承性特点，是人类精神文明的标志之一。

例如，商务会面时常用的握手礼来源于最初的摸手礼。当时人们在路上遇到陌生人时，如果双方均无恶意，会放下手中东西，伸开自己的一只手（通常是右手），手心朝前，向对方表明自己手中没有武器，两人走近再互相抚摸掌心，以示友好。这一习惯沿袭推广，就成了现在广泛适用的握手礼。

再如，西餐礼仪起源于法国梅罗文加王朝。西餐礼仪的主要进食工具是刀叉。刀叉的最初起源和欧洲古代游牧民族生活习惯有关。当时他们常用刀切割牛羊肉送到口里，用手直接拿副食（面包）。后来改用叉进行送食。

3. 发展性

在社会发展和时代发生变迁的过程中，商务礼仪会不断地得到更新与发展，体现了明显的发展特征。例如西餐礼仪中的刀叉共用的礼仪在不同的年代有不同的内容。在 15 世纪前后，欧洲人一改用手送食的习惯，改用双尖叉，就餐行为相对更为优雅；在 17 世纪末，英国上流社会开始使用三尖叉；到 18 世纪开始出现四尖叉。因而，在几百年的发展过程中，西方人用叉礼仪得到了有效的发展。随着社会的发展，17 世纪法国菜为主流的西餐礼仪已经非常正规，次序分明、规规矩矩的礼节十分明显。西餐文化逐渐走向大众化和世俗化，相应礼节显得更简单。

社会的进化使礼仪不断发展和完善。随着国际交往的扩大，各国的政治、经济、思想、文化等因素的渗透，商务礼仪被赋予许多新的内容。总的看来，商务礼仪在商务活动中不断地得到重视，简洁、实用、文明的礼仪活动形式是发展的总趋势。如中国古代的“跪拜”礼到辛亥革命推翻帝制后即废止。

4. 差异性

商务礼仪的差异性，指的是由于不同国家、不同地域、不同民族存在文化差异，在发展与继承过程中相应会存在明显的礼仪差异。尽管它们在商务礼仪规范上有许多相通之处和共同特征，但由于民族差别、地域差异、文化差异和宗教区别等所造成的商务礼仪的差异是非常普遍的。

例如，东方人中餐以使用筷子为主和西方人以刀叉进食的特点，影响着东、西方人生活观念的差异。华人无论在欧洲还是在美国，都用筷子，然而老外们尽管在中国学会了用筷子但回国后依然重拾刀叉。再如，由于东、西方文化的差异导致的东西方礼仪的不同。西方人相对自我，东方人相对注重集体，这就导致了西方人相对比较注重隐私，而东方人喜欢将信息与旁人共享。可是在东、西方商务交融过程中，对待隐私的不同态度差异将会导致双方在商务沟通上的不便。凭主观感觉而“主动积极”地打听对方的婚姻、收入、住址等隐私信息，无疑会让西方商务人员感到特别的不自在，从而影响对方对己方的基本判断。

差异性的存在，要求我们不能停留在以己方角度揣摩对方行为或判断礼仪的合理性，要求我们善于求同存异，注意遵守对方的文化传统与商务礼仪，而不是简单地评判是非，鉴定优劣。差异性的存在也要求商务人员更多地学习与了解对方的礼仪与习俗、礼仪禁忌，以免在涉外交往中为了减少麻烦，避免误会。

【案例 10－1】

“我叫陈阿土”

陈阿土是一个再普通不过的农民，由于养殖发家，在事业有成后首次参加一个旅游团出国旅游。国外的一切对陈阿土来说非常新鲜，而且他参加的是豪华团，一个人住一个标准间，这让他感到新奇不已。早晨，服务生来敲门送早餐时对陈阿土说：“Good morning，sir!”陈阿土愣住了。这是什么意思呢？在自己的家乡，一般陌生人见面都会问：“您贵姓？”于是陈阿土大声叫道“我叫陈阿土!”如此这般，连着三天，都是那个服务生来敲门，每天都大声说：“Good morning，sir!”而陈阿土亦大声回道：“我叫陈阿土!”但陈阿土非常生气，觉得这个服务生也太笨了，天天问自己叫什么，告诉他又不记住，真够烦的。终于，他忍不住去问导游“Good morning，sir!”是什么意思，导游告诉了他。天啊！真是丢脸死了。于是，陈阿土反复练习“Good morning，sir!”这句话，以便能体面地应对服务生。第四天早晨，服务生照常来敲门，门一开陈阿土就大声叫道：“Good morning，sir!”而服务生却叫道：“我叫陈阿土!”

（资料来源：根据网络资料适当改编）

案例点评：案例中的陈阿土由于不熟悉对方问候的基本方式，主观地以自身的行为习惯作为基础开展交流，造成了明显的沟通尴尬。可见，在熟悉对方的生活环境、文化传统的基础上了解商务礼仪的多样性对有效的商务沟通很有必要。

5. 多样性

商务礼仪的多样性，指的是对于同样的商务活动内容，礼仪可能以不同的形式或规范体现，在一定程度上反映了礼仪的差异性。

例如，同样是早上见面打招呼，不同国家的礼节差别很大。中国人常说“您好”、“你好”、“吃过了吗”等，多数西方人常用“Hello”。同是见面行礼，西方国家亲朋好友见面时一般行拥抱礼和亲吻礼以示热情友好；日本人则以鞠躬礼为主；我国一般行拱手礼，现在则以握手礼较为常见。西方十分常见的贴面礼对于中国人而言则有些别扭，日本人过于频繁的鞠躬礼在中国人看来带有累赘感。

在商务会谈时，日本人有极强的时间观念，因此约会时要准时。美国人、英国人、加拿大人时间观念也很强，约会往往要事先约定时间。然而，中国人在商务活动的守时方面做得还远远不够。

在商务送礼时，各国的礼仪呈现明显的多样性。在德国，一般不要给女士送玫瑰、香水和内衣，因为它们都有特殊意思，玫瑰表示“爱”，香水与内衣表示“亲近”。在美国，为避免不必要的麻烦，男子尽可能不要向妇女赠送衣物、香水和化妆品。给英国女士送花宜送单数，不送双数和 13 枝。在其他很多国家，给女性送礼却没有特殊的规定。

“女士优先”在许多国家十分普遍，比如在法国，走路、进屋、入座，都要让女士先行。在公共场合，美国人特别谦让女性，处处让女士优先。然而，在韩国，坐下时女人要

主动坐在男子后面，不可在男子面前高声谈论。双方见面时，女性总会先向男性行鞠躬礼、致意问候。男女同座的时候，往往是男性在上座，女性在下座。

随着信息技术的不断发展，世界各国之间、不同民族之间、不同地区之间的交往和沟通将日益频繁，饱含文化内涵的礼仪将会更多地相互影响、相互渗透、相互适应。

此外，商务礼仪还具有变化性、规律性、实用性和趋同性的特点，这里不一一赘述。

【阅读资料】

不同的商务谈判风格

（1）日本人的谈判风格：具有强烈的群体意识，讲究礼仪，要面子，喜欢建立个人之间的友谊并且影响生意。

（2）法国人的谈判风格：坚持在谈判中使用法语，法国人偏爱横向谈判。法国人大都重视个人的力量，很少有集体决策的情况。法国人严格区分工作时间与休息时间。

（3）英国人的谈判风格：英国人不轻易与对方建立个人关系，英国人对谈判本身不如日本人、美国人那样看重。英国商人有一个共同特征，就是不一定能保证合同的按期履行，不能按时交货。英国人在谈判中缺乏灵活性。

（4）德国人的谈判风格：德国人购买其他国家的产品，往往把本国产品作为选择标准。德国人享有名副其实的高效率的声誉。德国人在谈判之前的准备比较充分。重合同、守信用。赴宴时经常迟到而且习以为常。

（5）意大利人的谈判风格：意大利人崇尚时髦，意大利人比德国人少一些刻板，比英国人多一份热情。意大利人有节约的习惯。

（6）北欧人的谈判风格：北欧人十分讲究文明礼貌，也十分尊重具有较高修养的商人。北欧人对自己产品的质量非常看重，其产品质量在世界上也是一流的。北欧在谈判中十分沉着、冷静，北欧人的一个共同特点就是喜欢桑拿浴，这已经成了他们生活中的一部分。

（7）阿拉伯人的谈判风格：阿拉伯人十分好客，有时有人感觉阿拉伯人不太讲究时间观念，随意中断或拖延谈判，决策过程也较长。阿拉伯人不喜欢同人面对面地争吵，也不喜欢刚刚同人一见面就匆忙谈生意。与阿拉伯人做生意寻找当地代理商十分必要。

二、商务礼仪的主要原则

为了更好地进行商务沟通，双方或者多方在礼仪上需要强调原则。关于商务礼仪的基本原则，学者们有不同的看法。

有学者认为，商务礼仪应该遵循3A原则，具体包括：①接受（Accept）对方，要能够宽以待人；②欣赏（Appreciate）对方，要善于使用尊称，善于记住对方；③赞美（Admire）对方，要适应对方实事求是地进行赞美。也有学者认为，商务礼仪的主要规则有规范、尊重、沟通与互动。还有学者认为，商务礼仪要遵循敬人、自律、适度、真诚的基本原则。

从目前看来，根据多数学者的观点，相对比较认可的基本原则有以下几条。

1. 自律原则

商务礼仪由对待个人的要求和对待他人的做法两部分组成。对待个人的要求即自律，是商务礼仪的基础和出发点。商务礼仪的自律原则，是指在商务交往中，在没有任何监督的情况下，商务人员都能依据礼仪规范加强自我要求、自我约束、自我对照、自我反省、自我检点、自我控制。"非礼勿视，非礼勿听，非礼勿言，非礼勿动"。遵循自律原则，商务人员要做到在商务交往中，言语不失礼、行动不出格、仪态不失态。

在商务活动中，任何人，无论身份高低、职位大小、财富多少，都有自觉遵守、应用商务礼仪的义务，否则，就会受到公众的指责，其商务交往就难以成功。在商务交往中，如果掌握了商务礼仪规范，就会在心目中树立起道德信念和行为规范，并以此来约束自身行为，在商务交往中就会自觉地按照礼仪规范去办事。

【阅读资料】

里根总统的出访

1983年6月，美国前总统里根出访欧洲回国时，由于他在庄重严肃的正式外交场合没有穿黑色礼服，而穿了一套花格西装，引起了西方舆论一片哗然。有的新闻媒介批评里根生性极不严肃、缺乏责任感，与其演艺生涯有关；有的新闻媒介评论里根自恃大国首脑、狂妄傲慢，没有给予欧洲伙伴应有的尊重和重视。

2. 宽容原则

"海纳百川，有容乃大。"宽容是待人的一般原则，也是商务礼仪所必须遵循的基本原则。宽即宽待，容即相容。宽容，就是心胸坦荡、豁达大度，能设身处地为他人着想，谅解他人的过失，不计较个人的得失，有很强的容纳意识和自控能力。宽容原则，就是既要严于律己，更要宽以待人。

宽容是中国传统文化历来重视并提倡的道德原则，宽以待人也是一种为人处世的基本美德。宽以待人要求商务人员在商务活动中善于接受对方，不要为难对方，让对方难堪。比如在交谈中要遵循"三不准"，即不要打断别人，不要轻易地补充对方，不要随意纠正对方。现实中，商务各方出于各自的立场和利益，难免会出现冲突和误解。在出现商务纷争时，宽容原则要求商务人员要注意凡事想开一点，眼光看远一点，善解人意、体谅别人。只有在商务纷争中保持豁达大度的品格或态度，才能正确对待和处理好各种关系，并争取到更长远的利益。

【案例 10－2】

汪海与"Double Star"

汪海有一次去美国考察，在一次新闻发布会上遇到了许多记者的提问。

一位意大利记者问："你们生产的运动鞋为什么叫'双星'？是不是代表你们常讲的物质文明和精神文明？"汪海微笑地点了点头，说："还可以这样理解，一颗星代表东半球，一颗星代表西半球，我们要让'双星'牌运动鞋潇洒走世界。"

对这番豪言壮语，一位美国记者却不以为然，问道："请问先生您脚上穿的是什么鞋？"这一将用意非常明了：如果你穿的是"双星"牌，那自然没话说，但如果你穿的是洋货，意味着连自己都不愿穿"双星"牌，还谈什么潇洒走世界？不料，汪海十分沉着自信地答道："在贵国这种场合脱鞋是不礼貌的，但是这位先生既然问起，我就破例了。"说着他把自己的鞋脱了，高高举起，指着商标处，大声说道"Double Star"（双星！双星！）这时，场上响起了热烈的掌声，不少记者争相拍下这一镜头。

第二天，美国纽约各大报纸在主要版面上纷纷刊登出这幅照片。《纽约时报》一位记者评述道："在美国脱鞋的共产党国家有两个人，一个是前苏联的领导人赫鲁晓夫，他脱鞋敲桌子表明了一个共产党大国的傲慢无礼；一个是来自中国大陆的双星集团总经理，他脱鞋表明了中国的商品要征服美国市场的雄心！"

案例点评：案例中，美国记者明显没有对双星集团总经理汪海先生表示一定的宽容和尊重，采取了傲慢的提问态度想让对方处于难堪的境地，而汪海不但没有表示自己的愤怒，而且以自身的合理行为给予最好的回应，在尊重对方记者的基础上凭行动占了上风。

3. 适度原则

商务礼仪是人们在商务活动中需要遵循的行为规范或行为模式，是大家共同遵守的一种行为准则。商务礼仪的意义在于实现商务人员之间人际关系的和谐。虽然它明显对于商务人员的行为具有一定的约束性，要求商务人员按照一定的规范行事。但这仍然还需要商务人员注意把握尺度问题。

适度原则是指商务交往中，商务人员要把握与特定环境相适应的交往人之间的感情尺度，要注意掌握交往的各种尺度，不得随意逾越，具体要做到：感情适度、谈吐适度、举止适度。

感情适度要求人们在商务交往中对人要热情友善，但对人热情的表现要有一定的分寸，要尽可能做到恰到好处，使人感到能够自然适应。如果不善于把握沟通时的感情尺度，即人际交往缺乏适度的距离，结果会适得其反。谈吐适度要求商务人员注意语言的多少与语言的轻重缓急，要言行适度，既不信口开河，又非缄默不语。举止适度指的是行为举止要善于把握分寸。古话说："君子之交淡如水，小人之交甘如醴。"它要求商务人员要注意各种不同情况下的社交距离。如若不能很好地处理交往距离问题，沟通效果可能会适得其反。

但是，凡事过犹不及，商务交往要因人而异，要考虑时间、地点、环境等条件。如果施礼过度或不足，都是失礼的表现。因而，商务人员在适度问题上要有鲜明的认识，在商务交往中，既要彬彬有礼，又不能低三下四；既要热情大方，又不能轻浮谄谀。

4. 对等原则

商务礼仪是建立在对等基础之上，并将对等作为商务礼仪的基本原则，这是商务礼仪不同于传统礼仪的根本之点。正式的商务活动中，对等原则是一个重要的礼仪原则，要求不管男士女士都必须服从于职位上的排序和对等要求。职位高的人就具有相应的优先权(Order of Precedence)。比如，在商务谈判中，一般情况下参与谈判的双方人员的职位大致相当，各方都会安排相应的主谈判人员。在商务接待时，一般要求组织内与来宾职位相当的领导参与接待，以保持商务礼仪的对等性。

5. 相互尊重原则

尊重是礼仪的情感基础，相互尊重原则是有效开展商务沟通的最基本原则。马斯洛需求层次理论充分表明，人不仅要自尊而且要尊重他人。“敬人者恒敬之，爱人者恒爱之”、“人敬我一尺，我敬人一丈”都充分说明了相互尊重的重要性。

在商务沟通中，商务双方不仅要给予对方特有的尊重，而且要能在沟通中表现出来。比如说，商谈时眼神要注意关注对方，倾听时身体要适当前倾，接名片时要轻声朗读对方的职务与职称等，都是尊重对方的基本表现。正是有了这样的表现，双方的商务沟通氛围才会趋于融洽。其实，尊重他人就是尊重自己，商务人员要努力做到无条件尊重当事人。

同时，一个人如果不尊重自己，就很难得到别人的尊重。因而，在仪态和仪表方面，商务人员则要注意自己的穿着，要讲究基本的站姿、坐姿、行姿、蹲姿和表情语。

讲究相互尊重，要求商务人员善于接受对方、重视对方、赞美对方。商务人员要承认和重视他人的人格、感情、爱好、习惯和职业、社会价值以及所应享有的权力和利益。在现实交往过程中，商务人员给他人充分表现的机会，对他人表现出你最大的热情，给对方永远留有余地。因而，在商务场合要给对方合理表达信息的机会，在商谈中要讲究礼貌对人、热情对客，在商务谈判中要给人留余地而不是简单地采取针锋相对的方式而置人于危难之中。

【阅读资料】

匆忙的接待

我国有一家企业的厂长，天天忙于工作。有一次，一位外商应邀前来洽谈合作事宜，这位厂长正在车间检查工作而没有做好充分准备。当秘书跑来告诉他外宾已经到了的时候，他连工作服都没来得及更换，就去迎接外宾了。外宾一看他的衣服很随便，认为对方的合作态度不诚恳，就决定不再与这个厂家合作了，而与另外一家签订了企业合作议定书。

6. 诚实守信原则

尽管在商务沟通中，双方各有自己的经济目标，但这并不妨碍双方做到待人的真实不欺和说话客观公正，不妨碍说话算数与言行一致。礼仪绝不是外表的伪饰，真正掌握商务礼仪精髓的人是发自内心表现出对他人的尊重、友好，表里如一。

商务人员的礼仪主要是为了树立良好的个人和组织形象，所以礼仪对商务活动的目的来说，不仅仅在于其形式和手段上的意义。同时，商务活动的从事并非短期行为，从事商

务，讲究礼仪，越来越注重其长远利益。只有恪守真诚原则，着眼于将来，通过长期潜移默化的影响，才能获得最终的利益。也就是说，商务人员与企业要爱惜其形象与声誉，就不应仅追求礼仪外在形式的完美，更应将其视为商务人员情感的真诚流露与表现，认真遵循“诚实守信”原则。

本章小结

礼仪是一种行为规范或行为模式，是大家共同遵守的一种行为准则。礼仪包括四大构成要素：主体、客体、媒体和环境。礼仪的分类标准较多，礼仪具有尊重、约束、教化和调节四大功能。

商务礼仪是指人们在从事商品流通的各种经济行为中应当遵循的一系列行为规范。商务礼仪具有规范商务人员的沟通行为、提高礼仪素养等五大功能。

商务礼仪具有规范性、发展性、继承性、差异性、多样性五大特征。商务礼仪的原则有自律原则、宽容原则、适度原则、对等原则、相互尊重原则、诚实守信原则。

思考练习

1. 简述礼仪与商务礼仪的联系与区别。
2. 商务礼仪的基本特征与基本原则是什么？
3. 商务礼仪的主要功能有哪些？

案例分析

在很多同事看来，小李的口头表达能力不错，对公司产品的介绍也得体，人既朴实又勤快，在业务人员中学历又最高，老总对他抱有很大期望。可是小李做销售代表半年多了，业绩总上不去。问题出在哪儿呢？原来，他是个不太爱修边幅的人，双手拇指和食指喜欢留着长指甲，里面经常藏着很多“东西”。脖子上的白衣领经常是酱黑色，有时候手上还记着电话号码。他喜欢吃大饼卷大葱，吃完后，不知道去除异味的必要性。在大多情况下，根本没有机会见到想见的客户。

也有客户反映小李说话太快，经常没听懂或没听完客户的意见就着急发表看法，有时说话急促，风风火火的，好像每天都忙忙碌碌的，少有停下来的时候。

思考：

你认为小李在礼仪的哪些方面要提高？如何改进呢？

第十一章 商务职业形象礼仪

导入案例

娱乐时如何穿着更好？

小刘和几个外国朋友相约周末一起娱乐，为了表示对朋友的尊重，星期天一大早，小刘就西装革履地打扮好，对照镜子摆正漂亮的领结前去赴约。北京的8月天气酷热，他们来到一家酒店就餐，边吃边聊，大家非常快乐！可是不一会儿，小刘已是汗流浃背，不住地用手帕擦汗。饭后，大家到娱乐厅打保龄球，在球场上，小刘不断为朋友鼓掌叫好，在朋友的强烈要求下，小刘勉强站起来整理好服装，拿起球做好投球准备，当他摆好姿势用力把球投出去时，只听到"嚓"的一声，上衣的袖子扯开了一个大口子，弄得小刘十分尴尬。

案例点评：着装搭配是个人形象礼仪的重要组成部分，应该遵循"合时、合身、合地"的基本原则。在案例中，小刘约见的是外国朋友，参加的是娱乐聚会，应该以休闲为主，但也必须注意对外国朋友的尊重。在选休闲服装时，应该以舒适为主，做到干净、整洁，讲究一定的品位，适合自己的身份。因而，如果小刘上身着休闲T恤衫，下身穿牛仔裤或正规的商务休闲裤，脚穿休闲鞋子或运动鞋，或许他就在该场合不会如此"难堪"了。

知识要求

1. 掌握仪容仪表的基本概念及基本内容。
2. 了解面部修饰和头部修饰的要求。
3. 掌握基本的站姿、坐姿、行姿、蹲姿。
3. 掌握化妆修饰中香水的正确使用。
4. 了解一些基本的男士及女士服饰礼仪。

第十一章　商务职业形象礼仪

关键术语

仪容仪表　精神面貌　内在气质　仪态举止

第一节 仪容仪表

仪容仪表，将反映一个人的精神面貌、朝气与活力。在人际交往中，每个人的仪容仪表都会引起交往对象的特别关注，并将影响到对方对自己的整体评价。

一、面部修饰

面容是仪容中最引人注目的地方。脸面对于人的自尊心具有无与伦比的重要性。

面部修饰的基本要求是洁净、自然、健康。保持清洁是最基本、最简单、最普遍的美容。洁净，主要指的是要勤洗澡、勤洗脸，脖颈以及手都应干干净净，并经常注意去除眼角、口角及鼻孔的分泌物。要勤换衣服，消除身体异味，要保持仪容整洁。自然，主要指的是面部既要修饰，又忌讳标新立异或“一鸣惊人”，更提倡自然、简练、朴素。健康，是指面部应保持健康，端庄大方，面部肌肤红润透亮，呈自然健康色，五官也应保持健康，例如眼睛如果有眼疾，略显不健康时，应及时就诊。

（一）局部修饰

1. 眉部修饰

眉毛应坚持修剪，要将其长度、形状进行及时修整，将多余的眉毛一根根拔掉，保持清晰的眉形。为了眼睛更动人而传神，可以描一描眉毛，眼线尽可能不要太黑太深。

2. 眼部修饰

眼睛是心灵的窗口，最能反映人的神采和风韵。眼部的清洁很重要，应保证眼睛无分泌物，不充血。首先保持眼部四周的清洁，如出现眼干涩的情况，应及时对眼睛进行清洁；其次发现眼部不适，需立即看医生，以免造成眼睛的伤害；最后对于佩戴眼镜者不要长期疲劳用眼，出现眼疲劳状态取下眼镜轻揉眼部，使眼部得到一定程度的舒缓。

3. 耳部的修饰

耳朵是接受声音信息的重要器官。在日常生活中，要求耳朵内外干净，无分泌物。值得提倡的是，我们应养成及时清洁耳部卫生和修剪耳毛的习惯。可以佩戴陪衬得体的耳环，但在商务场合一般不提倡有吊坠的耳环，以免给人不庄重的感觉，摇晃不定甚至会影响对方决断力。

4. 鼻部修饰

鼻孔干净，鼻毛不外露（注意修剪），鼻端不能留有污秽物。如果有条件，应每半个月清理一次“黑头”，及时修剪鼻毛，以免影响自身形象。对女性而言，可以在鼻梁上略施淡粉。

5. 口部修饰

胡子要刮干净或修剪整齐，商务场合不留长胡子，不留八字胡或其他怪状胡子。保持牙齿整齐洁白，口中无异味，嘴角无泡沫，会客时不嚼口香糖等食物。在生活中，要保证口部及牙齿清洁，无食品残留物，饭后应及时漱口。为了使嘴唇富有润泽感，年轻女性可用唇彩，避免用过深的口红。唇线不刻画得太深，以避免过于突兀。

（二）皮肤修饰

皮肤是人体的最大器官，具有调温、分泌、吸收、代谢、感觉等功能，是天然的保护屏

障，是人体健康美丽的基础。面部皮肤是人体的“门面”，其修饰对于人的形象至关重要。

不同的人的肤质和不同部位的肤质是有差异的。尽管我们在后天不能完全改变先天性的肤质，但是我们可以通过有针对性地进行皮肤护理来加强和减弱皮肤倾向。因而，在了解自身皮质的基础上加强皮肤修饰将更有效果。

1. 皮肤的类型

(1) 中性皮肤。中性皮肤属健康型。特点是皮肤薄厚适中，皮脂、水分平衡，表面柔软、光滑、细腻、滋润、有弹性，无太油腻部位。肤色红润、均匀。季节适应性强，较耐日光照射、对外界刺激不太敏感，不易起皱，不易脱妆。但会随季节、年龄而发生变化。这类皮肤多见于青春少女。

(2) 干性皮肤。特点是较薄，皮脂、水分少、皮肤干燥紧绷，呈透明状，表面细腻，不易脱妆，但缺乏光泽，耐晒性差，对外界刺激较敏感，易形成皱纹、皮脂、雀斑。其形成的原因主要是皮脂腺、汗腺功能退化；脂肪类食物摄入少、缺乏维生素A等；风吹日晒、频繁蒸脸、乱用化妆品等。

(3) 油性皮肤。油性皮肤的特点是皮肤粗厚、润滑、有光泽、有弹性、不易起皱，季节适应性强，但毛孔粗大、皮脂分泌过多，易生痤疮等，肤色深、有油脂感，易脱妆。多见于青年人、中年人、肥胖者。其形成的原因主要是雄性激素水分过高，偏食多脂性食物、香浓刺激性调味品、缺乏维生素B、青春期皮脂活动较强等。

(4) 混合性皮肤。属干性油性混合的皮肤。特点是T字部位（前额、鼻周、部）呈油性，眼周围、颈部呈干性、中性特征。女性偏多。

(5) 敏感性皮肤。敏感性皮肤的特点是皮肤细腻、白皙、皮脂少、较干燥，对化妆品、日照、花粉、海鲜、酒精、蚊虫叮咬、高蛋白食物等过敏源反应强烈，引起过敏反应，出现红、肿、痒等现象。

2. 皮肤护理

皮肤护理分预防性皮肤护理和改善性皮肤护理两类。预防性皮肤护理是利用深层清洁、去角质、按摩等护理方法来维护皮肤的健康状态。改善性皮肤护理是针对常见皮肤问题，运用美容仪器、疗效性护肤品进行特殊的保养和处理，以达到改善皮肤状况的效果。

3. 护肤五部曲

(1) 清洁皮肤。清洁皮肤是皮肤护理过程的第一步，它分为两个步骤：卸妆和洗面。其中，卸妆主要指的是卸除眼部彩妆、卸除眼影和卸除口红等。妆容要用卸妆品进行卸妆，而不能用洗面奶代替卸妆产品。由于眼部皮肤比较薄嫩，应选用去污力强而刺激性弱的眼部卸妆液来清洗眼部的妆。

(2) 涂滋润液。清洁皮肤后，皮肤在清除污垢的同时也会失去部分水分而出现紧绷感，这时可使用蘸有滋润液的棉片涂抹在面部肌肤上，使皮肤滋润、放松，并且柔软。这样，可以帮助皮肤补充足够的水分，同时帮助后续产品更好地吸收并维持皮肤水分平衡。

(3) 面部按摩。面部按摩帮助我们活化皮肤的血液循环，改善淋巴排毒功能，同时更好地紧致肌肤。面部按摩是皮肤得以完好保养的重要环节。按摩时，要严格按照要求的各种规范动作，在适当的时间内，认真准确地进行按摩操作。按摩介质选择要根据皮肤情况和护理要求而定。如中性皮肤使用普通营养液按摩膏；油性皮肤使用樟脑按摩啫喱；干性或衰老皮肤使用滋润营养型按摩膏、胎盘营养霜、活性营养霜等。

(4) 滋润皮肤。该过程和涂滋润液阶段的内容不同，主要是帮助皮肤补充吸收高分子活性成分，使其渗透直达皮肤底层。这时，可以用棉片蘸取滋润液或收缩水等液状护肤品涂抹在皮肤上，以滋润、收敛、调节皮肤。如果借助冷式喷雾仪将液状护肤品喷射在皮肤上，效果更佳。

(5) 涂日霜晚霜。根据不同类型皮肤的需要，选用不同的护肤品，以达到滋润、营养皮肤的目的。此时，首先取用乳液帮助皮肤足够营养和锁水保湿，然后可取用日霜或晚霜适量在面部五点打开轻柔涂抹渗透至均匀，再搓揉双手轻轻按摩让产品完全渗透至吸收。

【案例 11－1】

疏忽后的惩罚

清晨，一五星级酒店前厅部迎宾小王，今天轮到她上早班，于是匆匆走上工作岗位，她着一身缎面旗袍、气质高雅，酒店质检部李经理皱着眉头向她走来，小王不知所措，于是她将头转向窗外，这时听见有人问："早上上岗检查仪容仪表了吗?"她低头打量了一下自己，说："李经理，检查了啊，有何不妥吗?"这时李经理告诉她说："制服的后面怎么像抽丝了一样"。小王突然意识到昨晚洗过的制服因为没有衣架撑起晾干，没来得及熨烫就匆忙穿上来上班了。可就因为这一点小疏忽，按酒店规定小王被处罚到后厨房洗刷碗筷两天，这令小王觉得心里特别委屈。

案例点评：所谓"无规矩不成方圆"，任何一个岗位都有各自的规章制度。酒店前厅，作为窗口部门，对职工的仪容仪表要求相对更严格。毕竟前厅员工的仪容仪表反映了组织的总体面貌，本案例中，小王对工作马马虎虎，仓促上阵，给自己和单位都会带来不必要的麻烦。这样的经历值得小王引以为戒。

(三) 化妆修饰

美容化妆是生活中的一门艺术，目的是让自己更美、更自信。适当的化妆是一个人气质、修养的表现。针对女性而言，在一定的职业背景中，适度而得体的化妆可以体现端庄、美丽、温柔、大方的独特气质，使其在工作中更能出色地体现良好的精神面貌和乐观、积极的工作态度，达到振奋精神和尊重交往对象的目的。其实，化妆也体现了对交际对象的充分尊重。因而，对于职业女性而言，在社交场合，适当的化妆是十分有必要的。

化妆总的原则是少而精，具体体现在适度、协调、富有个性等上。除特殊场合外，一般的生活妆与工作妆均以淡妆为主，做到自然而不明显。

1. 化妆的基本步骤

化妆分为底妆和五官化妆两个阶段，具体内容如下：

(1) 底妆。在化底妆时，首先要进行的是调整肤色。也即在基本保养后，上粉底之前，先以肤色修正液或饰底乳修饰打底，不仅可以增加肌肤的明亮度，减少底妆的厚重感，还具有矫正肤色和改变肌肤质感的作用。其次，选择适合自己肤色和肤质的粉底调整均衡肤色，此时应利用深浅色差以及明暗阴影调整面部轮廓结构，呈现出面部的立体感。

然后是所谓的“遮瑕”阶段，即依照面部瑕疵的属性以及部位，使用 适当的遮瑕产品及方法，还原肌肤最平滑无瑕的风貌。再次，则是散粉或蜜粉定妆。这一阶段主要是为了增加粉底附着力，并且会使妆容持久，防止皮肤因为油脂和汗液分泌而引起掉妆现象。蜜粉定妆的方式可以分为三个步骤：①将粉扑上的蜜粉轻轻拍打在脸上，并结合“少量多次”的原则；②运用指腹的力道，将粉扑由下往上轻柔按压于脸部，让蜜粉变得扎实；③用粉刷刷掉脸上多余的蜜粉。定妆后，若觉得底妆不够轻柔自然，可使用保湿喷雾均匀地喷在脸上，之后将柔软干净的面巾纸按压到面部，带走多余的水分与浮粉，这样，就会拥有一个干净透明的底妆。底妆的最后一个步骤是修容与腮红，其目的是为了让脸部更加立体、更加明亮、更有生气，增加立体感和健康感。修容是利用色彩的明暗对比效果，创造脸部的立体层次。而腮红不仅有修饰脸型的作用，还可以创造面部的红润气色。

(2) 五官化妆。

化眼妆。利用眼线、眼影、睫毛膏（粘贴假睫毛）等方法加强眼睛的层次立体感及深邃度，最大限度增添眼部特有的色彩。

眉毛修饰。画眉毛的作用主要是衬托眼妆，同时修饰或改善脸型。画眉之前，要先修整眉毛，配合自己的脸型，找到适合的眉型，修除多余的杂毛，剪掉长短参差不齐的毛流，让眉毛看起来干净清爽。

化唇妆。健康无干裂脱皮的嘴唇，是美丽唇妆的基础。因此，在使用唇妆产品之前，可厚敷一层有保护作用的护唇保养品，让其在嘴唇上停留一段时间后清除，或者先上一层具有保湿效果的护唇膏，再描画口红，嘴唇就会看起来完美滋润。

值得指出的是，化妆时应遵循自然、协调、避人、不非议他人妆容、不借用他人化妆用品等规范。

【案例 11－2】

化妆的局部修饰与整体美

阿美和阿娟是一所美容学校的学生，初学化妆非常感兴趣，每当走在大街上，总爱观察别人的妆容，因此总能发现一道道奇特风景线。一位中年妇女没有做其他化妆，光涂了一个嘴唇，而且是那种很红很艳的唇膏，只突出了一张嘴。一位女士的妆容看起来真的很漂亮，只可惜脸上精彩纷呈，脖子却马虎了，在脸庞轮廓上有明显的分界线，像戴了面具一样。再看，还有的女士用粗的黑色眼线将眼睛轮廓包围起来，像个“大括号”，看上去那么的生硬、不自然。一位很漂亮的女士，身穿蓝色调的时装，却化着橘红色的唇膏……

案例点评：该案例中出现的种种“问题”，反映了相关个体在化妆上的整体不协调。她们往往注意到了其中的一种或者一部分化妆技巧，关注了局部的细节却忽略了整体的搭配。其实，在化妆上，需要我们注意的地方是很多的，不管过程如何，我们都要追求一个自然、清爽而富有美感的整体形象。

(四)香水礼仪

香水礼仪在日常生活中也很能体现一个人的礼仪素养。“服装穿错不一定会影响到他人,但香味有时拿捏不到位可能会成为一种公害。”因而,在不同场合,要注意香水的合理选用。比如,在工作场合,我们一般适宜选用清新淡雅的香水,而运动旅游场合,我们更合适选用标有 SPORT 字样的运动香水。

1. 香水的作用

合适的香水可以使人愉悦,令人改变对你的看法和心情。很多女性就懂得利用香水去影响与她合作的人的心情,释放出一种吸引人的能量,令对方觉得和她在一起心情很愉快。但如果不注意一些细节,香水可能会让你的魅力大打折扣。

2. 香水的香味选择

香水的香味分为前调、中调和尾调,也就是说同一瓶香水洒在身上后,在不同的阶段散发出来的香味是不同的。在喷洒香水后最初闻到的香味就是前调,在两三个小时后闻到的是中调,在五六个小时后闻到的是尾调。

使用香水时,一定要注意“过犹不及”。日常工作场合当中应当选用较为淡雅的香水。因此,你所用的香水的味道最好不要太浓烈,以免于散发得到处都是,使别人“无法逃避”。一般来说,在商务场合使用香水,交往对象在距离你一米之内能够闻到,一米之外几乎闻不到,这样的香味浓度才不致失礼。

喷上香水后不能用手去搓揉,这样会破坏香水的微粒,影响香水的效果。

3. 香水礼仪的基本要求

(1)适量。在抹香水时,有些人会因自己闻不到而涂抹过多,这时你应该懂得,哪怕自己觉得香味很淡,其实已经飘散得很远。也就是说,如果你自己已经闻到了,对周围的人来说就可能意味着刺鼻。因此,香水量一定要注意控制。千万不能在全身各部位都抹上香水。在喷洒时,如果是喷雾式香水,只要喷射一次即可;非喷雾式香水,用右手食指与中指遮住瓶盖,把香水瓶倾斜,让香水沾到手指即可。

(2)抹在皮肤清洁处。抹香水时,要有部位感,特别是要避开汗多、味重的部位。有些人为了隐藏腋下气味或汗臭,会在这些部位抹香水,这是男士使用香水最容易犯的错。香水是没有抑制臭味作用的,所以在容易出汗的颈部和腋下喷洒香水是无效的,其气味往往只能与汗臭、体臭混在一起。在抹香水前,最好先沐浴,在清洁的皮肤上使用。

(3)分清使用场合。在香水礼仪中,场合的问题需要引起重视,主要体现在以下几点:

不适宜抹香水的场合:看望病人、参加葬礼、封闭的空间(影院、机舱、会议室等)

适宜抹淡雅香水的场合:和客户、朋友进餐,观看歌剧,赴宴等社交活动。

适宜抹较为浓烈的香水的场合:和恋人约会、共进晚餐、去酒吧等,可以尽情使用,香水味可以让气氛达到更为合适的境界。在这种时候,你希望哪里更引人注意,就可以在哪里喷洒香水。

4. 香水涂抹的部位

涂抹香水的部位主要是耳背、手腕内侧、腰间、颈项两旁脉搏处。耳后根体温高容易挥发,涂抹方便。涂抹于静脉之上,手腕内侧体温高,经常振动,香味散发性好。在用餐前，把香水涂抹在腰间，让香味慢慢飘散，也是一种很好的选择。还有，锁骨处、膝盖内侧、脚后跟等也是涂抹香水的常用部位。

二、头部修饰

头发的性质有干性、油性、混合性、中性差别。对于商务个体而言，头发的修饰是仪容的重要组成部分。在交往时，头部往往首先被注意，直接影响你留给对方的形象。头发整洁、发型得体是美发的基本要求。头部修饰主要包括发型选择和头发护理。

（一）发型选择

1. *女士发型要求*

女士的发型应该是能够结合优雅女人味和干练职业感的发型，通常发型的线条流畅，颜色自然，式样也很简洁，切记夸张和叛逆。女士最好剪短发，长度不宜超过肩部。长发可将其挽束起来，不适合任意披散。即便是披肩发也要整齐，不要看上去没有经过梳理。不要留怪异的发型，刘海不要长过眉头，以免挡住眼睛。

2. *男士发型要求*

男士的头发一般要求较少。男士和女士一样应勤于清洁和护理自己的头发，按照自己的发质、发量，脸型以及工作需求选择适合自己的发型，充分利用头发让自己更有品位，更有朝气。男士发型的基本要求是：前发不覆额，侧发不掩耳，后发不及领。

发型的选择不仅要考虑性别差异，还要考虑年龄、脸型等因素。例如，少年以自然美为主，不宜烫发、吹风；青年人长、中、短发均可；中年人宜选择整洁简单、线条柔和的发型；老年人宜选择庄重、朴实大方的发型。

（二）头发护理

总体而言，人们的头发要保持整洁、健康、无异味，同时要经常洗护、梳理和修剪。

1. *注重头发洗护*

头发的洗涤主要是为了清除头屑，防止异味，使头发条理分明。具体注意点有：

洗涤时，要注意水温的选择，一般适宜选用40摄氏度左右的水温。

洗涤时，要注意洗发剂的使用，一般会考虑“去污强，营养柔顺头发，刺激性小，易于漂洗”。洗发剂的选择要注意适合自己，并在一定的时间后注意调换洗发剂。

洗涤时，还需要注意头发的变干。一般可以采取“洗后自然晾干”的方式，也可用电吹风吹干，但要注意温度不宜过高。

2. *重视头发的修理*

要做到头发整洁秀美、清爽悦目，需要对头发进行梳理，这特别有利于促进头部血液循环。梳理时还讲究梳子材质的选择。一般可以选用牛角梳（具有清凉热血的功能）或者玉梳（可以平肝安神镇惊），尽量不用塑料梳（易起静电而破坏头发组织）。梳头时要掌握梳理技巧，用力不要过猛，避免对头发的损伤与拉断。梳头时次数过多，也会过分刺激皮肤，使发丝受到过分的摩擦。

除梳理外，还要经常对头发进行修剪。若有必要，还需要做发，以达到美观大方的效果。在理发时，应当留意头发长度。对商务人员而言，通常以短为好，一般要求不理光头，头发也不宜过长。

【案例 11－3】

松下幸之助的改变

日本的著名企业家松下幸之助从前不修边幅，企业也不注重形象，因此企业发展缓慢。一天理发时，理发师不客气地批评他不注重仪表，说："你是公司的代表，却这样不注重衣冠，别人会怎么想，连人都这样邋遢，他的公司会好吗？"从此松下幸之助一改过去的习惯，开始注意自己在公众面前的仪表仪态，生意也随之兴旺起来，现在，松下电器的各种产品享誉天下，与松下幸之助长期率先垂范，要求员工懂礼貌、讲礼节、注重个人形象是分不开的。

案例点评：头发的护理特别富有"门面感"，门面的不善打理将会给交往对象留下"特殊"的印象。在松下幸之助前后对头发的清洁与护理的不同态度，我们能充分地体会到个体修饰对组织形象的影响。

三、肢体修饰

（一）手臂修饰

1. 不涂艳丽的指甲油

商务人员不应涂艳丽的指甲油。出于养护指甲的目的，可以涂无色指甲油。为了美观和时尚而在指甲上涂彩色指甲油或在指甲上进行艺术绘画，对于商务人士来说容易造成本末倒置之感，让其他人难以接受。另外，商务人士不适合在手臂上刺字、贴画和文身。

2. 不要腋毛外露

一般情况下，商务人员最好不要穿无袖外衣以免露出腋窝，但在某些特殊情况下需要穿无袖外衣时，应注意剃去腋毛以免外露。

【案例 11－4】

细节决定成败

一天，黄先生与两位好友小聚，来到某知名酒店。接待他们的是一位五官清秀的服务员小李，接待服务工作做得很好，可是她面无血色，显得无精打采。黄先生一看到她就觉得心情欠佳，仔细留意才发现，小李没有化工作淡妆，在餐厅昏黄的灯光下显得病态十足。上菜时黄先生又突然看到传菜员涂的指甲油缺了一块，他的第一个反应就是"不知是不是掉我的菜里了"。但为了不惊扰其他客人用餐，黄先生没有将他的怀疑说出来。用餐结束后，黄先生唤柜台内服务员结账，而服务员却一直对着反光玻璃墙面修饰自己的妆容，丝毫没有注意到客人的需要。自此以后，黄先生再也没有去过那家酒店。

案例点评：所谓细节决定成败，酒店的一系列行为招致了客人的反感，体现了其中相关服务员在基本仪容仪态上的不得体。然而，这一些在仪容上存在的问题其实是可以避免的。从该案例我们可以看出，细节的一些不够到位最终导致酒店客人的流失，不能不说是管理环节存在很大的漏洞。长此以往，酒店形象将面临急剧下降的危险。应该说，酒店如果到那时才意识到需要加强管理，估计就有些迟了。

（二）腿部修饰

1. 下肢的清洁

须做到以下几点：勤于洗脚，勤换袜子，勤换鞋子。

男士不应穿短裤暴露腿部，女士不应穿超短裙。

2. 下肢的美化

下肢的美化应考虑以下几个方面：注意腿毛，修剪指甲，忌化彩妆。

一般在公共场所不应赤脚穿鞋，也不应在别人面前脱鞋、脱袜，更不应抠脚趾。

第二节 仪 态 举 止

【案例 11 - 5】

张总的催眠术

张总很喜欢召开员工大会，因为他站在台上演说时，台下员工貌似认真听讲的态度令他很有满足感。但这只是他的一厢情愿，据员工透露，他们最怕开员工大会，因此只要张总一上台，他们就会心生抵触情绪。原来，张总演讲时一会儿把一只手插入裤袋（表示没有耐心），一会儿又将双臂环抱于胸前（表示防卫），一会儿微沉下巴（充满敌意的象征），说话也有气无力，演讲内容往往乏味不堪。每当他在台上“表演”的时候，员工就会昏昏欲睡。假如他敏锐地觉察到他的演讲令员工厌烦的话，他就会换个方式来打动员工的心。

（案例来源：万里红，最实战商务礼仪，机械工业出版社，2012）

案例点评：人们总是以一定的仪态举止出现在别人面前，给人留下一定的“动感印象”。你上台发言，如果你的仪态举止存在问题，那么你就永远是在上面自画自说，张总的演讲问题就出在这里，他的手插裤兜、双臂抱胸、下巴微沉、说话无力等不良仪态，给台下的员工传递了负面信息，容易招致抵触和不认同。

商务人士良好的仪态举止，不仅是个人良好形象、气质和风度的展现，能够给客户带来心理上的愉悦和美的享受，也是企业良好形象、内涵文化及管理水平的体现。

一、直立挺拔的站姿

站立是人最基本的姿势，优美、典雅的站姿是一种静态美，它是形成不同质感动态美的起点和基础，所以养成良好的站立习惯是商务人士塑造气质必不可少的一环。正确的站姿从整体上给人以挺、直、高的感觉，“立如松”是一般站姿的基本要求，即站立姿势要像青松一般端庄挺拔，双腿均匀用力。

1. 站姿基本要求

良好站姿的基本要求是：头正颈直，双肩平齐，下颚微收，双目平视前方；立腰挺胸，收腹提臀，髋部上提；两腿直立，双臂自然下垂，身体重心落在两脚的中心位置。

2. 女士站姿

女士的站立姿势基本应做到：抬头、挺胸、收腹、立腰。面带微笑和自信，身体自然向上挺拔，不要让臀部撅起。

女士站姿主要有基本站姿、礼宾站姿和交流站姿三种。

女士行基本站姿时，右手搭在左手上，两手虎口相对自然交叉于小腹前肚脐眼下三指处，小拇指夹角为90～100度左右。双脚跟自然并拢，脚部呈“小八”字步（即正脚位平行步），脚尖成15～30度（图11－1）。

女士行礼宾站姿时，右手搭在左手上，两手自然交叠于小腹前肚脐眼处，挺胸直腰，肘关节舒展开，脚部呈“丁”字步（右脚在左脚的二分之一处，两脚成60度）（图11－2）。

基本站姿和礼宾站姿的主要差别在于放手的位置与步伐的方式。基本站姿的放手位置在小腹前肚脐眼下三指处，而礼宾站姿放手位置则在肚脐眼处；基本站姿多用小八字步，而礼宾站姿常用丁字步。其他内容则基本相似。

女士行交流站姿时，双手轻握，脚呈小八字步或丁字步均可（图11－3）。

图11－1　基本站姿

图11－2　礼宾站姿

图11－3　交流站姿

3. 男士站姿

男士站姿有基本站姿（前握式站姿）、正位站姿和跨立式站姿三种。

基本站姿：全身直立，挺胸收腹，双肩稍向后展，头部抬起，两手自然交叉于身前肚脐附近，一般左手搭在右手上。

正位站姿：全身直立，挺胸收腹，双肩稍向后展，头部抬起，双臂自然下垂伸直，双手自然贴放于大腿两侧。该站姿适合拍照，但由于有些手足无措而不太适合与人交流的场合。

跨立式站姿：两手在身后叠放于腰际，两手心稍向上收。背手动作幅度要求尽量隐蔽，可将手先向后转，然后再做臂部动作。双脚平行，自然张开，大致与肩同宽，切莫宽过两肩。跨立式站姿对年龄与身材的要求比较高。

4. 站姿训练

商务人士必须经过严格训练，长期坚持，养成习惯，才能做到持久地保持优美、典雅的站姿。

（1）纠正不良站姿。在他人的帮助下或自己对着镜子进行训练，更容易纠正不良姿势。在找准规范动作的感觉后，再坚持 20 分钟左右的训练，开始时间可短一点，以后再慢慢延长训练时间。

（2）靠墙站立练习。靠墙站立练习，要求后脚跟、小腿肚、臀尖、双肩、后脑勺等部位紧贴墙壁，即所谓的九点靠墙法。每天一次，每次训练时间 5～10 分钟。

（3）两人背靠背站立训练。两人一组，背靠背站立练习。要求两人的个子高矮差不多，两人脚跟、小腿、臀部、双肩、后脑勺要贴紧。每次训练时间 5～10 分钟。

训练还可以采用顶书平衡法和半脚尖站立等方法。

相关链接

不同站姿传递的个人信息

站立时重心落在两脚之间：说明本人沉着稳重，待人处世宽宏大量，踏实可靠。但有时这样的站姿，若配合严肃的表情也会妨碍其亲和力，在人际交往中显得较为被动。

站立时双脚合并，双手习惯置于身旁：说明本人性格诚实可靠，循规蹈矩，生性坚韧，不会轻易向任何困难低头屈服。

站立时双脚交叉：说明本人虚荣心较强，经常迫不及待地实现自己的目的有时是由狂热激动的热情去激励自己干一番事业。但女性双脚交叉站立，略显轻浮、不稳重、不成熟，应慎用。

站立时双手插入裤兜：说明本人性格偏于内向保守，警觉性较高，较有城府，不轻易向人表露内心想法。给交往对象的感觉有时性格复杂多变，有时冷若冰霜，有时推心置腹，颇为豪气。

（资料来源：改编自王群，礼仪宝典，复旦大学出版社，P21，2010 年 6 月）

二、文雅端庄的坐姿

1. 坐姿的基本要求

基本要求是：上体自然坐直，两肩放松，两腿自然弯曲，双脚平落地上，双膝应并拢，男士双膝可稍稍分开，但女士的双膝、脚跟必须靠拢，男士两手半握拳放在膝上，女士双手交叉，虎口相握放在膝上。入座前腿与座椅应有一英尺的距离，就座时右腿后退半步，碰到座椅后轻坐在椅子上，坐椅子的三分之二处，坐下后双腿并拢放在中间或侧面，双膝合拢，后背挺直，目视前方，面带笑容。

2. 女士坐姿

女士坐姿主要包括以下五种：

(1) 正位坐姿（图 11-4）。身体的重心垂直向下，双腿并拢，大腿和小腿成 90 度，双手虎口相交轻握放在左大腿的二分之一处。正位坐姿的基本动作要领：身体处于左侧椅背前方，右脚向右侧跨出一小步，左脚快速跟上，右脚后退，身体稍侧前倾用右手拢裙，然后调整双脚，双手放好。（正位五步入座法）

(2) 双腿斜放式（图 11-5）。双腿斜放式（左斜）坐姿的基本动作要领：左腿平行向左侧跨出一小步，同时左脚尖朝向左前方 45 度，脚全部落地；右脚快速跟上；双脚要紧密重叠，双手自然放好。

图 11-4　正位坐姿

图 11-5　双腿斜放式（左斜）

(3) 双腿交叉式（图 11-6）。双腿交叉式（左侧）坐姿的基本动作要领：左脚向左侧平行移动一小步，右脚在左脚后面脚踝处交叉，脚尖左侧稍作倾斜。此时左脚的前脚掌落地，两膝盖之间与两小腿之间尽量靠拢。右侧交叉式的动作方向刚好相反。

(4) 前伸后屈式（图 11-7）。左腿前伸右腿后屈式坐姿的基本动作要领：身体的重心垂直向下，双膝并拢，左脚向前拉动右脚向后拉动，前后脚的内侧在一条直线上，双手虎口相交放在前伸的腿上，挺胸直腰面带微笑。其间，前后两脚之间略有距离，后一脚脚跟稍往上翘，换脚位时双手要相应进行交换。

(5) 双腿叠放式（图 11-8）。双腿叠放式（左侧）坐姿的基本动作要领：左腿平行向左侧跨出一小步，脚尖朝向左侧；右脚轻盈搭上，大腿和膝盖紧密重叠，犹如一条直线，脚尖下压；双手自然交叉，放在腿上二分之一处，面带微笑，目视前方。双手轻轻地放好在右腿上。

图 11-6　双腿交叉式（左侧）

图 11-7　前伸后屈式

图 11-8　双腿叠放式（左叠放）

总之，在常见的五种女性坐姿中，正位坐姿和前伸后屈式坐姿适合于所有场合；双腿斜放式和双腿交叉式坐姿一般建议在社交场合采用且在女性穿裙子时坐姿相对比较优雅。双腿叠放式由于优雅高贵但略显傲慢等原因，是社交场合的第一选择，一般不用于职场。

3. 男士坐姿

（1）标准式。上身挺直，双肩平正，两臂自然弯曲，两手交叉叠放在两腿中部或扶手上，并靠近小腹，男士两脚自然分开成 45 度。

（2）前伸式。在标准坐姿的基础上，两小腿向前伸出双脚并拢，脚尖不要翘。

（3）屈直式。右脚前伸，左脚收回，腿部自然放松，两脚前脚掌着地，并在一条直线上。

（4）重叠式。重叠式也叫“二郎腿”或“标准式架腿”等。在标准式基础上，两腿向前，一条腿提起，腿窝落在另一腿的膝盖上。要注意脚尖朝下，切不可架在另一条腿上形成“4”字型，也不可脚底对人，这样非常不礼貌。

坐姿中的“禁忌”

忌身姿不雅：入座后全身完全放松，东倒西歪，前仰后合。

忌双手摆放不雅：入座后将双手夹在两腿之间或放在臀部底下，或将双手端在胸

前或抱在脑后。

忌腿姿不雅：双腿分开过大，形成内八字或外八字；将腿伸得过远或夹在桌子上；有意无意地晃动双腿；架起二郎腿来回晃悠；双腿叠放，形成“4”字型腿。

忌上身过分前倾或用双手支撑下巴 。

忌入座时噼里啪啦，起身时疯疯癫癫。

（资料来源：王群．礼仪宝典．复旦大学出版社，P31－32，2010年6月）

三、流畅稳健的走姿

步态是人行走时的姿态，即走姿。步态能直接反映出一个人的精神面貌、性格特点等，优美的步态具有动态美，能体现出一个人良好的精神面貌和良好的气质风度。因此，从事商务职业的人员，很有必要加强个人走姿的训练。

1．走姿的基本要求

良好的走姿应通过四肢和髋部的运动，以大关节带动小关节，是整个身体移动来实现。行走时，既要考虑性别、步幅、步速、协调感和韵律感，又要与环境、身份及出行目的等因素相适应。基本要求是身正胸挺两臂摆，两眼平视正前方，脚掌着地步子匀，走起路来稳当当。

2．步态规范

规范的步态应考虑基本的三要素，即一个人在行走时的步位、步幅和步速。

（1）步位。即指脚落地时的位置。女子行走时，两脚内侧着地的轨迹要在同一直线上；男子在较为正式的场合中行走时，行路轨迹应该是两条线，行走时两脚的内侧应是在两条直线上。

（2）步幅。即跨步时前脚跟与后脚尖之间的距离。标准的步幅是本人的1～1.5个脚长，男性一般略微稍大一些，女性略小，但因身高不同、场合不同，考虑服饰也会有一定的差异。

（3）步速。即行走时的速度或频率。据统计，一般女性每分钟行走90步，男性每分钟行走100步，这样的步速会显得有节奏和韵味。

【小贴士】

几种不同着装的走姿要领

1．着西装的走姿

西装以直线为主，给人挺拔、庄重、大方之感。因而在步态上亦应以直线为主，身体要挺直，步幅可略大一些。尤其是女性，着西装时通常是公共场合，行走时应显得庄重，切忌髋部左右摆动。

2．着旗袍的走姿

旗袍以曲线展现其妩媚、典雅的特点。反映出东方女性柔美、富有曲线的风韵。因而女性在身着旗袍行走时，要求身体挺拔、胸微含、下颚微收，步幅应小一点，髋部则可随重心的变化而左右略摆动。

3. 女士着一步裙的走姿

短一步裙是多数女性工作时的着装。因而行走时更显示出女性端庄、敏捷、干净、利落、能干、高效的特点。所以行走时注意保持平稳，步幅要小一点，步速可稍快一点，双臂的摆幅也要稍小一点。

4. 女士穿高跟鞋的走姿

穿高跟鞋时身体的重心随之移到前脚掌上。行走时，从头到脚都应给人挺拔的感觉。所以行走时要将踝关节、膝关节、髋关节挺直，挺胸收腹，立腰提臀，头微微上仰。步位称为柳叶步，即两脚跟前后踩在一条直线上，走出来的脚印像柳叶一样。

3. 走姿的训练

目的：通过行走的专门训练，增强职业人员在行进中身体形态的控制能力。在改变原始自由行走状态的同时，使行走的姿态更规范、更优美、更有风度。

练习时控制好上体形态，双肩放松，不前倾、后倒、左右摇晃。双臂自然前后摆动，幅度不能过大。双脚落地要稳，行进中重心不能上下颤动。控制好胸式呼吸，充分展示良好的身体形态。

（1）直线行走。

目的：加强行进中上体形态的控制，提高行走中的步伐稳健和韵律感觉。

动作方法：按音乐节奏原地踏步后前进，行进路程为直线，左脚踏音乐重拍。

（2）侧身直线、斜线前进。

目的：提高行走中的身体形态表现力。

动作方法：可从立正姿态开始，按音乐节奏行进，行进轨迹可直线也可斜线，行进中双脚尖向前进方向，上体向左（右）旋转45度方向，头向右（左）方向看成左（右）侧身走。

（3）行进中左、右旋转360度。

目的：在行进旋转动作中，加强身体重心的稳定性，提高身体形态的控制能力。

动作方法：按音乐节奏直线行走进或侧身斜线行进中用1～4拍完成左、右旋转。左旋转第1拍，右脚从左脚前向左平行交叉，第2～4拍回头看原方向，双脚蹬地围绕左肩旋转360度，再按原行进路线前进。右旋转动作成左旋转，方向相反。

（4）行进中左、右丁字步站位练习。

目的：动、静转换中体现良好身体形态。

动作方法：用1～4拍完成左、右丁字步站位练习。第1～2拍向侧迈左脚身体向左转45度，头向前看，右侧肩对前形成右丁字步，控制3～4拍（手臂可自由设计）。左丁字步动作同右丁字步，方向相反。

4. 走姿的禁忌

商务场合中应避免不雅的走姿，如：行走时步幅适度，太大时，显得鲁莽、不雅观，太小显得不大方；双手插入裤袋，显得拘谨小气，双手背于背后，显得呆板、傲慢；行走时上体晃动厉害或摇摆不停，易给人轻佻、浮夸、不稳重的感觉，尤其要避免“内八字”或“外八字”步位。

四、美观大方的蹲姿

通常情况下，捡拾东西、拍摄合影，服务客户或者自我需要时，商务人士不可避免地要行蹲姿，因此蹲姿在商务场合也是必不可少的。蹲下时，一腿高一腿低，腿高一侧的手轻轻扶在腿上，腿低一侧的手用来捡拾物品，上体尽量保持垂直。

1. 规范的蹲姿

(1) 高低式蹲姿（图 11-9）。由于这种姿势比较优雅，而且最重要的是女性着裙装时采用这种蹲姿会比较安全，避免"走光"，因而商务场合应尽量采用高低式蹲姿。

具体动作：下蹲时可右脚在前，左脚稍后，两脚平行，两腿靠紧向下蹲。右脚全脚着地，小腿基本垂直于地面，左脚脚跟抬起，脚掌着地。左膝低于右膝，右膝内侧靠于右小腿内侧，形成右膝高左膝低的姿势，臀部向下，基本上以左腿支撑身体。

(2) 交叉式蹲姿（图 11-10）。交叉式蹲姿的基本要领是：下蹲时右脚在前，左脚在后，小腿垂直于地面，全脚着地，左脚跟抬起，脚掌着地，两腿紧靠，臀部向下，上身稍前倾。在商务场合，交叉式蹲姿一般不建议采用。

男士蹲姿相对比较简单，下蹲时两腿自然分开，要求比女性简单。

图 11-9 高低式蹲姿

图 11-10 交叉式蹲姿

2. 蹲姿的禁忌

(1) 不要距离客户太近。在下蹲时，应与身边人保持一定的距离，与他人同时下蹲时，更不能忽略双方之间的距离，以防彼此"迎头相撞"；下蹲时，需有目光示意，千万不可唐突蹲下，令对方不知所措，在下蹲时动作应保持一贯的频率，尽可能避免生硬下蹲，应尽量保持优雅。

(2) 不要方位失当。在他人身边下蹲，尤其是在客人身边下蹲时，最好是与之侧身相向。正面面对客人，或者背部面对客人下蹲或者臀部朝人，通常都是不礼貌的。

(3) 不要毫无遮拦。蹲在大庭广众之前时，尤其是身着裙装的女从业人员这样做时，一定要避免下身毫无遮掩的情况，尤其是要防止大腿叉开，不然就会使个人隐私暴露于外人眼中。

(4) 不要长时间蹲着休息。在不少人印象里，蹲着是可以休息的，但对商务场合从业人员来说这种做法应尽量避免，不可长时间蹲在地上休息，这很不雅观。

五、谦恭有礼的体态语

在商务场合中，从业人员的体态语是一种无声的语言，可以传递人们内心世界的思想感情，也可以展示自我和企业的良好形象。因此，商务人士在工作中有必要正确地把握和运用好自己的体态语，通常情况下，谦恭有礼的体态语包括以下几个方面。

1. 眼神

在交际中通过视线接触所传递的信息，称为眼神。在人际交往中，眼神注视的基本规范要求友善大方、视线位置恰当、时间合宜。在平时的练习中，要注意选择各种场合情境来练习，选择符合礼仪要求的目光注视类型、方式、时间等运用与交往对象。

在人际交往中，不同的注视方式所传达的信息也不尽相同。

(1) 公务注视。这是人们在工作交往中，联系业务、洽谈生意及外事谈判等场合中使用的注视行为。目光注视的位置在以对方双眼或以双眼为底线，额头顶部的三角形区域内。这种注视给人严肃、认真、有诚意的感觉，能令对方慎重考虑你的意见，在一定程度上能让自己掌握控制权，保持主动。

(2) 社交注视。这是人们在社交活动中，舞会、茶话会、宴会及朋友聚会场合使用的注视行为。注视的位置以对方双眼或双眼为底线，唇心为顶角的倒三角形区域内。这种注视能营造一种缓和的气氛，令人感到舒适，也很有礼貌。

(3) 亲密注视。这是亲人之间、恋人之间所使用的注视行为。注视的位置在对方的双眼或双眼到胸部之间的区域内。这是一种最亲近、最没有戒备与防备的注视行为，所以，一般人不得随意使用亲密注视，以免引起他人的误解，尤其是商务场合，不熟悉的异性双方更不能使用此种注视方法。

2. 微笑

文学家说，微笑是世界上最美丽的花朵；美学家说，人在微笑时，五官的比例最和谐动人；社会心理学家说，微笑是人际交往中最受欢迎的表情，是打开交往之门的金钥匙。微笑传递的信息能够促进双方沟通，融合双方感情，亦能弱化或消除存在人们之间的芥蒂或隔阂，增进理解和友谊。因此，我们说微笑是一种人人皆知的世界语。

(1) 微笑的作用。在人际交往中，微笑能迅速缩小彼此间的距离，创造出和谐、融洽，互尊、互爱的良好气氛，在交流与沟通中起着润滑剂的作用，有利于交际成功；微笑可以使客人感到受欢迎、受尊重，微笑有助于企业树立良好的形象，获得良好的经济效益和社会效益，促进企业成功和发展。

(2) 微笑的养成。微笑是人们喜悦心情的自然表露，加强这方面的培训教育使商务人士能够习惯微笑，善于微笑，并自觉地控制不良情绪。

1) 加强爱岗敬业、职业道德及微笑服务意识教育。只有当从业人员在思想和心灵深处，对自己所从事的职业和岗位有正确的认识，具有了敬业、乐业的职业道德时；只有当从业人员在思想和心灵深处具有了微笑服务意识，认识到微笑服务的意义和作用，明白了为什么要进行微笑服务时，从业人员才能以强烈的责任感、饱满的热情，把个人的烦恼、杂念置于脑后，全身心地投入到工作中去，自觉地为客人提供微笑服务。

2) 加强心理素质训练，增强自控能力。微笑需要以良好的心情为先导。心理素质好

的人，无论遇到什么事，心理承受能力较强，情绪相对较稳定。而心理素质差的人，心理承受能力较弱，情绪的波动较大，自控能力也较弱，喜怒哀乐溢于言表，这常常会有损形象。因此，培养良好的心理素质，增强自控能力，对从业人员来说是非常重要的，微笑服务要求从业人员不能把不良情绪带到工作中来，而要在上岗前就要控制好自己的情绪，从而全身心地投入到工作中去，为客人提供微笑服务。

(3) 微笑的训练。训练微笑的基本做法是：不发声，不露齿，肌肉放松，嘴角两端略微提起，面带笑意，亲切自然，使人如沐春风。

1) 对着镜子训练。对着镜子微笑，首先找出自己最满意的笑容，然后不断地坚持训练此笑容，从不习惯到习惯微笑，并以此笑容为客人服务。

2) 情绪记忆法。即将生活中自己最好的情绪储存在记忆中，当工作需要微笑时即调动起最好的情绪，这时脸上就会露出笑容。

3) 借助一些字词进行微笑口型训练。微笑的口型为闭唇或微闭唇，两唇角微向上翘。除对着镜子找出最佳口型进行训练外，还可借助一些字词发音时的口型来进行训练。如普通话的“茄子”、“切切”、“姐姐”、“钱”等。默念这些字词时所形成的口型正好是微笑的最佳口型。

第三节 着 装 礼 仪

一、着装的TPO原则

TPO原则是着装礼仪的基本原则。T、P、O三个字母是英文Time（时间）、Place（地点）、Object（对象）这三个单词的缩写，T代表时间、季节、时令和时代，P代表地点、场合、职位等，O代表对象、目的。着装的TPO原则要求人们在选择服装，考虑其基本款式时，首先应力求使自己的着装及其具体款式与着装时间、地点、场合协调一致、力求规范、和谐般配。

【小贴士】

服饰的一般分类

1. 职业装

职业装是在办公室处理日常工作或者外出洽谈业务、从事具体的操作工作时的着装。总的要求是利于工作的开展，讲求工作效率。职业装又可分为办公室服饰和外出职业装。

2. 社交装

社交装是在正式社交场合中，男女穿着的礼仪性服装，如晚礼服、出访服等。

3. 出门装

出门装主要是在公共场合参加一些非正式的社交活动或上街购物时穿着。当你要去参加一个朋友的聚会或茶话会、沙龙座谈会，出门装会让你既有一定的品位和素养，又显得随和、亲切、友好。

4. 休闲装

休闲装俗称便装，是在休闲生活中穿着的，休闲服一般分为运动休闲、浪漫休闲、古典休闲、民俗休闲、居家休闲等。

5. 旅游装

旅游装是指在旅游、娱乐的过程中适宜的服装，在强调舒适性的基础上，还要突显外在款式上的美感和功能性。旅游装要求轻便、舒适、吸汗、合体，面料用易于清洗和速干的材料为好。

（资料来源：王群．礼仪宝典．复旦大学出版社，P47－48，2010 年 6 月）

二、男士西装

西装是一种国际性服装。西装以其设计造型美观、线条简洁流畅、立体感较强、适应性广泛等特点深受商务人士的喜爱和青睐，被认为是男士的正统服装，也形成了固有的穿着要求。

【案例 11－6】

因穿毛衣而丢失大客户的大卫

大卫是位年轻气盛、聪明勤快的小伙，虽然进入理财经济行业刚满三年，但积累了一定的客户群，因为是公司里最年轻且业绩又出色的职员，所以经常受到上司的表扬，大卫开始扬扬自得。有一天早上 10 点，他要去拜访预约了五六次才成约的客户，因为下午他休息并和以前的大学同学郊游散心，所以就穿了一件休闲毛衣和牛仔裤前往客户公司。客户对大卫的第一印象是："我如何放心把财产交给这个上穿休闲毛衣、下穿牛仔裤、脚上一双时尚运动鞋的小伙子管理？看上去太不靠谱了。"不到 10 分钟，客户就以要开会为由打发了大卫并解除了彼此的约定。

（案例来源：万里红．最实战商务礼仪．机械工业出版社，2012）

案例点评： 商务人士要访问多家企业，经常和客户会面，这时的穿着打扮就不能以自己为中心，而要考虑到公司的形象。在商务场合，从业人员整洁、高雅的着装会增添自己的翩翩风度，给人以信任感和亲和力，更重要的是代表企业的外在形象和职业素养。

男士西装穿着的基本礼仪如下：

（1）西装袖标要去掉。穿西装前一定要将西装袖口上的商标去除，要不然的话会让人感觉非常无知而贻笑大方。

（2）注意西服的口袋。除西装左上方的胸袋可放置一些装饰性手帕外，名片、卡片等超薄型物品可放置于西装内袋，西服的口袋中切勿放其他鼓鼓囊囊的物品，以免有损着装形象。

（3）领带搭配要合适。通常来说，在正式场合穿西装都要打领带，领带的颜色要选择与西装颜色协调搭配合理，打领带要使领带的末端刚好盖住皮带扣（领带尖部位置可适当上下调整）。

领带的基本系法

1. 单结

领带单结的打法是最常用的一种结法，打结和解结都非常容易。对大部分的领带和几乎所有的衬衫领都非常适合。为了打好单结，需要注意：领带结需要与衬衫领和谐搭配。它应该不松不紧地系在衬衫领上，领带的最宽部分（即在“最宽点”前）应位于腰带处。

2. 双结

它们的不同在于前者有两个结，即两圈。这种结适合个子矮小的男士，它适合意大利领和稍细的领带且简单易做。

3. 温莎结

温莎结是一种非常英国式的漂亮领带结法，引领潮流。它体积大，因此适合系在分得很开的衣领和很细的领带上。这种结要非常对称地打才能成功，操作起来有点复杂。

4. 亚伯特王子结

此种结适用于浪漫扣领及尖领系列衬衫，搭配浪漫质料柔软的细款领带，正确打法是在宽边先预留较长的空间，并在绕第二圈时尽量贴合在一起即可完成此完美结型。

5. 浪漫结

浪漫结是一种完美的结型，故适合用于各种浪漫系列的领口及衬衫。

6. 简式结（马车夫结）

此种结适用于质料较厚的领带，适合打在标准式及扣式领口之衬衫，将其宽边以180度由上往下翻转，将折叠处隐藏于后方，待完成后可再调整其领带长度，是最常见的一种结形。

7. 十字结（半温莎结）

此款结型十分优雅及罕见，其打法亦较复杂，使用细款领带较容易上手，最适合搭配在浪漫的尖领及标准式领口系列衬衣上。

（4）纽扣的规范系法。对于双排扣的西装，必须全部扣上；单排双扣的西装，可不扣或只扣最上面的一扣，单排三扣的，可只扣上面的两扣或只扣中间一颗。

（5）搭配衬衫有讲究。穿西装出席正式场合一般都要穿素色的衬衣，衬衣袖口的纽扣要扣上，袖口要外露出西装袖口1～2cm。如果在聚会性质的非正式场合，则可以在休闲西服内穿上比较活泼的花衬衫，但是衬衫纽扣还是必须扣上，尤其是正式场合，衬衫最上边的第一颗扣一定要系上，切不可用领带勒住。

【案例 11-7】

尴尬的着装

赵华是一家国有企业的总经理。有一次，他获悉一家著名的法国企业的董事长正在本市进行访问，并有寻求合作伙伴的意向，他于是想尽办法，请有关部门为双方牵线搭桥。让赵总经理欣喜若狂的是，对方也有兴趣同他的企业进行合作，而且希望尽快与他见面。到了双方会面的那一天，赵总经理对自己的形象刻意地进行了一番修饰，他根据自己对时尚的理解，上穿西装，下穿牛仔裤，头戴鸭舌帽，足蹬旅游鞋。无疑，他希望能给对方留下精明强干、时尚新潮的印象。

然而事与愿违，这一身时髦的“行头”，却偏偏坏了他的大事。赵总经理的错误在哪里？他的法国同行对此有何评价。

案例点评：在商务交往中，每个人都必须时时刻刻注意自己的形象，尤其是在面对外国友人时，要注意自己留给初次见面的外国友人的第一印象。赵总与法国同行的首次见面属国际交往中的正式场合，应穿西装或传统中山服，以示对法方的尊重。但他却恰恰相反，正如他的法方同行所认为的：此人着装随意，个人形象不合常规，给人的感觉是过于前卫，尚欠沉稳，与之合作之事当再作他议。

三、女士正装

1. 女士正装的着装基本礼仪

(1) 干净整洁。女士正装要保证衣着整洁、无污渍，口袋和纽扣保持完整。

(2) 优雅得体。注意正装与饰品的搭配，首饰不可过多，给人一种俗气、浮华的感觉，应不失优雅，得体合身。

(3) 彰显魅力。当今时代，女士着装已经远远不是满足遮羞、避寒的作用，要合时宜，既不超前也不落伍，可在一定程度上彰显个人魅力。

(4) 忌露忌透。商务场合中，女士正装忌露忌透，特别是在夏季着装中露出胸罩或半透明内衣，都是十分不雅观的。

2. 女士职业套装的搭配

(1) 衬衫。

1) 从面料上讲，要求轻薄而柔软，故此真丝、麻纱、府绸、罗布、涤棉等都可以用作其面料。

2) 从色彩上讲，它的要求则主要是雅致而端庄，并且不失女性的妩媚。除了白色之外，其他各式各样的色彩，包括流行色在内，只要不是过于鲜艳，同时与所穿的套裙的色彩不相互排斥，均可用作衬衫的色彩。不过，还是以单色为最佳。

3) 与套裙配套穿着的衬衫上，最好不要有图案或花色。

4) 穿衬衫时，衬衫的下摆必须掖入裙腰之内，不得任其悬垂于外，或是将其在腰间

打结；衬衫的纽扣要一一系好；衬衫在公共场合不宜直接外穿，不可在外人面前脱下上衣，直接以衬衫面对对方。

(2) 衬裙。特指穿在裙子之内的裙子。女士穿套裙时，尤其是穿丝、棉、麻等薄型面料或浅色面料的套裙时，假如不穿衬裙，就很有可能会使自己的内裤为外人所见，衬裙的色彩宜为单色，如白色、肉色等，但必须使之与外面套裙的色彩相互协调。通常情况下，衬裙上不宜出现任何图案。从款式方面来看，衬裙亦须与套裙相配套，应特别注意要线条简单、穿着合身、大小适度。

(3) 内衣。一套内衣往往由胸罩、内裤以及腹带、吊袜带、连体衣等构成。它应当柔软贴身，并且起着支撑和烘托女性线条的作用。选择内衣最关键的是要使之大小适当，既不能过于宽大，也不能过于窄小。穿上内衣以后，不应当使内衣的轮廓在套裙之外展现出来，也不能让交往对象从外套上看到内衣的轮廓，否则极其不雅观。

(4) 鞋袜。选择鞋袜时，应当首先注意其面料。女士所穿的与套裙配套的鞋子，宜为皮鞋，并且以牛皮鞋为上品。与套裙配套的皮鞋，以黑色最为正统。此外，与套裙色彩一致的皮鞋亦可选择。但是鲜红、明黄、艳绿、浅紫的鞋子，则最好莫试。

鞋袜在与套裙搭配穿着时，其款式有一定的要求。与套裙配套的鞋子，宜为高跟、半高跟的船式皮鞋或盖式皮鞋；系带式皮鞋、丁字式皮鞋、皮靴、皮凉鞋等都不宜采用。高筒袜与连裤袜，则是与套裙的标准搭配；中筒袜、低筒袜绝对不宜与套裙同时穿着。

本章小结

本章首先介绍了仪容仪表的主要内容，主要涉及面部修饰、头部修饰和肢体修饰；其次介绍了仪态，主要包括男士和女士的直立挺拔的站姿、文雅端庄的坐姿、流畅稳健的走姿、美观大方的蹲姿以及谦恭有礼的体态语；最后从着装的 TPO 原则出发，简单介绍了男士西装和女士正装的一些基本规范。

思考练习

1. 仪容仪表的基本内容有哪些？
2. 男女士坐姿分别有几种姿势？具体如何？
3. 简述男、女士的正装着装要求。
4. 技能训练题：根据自己的仪容仪表设计一套适合自己的修饰方案。

案例分析

小王的面试

一位年轻的硕士研究生小王即将从某重点大学金融管理专业毕业，她得到了一家银行招聘面试的机会，职位是银行的市场推广部门做项目推广工作。于是在约定好的时间年轻人兴致勃勃来到了那家银行。

小王穿着一件藕黄色带衬里的薄纱无袖短衫，短衫是大领口，在领口和袖口边上有宽宽的折叠花边；短衫下面是一条同色的短裙，裙边也是宽宽的折叠花边。可能因为热，年轻的小王没有穿袜子，脚上是一双贴有闪亮水晶片的细高跟黑色凉鞋，手上拿的是一个印有卡通图像的帆布手提袋。面试很快结束了，她的感觉很不好。虽然银行方面并没有明确告诉她结果，但是她自已很清楚面试的结果，因为面试她的人对她一点热情也没有，只是说现在银行没有合适她的职位，希望明年再来试试看。

思考：

1. 小王曾是大学生中的佼佼者，由于学业上的优秀表现，大学毕业那年直接升研究生深造。请问是什么原因导致小王最终与面试岗位无缘？

2. 从小王的求职经历中，在礼仪方面你得到了哪些启示？

第十二章　商务社交礼仪

导入案例

小张成功地应聘到××公司，是一名销售员，工作时间不长他就接到了一笔大的订单，这笔订单如果可以拿下，当年他就可以完成年度销售任务的60%，小张为此做了很多工作。

一日，对方客户约小张到单位进行最后的商谈。这一天，小张精心地打扮了自己，穿上笔挺的西服，将齐全的材料放进了公文包，按照约定时间小张准时来到了××公司，见到了供应科的李科长。小张与李科长是首次见面，他主动热情地迎上前去，握住李科长的手，激动地使劲摇晃并说："见到您太高兴了，以后还请多多关照。"入座后，小张拿出自己的名片，李科长也递上自己的名片，小张拿过李科长的名片看了一眼就放在了茶几上，并随手用纸杯压住了名片。接下来，双方就订单的具体事宜再一次进行了谈论和商议，兴奋不已的小张在商谈结束之际，将材料整理后放进了公文包，与对方礼貌告别并离开，而李科长的名片依旧放在茶几上。

回到公司，小张兴冲冲地去向总经理报告，不料却受到总经理的批评说对方取消了这笔订单。

案例点评：在这个案例中，作为销售员的小张没有掌握一些必要的商务社交礼仪，例如握手是当今商务社交场合表达热情、互致问候的常用方式，但握手有先后，力度有要求，深度有规范，小张鲁莽的握手方式会让对方很尴尬。另外，名片递接的基本礼仪在商务场合也显得非常重要。因此从本案例中，我们不难看出在商务社交场合，掌握基本礼仪非常必要。

知识要求

1. 理解商务社交礼仪的基本意义及其分类。
2. 掌握商务社交中见面问候礼仪和接待礼仪。
3. 了解商务社交中拜访礼仪和馈赠礼仪。

关键术语

商务社交　见面问候　接待规范　赴宴拜访　馈赠礼物

在商务社交活动中，礼仪是人们交流情感、建立友谊和开展各种活动的桥梁与纽带。见面问候是否合适，接待流程是否规范，赴宴举止是否得体，拜访时机是否合宜，这些在很大程度上都直接影响商务活动的成败。良好的商务社交礼仪不仅可以树立个人的良好形象，展现个人素质和人格魅力，更有利于在商务活动中赢得交往对象的尊重和信任。

了解商务社交礼仪的基本意义及其分类，掌握商务社交中见面问候和接待礼仪，熟悉商务社交礼仪技巧，是商务人士必备的素质与能力。

第一节　见　面　礼　仪

在商务社交活动中，初次见面相对比较重要，关乎个人形象和企业形象，直接影响商务活动的成败。初次见面时，应注意使用合适的称呼，自我介绍和他人介绍均要时机合适，有礼节地问候致意并注意方式方法。另外，善于使用名片、力度适中的握手等也是商务人士必备的基本素质。

一、称呼礼仪

称呼是良好人际交往的敲门砖，一个恰当得体的称呼，能确立交往双方的关系，有助于商务活动的顺利进行和良好人际关系的建立，反之，不恰当或错误的称呼可能会使交往对象不悦，影响彼此之间的关系，乃至商务社交活动的成功。因此，在商务社交的见面礼仪中，一定要重视称呼礼。

称呼，亦称称谓，是指人们在社会交往中，用以表达彼此关系的名称用语。

人际交往，礼貌当先；与人交谈，恰当称呼。恰当使用称呼，是商务社交中一项基本礼貌，也是不可缺少的礼仪元素。

在称呼礼仪中，沟通者首先要熟悉几种主要的称呼方式并加以正确使用。

1. 主要称呼方式及其运用

在商务社交场合，称呼应恰当、规范、得体，以表示对交往对象的尊重和友好，常见的几种称呼方式如下：

（1）职务称。职务称是指按照交往对象的职务来称呼。例如，“部长”、“董事长”、“经理”、“处长”、“书记”、“科长”、“校长”等。另外，职务性称呼也可以同泛尊称、姓名、姓氏分别组合在一起使用。例如，“习主席”、“李总理”、“普京总统”、“部长先生”等。对一些职务高的官方人士，如部长以上的高级官员，不少国家可称“阁下”。例如“总统阁下”、“大使先生”。对有高级官衔的妇女，也可称“阁下”。

（2）职衔称。职衔称是指交往对象拥有社会上备受尊重的学位、学术性职称、专业技术职称、军衔和爵位，例如可以称呼“院士”、“博士”、“教授”、“律师”、“法官”、“将军”、“公爵”等。在这方面，我国还经常会将职务进行简称，如称“张社长”为“张社”、称“李董事长”为“李董”、称“方局长”为“方局”等。

（3）职业称。职业称就是指以交往对象从事的职业作为称呼。例如“老师”、“教练”、“警官”、“医生”等。在不知对方职称或姓氏却知其职业的情况下，适用采用此类方式。

（4）姓名称。在交往对象彼此较熟悉的情况下，可以直接称呼他人的姓名或姓氏。例如“汤姆·克鲁斯”、“刘志海”、“朱晓梅”等。中国人为表示亲切，还习惯在被称呼者的

姓前面加上“老”、“大”或“小”等字，而免称其名。如“老张”、“小李”。另外，也可以省略姓氏只呼其名，表示亲切友好。如“志海”、“晓梅”、“宝林”等。另外还需要注意复姓的称呼，如申屠、欧阳、东方、诸葛、司徒、西门等，不可随意将“东方剑”简称为“东先生”，将“欧阳捷”简称为“欧小姐”。

(5) 泛尊称。这种称呼几乎适合于社交场合中大部分交往对象。对男子一般称“先生”，对女子称“夫人”、“小姐”、“女士”。应该注意的是，在称呼女子时，要根据其婚姻状况，已婚的女子统称“夫人”或者“太太”，未婚的女子统称“小姐”，对不知婚姻状况和难以判断的，可以称之为“小姐”。对职业女性可统称“女士”。当面对一位年龄较大却并未结婚的女士，千万不可凭直觉或猜测称其为“太太”，不然可能会大煞风景或招致对方反感。

另外，泛尊称可以同姓名、姓氏和行业性称呼组合在一起，在正式的场合使用。例如“奥巴马先生”、“撒切尔夫人”、“上校先生”等。

(6) 特殊性称呼。对于君主制国家的王室成员和宗教神职人员应该用专门的称呼。如在君主制国家，应称国王或王后为“陛下”，称王子、公主、亲王等为“殿下”，有爵位的应称爵位或“阁下”。对神职人员应根据其身份称为“教皇”、“主教”、“神父”、“牧师”、“阿訇”、“满拉”等。

(7) 其他称呼。除以上几种常见称呼外，在人际交往中还有以“你”、“您”、“朋友”相称，对于关系较熟悉的年轻男女还可以称呼“帅哥”、“美女”，对于未成年人可以称呼“小朋友”、“小弟”、“小妹”等，对于年长一些的人还可以称呼“大伯”、“阿姨”、“大爷”、“大叔”、“大姐”等。通常，此类称呼较适用于日常生活中，在商务社交中要注意慎用。

在商务活动中，称呼的选择和使用重在表达“尊重”和“友好”，因此要尽量使用一些交往对象喜欢又比较文雅的称呼，例如职务称呼、职衔称呼和职业称呼等。

2. 称呼的技巧

在商务活动中，称呼对方要注重语气和语速。称呼时适当加重语气，然后适时停顿，这样能引起对方的注意。反之，如果你的称呼含糊不清、又快又轻，不仅让对方听不清楚，而且也会让交往对象感觉不受尊重。因此，称呼一定要完整得体，清楚、认真地说出来，表达对交往对象基本的尊重和礼节。

相关链接

中国传统文化之“称谓”

称他人父亲为令尊，母亲为令堂；
称父母为高堂、双亲；
称他人兄弟姐妹为令兄、令姊、令弟、令妹；
称自己兄弟姐妹为家兄、家姊、舍弟、舍妹；
称他人儿子为令郎，女儿为令嫒；
称自己父母为家父、家母；
称妻父俗称丈人，雅称岳父、泰山；
妇女称巾帼，男子称须眉；
老师称恩师，学生称门生，同学称同窗。

3. 称呼的禁忌

(1) 忌无称呼。例如以“哎”、“喂”等无指代性的称谓来称呼交往对象，这样称呼会显得非常不尊重交往对象。

(2) 忌歧视、侮辱性称呼。例如，称呼外国友人为“老外”、“黑鬼”等，具有明显歧视、侮辱性的称呼。

(3) 慎用地方性称呼。有些称呼诸如“师傅”、“伙计”等属于地方性称呼，具有明显的地域性与针对性，因而这些称呼一般不通行使用，尤其是在商务社交场合应该慎用。类似的称呼还有“婆姨”、“老汉”、“后生”、“女娃”等。

(4) 忌用绰号称呼。在正式交往场合，即使关系较熟也忌用交往对象的绰号称呼，尤其在多人沟通的时候，沟通者不适合大呼对方绰号，以免出现难堪境况。

(5) 公开场合忌用私人关系称呼。在公开场合，禁用一些私人关系的称呼，尤其是亲戚关系和亲密关系。例如，“舅舅”、“姑姑”、“老公”、“老婆”等。

【阅读资料】

国际交往中的称呼

国际交往中，由于国别、国情、民族和宗教信仰的不同，称呼千差万别，因此在称呼对方时要注意国别，要有差异地对待。

在美国、加拿大、英国、澳大利亚、新西兰等讲英语的国家里，姓名通常由两部分构成，名字在前而姓氏在后。通常在熟识之后，可以直呼其名而省略姓氏。

俄罗斯人的姓名由本名、父名和姓氏三个部分构成。妇女的姓名婚前使用父姓，而婚后使用夫姓，本名和父名通常不变。

日本人的姓名排列和我国一样，不同的是日本女子婚前使用父姓，婚后使用夫姓，本名不变。

二、介绍礼仪

介绍是商务沟通者在社交场合中相互了解的基本方式，是人与人相互沟通的出发点，能够适时缩短人与人之间的距离。在商务社交中，适时、恰当的介绍能够起到较好的作用，是人际交往中与他人相识、建立联系、增进了解的一种最基本、最常见的方式和手段。

1. 介绍的类型

介绍可以分为自我介绍、为他人介绍和集体介绍三种类型。

(1) 自我介绍。自我介绍就是在社交场合，自己担任介绍主角将自己介绍给他人，达到宣传自己、让他人知晓自己的目的。

1) 合适的时机。

a. 本人希望结识对方。在许多人在场的社交场合，本人希望得到他人的知晓和相识，但无人引荐，因此自己主动介绍自己。本人承担某项工作，为了方便工作顺利开展，树立本人良好形象，需要进行自我介绍。

b. 他人希望结识本人。在社交场合，交往对象对本人表示良好兴致，点头或微笑致意，希望进一步了解本人，但无人引荐，此时本人应大方得体地进行自我介绍。

2）自我介绍注意事项。

a. 态度诚恳，语气自然。首先，自我介绍时，应面带微笑，充满自信和热情，保持诚恳谦恭的态度。其次，在介绍时要善于用眼神去表达自己的友善和关切，显得胸有成竹、落落大方。最后，介绍时还要注意自己的语音、语调和语速。合适的音量、沉稳的语调和恰当的语速可显出自己诚恳的态度。

b. 方式恰当，语音清晰。自我介绍时，可选择的方式主要有应酬式、工作式和社交式三种，根据不同的场合，选择恰当的介绍方式。

应酬式自我介绍，通常只介绍一下姓名即可；工作式自我介绍，除介绍姓名外，还应介绍工作单位和从事的具体工作；社交式自我介绍，在介绍姓名、单位和工作的基础上，进一步介绍兴趣、爱好、经历等，以便加深了解、建立友谊。

c. 时机恰当，时间合理。自我介绍应选择适当的时机，在交往对象有兴趣、有需要、干扰少、情绪好时介绍自己。另外，自我介绍的时间要合理，力求简洁明了，用时较短，切不可信口开河、拖沓冗长、不得要领。

d. 内容真实，简明扼要。自我介绍时，既要实事求是也要谦虚谨慎，切忌自吹自擂、夸大其词。真实可信的自我介绍有利于树立良好的个人形象，有利于和谐人际关系的建立，有利于本职工作的开展和进行。

【小贴士】

自我介绍的禁忌

语言冗长，重复使用固定句式或词语。

不给别人说话的机会。

矫揉造作，故弄玄虚。

动作随便，重复使用口头禅。

（2）为他人介绍。

1）介绍人的确定。为他人作介绍时，介绍人的选择和确定尤为重要。通常情况下，介绍人应该是商务社交活动的东道主、长者、正式活动的负责人，或者是家庭性聚会的女主人、熟悉双方的第三者以及公务活动中的专职人员。介绍人应该对被介绍人双方都比较熟悉和了解，如果有可能，在为他们作介绍之前，最好先征求一下双方意见，以免双方相识或双方没有相识意愿，使双方陷于尴尬境地，反而不利于相互交往。介绍人应该审时度势，善解人意，在双方有意结识并期望有人做介绍时，成人之美，义不容辞地为双方做好介绍工作。

2）介绍的顺序。为他人作介绍时，礼节性的介绍顺序显得尤为重要和必要。通常情况下，介绍的顺序遵从以下规则：

a. 把职位低者介绍给职务高者。在公务场合，不分男女老少，一般以社会地位和职位高低作为介绍礼仪的衡量标准，社会地位高者、职位高者有优先知晓权，因此应把职位低者介绍给职位高者。

b. 把自己的同事介绍给客户。在商务场合中，为表示对公司客户的尊重和重视，应把公司同事介绍给客户，客户拥有优先知晓权。

c. 把男士介绍给女士。在为年龄相仿的男士与女士作介绍时，应把男士引到女士面前，把男士介绍给女士，此时女士拥有优先知晓权。例如，“马小姐，请允许我给你介绍，这位是张先生”。

d. 把晚辈介绍给长辈。介绍同性别的人相识时，由于年长者拥有优先知晓权，所以应该把年轻者介绍给年长者，以此表示对长辈的尊敬。

e. 把未婚者介绍给已婚者。一般情况下，应该把未婚者介绍给已婚者，但是如果未婚者明显年长则应该把已婚者介绍给未婚者。

f. 把主人介绍给客人。在主客双方身份相当时，应该先介绍主人，再介绍客人，以表示对客人的尊敬。

因此，在他人介绍的顺序上，职务高者、客户、女士、长辈、已婚者、客人等拥有优先知晓权。

3）介绍的方式。

图 12-1　为他人作介绍

a. 在为他人作介绍时，由于场合、身份和需要不同，介绍的方式和内容也会不同。既有正式场合中正规的、标准式的介绍；也有社交场合中应酬交往式的简要介绍；还有引见、推荐式的介绍等。

b. 在为他人介绍时，介绍者应热心诚恳，手势动作文雅大方。无论介绍哪一位，介绍者都不可用单指指人，而应掌心朝上，拇指微微张开，四指并拢，整个手掌与地面呈 15 度夹角，以肘关节为轴，指向被介绍者一方，并向另一方点头微笑（图 12-1）。

c. 坐着时，除职位高者、长辈和女士外，其他人应起立，但在会议、宴会进行中不必起立，被介绍人只需微笑点头示意即可。

【小贴士】

他人介绍后，双方应行使的礼节

当介绍人介绍完毕后，双方应该互致问候，表示礼貌。常见的问候方式有点头示意、微笑、鞠躬、礼貌语问候和握手等，当今握手礼比较常用。握手时应注意顺序，如果双方是一男一女时，男士应等女士先伸手后再礼貌地握住对方，而女士没有伸手之意时，男士不可贸然行事。如果双方是同性，要注意握手的力度和尺寸，力度太轻柔，对方感觉不受尊重，敷衍了事，力度太重，会使对方感觉过分热情。另外，他人介绍时切记不要遗漏某人，本该介绍而没有被介绍的人会倍感失落和不悦，会以为自己是不受欢迎之人。

（3）集体介绍。集体介绍是他人介绍的一种特殊形式，是指介绍者在为他人介绍时，被介绍者其中一方或者双方不止一个人，甚至是许多人。在需要作集体介绍时，原则上应参照他人介绍的顺序进行。在正式活动中和隆重的场合，介绍顺序是个礼节性极强的细节问题，在作集体介绍时，应根据具体情况慎重对待。

1）将个人介绍给团体。当被介绍双方地位、身份大致相似时，应将个人介绍给团体。

2）将团体介绍给个人。当被介绍双方的地位、身份存在明显的差异，地位、身份明显高者为个人时，应先向其介绍人数多的一方，再介绍地位、身份高的个人。

三、见面问候礼仪

人与人初次见面的问候礼仪尤为重要，良好恰当的见面问候礼有助于在交往对象心中树立良好的个人形象，有助于建立和谐良好的人际关系，有助于个人今后工作的开展。根据不同的国家、人群和时机，见面问候的礼节很多，通常有点头致意、微笑致意、脱帽礼、握手礼、吻手礼、鞠躬礼、拥抱礼、贴面礼、单膝跪地礼和双手合十礼等。

1. 致意礼

致意是一种人们最为常用的礼节，表示问候、尊敬之意。随着现代生活节奏加快，致意礼逐渐成为日常人际交往中使用频率最高的礼节之一。当一方对另一方行致意礼时，对方应以同样的方式给予回应，若不理不睬、面无表情则会比较失礼。

通常，致意礼可分为以下几种：

（1）微笑致意。微笑是人际交往中的润滑剂，行微笑致意礼时，眼笑嘴笑心亦笑，发自内心地向交往对象微笑，以表达对交往对象的问候和尊重。微笑致意比较适合初次见面，关系不是太亲近的人之间，属于礼节性的问候礼。

（2）点头致意。点头致意要求交往对象面带微笑、目光注视对方，头微微向下，幅度不必过大，轻轻点头。点头致意适用于不宜交谈的场合。行礼者看见受礼者正与人谈话，且彼此目光又相遇时，可行点头礼，与相识者在同一场合中多次见面或与有一面之交者在社交场合相逢，可行点头礼。

（3）挥手致意。挥手致意可分远、近两种方式，远距离挥手致意，一般不必出声，只要将右手臂伸直，举过头上或略高于头，掌心朝向对方，以手肘为中心，轻轻摆动几下手臂即可。近距离挥手致意，轻轻问候一声，将右手臂手肘弯曲，手掌放在右耳旁，以手腕为中心，轻轻摆动手掌即可。

（4）脱帽致意。与长者、熟人见面时，若戴着有檐帽子，可以行脱帽礼表示对交往对象的致意、问候和尊重。脱帽致意即微欠上身，用距对方稍远的那只手脱帽，并将其置于大约与肩平行的位置，同时眼睛应看着对方。

2. 握手礼

（1）握手的起源和意义。握手是石器时代穴居人留下的一种习俗。那时人们在狩猎的过程中，手中拿着武器，当与陌生人相遇时，若双方都无恶意，不想发生冲突，就要放下手中的武器，然后向对方敞开右手掌，亮出掌心，或让对方摸摸手心以示友好，随着时代的变迁，此种遗俗逐渐演变成一种两手相握的礼节方式。随着现代社会欧洲文化的快速发展和繁荣，握手礼节逐渐为各国各民族所接受，成为一种“国际化”的礼节形式。

当今，握手礼是流行于许多国家的一种见面、离别、祝贺和致谢的礼节。人际交往中，人们见面时伸出右手相握，可表示欢迎、友好、理解、鼓励、感谢、宽容、敬重、致歉、惜别等种种感情。

（2）握手的恰当方式。行握手礼时，见面双方各自伸出右手，四指并拢，拇指张开，肘关节微曲，手臂抬至腰部，上身向前微倾，双脚立正，两人相距约一步之远，目视对方，面带微笑，虎口相握，上下轻轻晃动，时间一般为3～5秒。

【小贴士】

握手的四字歌谣

面带微笑，目光接触；
双脚立正，上身前倾；
伸出右手，四指并拢；
虎口相对，力度七分；
上下三下，三至五秒。

（3）握手的注意事项。

1）握手的先后顺序。通常是年长者、职位高者、女士、老师先伸手，然后是年轻者、职位低者、男士、学生相呼应。有来访者时，主客二人视情况而伸手，当客人抵达时，主人应主动上前，热情伸手，表示“欢迎”，而当拜访结束，客人即将离去，主人应等待客人先伸手，然后给予相呼应，表示“感谢”和“欢迎再来”。

公务场合，握手次序主要取决于职位、身份和资历等。休闲场合，握手次序主要取决于年龄、性别和婚否等因素。

2）握手的力度和深度。握手应掌握恰如其分的力度和深度，尤其异性间的握手。握得太紧或过猛，会给人有过分热情或故意示威之嫌；仅碰一碰对方的手，会给人缺乏热情、敷衍了事之感。通常情况下，异性之间的握手应握住女士的四个手指部分，并轻轻用力，上下晃动（图12-2）。

图12-2 握手的正确方式

3）握手的时间。握手时间的长短可根据握手双方的亲密程度灵活掌握。初次见面者，一般应控制在3～5秒。异性之间切忌久久握住、不肯松开，老朋友或关系亲近的人则可以握得时间稍微长些。

（4）握手的禁忌。

1）通常不用双手握、左手握手。但特殊场合、特殊关系的人之间也可以使用双手握，适用于久别重逢、深切答谢等场合。例如在接待阿拉伯、印度等国家的商务人士时，切忌用左手与他们握手，因为这些国家的人认为左手是不洁净的手，用左手握手较为失礼。

2）握手时切忌左顾右盼、心不在焉，给交往对象不真诚的感觉。

3）握手时，应避免另一只手插在衣袋里或不放手中的东西。应伸出右手与之相握，左手自然下垂，不能插在口袋或腰中。

4）避免坐着与人握手，比较失礼，但年老体弱或有残疾的人除外。

5）握手时不能交叉相握，也不能用两只手分别与不同的人相握。

6）不能戴着墨镜、帽子和手套与他人握手。

【阅读资料】

是文化差异，还是无礼之举？

2013年4月22日下午2时，美国微软公司的董事长比尔·盖茨前往青瓦台拜会朴槿惠。在大厅与朴槿惠握手时，他左手插入裤兜，右手握手。

23日，韩国各大日报都在头版大篇幅刊登，有些报纸把盖茨放在口袋里的手部特写放大，有些报纸则将原图的下半部分刻意裁掉。韩国《中央日报》的图说写着“是文化差异，还是无礼之举？”《东亚日报》也问：“无礼的握手？随性的握手？”韩国社会遵守儒教，阶级分明，相当重视礼节，对于蔑视国家自尊之举更是敏感。在韩国，与人握手时单手插裤袋被认为是一种不礼貌的行为。

韩国网民也因此事炸开了锅，各大社交网站上骂声一片。不少韩国网民批评盖茨不懂礼貌，不尊重他们的总统。当然也有人为盖茨辩护，认为盖茨是美国人，美国和韩国的文化差异很大，盖茨本人又是一个很随意的人，不受规范束缚。

3. 鞠躬礼

鞠躬礼是中国的传统礼节，源于中国先秦时代的“鞠祭”。现今，鞠躬礼是日本、朝鲜、韩国等国最常见的礼节。行鞠躬礼时，上身的倾斜角度可以在15～90度，一般来说，角度越大，越表示谦恭，越尊敬对方，这在日本表现得尤为突出。一般比较认可的鞠躬角度是：15度的鞠躬礼，表示向交往对象致意和问候；30度的鞠躬礼，表示感谢或欢迎；45度的鞠躬礼，表示道歉和对贵宾的问候；90度的鞠躬礼，表示答谢大礼或诚意道歉。

行鞠躬礼时，行礼者距受礼者1.5米左右，身体成立正姿势，双腿并拢，目视受礼者，面带微笑，身体上部向前倾斜，视线也随之下降，但脖子要正直，双手自然下垂在身体两侧，或自然下垂平放膝前，而后恢复立正姿势。受礼者也以鞠躬还礼。长者、上级、女士还礼时可不行鞠躬礼，欠身点头还礼即可（图12－3）。

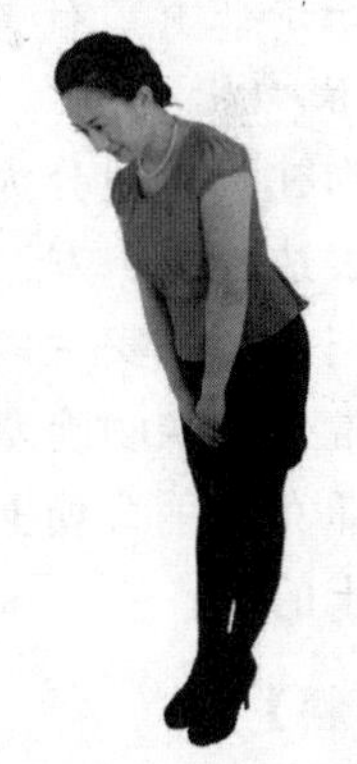

图12－3　鞠躬礼

在我国，鞠躬礼应用范围很广，如演讲、领奖、谢幕、举行婚礼、悼念活动、接待来宾、见面相识，诚意道歉等。

【案例12－1】

总统还能低到什么程度？

2009年11月14日，美国总统奥巴马在日本皇宫与明仁天皇和皇后会面。他微笑走上前去，一边和明仁天皇握手，一边深深鞠躬。鞠躬幅度接近90度。随后，奥巴马和日本皇后美智子握手致意。

这一举动招致美国媒体和保守派“炮轰”。《洛杉矶时报》一篇博文题目写道：“他还能低到什么程度?”美国微软—全国广播公司（MSNBC）则称这一动作“尴尬”，因为鞠躬时不应有身体接触。

美国国务院指出，白宫通常在总统出访前向礼宾司司长办公室征求建议，而后作出安排。总体来说，礼仪就是指尊重东道国传统和风俗习惯。总统这样做仅仅是为表示尊敬。美国智库和平研究所高级研究员约翰·帕克赞同上述观点。他认为，在正式场合中，向一国君主鞠躬是一种表示尊敬的传统礼仪。

案例点评：90度的鞠躬既可表达答谢大礼，也可表达诚意道歉。鞠躬是讲究角度的，不同的角度有不同的交往含义。案例中正是因为奥巴马总统鞠躬角度不合适，导致该行为引起了大众媒介的“轰炸”。

4. 拥抱礼

拥抱礼是流行于欧美的一种见面礼节，其他国家中尤其是上层社会中也行此礼，在中国关系较为亲密的朋友之间也行拥抱礼。

行拥抱礼时，通常是两人相对而立，各自右臂偏上，左臂偏下，右手环抚于对方的左后肩，左手环抚于对方的右后腰，彼此将胸部各向左倾而紧紧相抱，并头部相贴，然后再向右倾而相抱，接着再做一次左倾相抱。为便于掌握，可采用基本口诀：左脚在前，右脚在后，左手在下，右手在上。胸贴胸，手抱背，贴右颊，才正规。

5. 亲吻礼

亲吻礼，一般分为吻手礼和接吻礼两种形式，主要流行于欧美中上层社会。人们常用此礼来表达爱情、友谊、尊敬和爱护，当今在欧美许多国家，亲吻礼较为盛行，在一些盛大的迎宾场合，宾主以握手、拥抱、左右吻面或贴面来表达欢迎和敬意。

通常长辈亲吻晚辈额头，晚辈亲吻长辈面颊，同辈之间贴脸。男子对尊贵的女宾行吻手礼，即女士手背朝上，男士将手背托起亲吻，表示尊敬。不过，行吻手礼时，嘴不应接触到女士的手。

【阅读资料】

部分礼节介绍

合十礼：亦称合掌礼，原是印度古国的文化礼仪之一，后为各国佛教徒沿用，现流行于泰国、缅甸、柬埔寨、老挝、尼泊尔等佛教国家为日常普通礼节。行礼时，应立正不动，以双手手掌十指相合于胸部正前方，指尖向上，手掌大体与鼻尖持平，手掌整体向外倾斜，上身微欠，低头。

脱帽礼：脱帽礼来源于冷兵器时代，当时，作战都要戴头盔，头盔多用铁制，十分笨重。战士到了安全地带，首先是把头盔摘下，以减轻沉重的负担。这样脱帽就意味着没有敌意、平安吉祥，这种习惯流传下来，就是今天的脱帽礼。时至今日，脱帽礼应运在较为正式的场合，戴制服帽者，应双手摘下帽子，以右手执之，端在身前；

戴便帽者，可右手完全摘下帽子，也可以右手微微一抬帽檐。

抚胸礼：此礼具有一定的宗教含义，在信奉基督教、伊斯兰教的国家里普遍流行，最初它往往是誓言或宣誓之意，当今表示问候和祝愿。另外，在一些亚洲国家以及欧美国家里，人们在相逢之时，往往会抚胸为礼。在一些较为隆重的场合，例如升国旗、奏国歌时，也时有所见。行礼时，上身稍许前躬，眼睛注视交往对象或目视正前方，头部端正或微微抬起，以右手手掌心向内，指尖朝向左上方，然后将其抚按左胸前。

四、名片礼仪

1. 名片的起源和意义

名片是现代社交中最经济实惠、最通用的介绍媒介，具有证明身份、广交朋友、联络感情、表达情意等多种功能。据文献记载，我国西汉时人们在削木、竹片上写上名字，供拜访时通报姓名使用。西汉时称之为“谒”，东汉时改称“刺”，又叫“名刺”。后来有了纸，改用纸片，成为“名纸”。现在普遍称“名片”。可见，以名片为媒介进行社交活动，古已有之，也是一种惯例。

现代社会的发展正呈现“开放、多维”的特点，在频繁的商务交往中，名片的恰当使用十分有助于双方建立良好的人际关系。名片的使用，可以表示祝贺、感谢、介绍、委托、辞行、慰问、吊唁、备忘、赠礼附言、房客留话等，也可以作为礼节性的拜访或者表达某种感情。

【小贴士】

名片的准备

放在衬衣左侧口袋或西装的内侧口袋中。

使用名片夹。

保持名片或名片夹的清洁、平整。

不要将名片放在裤兜里。

名片不要和钱包、笔记本等放在一起。

会客拜访前检查和确认名片夹内有足够的名片。

2. 名片的索取技巧

（1）直接法。直接法，就是直接表明希望得到对方一张名片的请求，但一定要注意口吻柔和，态度诚恳。例如，以请求的口气说：“您如果愿意的话，请给我一张名片，以便今后联系。”或者说：“如果没有什么不便的话，能否留张名片给我？”也可以含蓄地问对方“贵姓”，这样，他如果有名片的话，就一定会给你。

（2）交换法。想要索取，必先给予和付出。交换法，就是主动、大方地先奉上自己的名片。“来而不往非礼也”，一个懂礼、知礼和用礼的人，在拿到你的名片之后，必会回敬一张自己的名片。

（3）谦恭法。谦恭法，强调的是以谦虚、谨慎的态度索取交往对象的名片，往往把自己的位置放得低一些。例如，你可以向对方说："李教授，您好，今天有幸能够结识您我真高兴，您的文章我读过很多了，非常仰慕您，若方便可否今后与您联系，就相关的一些问题继续请教您?"

（4）激将法。激将法，就是以否定的态度和口吻来强化事情，会往肯定的方向来实现。例如，你可以向交往对象说："张教授，今天能安排我来接待您，真是我的福气，您的研究内容我也非常感兴趣，但有诸多的问题想向您请教，但您这么忙真是不忍打扰，连向您要张名片也一定是奢望了。"否定了索要一张名片的愿望，往往最终就可以较容易地要到交往对象的名片。

3. 名片的递接礼仪

（1）名片的递送。递送名片的一方，应目视对方，面带微笑，用双手的拇指和食指分别持握名片上端的两角，双手在胸前平推出去，并辅以15度的鞠躬礼，礼貌地说："您好，这是我的名片，请多多关照!"

另外，以"交往以对方为中心"的态度，在递送名片时应把个人信息朝向对方，方便对方阅读。(图12-4)。

图12-4　名片递接的方式

（2）名片的接收。

1）如果坐着，收接对方名片时应马上起身，用双手拇指和食指接住名片下方的两角，同时致礼貌语："谢谢，很高兴认识您，以后我们常联系!"

2）接过对方名片一定要看、要默读。看和默读的目的是为了加深印象，在较短的时间内记住交往对象的姓名、单位和职务等重要信息，并在接下来的交往谈话中，适时称呼。

3）接过对方名片之后，应妥当放置。切忌接过名片之后随手一放，看都不看，也不要在手中随意玩弄，更要防止信手将名片丢于办公桌上甚至不慎落地。通常情况下，接过对方名片后，男士可以放在自己的上衣口袋中，也可放在公文包中，女士可以放在随身的包里或名片夹中。会议中，也可以暂时放置在桌边2～3厘米处。

4）在接到对方名片后，如果自己没有名片或没带名片，应及时道歉，并说明原因，如"很抱歉，我没有名片""对不起，今天忘带名片了"等。

【案例12-2】

订单为啥取消了

小张是一家公司的业务员，他的业务水平很好，但是做事情有些不拘小节，大大咧咧。有一次，他去拜访一个大客户，这位客户想在小张所在的公司订购一大批产品。到了客户那里，接待人员将小张领到总经理办公室，说明来意之后小张想把自己

的名片递给对方，但是他在包里面翻来覆去地找，也没有找到。后来终于在手提包夹层中找到了一张皱巴巴的名片，上面还写有一些字，他随手就递给了总经理。谈了一会儿，总经理借口出去一下，回来的是总经理的秘书，他告诉小张总经理临时有事情出去了，让小张先回去。就这样马上到手的订单飞走了。

案例点评：名片是人的“脸面”，运用适当与否会影响个人甚至组织的声誉。案例中的小张不注意名片礼仪，过程中出现的一些“尴尬”造成对方对其没有好的第一印象，直接导致订单的取消。

第二节　位次礼仪

自古以来接待工作中都有位次差异，商务接待工作更要重视位次礼仪。要做好接待工作，应妥善安排接待程序，遵循位次礼仪。虽然在商务接待工作中的接待对象、接待规格、接待时间、接待地点各不相同，但接待程序和位次礼仪却大致相同。

接待宾客是商务社交中最基本的内容，表现在迎客、待客、送客的各个环节中。在接待人员引导宾客、行进参观、出入电梯、上下楼梯、进出房间的过程中，都需要考虑位次的排列，体现尊重对方、宾客至上、礼貌服务的精神和态度，从而更好地树立个人和企业的良好形象，以便于增进友谊，加强合作。

一、行进位次

在商务接待工作中，陪同客人行进是经常的事情，了解行进中的位次礼仪显得十分必要，以便为客人提供热情周到的服务。

1. 平地行进

人们除了必须遵守交通规则外，还应了解行路礼仪，遵守公共道德，维护公共秩序。行路礼仪主要包括以下几个方面：

（1）前为尊，后为次。若与客人单行行进，即成一条纵线行进时，通常是“前方高于后方”，以前方为上，如果没有特殊情况，应该让客人先行，而自己紧随其后。

图 12-5　平地引导

（2）右为尊，左为次。关于位次的左右，传统的中国礼仪大多时候还是以左为尊的，而现代商务礼仪中的以右为贵，遵守的是国际惯例。现代商务接待工作中，通常以右为尊，尽量让客人走在你的右边。

（3）中央为尊，两侧为次。在接待工作中，若与两人以上的客人并排行进，通常是“中央高于两侧，右侧次之，左侧再次”。

除此之外，行走时避免与交往对象相距过近，避免与对方发生身体碰撞。万一发生，务必要及时向对方道歉；行走时考虑交往对象的步速，过快过慢都不合适；忌勾肩搭背、

搂搂抱抱；忌边行走边吃喝，或是吸烟不止。

图 12－6 上下楼梯的引导

2. 上下楼梯

（1）靠右行走，文明礼让。上下楼梯时，靠右行走，但遇到长辈、女士、客人、老弱病残时应把楼梯扶手的一边让给他们，并给予必要的帮助。

（2）女士优先，周到考虑。从安全角度考虑，上楼梯时应让长辈、女士走在前面，下楼梯时应让长辈、女士走在后面。但如果女士穿着裙装，可先行走在女士前面而让女士居后。在客人不认路的情况下，引导员应在前面带路。

（3）安全第一，有备无患。从安全的角度出发，上下楼梯时不能多人并排、奔跑或追逐打闹，以免影响他人或发生危险。

3. 出入房间

出入房间时考虑位次，分以下两种情况：

（1）向内拉的门。出入房间，如果遇到向内拉的门时，接待人员或陪同人员应“先拉后出”，即自己先拉开门，等客人出去后再行。

（2）向外推的门。如果是向外推的门，接待人员或陪同人员应“先开先出”，即接待人员或陪同人员应自己推开门出去，手握门把手，略等待，让客人先出去然后紧随其后。

在出入房间除考虑位次之外，还应做到“礼貌敲门、进出有礼、轻声关门”。

4. 进出电梯

在商务接待中，进出电梯也有先后顺序，通常分为以下两种情况：

（1）有人控制的电梯。接待人员陪同宾客若遇到有人控制的电梯时，进出时应遵守“后进后出”的原则，即先让客人进去，让客人先出电梯，自己紧随其后。

（2）无人控制的电梯。若遇到无人控制的电梯时，接待人员或陪同人员进出时应遵守“先进后出”的原则，即电梯门打开时，接待人员或陪同人员先进去控制电梯，当门再一次打开时让客人先出，而自己紧随其后。

此外，当多人乘坐电梯时，应注意先后顺序，不能拥挤。进入时，按顺序进入，当电梯超重时，后上来者应主动退出。出电梯时，应提前换位到电梯门口，当电梯停稳按顺序走出电梯。

二、乘车位次

在商务活动交往中，乘车时的座位安排是要讲究尊卑区别的。乘车位次的安排奉行国际惯例中“以右为尊”的原则，即右侧比左侧的地位高。

双排座轿车的前排，特别是副驾驶座，是车上最不安全的座位。因此，在商务接待工作中，该座位妇女、儿童以及年长者不宜就座。在商务活动中，副驾驶座被称为“随员座”，专供秘书、翻译、警卫、陪同等随从人员就座。

乘坐汽车时，座次的安排分两种情况。

1. 当驾驶者是专职司机时

当开车人为专职司机时，双排五座轿车上除司机外其他人员座次是：①后排右座；②后排左座；③后排中座；④副驾驶座。（图 12－7）

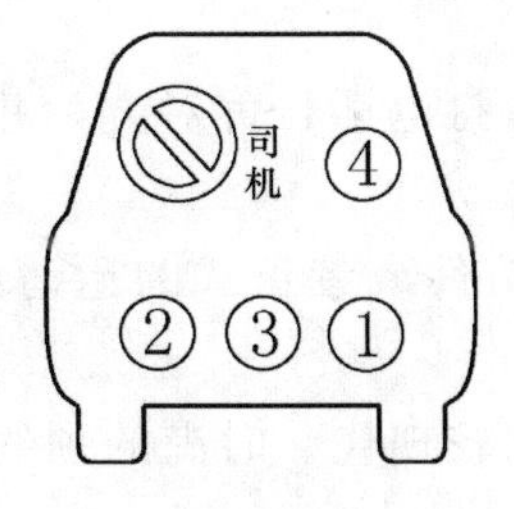

图 12－7　驾驶者是专职司机时的乘车位次

2. 当主人亲自驾车时

当主人亲自驾驶车辆时，应表示对主人的尊重和感谢，客人应当坐在主人的旁边，也就是副驾驶座上。轿车上的座次与专职司机驾车时有所不同。如果有多位客人，那么与主人比较熟悉的客人，或者推举一位客人到副驾驶座上就座，这样做比较礼貌。具体座次如下：双排五座轿车，座次是：①副驾驶座；②后排右座；③后排左座；④后排中座。（图 12－8）

图 12－8　当主人亲自驾车时的乘车位次

需要注意的是，当主人驾车和夫人一起接送客人时，其夫人应坐在副驾驶座上，客人坐后排右座。如果主人夫妇接送的是客人夫妇，那么客人夫妇坐在后排。

【案例 12－3】

高材生的位次意识

小张是某大学的高材生，毕业后分配到一家商贸公司。有一天，领导安排他接待一位英国客户，在几天观光游览中，小张凭借流利的英语和丰富的历史文化知识，赢得了客户的好感。在欢迎晚宴上，小张自认为与客户稔熟，大模大样地坐在客户身旁，这时单位领导走过来，在小张耳边轻声说："这是你该坐的位置吗?"小张尴尬起身，立刻坐在了靠近雅座门口的位置，这时办公室主任走过来，在小张耳边轻声问："这是你该坐的位置吗?"小张再次起身，众目睽睽之下，顿感尴尬万分。

案例点评：在商务宴请场合中，掌握一些基本的礼仪知识尤其是位次礼仪是非常必要的。小张尽管是高材生，然而却在该宴会场合出现了不该有的"失误"。

第三节　拜　访　礼　仪

拜访是商务活动中最为直接的联系方式，可以联络感情、洽谈生意和增进友谊，因此，交往双方注重拜访礼仪有助于树立良好的自身形象，融洽双方关系，最终促成目标的实现。

一、拜访前的礼仪

1. 提前预约

没有事先约好就突然来访，往往会扰乱交往对象的生活、学习和工作节奏。因此，较为正式的拜访均需要提前预约，主要可以通过以下方式预约：

（1）电话预约。使用电话预约比较便捷、实用，可以在拜访前打电话告诉对方，并落实时间、地点等细节问题。

（2）信件预约。信件预约是比较正式的预约方式，通过邮寄信件或者正式的邀请函，告知对方你的拜访意图，并确定拜访的详细信息。

（3）网络预约。通过网络，给对方发送电子邮件进行预约是比较现代、时尚的预约方式，而且也比较庄重和正式。

2. 充分准备

（1）相关资料的准备。对于初次拜访的客户，有必要熟悉对方的基本情况，可以在拜访前查阅相关信息，做好准备。例如初次登门拜访对象的具体地址、公司概况、擅长领域等。

另外，根据拜访的性质和目的做好相关资料的准备，例如必要的宣传彩页、公司简介、产品概况、笔记本、笔、名片等。

（2）良好的仪容准备。服饰是一种无声的语言，穿着的整洁得体不仅有利于自我形象的树立，也是对交往对象的尊重。拜访前，要重视自身的仪容仪表修饰。服饰要整洁、端庄、得体、高雅。女性应避免佩戴过于夸张或有碍工作的饰物，化妆应尽量淡雅清新。男士在较为正式场合的拜访，应着西服等比较庄重的正装前往。

（3）礼物准备。无论是初次拜访还是再次拜访，礼物都不能少。礼物可以起到联络双方感情、缓和紧张气氛的作用，所以，商务拜访前在礼物的选择上需要下一番工夫。送礼应该送到对方的心坎上，了解对方的兴趣、爱好及品位，有针对性地选择礼物，投其所好，尽量让对方感到满意。

二、拜访中的礼仪

1. 信守时间

拜访他人应信守时间，约好的时间可以提前几分钟到达，这是一般常识，也是拜访活动中最基本的礼仪。提前几分钟抵达约定的地点，可以整理拜访时需要用到的资料，也可以到洗手间中简单整理仪容；迟到是失礼的表现，不但是对被访者的不尊敬，也是对工作的不负责任。

另外，若因故不能如期赴约，应提前通知对方，以便被拜访者重新安排工作。诚恳给对方解释清楚原因，并确定下一次拜访的时间、地点等细节。

2. 敲门进入

进入受访者房间，应敲门进入，即使对方房门是敞开的也必须敲门进入，这样可以给对方尊重，并给对方片刻的准备时间。

3. 举止得体

拜访中，良好、得体的举止行为可以给自己赢得较好的形象，展现个人素质。应注意自己的举止，端正优雅的坐姿、稳重得体的走姿、大方合度的站姿，等等。

与受访者见面后，应热情友好地礼行，在主人的引导之下，进入指定房间并落座。与受访者的交谈中，应做到非礼勿视、非礼勿动等，不可以随便翻动对方的物品，注意茶杯的合适放置以免打翻，这些细节一定多加注意，让自己的良好形象赢在举手投足间。

4. 注重位次

拜访可以分为商务事务性拜访和私人拜访。针对正式的商务事务性拜访应适度掌握位次礼仪，遵循“以右为尊”的原则。商务拜访通常会在会客室或办公室，宾主通常各坐一边，宾右主左，也可以穿插坐在一起。秘书、译员或记录员等人坐在主人和主宾的后面（图 12－9）。

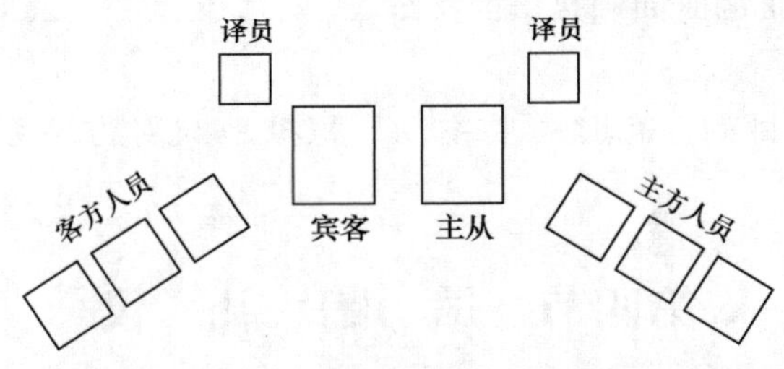

图 12－9　商务性拜访的位次

另外，企业间的拜访还可能就政治、经贸、文化以及其他感兴趣的问题交换意见，气氛较为庄重，专业性较强，亦可称为“业务洽谈”。此类拜访通常在会议室举行，用长方形、椭圆形或圆形桌子，若是涉外会谈，则桌上通常放置两国国旗。宾主相对而坐，以正门为准，主方人员居“背门”一侧，客方人员面向正门，遵循“面门为上”的原则（图 12－10）。

如会谈桌一端正对正门，则以入门方向为准，右侧为客方人员，遵循“以右为尊”的原则，左侧为主方人员（图 12－11）。

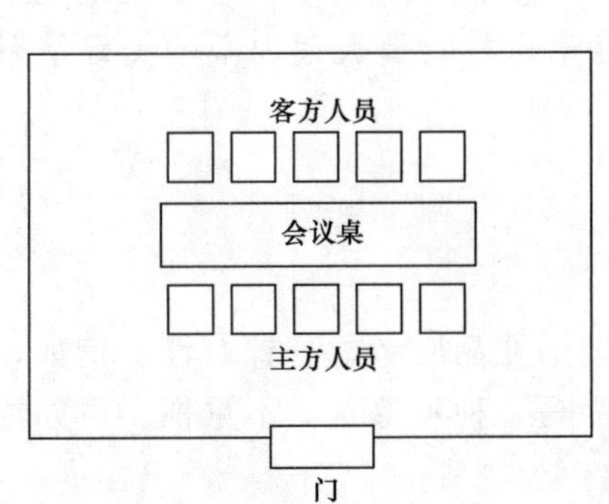

图 12－10　业务洽谈时的位次（一）

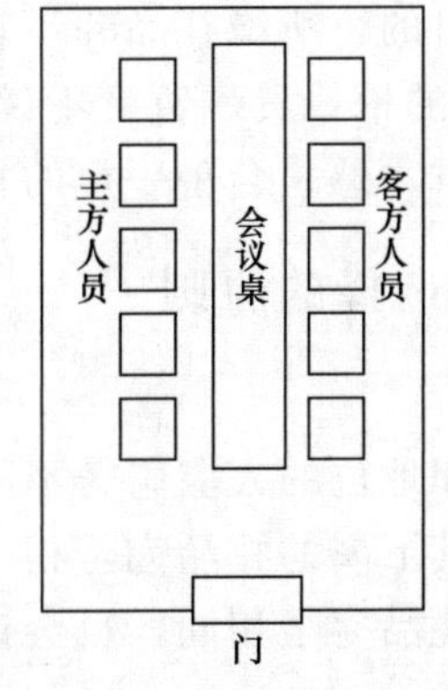

图 12－11　业务洽谈时的位次（二）

5. 时间合理

拜访中应合理掌控谈话时间，避免海阔天空的东拉西扯，漫无目标，浪费彼此的宝贵时间，如果双方在拜访前已经设定了拜访时间，则必须把握好已规定的时间，如果没有对时间问题作具体要求，那么就要在最短的时间里讲清所有问题，然后起身离开，以免耽误被拜访者处理其他事务。

6. 礼貌告辞

拜访结束时，起身告辞，可以主动行握手礼向主人表示“打扰”歉意，并随手整理好自己的纸杯及随身物品。出门后，若受访者送别，应主动与对方告别，并说“请留步”。

待主人留步后，走几步再回首，挥手致意“再见”。

三、拜访后的礼仪

1. 表示感谢

拜访后，当自己回到家或办公地点，应主动联系受访者，告知对方已安全抵达并表示感谢，感谢对方给予宝贵的时间和热情的接待。

2. 及时联系

根据拜访的意图和目的，有时需要主动、积极地与对方联系，征得对方的反馈和意见。

第四节　馈　赠　礼　仪

“礼尚往来”是我国的传统礼仪习俗，也是国际交往的重要礼仪规则。馈赠礼物，能够表达自己对对方的敬意、友好和欢迎，强化自己在对方记忆中的印象，表达自己对发展双方关系的愿望。因此，馈赠是建立人际关系、拓展业务范围不可缺少的一部分，而掌握恰当的馈赠礼仪更显得尤为必要。

一、赠礼的意义

在人际交往中，人们通过相互赠送礼物来表达尊重、友好、感谢和祝福，也可表示希望建立和保持友好关系的愿望。

出于这种目的，所赠礼品并不在于其价值大小。中国有句老话，“千里送鹅毛，礼轻情谊重”，礼物的价钱贵贱暂且不说，但最重要的是赠送礼物要表达内心的美好情意和对交往对象的尊重之感，合乎一定的礼节。

二、礼品选择的原则

1. 针对性

不同身份和地位的人应赠送不同的礼品，因此馈赠礼品应考虑到针对性。例如，假设你送给领导和其下属的礼品完全相同，可能会被认为是一种不尊重，不重视。再如给主人和陪同人员的礼品完全相同，也会让对方感觉不悦。

2. 效用性

馈赠礼品都是有一定目的和意义的，或许为了表达对交往对象的尊重，或是表达感谢与祝愿等等，因此选择礼品时就必须要考虑到效用性原则，把握住对方的兴趣和爱好，投其所好，增加馈赠礼物的实际效用，达到令人满意的效果。例如，通常给有孩子的年轻夫妇送礼时，若选择送给孩子的礼物，受礼人会比较愉快。给年长者送礼时，一些保健品可能会更受欢迎和喜爱。

3. 实用性

有时，馈赠礼品也需考虑并突出实用性的原则，如果礼品能够成为对方日常生活中经常使用的物品，那么必将强化馈赠礼物的目的和价值，不仅满足受礼者生活所需，而且还能时不时让对方回忆起彼此的美好经历。如一条领带、一个发卡、一支钢笔、一枚胸针、

一串项链、一个名片夹、一本台历，等等。

4. 纪念性

馈赠是表达尊敬和友好情谊的一种方式，礼品应具有一定的纪念性和象征性。纪念性，是指所赠礼品要与一定的人、事、环境相关联，让受礼者见物后能够思人忆事。

相关链接

2000年2月，美国总统布什访华，时值中国农历马年，国家主席江泽民把一个与原物同样大小、青铜镀金的“马踏飞燕”仿制品作为礼物送给布什总统。马年送“马”是中国人表示吉利的做法；“马踏飞燕”是古代中国东汉时期的奇思妙想，历史悠长，它传达的是快捷、美好、合作的意思。因此，将这件礼物送给对方就显得很有象征价值和纪念意义。

5. 时效性

馈赠礼物应考虑时机，只有选准适当的时机，才能取悦对方，达到送礼者的目的，皆大欢喜。馈赠礼物的时效性表现在两个方面：一方面，馈赠礼物要及时。若表达感谢之情，应在对方帮助你之后尽快送出礼物，如果时间过长再送出礼物往往达不到最初目的；又如对方新婚大喜、乔迁新居、生育孩子时，也应及时馈赠礼品，道喜道贺。另一方面，馈赠礼物要选准时机。例如，传统的节日或重大纪念日是送出礼物的较好时机；老人的诞辰或小孩的生日，也是馈赠的良好时机；一些富有纪念意义的活动，更是适宜送出礼物的时机。

三、馈赠的技巧

1. 赠送礼物

(1) 考虑礼品包装。精美的包装不仅使礼品的外观更具艺术性和高雅性，而且还能显现出赠礼人的艺术品位和对受礼人的尊重和重视，既有利于交往，也能引起受礼人的兴趣和好奇，令交往双方愉快融洽。在涉外礼仪中，很看重礼品包装，送礼没有包装会被理解为随意应付受礼人，有被轻视的感觉，起不到赠礼的作用。

(2) 考虑时机和场合。赠礼的时机，是十分关键的。赠礼应讲究时机，通常在重大纪念日、传统节日、重大意义的活动、喜庆的日子、交往双方相见或道别时赠送礼品是比较合宜的。

赠礼的场合，亦是十分重要的。尤其是那些出于酬谢、应酬或有特殊目的性的馈赠，更应注意选择赠礼的场合。通常情况下，在大众面前只给一群人中的某一个人赠礼是不合宜的，会使受礼人有受贿和愚弄之感，也会使那些没有得到礼物的人有受冷落和受轻视之感。

(3) 讲究馈赠方式。

1) 本人亲自馈赠。亲自送是赠送礼品的最好方式，礼品应有赠礼人当面亲自送出显得比较郑重，若具备条件，馈赠礼品应由当事人亲自送出为好。

2) 委托他人馈赠。随着生活节奏的加快，人际交往面的拓宽和频繁，有时赠礼人会选择委托他人馈赠，例如礼品邮寄、托人送上门等。在委托他人馈赠时，应附信说明情况并表示歉意。

（4）不适宜馈赠的礼品。

1）涉及国家和商业机密的、涉黄、涉毒等类的物品，不能馈赠给他人。

2）劣质、瑕疵物品不宜送出。一些假冒伪劣物品，例如假烟、假酒会对人们学习、生活和工作有害而无益，不能馈赠给他人。

3）带有广告标志或广告语的宣传品。一些带有推销性质的宣传品，不可作为礼物馈赠给他人。

2. 接收礼物

（1）态度诚挚，适时接受。通常情况下，接受馈赠时，只要礼物合宜尽量不要当面拒绝赠礼人。受礼人应态度诚挚，无论礼品是多是少，是轻是重，都要一视同仁，不可以礼取人，厚此薄彼。另外，收到礼品后，要将其妥善放置，不能随手乱丢。

（2）双手递接，热情友好。当赠礼人送出礼品时，不管自己正在做什么事，都应当立即停止，站起身来面向对方，用双手去接，面带微笑，目光注视着对方，并说“谢谢”。

（3）适时赞美，表达谢意。通常情况下，中国人收礼时不当着客人的面打开礼品并作出评价的。不过，接受欧美国家朋友的礼品时，最好当场打开，并对礼品加以赞美，表示自己的喜爱并对赠礼人表达感谢。

3. 回赠礼品

俗话说：“来而不往非礼也。”收到馈赠的礼品后，受礼人一般要回赠礼品，从而加强联系、增进友谊。在节日庆典期间，可以在客人临别送行时回赠；在生辰婚庆、晋级升职等时候接受的礼品，应在对方有类似情形时回赠。另外，回赠的礼品切忌相同，一般是价值相当，也可以根据自己的情况而定，但也不需逢礼必回。

【阅读资料】

各国人喜欢什么礼品？

1. 美国人喜爱奇特之物

美国人对礼品主要讲究实用性和奇特性。如果能送一些具有独特风格或者民族特色的小礼品，美国人会很欢迎。例如，北京的景泰蓝工艺品、西安的仿真兵马俑、江浙一带的丝绸和茶叶等礼品，在美国人心目中就是一种难得的礼品。

2. 英国人不收贵重礼品

给英国人送礼时，如果礼品价格很高，就会被误认为是一种贿赂。送一些高级巧克力、一两瓶名酒或鲜花，都能得到受礼者的喜爱。但要注意，最好不要送印有公司标记的礼品。

3. 法国人崇尚艺术

法国与艺术分不开，因此所送礼品最好带有一定的艺术性，例如有特色的仿古礼品，他们就很喜欢。如果应邀到法国人家中用餐，应带上几枝不加捆扎的鲜花，但菊花除外。

4. 德国人不爱尖锐礼物

德国人很注意礼物的包装，礼品切勿用白色、黑色或棕色的包装纸或丝带包装。

另外，不要送尖锐的东西，因为德国人视其为不祥之兆。

5. 日本人忌讳4和9

给日本人送礼，不要送含有“4”或“9”的礼品，也不要送4件或9件东西，因为“4”字在日文中与“死”谐音，而“9”则与“苦”字谐音。日本人喜欢名牌货，但对装饰着狐狸和獾的东西很反感。他们认为，狐狸是贪婪的象征，獾则代表着狡诈。

6. 俄罗斯人只爱西方名牌

给俄罗斯人送礼品只要送名牌，尤其是西方的名牌货，不论礼品价值的高低，都容易获得他们的好感和喜爱。从一盒“万宝路”香烟到一条“Levi's”牌的牛仔裤都会使他们十分满意。

7. 非洲人讲究礼品的实用性

非洲国家的人对礼品的价值不太讲究，但非常重视礼品的实用性和价值性，但不宜送高档礼品。

8. 阿拉伯国家的人钟情于“简单”

“平淡简单”的礼物，比精美华丽的礼物更受到阿拉伯人的钟情；无名的古董比有名的东西更受到阿拉伯人的喜欢；益智玩具和特色工艺品更受到阿拉伯人的偏爱。但各种酒类，包括那些描绘有偶像人物、动物图案的礼物不受阿拉伯国家人的欢迎和喜爱。

本章小结

本章主要介绍的内容有：包括称呼礼仪、介绍礼仪、问候礼仪、名片礼仪等常见的见面礼仪；包括行进位次、宴会位次、乘车位次等接待中的位次礼仪；包括拜访前、拜访中、拜访后三个阶段的拜访礼仪以及拜访中礼品的选择、馈赠技巧。

思考练习

1. 简要说明人际交往中几种常用的称呼方式。
2. 为他人作介绍时，应该注意哪些方面？
3. 请列举4～5种常用的见面问候礼。
4. 技能训练题：分组对名片的递接礼仪进行模拟训练，注意把握礼仪要点。

第十三章 商务仪式礼仪

导入案例

别开生面的开业典礼

2008年8月8日，是北方某市新建云海大酒店隆重开业的日子。这一天，酒店上空彩球高悬，四周彩旗飘扬，身着鲜艳旗袍的礼仪小姐站立在店门两侧，她们的身后是摆放整齐的鲜花、花篮，所有员工服饰一新，面目整洁，精神焕发，整个酒店沉浸在喜庆的气氛中。

开业典礼在店前广场举行。上午11时许，应邀前来参加庆典的有关领导、各界友人、新闻记者陆续到齐。正在举行剪彩之际，天空突然下起了倾盆大雨，典礼只好移至厅内，一时间，大厅内聚满了参加庆典的人员和避雨的行人。典礼仪式在音乐和雨声中隆重举行，整个厅内灯光齐亮，使得庆典别具一番特色。

典礼完毕，雨仍在下着，厅内避雨的行人，短时间内根本无法离去，许多人焦急地盯着厅外。于是，酒店经理当众宣布："今天能聚集到我们酒店的都是我们的嘉宾，这是天意，希望大家能同敝店共享今天的喜庆，我代表酒店真诚邀请诸位到餐厅共进午餐，当然一切全部免费。"霎时间，大厅内响起雷鸣般的掌声。

虽然酒店开业额外多花了一笔午餐费，但酒店的名字在新闻媒体及众多顾客的渲染下却迅速传播开来，接下来酒店的生意格外红火。

案例点评：在该案例中，大酒店的开业典礼在几近完美收官时却遭受了一场"及时雨"，可谓措手不及。可就在这种状况下，酒店经理的应变能力却在其中发挥了特殊的作用，使得开业典礼在不经意中起到了"别开生面"的商业效果。

知识要求

1. 掌握开业典礼的主要程序与礼仪要求。
2. 了解剪彩的主要准备工作与基本程序。
3. 了解商务交接仪式的基本礼仪与程序。
4. 掌握商务签约的准备工作、位次安排与程序。

第十三章 商务仪式礼仪

关键术语

开业典礼 剪彩 交接 签约 礼仪

在众多商务沟通中，商务人士经常需要参加一些商务仪式活动，如开业典礼、剪彩仪式，交接仪式、签字仪式等。无论是以组织者还是以参与者身份的相关商务礼仪活动，对商务人士的礼仪素养要求相对都比较高。成功的商务沟通实践要求商务人士要认真学习相关礼仪知识，注重积累商务仪式活动经验，为顺利开展商务沟通奠定基础。

第一节 开业典礼

在日常商务运作中，社会组织为了庆祝某一重大事件或者重要节日会举行各种各样的专题庆典活动，如节庆活动、开幕庆典、闭幕庆典、周年庆典以及其他一些特别的庆典。这些庆典活动的主要目的是联络公众、广交朋友、增进友谊和扩大影响。其中，在企业等组织刚刚成立的时候，一般都会组织举办别开生面的开业典礼，以表明自身组织开始在社会中“精彩亮相”，并且期待开业庆典能给之后的活动带来好运。

一、开业典礼的作用

开业典礼又称“开业仪式”、“开张庆典”等，和剪彩、开工、通车通航等同属于典礼的一种。开业典礼指的是社会组织在开幕（开张、开业等）时向社会公众进行第一次“形象亮相”而开展的庆典活动。例如，某商业企业在公司开张之际举行一次隆重而又热烈的开张庆典，努力打开组织在社会公众心目中的知名度。无论在沿海地区还是内地的商界，开业典礼一直颇受经营者的青睐。这一仪式对于扩大组织的社会影响，引起社会关注与重视是十分必要的。这是社会组织积极创造良好开端、开创新起点的重要形式。

精心策划的开业典礼不仅能给社会公众留下良好的第一印象，而且可以体现组织的精神风貌与良好的综合素质。开业典礼将在一定程度上反映出组织者的管理能力和水平，也是组织成员的良好团队精神的重要体现。在开业典礼上，需要组织成员在筹备与运作中遵循一定的礼仪惯例。开业典礼尽管时间不长，但牵涉面广、影响力大，因而组织管理者需要努力整合起源，积极营造热闹气氛，对各个环节进行认真的筹备与组织。

二、开业典礼的筹备

组织能否通过庆典而“一炮走红”，典礼的准备十分关键。开业典礼的准备一般要遵循“热烈”、“节俭”、“缜密”三个原则。“热烈”着重指的是主办方要在过程中积极营造欢快喜庆的气氛，尽可能打破沉默、消除乏味。“节俭”是指开业典礼在经费支出方面要量力而行，要有所节制，不随意铺张浪费。“缜密”是指主办方要认真策划，精心落实，注重细节，善于应变。

开业典礼的精心准备主要包括以下内容：

1. 舆论宣传

由于开业典礼是社会组织面向社会公众的第一次公开亮相，举办开业典礼的主旨在于塑造本组织的良好形象，那么对该组织进行舆论宣传则是必不可少的。有媒体参与的开业典礼相比之下更有助于吸引社会各界对自身组织的注意，争取社会公众对该组织的认可或接受。因而庆典过程中得有大众传媒的积极参与，即组织需要通过相应媒体对自身的庆典行为进行集中宣传，具体包括开业典礼的日期、地点、组织特色、开业酬宾的优惠条件等。在舆论宣传过程中，组织邀请哪类媒体及哪些媒体都需要组织者作出细致的思考。

2. 嘉宾邀请

开业典礼是否成功以及开业典礼影响力的大小，往往取决于主要嘉宾身份的高低以及数量的多少。在开业典礼上，邀请嘉宾主要包括上级部门领导、地方领导（特别是主管领导）、知名人士、合作单位与同行单位的领导、社会团体负责人以及媒介人员等。比如商城的开张典礼，该商场可以邀请政府领导、上级领导、部门的负责人、商场股东、业界权威人士、新闻媒介人员、顾客代表等。在可能情况下，组织要力争多邀请一些来宾参加开业仪式，但同时也要考虑被邀请嘉宾对于开业活动的合适性与针对性等问题，也要注意考虑经费的合理使用问题。邀请的方式既可以电话邀请，还可发传真。相比之下，发邀请函或当面邀请最能体现组织者的诚意。为了表示对被邀请者的尊重，主办方要提前书写请柬并装入精美信封由专人提前送达，以便对方能及时就该仪式作出时间安排。

3. 场地布置

对于开业典礼，场地的选择很重要。一般情况下，组织开展开业典礼，往往会将地点选择为该组织正门外的广场、正门之内的大厅。场地的规模大小需要综合考虑参与开业典礼的人员。开业典礼上，一般不为典礼设专门的主席台及其桌椅，举行典礼时主办方和嘉宾都以站立的形式出现。场地四周可以适当悬挂横幅、气球、标语、灯笼等，以烘托典礼的良好气氛。主办方应在典礼的醒目之处摆放嘉宾敬献的牌匾与花篮等。为了使典礼更有规格和有序，主办方需要设置嘉宾签到处、签到本，为嘉宾提供组织宣传资料以及待客饮料等。主办方需要对典礼过程中将使用的设备及其相关用具进行有效调试和检查，确保万

无一失，尽可能避免开业典礼中出现不必要的故障与差错。开业典礼的场地布置要积极营造一种隆重热烈的氛围，并且要避免形式的千篇一律，尽可能做到富有新意。

4. 人员接待

为了使被邀请嘉宾明显能体会到主办方特有的一种尊重，典礼组织者要安排专人在现场负责嘉宾的接待服务工作。庆典的接待小组，原则上应由年轻、精干、身材与形象较好、口头表达能力和应变能力较强的男女青年组成。接待人员在接待中一定要做到热情待客，有求必应。相关接待人员要分工负责，各司其职。在现实运作中，多数组织会采用公司的礼仪人员如礼仪小姐来主要负责接待。对于组织特别重要的嘉宾，组织应专门安排组织主要负责人出面迎接。当嘉宾为数较多，组织方要准备专门停车场所和休息室等，并提供一定数量的饮食。接待人员的具体工作主要有来宾的迎送、来宾的引导、来宾的陪同、来宾的接待等。

5. 礼品选择

一般情况下，开业典礼主办方都将给应邀嘉宾提供一定的礼品。赠予来宾的礼品若选择得当，必定会产生良好的效果。礼品一般属于宣传性传播媒介的范畴。礼品的选择一般应具备以下三个特征：①宣传性。可以考虑馈赠本公司产品或者印有本公司标志和产品图案的礼品等。如汽车公司的开业可以选择公司一定型号的汽车模型。②荣誉性。可以考虑一些具有一定纪念意义的礼品，让对方为之感到特有的光荣。③独特性。礼品要具有明显的特色或者体现一定程度的与众不同。

6. 程序拟定

开业典礼具有很明显的程序性。为了使活动有序进行，主办方一定要事先拟定整个仪式的程序，包括仪式先后工作内容、各环节时间的确定、主持人的选择等内容。组织在拟定庆典的程序时必须坚持两条原则，一是时间宜短不宜长。二是程序宜少不宜多。

三、开业典礼的程序

开业典礼一般包括庆典开场、庆典过程、庆典结局三个基本程序（图 13－1）。

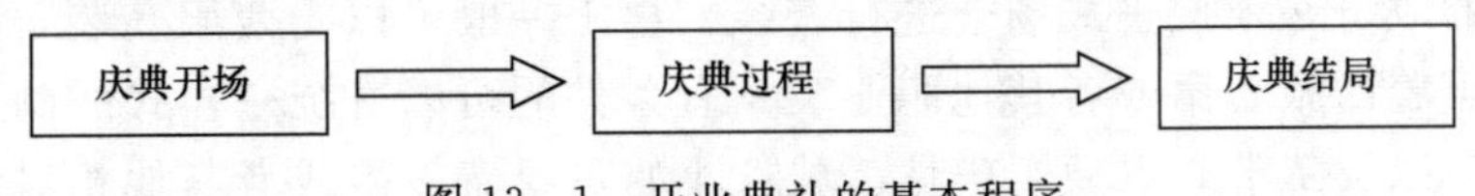

图 13－1 开业典礼的基本程序

1. 庆典开场

庆典开场的主要内容包括奏乐，邀请嘉宾就位，宣布庆典仪式开始、介绍主要嘉宾等内容。礼仪小姐要认真做好每位嘉宾的引导工作，敬请嘉宾签到后及时就位。介绍嘉宾名单要注意顺序问题，一般可借鉴的宣读顺序为：重要领导人名单、知名人士名单、致贺电贺函的单位与个人名单。庆典奏乐时一般选取节奏较为明快的乐曲，如“今天又是好日子”、“步步高”或者“金蛇狂舞”等。

2. 庆典过程

庆典过程是整个庆典的核心环节。主要内容有本单位负责人讲话、上级领导和重要嘉宾致贺词、本单位负责人致答辞、揭幕或者启动某项开业标志等。上级领导和重要嘉宾致贺词主要是表达对开业单位的祝贺并寄予厚望。外来贺电、贺信可以有所选择性宣读，不

一定一一进行，但祝贺单位与个人务必予以公布。本单位负责人致答辞的主要目的是向嘉宾及祝贺单位表示感谢，并简要介绍本组织的经营特色和目标等。致辞和答辞一般要求热情简洁。在负责人致答辞后也可以安排剪彩，剪彩人主要为给组织负责人及参加典礼相对身份较高的领导与个别知名人士担任。在揭幕环节，一般由本组织负责人与主要嘉宾揭去盖在牌匾上的红布，宣告组织正式成立或亮相。在现实中，部分庆典还可能采取启动某项开业标志的形式。在揭幕、剪彩、启动开业标志等时，在场人员应以鼓掌等形式表示热烈祝贺。在条件和环境许可的情况下，组织可以考虑采用鸣礼炮或者燃放鞭炮等形式强化气氛。在现今，很多组织会以军乐团、鼓乐队以及舞狮队等取代鸣放鞭炮等。

3. 庆典结局

庆典结局环节的主要内容是安排参观、宾主联欢与举办座谈会等。这些内容是开业典礼必不可少的尾声，对提高活动效果、加强深度沟通交流具有重要作用。在组织嘉宾参观时，组织方要安排好引导人员和介绍人员，向嘉宾介绍本组织的主要设施、特色商品、经营特色以及主要经营策略等。另外，在该环节，组织方还可以采取让利酬宾或者赠送礼品等形式吸引顾客或者消费者，积极邀请他们参与座谈会、研讨会，虚心听取意见与建议。庆典结局阶段，举办方也可以开展合影留念等工作，为组织发展留下重要的资料。

四、开业典礼的礼仪规范

开业典礼是一项比较注重礼仪规范的庆典活动，活动主办方和活动参与者（包括组织内参与者以及被邀请嘉宾）都需要有较好的礼仪规范。作为开业典礼的东道主，在过程中需要注意以下礼仪规范。

1. 仪容整洁

庆典主办方所有参与庆典的人员事先都要洗澡、理发。男女士发型要相对简单、体现落落大方。男士应刮净胡子，以保持整洁的形象。女士要适当化淡妆，保持较强的职业感。无论如何，不允许任何组织成员在该场合给组织形象“抹黑”。

2. 服饰规范

参与庆典的成员必须按正式场合进行着装。男士一般可以着西服套装，配领带，穿深色皮鞋。女士可着西服套裙或者其他职业装。有条件的可以着统一样式的制服作为庆典着装，并佩戴徽章以及工卡，以便于辨认。礼仪小姐可身着旗袍或者其他相对统一的礼仪服装，发型以短发或者盘发为佳。

3. 遵守时间

对于参加本单位庆典的成员而言，上至主要负责人，下至级别最低的员工，都不得姗姗来迟而耽误工作，这是基本的商务礼仪。如果庆典仪式的程序已经做好明确安排，则各成员都要准时进场、准时按质按量完成组织安排的工作。任何人的无故缺席或者中途无故退场，都会对仪式的顺利进行产生影响。

4. 表情庄重

庆典过程中，参与人员要保持庄重的神情。除了需要进行微笑相迎等外，参与者不得嬉皮笑脸、愁眉苦脸或者呈现一脸茫然状，要以饱满的热情投入到庆典仪式中。在播放国歌、厂歌、会歌等以及升国旗、会旗等时，参与者不得东张西望，交头接耳，以免因个人行为影响组织整体形象。

5. 态度友好

这主要指的是对待嘉宾的态度要保持热情和友好。对于嘉宾的到来组织参与者要主动打招呼并热情相迎，对嘉宾在参与庆典过程中要给予细致的关心与照顾，及时而得体地回答嘉宾提出的问题。对于嘉宾在庆典上的致辞或者参观环节，组织人员都要热烈欢迎与衷心感谢。即便是嘉宾发表了一些不合时宜的言论或者做出了不够友好的行为，主办方人员也要保持克制，尽可能不和对方争吵或者进行人身攻击。在庆典过程中“欺生”和“杀熟”等行为都是不够友善的表现。任何对来宾不友好的态度与行为，都是庆典过程中不宜出现的。

6. 行为自律

主方人员在庆典中要以实际行动保证仪式的顺利开展。一方面，参与者要各负其责，保证完成组织安排的任务，不随意在现场东游西逛，乱走乱转，不随意和他人挤眉弄眼，也不得做一些与自身责任不相符合的工作（如听音乐、看报纸、打扑克、玩游戏等）。另一方面，要加强成员互动，及时应对会务调整，服从分配，不由于一时冲动而影响整体工作的开展。主方人员一定要设法加强行为自律，以免嘉宾对组织及其庆典作出不好的评价，影响组织声誉。

7. 发言简短

在庆典的发言场合，发言人要做到注重礼节，讲究礼貌。发言者对于他人的鼓掌要用掌声表示回礼，发言结束时需要说一声“谢谢大家”。更为关键的是，发言人务必注意尽可能在规定时间内完成发言，宁短勿长，不随意发挥。这也是庆典能如期顺利完成的重要保证。

第二节 商 务 剪 彩

一、剪彩的来源与意义

1. 剪彩的来源

纵观多位学者观点，追根溯源，剪彩来源主要有两种：其一来自西欧。在古代，西欧造船业比较发达，新船下水时总能吸引很多观众。为防止多人拥挤产生意外，主持人在新船下水前，在离船体较远的地方用绳索设置一道“防线”。等新船下水典礼就绪后，主持人就剪断绳索让观众参观。后来绳索改为彩带。另外一种目前广泛得到学者公认的剪彩仪式则起源于美国。据说美国人做生意保留着一种习俗，即一清早必须把店门打开，为了使人们知道这是一个新开张的店铺，还要特地在门前横系上一条布带。因为这既可防止店铺未开张前闯入闲人，又起引人注目、标新立异的作用，等店铺正式开张时才将布带取走。1912年，美国的圣安东尼州的华狄密镇上有一家大百货公司将要开张，老板威尔斯严格地按照当地的风俗办事，在早早开着的店门前横系着一条布带，万事俱备，只等开张。这时，老板威尔斯10岁的女儿牵着一只哈巴狗从店里匆匆跑出来，无意中碰断了这条布带。这时在门外等候的顾客及行人以为正式开张营业了，蜂拥而入，争先恐后地购买货物，真是生意兴隆。不久，当老板的一个分公司又要开张时，想起第一次开张时的盛况，又如发炮制。这次是有意让小女把布带碰断。果然财运又不错。于是，人们认

为让女孩碰断布带的做法是一个好兆头，因而争相效仿，广为推行。之后，凡是新开张的商店都要邀请年轻的姑娘，甚至是千娇百媚、闭月羞花的妙龄少女来撕断布带。后来，人们又用彩带取代色彩单调的布带，并用剪刀剪代替用手撕，有的讲究用金剪子。就这样，美国小镇上偶然发生的故事为该模式开一代风气之先，为商家创立了一种崭新的庆贺仪式——剪彩仪式。

剪彩，是20世纪以来才开始盛行的仪式之一。该形式先是流传于北美，然后逐渐风靡全世界。尽管了解剪彩来源的人并不多，但知道剪彩仪式的人却不少。尽管剪彩仪式最早仅仅是一种商业手段，但现在这已经逐渐成为一整套隆重而热烈的仪式。剪彩仪式在发展过程中，经过后人不断地“提炼升华”，仪式的内容与形式在吐故纳新中有了新的变化。例如剪彩者作为剪彩仪式上的关键人物，曾有专人牵着小狗来充当，由小狗碰落布带子，后来又改成由儿童撞断丝线，再后来变成由妙龄少女撞落大红缎带。至今，我们所看到的剪彩者已经不再是年轻的姑娘，逐步被一些德高望重的社会名流甚至是国家元首代替。同时，在一些简单剪彩中，“彩”也不再局限于绸缎，有的用系上多色气球的彩带代替。

现在，剪彩则被基本定型为邀请社会名人和各级官员，持剪刀剪断由礼仪小姐们手中所持的大红缎带。近年来，隆重的剪彩仪式在我国也随处可见，很多组织在一些重要时候都会认真策划相应的剪彩活动，许多知名人士、影视明星等都当过剪彩人。例如，2013年3月30日，习近平主席在对刚果共和国进行国事访问过程中，出席了中国建筑承建的中刚友好医院竣工剪彩仪式，并与刚果共和国总统萨苏一起为项目剪彩。2011年6月10日，在甘肃酒泉，篮球明星姚明出席“酒泉纳什—姚基金特殊教育学校”现场，参与剪彩、揭牌仪式。除了领导与名人等频频出席相应剪彩仪式外，各层次各行业的代表们也经常被邀请参加庆典的剪彩活动。例如，在2008年杭州湾跨海大桥建成通车仪式上，一改日常剪彩的场景，荣获全国“五一”劳动奖状的参建单位，荣获全国“五一”劳动奖章的建设者，设计单位、股东和宁波、嘉兴两市市民代表为大桥通车剪彩。

2. 剪彩的意义

剪彩仪式是一种庆典活动，指的是有关组织为了有效庆祝公司开业、店铺开张、大楼落成、道路桥梁首次通车、新造的车船和飞机出厂、展览会或者展销会开幕以及新设施、新设备启用等，特意邀请有关领导、部分名人等用剪刀剪断被称之为“彩”的红色缎带的礼仪活动。

剪彩作为一种庆典仪式，是开业仪式中一项重要的程序。社会组织采取这种仪式的主要目的是引起社会各界对本组织的广泛关注，扩大宣传效果。这是组织常用的提高组织知名度与美誉度的公关宣传形式。组织或个人热衷于剪彩仪式，还因为人们认为剪彩仪式是“吉兆”的象征，能为主办者带来喜悦，产生吉祥如意之感觉，体现了人们对美好前程的向往，表达了组织领导者对于组织未来发展的无限寄托。尽管剪彩可以被单独分离而独立成项，但在更多时候则附属于各类开业典礼。

社会组织采用剪彩仪式时，没有必要一味地求新、求异。举办类似的仪式要结合自身的财力以及具体的活动需要，要注意“勤俭持家”，善于花小钱办大事。那些脱离实际能力而图轰动的剪彩行为是不值得提倡的。

【阅读资料】

通车不剪彩，其实更出彩

南京长江四桥，中国首座三跨吊悬索桥，被誉为“中国的金门大桥”。没有剪彩，没有仪式，在南京市领导简短地慰问建设工作者、上桥检查后，24 日上午 10：00，静静地通车了。据介绍，这个简朴的通车仪式花费尚不到 2000 元。（《现代快报》12 月 25 日）

剪彩是个舶来品，起初只是美国一家商店的无心之举，后来却风靡世界，演化为一种司空见惯的活动程序。或许，正是迎合了国人图吉利、好喜庆的心理，但凡建筑物落成、展览会开幕、道路桥梁通车之时，一些地方和部门总喜欢搞个风风光光的剪彩仪式。在鲜花彩旗的映衬下，领导和嘉宾健步上台一字排开，从礼仪小姐的托盘中接过剪刀，手起花落，剪断红色缎带。霎时，掌声雷动，礼炮齐鸣，仪式氛围达到最高潮。

然而，隆重热烈的剪彩仪式背后却暗藏两大问题：其一，造成不小资金浪费。眼下，仪式越来越奢华，展台动辄数十万元，还不算拱门、气球、红地毯、礼仪小姐等开支。再加上，剪彩过后宴请与会领导嘉宾，赠送高档纪念品已然成为惯例，都是一笔不小的费用。其二，影响有关部门和人员的时间、精力。仪式看似几十分钟，主办方却要提前好多天开始准备。为确保仪式不出差错，往往还要事先进行走场彩排，反复演练。

南京长江四桥正式通车取消剪彩，让人眼前一亮。据介绍，通车仪式只有短短 8 分钟，费用不到 2000 元，主要用于制作南京长江四桥建设成果展示牌，展牌以后还可重复使用。这样的简朴仪式，让组织者省力、参与者省事、老百姓舒心，可谓一举多得。

地方和部门热衷于剪彩图的是造声势、出形象，殊不知不剪彩的仪式其实更出彩。一方面，淡化官本位，领导不再喧宾夺主，让建设者成为真正主角，是一种可贵的理性回归。与其用剪彩制造喜庆，不如让工程质量说话。建筑落成、大桥通车，这些都离不开劳动者的心血和汗水。此次南京取消剪彩改为给建设者颁奖，是对其劳动成果的肯定和褒奖，让人备感振奋。同时，删繁就简，不求奢华，让公众看到了务实重干的清新之风。

（根据资料修改）

二、剪彩的准备

剪彩准备尽管不是仪式的主体部分，但该过程相关工作的落实却是成功举行剪彩仪式的重要基础。剪彩准备主要包括场地准备、人员准备、物品准备等。剪彩准备要尽可能做到一丝不苟，精益求精，为后续正式的剪彩活动奠定基础。

1．场地准备

场地准备是一个全面的准备过程，主要包括剪彩地点、音响灯光设备等的精心准备。

场地一般要选取相对宽敞的地方，如展览厅门口、正门前广场或者正门口大厅等。在准备时，可以结合剪彩仪式进行适当的氛围营造，如横幅的悬挂、宣传展板的摆放、祝贺花篮的陈列、鲜花的放置等，以使活动更加喜庆、隆重和热烈。为表示纪念，剪彩场地接待处需要设立签到处，并安排嘉宾留下姓名。如果开幕式相对隆重的话，还需要在该仪式上升国旗，奏国歌。剪彩仪式上，如果安排坐席，一般需要放置姓名牌以便对号入座。

考虑到发言以及音乐播放等内容，在庆典现场配备音响设备是十分必要的。为了更好地保证效果，需要在一定场合配备专门的灯光设备。在准备阶段，主办方要对音响及灯光设备进行较为仔细的检查。话筒以准备三个为宜，分别供主持人、致辞人和译员等使用。扩音设备要事先调试，确保使用无误。剪彩仪式上要保证灯光设备的正常运行，以免出现不必要的骚乱。

2．人员准备

人员准备主要包括剪彩前的人员准备和剪彩中的人员准备。剪彩前的人员准备指剪彩者的邀请、助剪者的培训以及媒体人员的落实。剪彩中的人员准备主要指的是助剪者和剪彩者的即时就位。

由于剪彩者是剪彩活动的主角，因而剪彩者的选择和邀请是剪彩准备过程的重要工作。剪彩者合适与否是剪彩能否真正“出彩”的关键，剪彩者的层次与地位体现了剪彩仪式的档次。主办方可以根据上下级关系、业务合作关系、社会名流、组织重要成员、员工或者客户代表等因素落实剪彩者。剪彩者可以是一人或者多人，一般情况下不超过五人。在剪彩仪式前，主办方要在提前邀请的情况下落实人员。有多人出席仪式的，需要由主办方告知剪彩同伴，以免出现一些不必要的尴尬。对邀请的嘉宾要以请柬形式提前一周或者派人专门递送，经过电话落实的仍应补送请柬。嘉宾中的剪彩者的请柬应由组织或者部门领导人代表组织登门送达并恳请其为本组织剪彩。在剪彩仪式前，若有必要可以进行一些简单彩排，或者提前告知剪彩者有关注意事项。剪彩者有较高的礼仪要求，在服装、帽子、眼镜、发饰以及精神状态方面都有一定的规范。例如，按照常规，剪彩者应着套装、

套裙或制服，将头发梳理整齐。一般情况不应戴墨镜或者帽子，不适合着便装。有多人参与剪彩时，要注意位次尊卑。一般的规矩是：中间高于两侧，右侧高于左侧（国际惯例），距离中间站立者愈远位次便愈低，即主剪者应居于中央的位置。若剪彩仪式并无外宾参加时，也可以执行我国“左侧高于右侧”的传统做法。

助剪者是在旁边为剪彩者提供帮助的工作人员。一般而言，助剪者为组织方的女性职员，尽可能选择形象较好、身材修长、气质优雅、身体健康、反应敏捷和善于交际的人员担任。考虑到形象、身材、气质等的整齐性等因素，眼下助剪者的工作一般由专门经过专门训练的礼仪小姐完成。在剪彩仪式上，礼仪小姐又分为迎宾者、引导者、服务者、拉彩者、捧花者、托盘者。迎宾者的任务是在活动现场负责迎来送往。引导者的任务是在进行剪彩时负责带领剪彩者登台或退场。服务者的任务是为来宾尤其是剪彩者提供饮料，安排休息之处。拉彩者的任务是在剪彩时展开、拉直红色缎带。捧花者的任务则是在剪彩时手托花团。在现实中，捧花者可能会用罗马柱代替。托盘者的任务，则是为剪彩者提供剪刀、手套等剪彩用品。在实际运作过程中，具有以上职能的礼仪小姐并不一定分得特别精细，往往会有职能交叉。从剪彩仪式上看，由于助剪者的礼仪素养要求较高，因而助剪者的培训也是主办方不可忽视的一个环节。主办方要对助剪者进行专门的助剪培训与礼仪指导，详细告知剪彩中的主要工作以及出现情况时的应急处理方式。助剪者的礼仪素养主要体现在仪容要高雅、举止要规范、责任心要强等。助剪者中的引导者要及时准确地完成引导工作。在仪式开始前，如果不是对号入座的话，引导者要及时提醒参加者坐到位置上，以免久等。

对于剪彩等商务仪式，媒体人员的落实是十分必要的。有媒体参与的活动，才会更有影响力，才能真正起到更为广泛的宣传效果。对于媒体人员，主办方也要考虑媒体的代表性以及层次的合适性等问题，设法请相对比较专业和对口的媒介嘉宾参与剪彩活动，并对活动进行及时而有效的新闻传播。

除此之外，还需要安排一定的工作人员在过程中适当协调，以备应急。

3. 物品准备

这里的物品准备专指剪彩仪式上所需要的特殊用品，包括红色缎带、新剪刀、白色薄纱手套、托盘以及红色地毯等。在此类物品的准备中，组织者务必仔细地进行选择与准备，确保万无一失。

(1) 红色缎带。红色缎带即剪彩中的“彩”，常用一匹未曾使用的红色绸缎，在中间结成数朵花团。在现代，“彩”常用两米长左右红色缎带、红色布条等代替。花团要醒目而生动，花团的数目一般比剪彩者数目多一个，使每一个剪彩者总是处于两个花团之中，相对比较正式。也有采用其他变通模式，如花团数目比现场剪彩者数目少一个。

(2) 新剪刀。由于讨彩以及便于“手起刀落”等原因，剪彩仪式中的剪刀必须是新的。主办方要保证人手一刀，并且要锋利而顺手。剪彩仪式结束后，主办方也可将剪刀进行适当包装后送给参与剪彩的嘉宾做纪念。

(3) 白色薄纱手套。白色薄纱手套是在特别正式的剪彩场合专供剪彩者使用的，以示郑重其事。主办方要保证白色手套的数量充足、大小适度、崭新平整、洁白干净。在一般情况下，考虑仪式的现实性，手套礼仪也可以省略考虑。

(4) 托盘。托盘主要用来供礼仪小姐盛放剪刀、白色手套和红色缎带用的。托盘常用银色不锈钢制品，要求崭新而洁净。为了体现仪式的正规性，托盘上往往会放置红色绸布或者绒布。

(5) 红色地毯。红色地毯主要铺设在剪彩者剪彩时站立之处，目的是营造一种剪彩档次与喜庆气氛。地毯长度可以根据现场大小和剪彩人数而确定，地毯宽度一般不应小于一米。考虑经费与节约等因素，有些剪彩仪式可以不考虑地毯的铺设。

三、剪彩的基本程序

剪彩的基本程序主要包括嘉宾入场、仪式开始、奏歌曲、致辞、进行剪彩、后续活动。具体流程如图 13－2 所示。

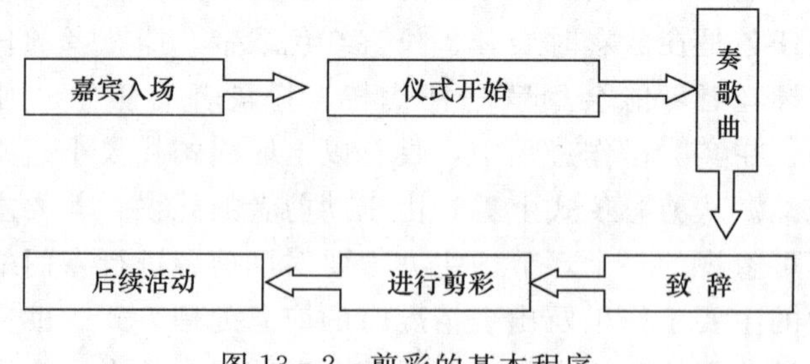

图 13－2　剪彩的基本程序

1. 嘉宾入场

该过程主要是嘉宾就位的过程。嘉宾既包括以“剪彩者”身份出现的嘉宾，也包括其他被邀请的各类嘉宾。在剪彩仪式上，通常只为剪彩者、嘉宾和本单位的负责人安排坐席，剪彩者一般就座于前排。嘉宾一般在剪彩仪式开始前 5 分钟在礼仪小姐的引领下集体入场，负责引导的礼仪小姐应把嘉宾往一定的座位进行耐心细致的引导，并敬请大家在已排好顺序的座位上就座（一般都讲究具体顺序，座位上要预先放置姓名牌）。中央级的来宾只写“首长”，其他人可直接写姓名。如果是没有专门安排席位的剪彩现场，嘉宾入场

相对比较简单，但仍需注意位次的尊卑问题。

2. 仪式开始

首先，主持人（或者组织主要负责人）宣布仪式正式开始。随后乐队奏乐，相关人员鸣炮（根据实际情况决定是否开展以及开展的档次）。紧接着，由主持人向到场人员一一介绍到场的重要嘉宾并对他们的到来表示感谢。该过程中，到场人员要对主持人给予回应，如热烈鼓掌等。

3. 奏歌曲

在介绍嘉宾之后，现场将奏国歌（特别是国际场合）或者本单位标志性歌曲。同时，可能还会升国旗或者会旗、厂旗等。此时，在场人员必须全体起立，并行注目礼。

4. 致辞

致辞一般分两类：一是嘉宾致辞，二是组织负责人致辞，其基本顺序是主办单位代表、上级主管部门的代表、地方政府的代表、合作单位的代表及社会知名人士。致辞人员内容重点在于介绍、道谢与致贺，发言应尽可能简短精悍，每人的发言时间一般不超过三分钟。组织负责人致辞的主要内容是感谢嘉宾的来临，介绍本次活动的意义等。其他各类代表主要是给予主办方更多的祝贺，并对今后彼此的沟通提出期盼。

5. 进行剪彩

该环节是剪彩仪式的核心环节。在剪彩时，首先是主持人向全体到场者介绍剪彩者。接着是礼仪小姐在欢乐的乐曲声中登场，引领剪彩者按主办单位的安排站立在确定的位置（礼仪小姐的数量及站位最好都需要经过彩排）。剪彩时，剪彩者应不慌不忙，保持一种稳重的态度。当礼仪小姐呈上托盘时，剪彩者要面带微笑，拿起剪刀剪断红色缎带或彩带，放下剪刀，并向全场鼓掌致意。此刻，全体应热烈鼓掌，必要时还可奏乐或燃放鞭炮。

6. 后续活动

正式剪彩结束后，主办方一般都会安排后续活动，如陪同嘉宾参观被剪彩建筑物，向嘉宾赠送纪念性礼品，安排精彩的文艺演出或者联谊活动，开展嘉宾座谈，设宴款待全体嘉宾等。后续活动的具体做法相对灵活，主办方可以根据剪彩内容与嘉宾情况切实安排。

四、剪彩的基本方法

正式剪彩是考察剪彩者与主办方人员密切配合的重要环节，具有一定的技术性，也比较讲究礼仪素养。剪彩者与助剪者的规范性将直接影响剪彩的良好效果。

剪彩的基本过程是：

(1) 主持人宣布进行剪彩，一一介绍剪彩人员。

(2) 礼仪小姐登台。通常可以从两侧同时登台，或者同从右侧登台。登台后，拉彩者与捧花者应当站成一行，拉彩者处于两端拉直红色缎带，捧花者各自双手手捧一朵花团。托盘者需站立在拉彩者与捧花者身后一米左右，并且自成一行。

(3) 负责引导的礼仪小姐在剪彩者左前方进行引导，直至就位。礼仪小姐在行进过程对剪彩者应注意适时提醒，如台阶、电线等。剪彩者行至既定位置之后，应向拉彩者、捧花者含笑致意。

(4) 带剪彩者就位后，托盘者应前行一步，到达前者的右后侧，以便为其递上剪刀、手套。此时剪彩者微笑着向托盘者道谢。

（5）在正式剪彩前，剪彩者应首先向拉彩者、捧花者示意。待其有所准备后，集中精力，右手手持剪刀，表情庄重地将红色缎带一刀剪断。若多名剪彩者同时剪彩时，其他剪彩者应注意主剪者动作，力争大家在同时将红色缎带剪断。剪彩时。花团应准确无误地落入托盘者手中的托盘里，而切勿使之坠地。此时需要捧花者与托盘者的合作。

（6）剪彩成功后，剪彩者可以右手举起剪刀，面向全体到场者致意。然后放下剪刀、手套于托盘之内，举手鼓掌。此后，剪彩者可依次与主办方代表握手祝贺，并在礼仪小姐引导下从右侧有秩序地退场。

（7）剪彩者退场后，其他礼仪小姐方可列队从右侧退场。助剪者在上下场时要做到井然有序。

【阅读资料】

剪彩者礼仪

剪彩者礼仪，指的是在剪彩仪式中持剪刀剪彩的人员应遵守的礼仪。剪彩者是剪彩仪式的主角，一定要注意仪容仪表。剪彩者一般都具有极高的威望，深受大家尊敬和信任。剪彩者的仪容仪表直接关系到剪彩仪式的效果和企业的形象。因此，作为剪彩者，既要有荣誉感，也要有责任感。衣着服饰要大方、整洁、挺括，容貌适当修饰，看上去容光焕发，充满活力，以求给人一种精干和文明的印象。剪彩者必须注意剪彩中的仪态举止。剪彩过程中，要使自己保持一种稳重的姿态、洒脱的风度和优雅的举止。当主持人宣布开始剪彩时，剪彩者要面带微笑，步履稳健地走向剪彩礼仪小姐扯起的彩带。当礼仪小姐用托盘呈上剪彩用的剪刀时，可用微笑来表示谢意并随即拿起剪刀。剪彩者要向扯彩带的礼仪小姐微笑致意，然后，聚精会神、严肃认真地把彩带一刀剪断。如果同时有几位剪彩者共同剪彩时，处在外端的剪彩者应用眼睛余光注视处于中间位置的剪彩者的剪彩动作，力争同时剪断彩带。同时，还应和礼仪小姐配合，注意让彩球落入托盘内，然后把剪刀也放回托盘内。有的剪彩者将彩带一刀剪断后，举剪向众人微笑示意，也是一种礼仪举止，但示意一下即可，不可久停。在剪彩仪式的过程中，剪彩者言谈举止要有节制。剪彩仪式开始前，可以和举办单位领导、来宾及共同剪彩者随意交谈。当宣布剪彩仪式开始后，即应中断谈笑，全神贯注地听主持

人讲话。如继续谈笑或向别人打招呼，就是有失礼仪的。剪彩完毕，应转身向四周的人们鼓掌致意。这时可与主人进行礼节性谈话，或同其他剪彩者进行赞赏性谈话。但时间都不宜过长。在这种场合，无休止地高谈阔论或旁若无人地纵情谈笑，都是不合礼仪的。在剪彩之后的参观或聚会时要虚心、认真。参观时，要耐心听取主办单位介绍，对其所取得的成就应给予肯定和赞许。聚会时，要谦虚谨慎，言谈举止应彬彬有礼。对于举办单位的馈赠礼品，如特别贵重的应婉言谢绝。一般纪念性小礼品可庄重接受并诚心诚意地表示感谢。

第三节　商　务　交　接

一、商务交接仪式概述

商务交接仪式，一般是指施工单位按合同将业已建设完成的工程项目或者安装完成的大型设备，经验收合格后正式移交给使用单位使用时而专门举行的庆祝典礼。具体的工程项目包括厂房、宾馆、商厦、机场、码头、公路、铁路、桥梁等，安装设备指的是飞机、火车、轮船、机械、物资等。

举行这种仪式，既是对商务伙伴们既往进行的成功合作的庆祝，也是对关心、支持和帮助他们的社会各界的衷心感谢。该仪式是施工单位、安装单位和接收单位巧妙利用交接时机，为提高组织知名度和塑造良好组织形象而举行的一种公关宣传活动。

二、商务交接仪式的准备

商务交接仪式的准备工作将直接影响商务交接仪式的成功举办，具体工作包括会场的布置、人员的邀请、物品的准备三方面的内容。

1. 会场的布置

交接仪式的会场，即双方举行交接仪式的现场。会场的选择通常需要结合交接仪式的重要程度、出席者的具体人数、交接仪式的具体程序与内容，及是否要求对其进行保密等多方面的因素进行考虑。

根据常规，一般可将交接仪式的会场地点安排在已建设完成并经验收合格的工程项目的现场、已经验收合格的大型设备所在地的现场。但也可在其他场所举行。主办方可以将其酌情安排在东道主单位本部的会议厅，或者由施工、安装单位与接收单位双方共同认可的其他场所。在现场举行交接仪式，往往进行准备的工作量较大。东道主事先要征得对方（接收单位）的首肯，并在准备过程中需要对方的密切配合。将仪式安排在东道主单位的会议厅举行，可免除大量的接待工作，会场布置也十分便利。尤其是在工程项目、大型设备不宜为外人参观，或者暂时不方便外人参观的情况下，不失为一种较好的选择。但是这种选择之下，来宾对于将被交付的工程项目或大型设备缺乏身临其境的直观感受。

无论会场在何处，主办方要专门成立交接仪式工作班子，切实负责商务交接的会场布

置工作。会场的布置，既要积极营造热烈、隆重和喜庆气氛，又要尽可能不作无谓的铺张浪费。华而不实、劳民伤财的会场布置是不值得主办方提倡的。为了烘托会场气氛，一般应在会场入口处或者主席台前插置一定数量的彩旗，在会场正中悬挂与交接仪式相关名称的巨型横幅，在会场上空牵放带有庆贺标语的巨型气球，在会场两侧依次摆放来宾赠送的花篮。在合适的地方放置一些盆景，也可以起到加强现场气氛的作用。

2. 人员的邀请

出席商务交接仪式的人员，通常应由仪式的东道主（施工或安装单位）负责，会同接收单位协商确定。接收单位对于施工、安装单位草拟的名单不宜过于挑剔，但可酌情提出合理建议。

交接仪式的参加人员主要应包括：施工或者安装单位的有关人员、接收单位的有关人员、上级主管部门负责人及当地政府负责人、协作单位代表、行业组织、各界知名人士及新闻媒体记者等。在上述人员中，除施工、安装单位与接收单位的有关人员之外，对其他所有人员，均应提前送达或寄达正式的书面邀请，以示尊重对方。主办方要利用交接仪式，积极邀请上级主管部门、当地政府、行业组织的有关人员。这不仅可宣传自己的工作成绩，而且也有助于各方之间进一步地加强相互理解和沟通。在举行仪式时，东道主要争取多邀请新闻界的人士参加，要为其尽可能地提供一切便利。对于不邀而至的新闻界人士，亦应尽量来者不拒。至于邀请海外的媒体人员参加交接仪式问题，则必须认真遵守有关外事规则与纪律，事先履行必要的报批手续。

接到邀请的单位及其有关负责人无论能否出席都要尽早向主办单位发出贺电或贺信，甚至敬献大型工艺摆件或花篮，以示祝贺。敬赠的花篮可提前送达会场。在花篮上挂上特制的缎带，右书“恭贺×××交接仪式隆重举行”，左书本单位的全称。

在一般情况下，参加交接仪式的人数越多越好。如果参加者太少，仪式可能过于冷清。如果参与人数过多，则明显超出组织接待能力和场地条件。因而，在宏观上确定参加者的总人数时，必须考虑场地可容纳性与东道主的接待承受能力。

3. 物品的准备

在交接仪式上，东道主一方应提前准备不少需要使用的物品，这主要包括：

（1）交接象征物。交接象征物的有关物品主要有：验收文件、一览表、钥匙等。验收文件指的是已经公证的由交接双方正式签署的接收证明性文件。一览表，是指交付给接收单位的全部物资、设备或其他物品的名称、数量明细表。钥匙，则是指用来开启被交接的建筑物或机械设备的钥匙。在一般情况下，因其具有象征性意味，故预备一把即可。

（2）来宾礼品。一般情况下，东道主应该为来宾略备一份薄礼。在交接仪式上用以赠送给来宾的礼品，应突出其纪念性与宣传性。比如，礼品一般可选取被交接的工程项目或者大型设备的微缩模型，或以其为主角的画册、明信片、纪念章、领带针、钥匙扣等。

三、商务交接仪式的程序

尽管现实中商务交接仪式具有不同类型，但其程序的内容却大致相同。东道主在拟定交接程序时，主要应注意两个重要问题：大的方面要参照管理进行，不必标新立异；仪式要实事求是，量力而行，在细节上不必事事贪大求全，如图 13－3 所示。

从总体上看，商务交接仪式主要包括四项基本程序如下：

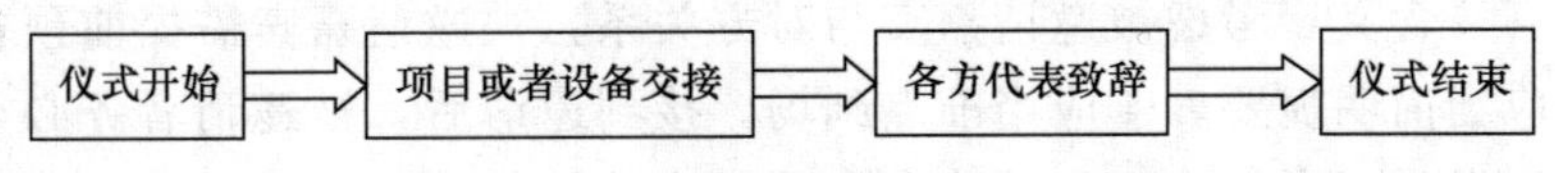

图 13-3 商务交接仪式的基本程序

(1) 仪式开始。首先，主持人应邀请各方面负责人与代表在主席台上就座，并以适当的方式暗示交接现场保持安静。然后，主持人宣布商务交接仪式正式开始，与会者应以较长时间的热烈鼓掌表达对东道主的祝贺。

(2) 项目或者设备交接。由施工或者安装单位向接收单位负责人正式递交有关工程项目的验收文件。该程序也可由上级主管部门负责人或当地政府领导人为工程项目剪彩所取代，以积极营造一种热烈而隆重的气氛。假如条件允许，在该项程序进行的过程中，可在现场演奏或播放节奏欢快的喜庆性歌曲。此时，双方应面带微笑，双手递交、接收有关物品。此后，双方还应热烈握手。至此，标志着有关的工程项目或大型设备已经被正式地移交给了接收单位。

(3) 各方代表致辞。各方代表进行礼节性发言。发言要喜气洋洋，一般宜短不宜长，只需点到为止。发言的基本顺序为：施工、安装单位的代表，接收单位的代表，来宾代表等。原则上讲，每人发言一般不超过3分钟。

(4) 仪式结束。主持人宣布交接仪式结束。此时此刻，全体与会者应再次进行较长时间的热烈鼓掌。

在某些场合，为了使交接仪式显得更为庄严而隆重，程序中还可能安排奏国歌并演奏东道主单位的标志性歌曲。此时，全体人员必须肃立。然而，该项程序常常会被略去。

总体上看，交接时间尽量不超过一小时。由于交接仪式在程序上讲究少而精，因而一些原本列入正式程序的内容（如参观、观看文娱表演等）均被视为交接仪式后的辅助性活动。

商务交接仪式结束后，东道主应邀请来宾参观参观有关的工程项目和展览。在该过程中，东道主应专门安排人员进行接待、陪同和解说。参观后，东道主也可为来宾安排丰富多彩的文娱表演或者安排招待便饭。

四、商务交接仪式的注意点

(1) 对于东道主而言，参加交接仪式的人员要从组织形象的角度出发，讲究仪表整洁，即参与人员要规范妆容，以得体的服饰和大方的举止出现在交接现场。东道主人员要时时保持风度，不能东张西望、交头接耳，切切不可嚣张放肆、得意忘形。作为主办方，要以友善的态度对待嘉宾。参与人员要有强烈的主人翁责任感，对嘉宾要鼎力相助，切切不得借故推脱，胡言乱语。在一些自己力不能及的场合，参与人员需要说明原因，并及时就相关问题向有关方面加以反映。

(2) 对于被邀嘉宾，主要应注意以下问题：①在收到邀请后嘉宾们应该通过发贺电或贺信形式对主办方表示热烈祝贺。在交接仪式上，被邀请者在参加仪式时，还需郑重其事地与东道主方的主要负责人一一握手，再次口头道贺。②应略备厚礼。为了表示祝贺，被邀请嘉宾可以向东道主方赠送一些礼物，如花篮、牌匾等。目前，交接仪式上敬献花篮比较普遍。花篮可由花店代为先其送达，亦可由来宾在抵达现场时面交主人。③应当预备贺词。考虑到贺喜等含义，考虑被邀请嘉宾与对方关系，被邀请嘉宾需提前预备一份书面贺词。贺词内容应当简明扼要。④应当准点到场。接到邀请后，被邀请者务必牢记在心，无特殊原因尽可能做到正点抵达。如若确实有原因未能前往，则务必尽早通知东道主。

第四节　商　务　签　约

一、商务签约概述

商务沟通是行为主体特别是以营利为主要目的的组织所开展的一切与买卖商品有关的商业事务或商务活动。商务签约，即合同签署。商务签约往往标志着双方相互关系取得了重大进展，以及为消除彼此之间的误会或抵触而达成了一致性见解的重大的成果，因此极受商界人士的重视。商务签约仪式是沟通双方通过一定时间的会谈协商，基本达成某项书面协议并签字，再互相交换文本的基本仪式，是商务活动中不可或缺的重要组成部分。尽管仪式时间并不长，程序较为简单，但由于签约仪式是衡量商务沟通双方访谈、谈判效果的重要标志，而且有可能涉及不同国家之间的关系，因而该仪式相对较为肃穆而庄重，礼仪规范也相对严格。沟通双方对于签约仪式一定要认真对待，表明自身对于协议或者条约的重视以及对对方的尊重。从完整意义上讲，商务签约仪式包括合同草拟阶段和合同签署阶段。在合同草拟阶段，合同文本的基本要求是：目的明确、内容具体、用词标准、数据精确、项目完整、书面整洁。[1] 同时，双方要注意遵守法律、合乎常识、估计对手等问题。本书介绍的商务签约主要针对合同正式签署阶段。

二、商务签约准备

1. 人员准备（人员确定）

商务签约的人员准备主要包括签约人、助签人，以及其他出席签约仪式人员的确定，具体如下：

（1）签约人。由于签约人往往代表一定的组织（国家、政府或者公司等），因而签约人的选择是十分关键的。签约人的主要确定依据是文件性质。若该项目属于国家一级的，则签约人一般可选国家或者政府领导人，也可以是政府有关职能部门负责人。若协议书属于地区或者部门之间的，则签约人一般选地区和部门领导人。签约人由签约双方各自确定，但是其身份必须与待签文件的性质相符，同时双方签约的身份和职位应当大体相当。

（2）助签人。在签约仪式中，助签人的主要作用是洽谈有关签字仪式的细节并在签字仪式上帮助翻阅与传递文本、指名签字处。助签人一般由签约双方共同商定。

（3）出席签约仪式人员。考虑到商务沟通的过程以及体现对签约仪式的重视，签约仪式中除了签约人以及助签人以外，还包括其他一些出席签约仪式的人员。这部分人员可以是曾经参加会谈已经谈判的全体或部分人员，也可以是更高级别或更多的领导人。但是，如果签约一方要求让未参加会谈或者谈判的人员见证这一重要仪式，必须征得对方同意。

[1] 金正昆．商务礼仪．西安：陕西师范大学出版社，2011.4，P119.

在对方给予正式认可后，相关人员才允许出席。在签约中，签约双方的出席人员应大致相等。

2. 签约文本的准备

在决定正式签约时，双方经过沟通拟定的最终文本应当是正式的，不再进行更改的标准文本。文本一旦签订即具有法律效力。因此，在正式签约前，签约文本的准备是一项相对重要的工作。在现实运作中，签约双方往往会安排举行签约的主方或者某一方专门负责待签文本的准备工作，包括文本的校对、翻译、定稿、印刷及装订等工作。按照惯例，主方应该为签约双方提供待签的合同文本，必要时还可再向双方提供一份副本。

待签的合同文本，应以精美的白纸印制而成，按大八开的规格装订成册，并以高档质料，如仿皮、金属、软木或者其他高档质料等作为其封面。

在签署涉外合同时，待签文本要按照国际惯例使用各方法定语言或者国际上通行的英文。使用外文时，要注意字斟句酌，反复推敲，切切不可由于疏忽等产生文本歧义，不能望文生义或不解其意而乱用词汇。

3. 服饰准备

在签约场合特别是涉外签约场合，签约人员的服饰有较为严格的规范。从严格意义上讲，所有签字人及助签人都应着具有礼服性质的正装。男性一般男性应穿深色西服套装或者中山装套装，女士一般应穿西服套裙。不论男女，都应配以白色衬衫和深色皮鞋。为体现尊重，男士须系单色领带。其他的礼仪及其接待人员，可以穿工作制服，也可以采用旗袍等礼仪性服装。

4. 签约厅与签约桌的准备

鉴于签约内容种类的差异以及各国风俗习惯不同等原因，签约仪式和安排的签约厅的布置不尽相同。签约厅有常设专用的，也有直接选用会议厅、会客室来代替的。但不管如何选择签约厅，都要遵循庄重、整洁、清静的基本原则。一间标准的签约厅，一般应当铺设地毯。签约厅内除了必要的签约用桌椅外，其他一切的陈设从简甚至不出现。签约厅内要有醒目的签约仪式的会标，并且为举杯共庆事先准备好香槟酒与酒杯等。

正规的签字桌一般为横放的长条桌，面靠墙或靠屏风设置，其上最好铺设深绿色的台呢。签约桌上应事先放好待签的合同文本及签字笔。吸墨器等签约时所用的文具。签约桌上可以放置各方签约人的席卡。签约桌后可摆放适量的座椅（签署双边性合同时，可放两座椅供签约人就座；签署多边性合同时，可仅放一张桌椅供各方签约人签字时轮流就座，也可为每位签约人各提供一座椅）。签约人在就座时，一般应当面对正门。

涉外签约仪式应该用中英文两种文字标示，需在签字桌上插放双方国旗。国旗的插放应当与签约者的地位身份相对应。插放国旗按照礼宾序列进行。例如，签署双边性涉外商务合同时，该方国旗须插放在该方签约人座椅的正前方。

5. 签约厅布置要点

除了以上所述的签约厅基本陈设外，由于在正式签约时双方都较为在意礼遇问题，签约厅布置的要点就在于签约座次的安排，主办方一定要认真对待。签约厅布置如图 13 - 4 所示。

我国的惯例是：从“客为尊”的原则出发，东道国签约人座位位于签字桌左侧，客方签约人的座位位于签字桌的右侧。双方助签人员分别站于各方签字人的外侧，为签约人翻揭待签文本，并向签约人指明签字处，双方其他参加签约仪式的人员则应分别按一定顺序排列于各方签约人之后，也可按一定顺序在己方签字人的正对面就座。在签署多边性合同时，一般仅设一个签字座椅，各方签约人签字时，须依照各方事先同意的先后顺序（一般以国名英文字母为序），依次上前签字。助签人则应随之一同行动，按照“右高左低”的惯例，助签人应站立于签字人的左侧。与此同时，有关各方的随员，应按照一定的序列，面对签字桌就座或站立。

需要指出的是，我方人员参加国外签字仪式时，要尊重对方举行签字仪式的传统习惯。例如有的国家可能会准备两张签约桌，有的国家可能要求参加签字仪式的人员坐在签字人对面。作为我方人员要不辱使命，结合对方国家或者地区的风俗习惯认真完成签约工作。

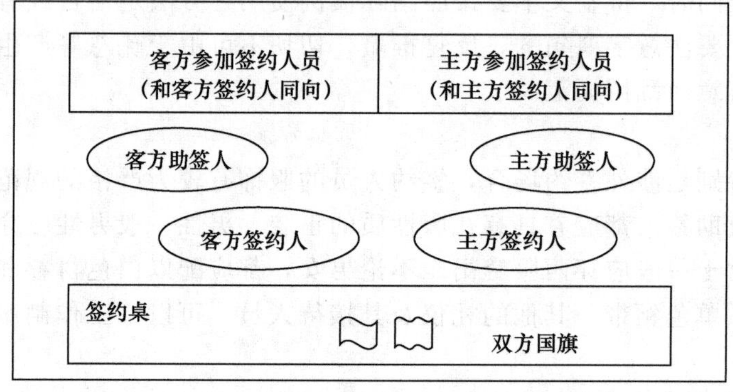

图 13－4　签约厅布置（一）

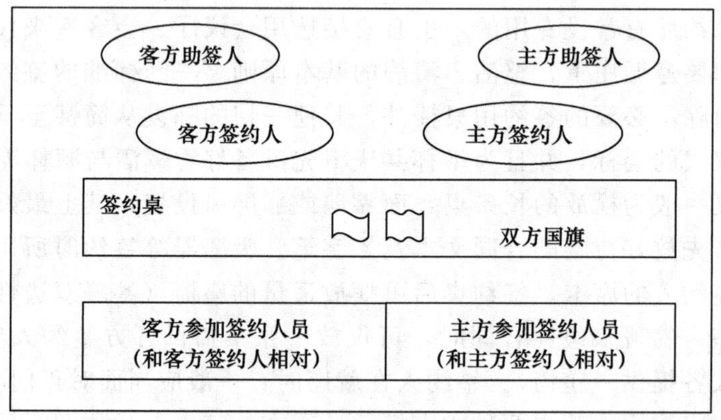

图 13－4　签约厅布置（二）

三、商务签约基本程序

商务签约仪式是签署合同的高潮，时间不长，但程序规范、庄严、隆重而热烈。签约仪式的正式程序一共分为以下四项。

1. 仪式开始

双方参加签约仪式的人员相约步人签约厅，签约人入座，双方的助签人员分别站立于签字人员的外侧，协助翻揭文本及指明签字处，其他人员分主客方按身份顺序站立于后

排。客方人员按身份由高到低从中向右边排，主方人员按身份高低由中向左边排。签约仪式正式开始。

2. 签署文本

签约人正式签署合同文本。商务礼仪规定：每个签字人在由己方保留的合同文本上签字时，按惯例应当名列首位，因而签约的通常做法是，采取礼仪上的“轮换制”（在位次排列上，轮流使有关各方均有机会居于首位一次，以显示机会均等、各方平等），首先签署己方保存的合同文本，再接着签署他方保存的合同文本。

3. 交换文本

签约人正式交换已经有关各方正式签署的合同文本。同时，各方签约人应热烈握手，互致祝贺，并相互交换各自一方刚才使用过的签字笔，以作纪念。在场的全体人员应鼓掌表示祝贺。

4. 举杯祝贺

签约双方共饮香槟酒互相道贺，这是国际上通用的增添喜庆色彩的做法。具体做法是，双方签约人交换已签的合同文本后，有关人员尤其是签约人员要当场干上一杯香槟酒。然后，双方最高职务者及客方先退场，然后东道主再退场。在一般情况下，商务合同在正式签署后，应提交有关方面进行公证，此后才正式生效。

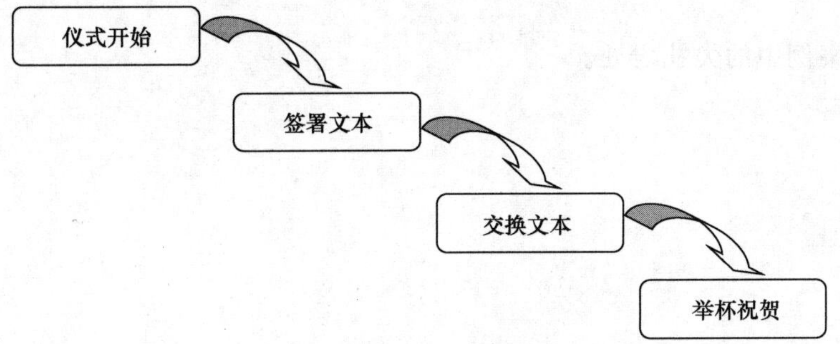

图 13－5　商务签约的基本程序

本章小结

本章主要介绍了开业典礼、剪彩、商务交接、商业签约四种仪式的基本准备工作以及基本的程序，指明了四种基本仪式过程中对主办方与参加方的主要礼仪要求。

思考练习

1. 是非自测题

(1) 签字时，双方人员的身份应该对等。(　　)

(2) 签字的时候，各方陪同人员分主客两方各自以职位、身份高低为序，自左向右（客方）或自右向左（主方）排列站于签字者之后。(　　)

(3) 剪彩时不许戴帽子，或戴墨镜，可以穿便装。(　　)

(4) 迎送中，乘车时应请客人坐在主人的右侧，翻译人员坐在司机旁边。(　　)

(5) 开业典礼仪式上是由主办单位的负责人来致辞的。(　　)

2. 技能训练题

(1) 上海某设备制造厂与墨西哥某集团总公司达成一项金额巨大的设备销售协议，即将举行正式的签约仪式。请同学们结合商务签约的基本知识进行仪式模拟训练。

(2) 由宁波华丰建筑有限公司承建的某高校学生活动中心日前已经全部完工。双方即将举行正式的工程项目交接仪式。请同学们对交接方案进行讨论，并分角色对该仪式过程进行模拟训练。

案例分析

某公司举行新项目开工剪彩仪式，请来张市长和当地各界名流参加，请他们坐在主席台上。仪式开始时，主持人宣布："请张市长下台剪彩！"却见张市长端坐没动；主持人很奇怪，重复了一遍："请张市长下台剪彩！"张市长还是端坐没动，脸上还露出一丝恼怒。主持人又宣布了一遍："请张市长剪彩！"张市长才很不情愿地勉强起来去剪彩。

思考：

请指出本案例中的失礼之处。

第十四章　商务宴请礼仪

导入案例

良好的西餐素养

郭先生是一位外贸公司的业务经理，有一次，他因为工作上的需要在国内设宴招待一位来自英国的生意伙伴。有意思的是，那一顿饭吃下来，令对方最为欣赏的，倒不是郭先生专门为其所准备的丰盛菜肴，而是郭先生在陪同对方用餐时的一处细小的举止表现。用那位英国客人当时的原话来讲就是："郭先生，你在用餐时一点儿响声都没有，使我感到你的确具有良好的素养。"

案例点评：案例中的郭先生由于具有良好的西餐礼仪素养，得到了生意伙伴的足够认可。相信这样的基本素质，必将为双方拥有良好的商务沟通打下坚实的基础。

知识要求

1. 了解并掌握中餐的座次礼仪、餐具礼仪与就餐礼仪。
2. 了解并掌握西餐的座次礼仪、餐具及餐巾使用礼仪。
3. 了解并掌握西餐菜肴食用礼仪、西餐酒水礼仪。

第十四章　商务宴请礼仪

关键术语

中餐礼仪　西餐礼仪　座次　餐具　敬酒

第一节　中　餐　礼　仪

众所周知，中国的饮食文化源远流长，人们普遍比较注重赴宴的基本礼仪素养。作为商务工作者，为了更好地完成一定的商务沟通目的，必须要了解较为全面的中餐礼仪。其中，中餐礼仪主要包括座次安排、餐具使用礼仪以及一些常见的就餐礼仪。

一、中餐座次安排

在正式宴会中，不同位置摆放的餐桌有尊卑之分，同一餐桌上不同的座位也有尊卑之

分。中餐座次安排包括两方面的内容：①桌次安排，体现宴会中不同位置的餐桌相对于主桌的尊卑与亲疏；②位次安排，体现出同一餐桌中不同位置相对于主位的尊卑与亲疏。在中餐宴会过程中，用餐者只有在既懂得桌次安排又懂得位次安排的情况下，才不至于在这个环节“失礼”。

1. 桌次安排

桌次安排指的是在一桌以上的正式宴会中不同桌子的顺序排列及其体现出来的桌子尊卑等内容。

按照国际惯例，桌次安排以主桌为准，桌次的高低是以离主桌位置的远近而定的。在远近基本相同的情况下，不同桌子的桌次高低遵循“右高左低”的原则。在正式宴会中，一般会放置桌次牌。在宴会布置中，一般所用餐桌的大小、形状要基本一致。除主桌可略大外，其他餐桌都不要过大或过小。有的餐厅会设法使主桌体现不同特征（如醒目标志或者具有特别款式的餐巾花造型），以便于宾客识别主桌。餐桌布置要尽可能使桌子间的距离适中，各座位间的距离大致相等。在正式宴会上，宴会排列一般以最前面或者居中的桌子为主桌。主宾一般将被安排在主桌。其他各桌也要大致讲究主客相间安排。一般客人要在主人或者主宾入座后再入席。

从餐桌的数量上看，两桌横排的小型宴请时，桌次讲究“右为尊，左为卑”（一般而言，右和左，是由面对正门的位置来定的）；两桌竖排的小型宴请时，桌次讲究“远为上，近为下”（一般而言，远近指的是相对于正门的远近而言）。若是三桌及以上的多桌宴请，除遵循“面门定位”、“以右为尊”、“以远为上”等规则外，还应兼顾其他各桌距离主桌的远近。一般来说，距离主桌越近，桌次越高；距离主桌越远、桌次越低。

2. 位次安排

位次安排主要指的是同一餐桌的位置安排。各桌位次的尊卑应以离主人距离的远近而定。尽管中西餐在礼仪上有较大差别，但在位次安排上基本遵循相同的一些原则，具体如下：

(1) 以右为尊。如果男女主人并坐一桌，则遵循“男左女右”原则。若设两桌，男女主人分开主持，则以右桌为大。

(2) 女士以夫为贵。其排名的秩序，与其丈夫相同。即在众多宾客中，男主宾排第一位，其夫人排第二位。但如邀请对象是女宾，因她是某部长，而这位先生官位不显，譬如是某大公司的董事长，则必须排在所有部长之后，夫不见得与妻同贵。

(3) 主宾与夫人坐最主要位置。一般，主人坐离门最远、面对着门的位置，而离门最近、背对着门的位置是末座。主人右手边一般是主宾的位置，也是第二号位，左手边是第三号位，以此类推。如果主宾身份高于主人，为了体现对其一定的尊重，可以将主宾安排在主人位置上，而主人做主宾位置上。

(4) 职位或地位高者为尊，高者座上席，依职位高低，即官阶高低定位，不能逾越。

二、中餐餐具使用礼仪

中餐餐具主要包括筷子、汤匙、盘子、杯子、碗、餐巾、牙签等。这里主要介绍中餐宴会中常用餐具的基本排列和使用礼仪，具体如下。

1. 中餐餐具的基本排列

中餐餐具的摆放具有一定的规范与讲究。每个人座位面前都摆有筷子、汤匙、碗、取菜盘子、茶杯、酒杯等。有时也会备有放置骨头的器皿或餐巾。其中，筷、匙、碗、盘等属于主餐具（中餐必不可少的餐具），水杯、湿巾、牙签等属于辅餐具（可有可无、时有时无）。在正式宴会上，茶水杯应放在菜盘左上方，酒杯应放在右上方，筷子放在专用的筷架上，汤匙放在小碟子里，餐巾或餐巾纸叠放成花插在杯中或平放在菜盘上，备用的公用筷和汤匙放在专用的小托盘上。

2. 各种中餐餐具的使用礼仪

（1）筷子。筷子是中餐最主要的餐具，多使用柱形长筷。通常必须成双使用。筷子，以往会以象牙、珊瑚制作的筷子作为地位的象征。不过，今日仿象牙的塑胶筷子已相当普遍了。使用长筷子的原因是便于夹菜。握筷子的姿势要规范、方法要正确。筷子的基本用法如图 14－1 所示。

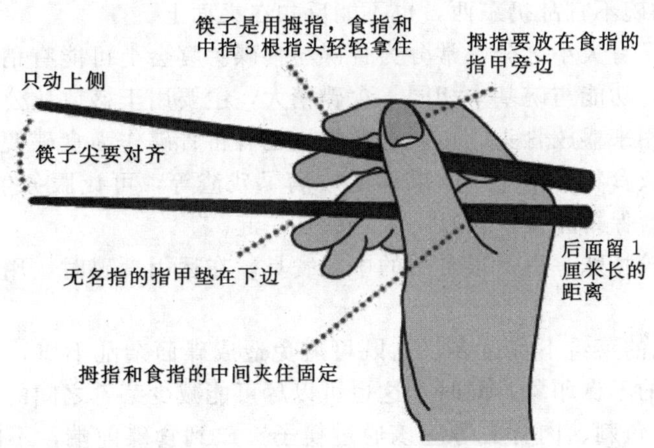

图 14－1　筷子的基本用法

筷子用起来简单方便，但有很多礼仪细节值得注意：

1）和人交谈时，要暂时将筷子放在筷架上，不能一边说话，一边拿筷子“张牙舞爪”。

2）不论筷子上是否有残留食物，都不要用舌头去舔，以免倒人胃口。

3）不应将筷子竖插放在食物上或者并排放在碗上（两种行为均为祭奠死者的常用方式）。

4）严格筷子功能（夹食），不用于剔牙、挠痒或其他失礼动作。

5）不应拿着筷子在盘中翻找或在汤碗中搅拌，也不可夹取了食物再重新放回。

6）筷子不应长时间含在嘴里，以免发生意外等。

7）筷子夹菜要尽可能不要让菜汤滴下来。

8）不能用筷子敲打各种碗或者盘子的边缘（表示肚子饿或者没有吃饱）。

（2）汤匙。汤匙，又称调羹、勺子，是常用的中餐餐具之一，多为陶瓷制。汤匙的主要作用是舀取菜肴、食物，有时也用作在筷子取食时辅助用。餐桌上都会备置用来搁置汤匙的汤匙架。汤匙一般用右手把持。使用过程要尽可能避免单用汤匙去取菜。用汤匙取食物时，不要过满，以免弄脏餐桌以及衣服。在舀取食物后，最好稍作停留待汤汁不再往下流时再移回来享用。

使用汤匙的注意点如下：

1）汤匙暂时不用时应放在小碟中，不能直接放在餐桌上或者“立正”于食物中。

2）用汤匙取食物后，要立即食用或放在自己碟子里，不要再把它倒回原处。

3）取用食物太烫，不可用汤匙舀来舀去，也不要用嘴对吹，可先放碗里等凉了再吃。

4）注重风度，尽可能不要把汤匙塞到嘴里，或者反复吮吸、舔食。

（3）碗。在中餐宴会中，往往有汤碗和饭碗，分别用来盛汤和盛饭。汤碗不是用来盛饭的，盛饭有专门的饭碗（有的宴会上还可能备有喝茶用的茶碗）。

碗的使用有以下几个注意点：

1）不能用手尤其是不能用双手端起碗来进食。

2）碗内盛放的食物需要通过筷子和汤匙等取用，不可直接下手，也不可以嘴吸食。

3）碗内剩余食物不多时，不可将其直接倒入口中，也不可用舌头舔食。

4）暂且不用的碗不宜乱扔东西，也不能反扣在桌面上。

（4）盘子。盘子有大小之分，常分为骨碟与食碟。宴会上可能有稍小点的盘子，其主要作用是盛放食物，功能与碗基本相同。食碟稍大，主要用于盛放从公用菜盘里取来享用的菜肴。骨碟主要用来盛放骨头、鱼刺等垃圾。也有将骨碟作为食碟使用的，骨碟一边放垃圾，一边临时盛放食物。此外，如果碟上放满了残渣等，可让服务生对盘子进行更换。盘子在餐桌上一般要保持原位，而且不要堆放在一起。

食碟的用途比较特殊，也是很常用的中餐餐具。在运用食碟时，用餐者需要注意以下几点：

1）食碟上取放的菜肴不宜过多。这既可避免造成碟面杂乱不堪，也可以避免给他人留下“饿鬼投胎”的不良印象。同时，这也可以尽可能减少菜肴之间的“窜味”。

2）食物残渣、鱼刺、肉骨头等应该通过筷子夹放到食碟前端，不能从嘴里直接吐到地上、桌上或者食碟上。

（5）水杯。水杯主要用来盛放清水、汽水、果汁、可乐等软饮料时使用。不要用它来盛酒，也不要倒扣水杯。另外，喝进嘴里的东西不能再吐回水杯。

（6）湿巾与餐巾。在相对较讲究的情况下，餐厅在用餐前会为每位用餐者准备一块用来仅用来擦手的湿巾。擦手后，应放回盘子里并由服务员收走。在宴会结束前，餐厅服务生会再上一块湿巾。和用餐前湿巾不同的是，它只能用来擦嘴，却不能擦脸、抹汗（此时的湿巾用来擦汗和擦脸是失礼行为）。也有的餐厅直接送上两湿巾，分别用于餐前擦手和餐后擦嘴。一般餐厅只有一块湿巾。

正式宴会一般会为每位用餐者准备一块餐巾。餐巾可以放在大腿或压在餐盘下搭于腿上，不可掖于衣领、别于腰带、系于脖上。餐巾主要供用餐者擦嘴和手，但不可用餐巾擦餐具和擦汗。用餐巾擦拭时，一般用餐巾一角擦，而不是拿整块擦脸和擦鼻子等部位。如果用餐者暂时离开座位，可将餐巾叠放在椅背或者扶手上。

（7）牙签。国人在就餐时习惯使用牙签，其实最礼貌的是尽量不在餐桌上当众剔牙。如果在就餐时非剔不行，则要用另一只手或者餐巾遮挡一下口部，剔出物不应当众观赏或再次入口，也不要随手乱弹、随口乱吐。剔牙后，不要长时间叼着牙签，更不要用来扎取食物。客人在实在剔不出时应停止剔牙，到洗手间解决。

三、中餐进餐礼仪

1. 中餐上菜礼仪

(1) 中餐上菜顺序及相关礼仪。对于具体的宴席而言，上菜的道数与宴席的规格相关。一般情况下，一个普通的宴席通常会有 8～10 道菜。请客时尽可能使上菜道数呈双数，坚决避免上 7 道菜（有些地方是祭奠用的）。

不同种类的宴会上菜的程序是不完全一样的，但从总体上说，中餐上菜的程序是基本固定的。中餐基本遵循“先上冷盘，再上热菜，最后上甜食和水果”的原则，其基本顺序是：拼盘或点心、热荤、羹、炒炸品、汤或扒品、鱼类、饭面、甜菜、甜点心或者水果，或者遵循“冷盘→热菜→炒菜→大菜→汤菜→炒饭→面点→水果”的顺序。在菜式不一定特别齐全的情况下，顺序可能会有所改变，但大体上还是要求符合以下基本原则：拼盘先上，鲜嫩清淡先上，名贵的食品先上，本店名牌菜先上，易变型，走味的菜先上，时令季节性强的菜先上。

上菜时，一般要以第一主人作为中心。服务生一般从宴席左面位置上菜，从宴席的右侧位置撤盘。上菜或撤盘时，都不应当在第一主人或主宾的身边操作，以免影响主客之间的就餐和交谈。在上菜过程中，一般是上一道新菜就要把旧菜撤下去。撤下旧菜要征得客人同意。如果客人还想继续吃这道菜或者主人喜欢桌上丰盛，可将旧菜推向副主位一边，尽可能把新上的菜摆在桌中或主宾处。上菜时还要遵循“鸡不献头，鸭不献尾，鱼不献脊”的传统礼貌习惯，即在给客人送上鸡、鸭、鱼一类的菜时，不要将鸡头、鸭尾、鱼脊对着主宾。而应当将鸡头与鸭头朝右边放置。上整鱼时，由于鱼腹的刺较少，肉味鲜美腴嫩，所以应将鱼腹而不是鱼脊对着主宾，表示对主宾的尊重。如果所上的菜有配作料食用，一定要配齐再上，一般是先上作料后上菜，也可以作料、菜一起上。各道菜肴上齐后，服务生应对用餐者进行提醒。

(2) 中餐点菜相关礼仪。主人在中餐点菜时，主要应考虑人员组成、菜肴组合和宴请的重要程度，尽可能根据客人的喜好、职业特点、地区特点、风俗习惯以及身体状况等因素进行挑选。在点菜时，可优先考虑有中餐特色的菜肴，宴请外宾时更要注意这一点。另外还要尽可能在宴请时能使菜单反映本地特色与本酒店特色。如酒店的招牌菜、北京的全聚德烤鸭、杭州的西湖醋鱼和宋嫂鱼羹、湖南的湘腊肉和臭豆腐、西安的羊肉泡馍与锅盔馍等。

同时，我们必须注意把握客人的饮食禁忌，主要考虑以下五个方面：

1) 民族或者宗教方面的饮食禁忌。穆斯林通常不吃猪肉，并且不喝酒。佛教徒一般不吃荤腥食品（包括肉食，也包括葱、蒜、韭菜、芥末等气味刺鼻的食物）。满族、回族、蒙古族、藏族等不吃狗肉。

2) 个体健康方面的饮食禁忌。肝炎病人忌吃羊肉和甲鱼，胃肠炎、胃溃疡等消化系统疾病的人也不合适吃甲鱼，高血压、高胆固醇患者，要少喝鸡汤等。心脏病、脑血管病、动脉硬化、高血压和脑卒中后遗症的人不适合吃狗肉。

3) 地区偏好方面的饮食禁忌。人们的饮食往往会因为地区的不同发生很大的变化或差异。比如，湖南、江西、湖北等省份的人相对喜欢吃辛辣菜肴；江苏人通常口味清淡，喜欢甜食；广东人喜吃各种肉类（包括：鼠、蛙、虫、猴等），调味以甜为主，酸辣次之。即便同是江苏人，苏北（如徐州）的饮食习惯有些类似于山东，喜欢大葱蘸酱、煎饼之类的。再如，英美国家的人通常不吃宠物、稀有动物、动物内脏、动物的头部和脚爪。

4）职业方面的饮食禁忌。由于职业的关系，有些人在餐饮方面也存在一定的禁忌。例如，驾驶员在工作期间不允许喝各类酒；公务员在执行公务时不准大吃大喝，不准超标用餐或者喝烈性酒；审计人员不准随意接受被审计单位的吃请等。总之，在这方面，我们要力求了解对方不能吃什么，点菜前多了解客人各方面的状况，问问“您不能吃什么”，尽可能使点菜在满足对方喜欢的情况下不冒犯客人的饮食禁忌。相比较之下，从这个意义上看，客人喜欢吃什么反倒显得不是特别重要。

5）个人偏好方面的饮食禁忌。由于多方面的原因，有些人在饮食会有自身的特殊选择与要求。如有人不吃鱼不吃肉，有人不吃带毛的禽类肉，有人不吃鸡蛋等。其实，这样的喜好不仅不值得说三道四，而且需要他人给予必要的尊重。

2. 中餐劝酒劝菜礼仪

中国人一向以热情好客，主人喜欢向客人介绍菜的特点与酒的特色，并反复向客人劝菜劝酒，希望客人多吃一点、多喝一杯。

在用餐时，一般是一道菜上桌后，通常须等主人或长者动手后再去取食。夹菜时，要等到菜转到自己面前时再动筷，不可抢在邻座前面。夹菜一次不宜过多，不要刚夹一样菜放于盘中，紧跟着又夹另一道菜；也不要把夹起的菜放回菜盘中，又伸筷夹另一道菜。根据现实用餐情况，热情的主人为了体现自身好客可能会为客人夹菜时，必须用公筷。出于礼节的需要，宾客应表示感谢，并根据自己胃口适量享用。

很常见的情况是，主人在喜欢劝菜的氛围中也会反复向宾客敬酒和劝酒，希望宾客能酒足饭饱。这在西餐中这场景不可能出现，但在中餐中则习以为常。中餐常以开杯酒作为宴请开始的标志，借此表达主人的谢意与祝福。在主人举杯庆祝时，客人无论是否会喝酒，都要举杯浅酌，不宜推拒。当主人起立敬酒时，所有来宾也应起立回敬。向长辈或上级敬酒时，基本礼节是双手捧杯，起立敬酒。尽管敬酒在中餐中很普遍，但在正式商务场合，要多考虑对方的习惯，尽量避免过多地劝酒。当男主人祝酒之后，男主宾才可以祝酒。敬酒时，相互可以表示碰杯，但一般不要交叉碰杯。干杯时，双方要目视对方，表达敬意。当碰杯人比较多时，可以仅举杯或以其他合适方式示意对方，不必一一碰杯。

中餐中，酒是常用的饮品。“无酒不成席”，道出了中餐宴会中酒水的普遍性。中餐主要的酒类包括白酒、黄酒、啤酒、保健药酒等几大类。其中白酒包括贵州茅台酒、山西汾酒、四川五粮液、四川剑南春、安徽古井贡酒、江苏洋河大曲、贵州董酒、泸州老窖特曲等；黄酒有绍兴加饭酒等；啤酒有生啤、干啤、黑啤等多个品种；还有竹叶青等保健药酒。针对各类酒，主人要根据大家意愿，选择合适的酒水。主人等在劝酒时要注意适度，尽可能避免因为喝酒过多而出现失态行为，以保持友好愉快的氛围。

但在中餐宴请外宾时，切记不可反复劝菜和劝酒。特别是西欧人、美国、加拿大等国家的人一向崇尚独立、自由，讲究个性，反复劝菜和劝酒在他们看来是一种外来强迫，特别容易引起反感，可能在无意中会破坏双方沟通的友好气氛。

第二节　西　餐　礼　仪

很多年前，刀刀叉叉的西餐有关场景仪是少数人的特权，或是身份地位的象征。以往我们对于西餐而言更多的是在影视作品中细细体会它。然而，随着对外商务沟通的越显频繁，无论是追求高尚情调还是基本商务需求，西餐已离我们越来越近。西餐是一种文化的沉淀，从入座、点餐到用餐程序都有一套规定的礼仪，掌握礼仪是享用西餐的关键。商务工作者，尤其是经常和外商有来往的人员，除了掌握中餐礼仪外，必须掌握一些西餐礼仪知识，以适应西式宴请活动的正常开展。

西餐是指对西方国家餐饮及欧洲各国菜点的一种统称。西餐以法式、英式、美式、俄式为代表菜式。相对于东方人（如中国人）习惯用筷子、印度和阿拉伯人喜欢用手直接取食，西方人习惯用刀叉进食。和中餐礼仪一样，西餐也有相对复杂而规范的礼仪要求。吃西餐讲究“4M”原则，即：精美的菜单（Menu）、迷人的气氛（Mood）、动听的音乐（Music）、优雅的礼节（Manners）。也有学者认为，除了以上“4M”外，还包括具有联络感情性质的会面（Meeting）和以营养为核心的食品（Meal），即所谓的“6M”原则。

因而，吃西餐时，人们较注重进餐的气氛、环境与衣着，讲究精神享受。相对而言，西餐在禁忌方面的要求比中餐多。在参加正式西餐宴会时，总体礼仪要求是举止高雅、衣着考究、尊重妇女、积极交际。[1]

一、西餐礼仪的来源与发展

目前的各种礼仪资料上，后人较为认可的西餐礼仪起源于法国梅罗文加王朝，因受到拜占庭文化启发，而制定一系列礼仪。到了罗马帝国的查理曼大帝时，礼仪显得更为复杂而专制。

西餐礼仪的主要进食工具是刀叉。刀叉的最初起源和欧洲古代游牧民族生活习惯有关。在很早的时候，他们往往在将肉烧熟后用随身携带的刀割下来就吃。进入定居生活后，他们常用刀切割牛羊肉送到口里，用手直接拿副食（面包）。在15世纪前后，欧洲人改用双尖叉，就餐行为更为优雅；在17世纪末，英国上流社会开始使用三尖叉；到18世纪开始出现四尖叉。因而，西方人使用刀叉的历史也仅有几百年。

东方人中餐以使用筷子为主和西方人以刀叉进食的特点，影响着东西方人生活观念的差异。刀叉必然带来分食制，衍生出西方人相对比较独立的特征。筷子带来了合餐制，形成了东方人较牢固的家庭观念。很有意思的是，华人无论在欧洲还是在美国，还是用筷子，然而老外们尽管在中国学会了用筷子但回国后依然重拾刀叉。这正是餐饮礼仪文化的影响，反映了传统文化的明显差异。

在20世纪中期以前，以中世纪尤其是17世纪法国菜为主流的西餐礼仪非常正规。尤其是在正式的西餐宴会上，次序分明、规规矩矩的礼节十分明显。例如，喝什么样的酒配何种菜肴以及何种场合喝何种酒，都有固定习俗与讲究。历经两次世界大战后，西餐文化

---

[1] 金正昆．商务礼仪．西安：陕西师范大学出版社，2011.4，P165.

逐渐走向大众化和世俗化，相应礼节显得更简单。其后，相对简单化的西餐礼仪渐渐得到了更多年轻人的接受与欢迎。然而，尽管如此，在正式场合，商务人员认真遵守西餐礼仪，是一个人行为素养的重要体现，也是对一同参加商务宴会人员的尊重。

二、西餐座次礼仪

在商务宴请中，桌次与座位是一个不可忽视的问题。在西餐宴会中，西餐在桌次与位次方面具有自身特定的礼仪规范。

1. 桌次

现实中，经常使用也是最正规的西餐桌是长桌（也有用圆桌或者方桌），比较讲究座次礼仪。正式宴会上确定桌次的高低尊卑的基本依据是该长桌距离主桌位置的远近。在礼仪规范中，越靠右的桌次越尊贵。在桌次较多时，一般应摆放桌次牌。

2. 位次

在特别重要的西餐宴会，商务人员会更多关注桌次问题。相比之下，对于一般的西餐宴会，掌握更多关于位次的礼仪更为重要。在同一桌上，越靠近主人的座位越尊贵。通常，英国式的座位顺序为：主人坐在桌子两端，原则上是男女交叉坐；法国式的座位顺序：主人相对坐在桌子中央。以女主人的座位为准，主宾应当坐在女主人的右上方，主宾夫人坐在男主人的右上方。西餐位次一般依照一些约定俗成、人所共知的常规进行。这些基本规则如下：

（1）女士优先。在西餐宴会上，女士特别受到尊重。女主人是宴会中真正的主人，自始至终扮演着最重要的角色。因而，在安排位次时，女主人一般坐在主位（女主人为第一主人）。

（2）恭敬主宾。在西餐中，尽管主宾的地位、身份、年龄不一定是宴会中最高的，但极受尊重。因而，在排列位次时，男女主宾一般会紧靠女主人和男主人就座，以便能够得到进一步的照顾。

（3）以右为尊。国际礼仪场合上的“以右为尊”适用于西餐位次排列环节。因而，在排列位次时，男女主宾一般会分别安排在女主人右侧和男主人右侧。

（4）距离定位。一般而言，在同一桌上，位次的尊卑往往能够和距离主位的远近相关，即离主位越近的位子高于远离主位的位子。

（5）面门为上。面门为上（迎门为上）指的是面对餐厅正门的位子通常要高于背对餐厅正门的位子。

（6）交叉排列。为了便于广交朋友，西餐中座次排列往往呈现交叉状。在相对正式的西餐场合，男女应当交叉排列，生人与熟人也应当交叉排列。

基于西餐位次排列的以上规则，使用长桌作为西餐桌的具体排列操作有以下几种。

排列1：男女主人坐在西餐桌中央对面而坐[1]（图14-2，图14-3）

排列2：男女主人分别就坐在西餐长桌两端（图14-4）

3. 非正式宴会位次

非正式宴会座位遵循女士优先的原则，即男士主动为女士移动椅子让女士先坐，坐右

[1] 金正昆．商务礼仪．西安：陕西师范大学出版社，2011.4，P169.

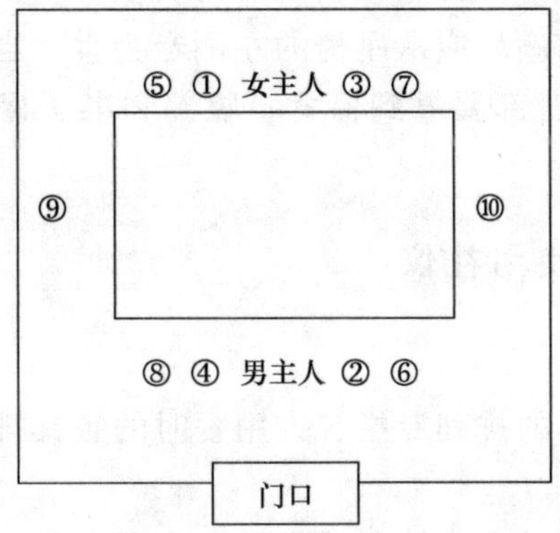

图 14－2 男女主人居中而坐的位次排列（1）

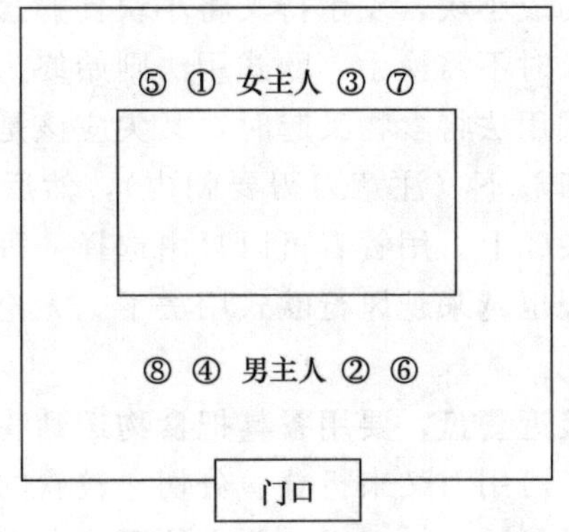

图 14－3 男女主人居中而坐的位次排列（2）

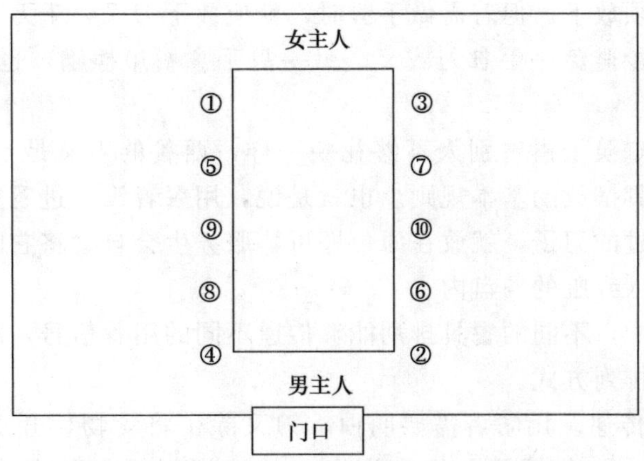

图 14－4 男女主人分坐两侧时的位次排列

座、靠墙靠里坐。如果是男女二人进餐，男士应请女士坐在自己的右边，还要注意不可让她坐在人来人往的过道边。若只有一个靠墙的位置，应请女士就座，男士坐在她的对面。如果是两对夫妻就餐，夫人们应坐在靠墙的位置上，先生则坐在各自夫人的对面。如果两位男士陪同一位女士进餐，女士应坐在两位男士的中间；如果两位同性进餐，那么靠墙的

位置应让给其中的年长者。此外，男士应当主动为女士移动椅子让女士先坐。不管正式宴会还是非正式宴会，入座或离座均应从座椅的左侧走为宜（当然左侧入座不方便也可以从右侧入座）。用餐时，上臂和背部要靠到椅背，腹部和桌子保持约一个拳头的距离。最好避免两脚交叉的坐姿。

三、西餐餐具及餐巾使用礼仪

1. 餐具基本礼仪

（1）餐具排列。此处餐具的排列专指客人用餐时的餐具排列，不过多涉及宴会布置等内容。

西餐餐具使用的基本原则是右手持刀或汤匙，左手拿叉。刀叉的拿法是轻握尾端，食指按在柄上。汤匙则用握笔的方式拿即可。通常，刀叉并用是在取食主菜的时候，其基本使用方法是右手持刀将食物切成小块，左手持叉将小块食物送入口内。这一点在欧洲和美国有所差别。欧洲人使用刀叉时不需换手，欧式用法则始终为右手拿刀，左手拿叉，切一小块吃一小块。当你采用欧式用法将食物叉起时，叉尖应该是朝下的。而美国人左手用刀先把食物都切成小块后，把刀放下（注意刀刃要朝内），然后叉子从左手换到右手，右手持叉送食入口，吃的时候叉尖朝上。用餐者可以自由选择一种用法。不过，现在采取欧式用法的人比较多，甚至在美国也越来越风行欧式用法了。无论采取哪种用法，在你用刀切割食物时，一定要和叉子并用。

用餐时，身体不要过于接近餐盘，要用餐具把食物送到嘴里，而不是将盘或碗端起来食用。吃体积较大的蔬菜时，可用刀叉来折叠、分切。较软的食物可放在叉子平面上，用刀子整理一下。应当注意，任何时候，刀刃一侧必须面向自己，不可将刀叉的一端放在盘上，另一端放在桌上。若刀叉突出到盘子外面，不安全也不好看。如果在餐桌上需要谈话，可拿着刀叉，无须放下。但若需做手势时，就应放下刀叉，千万不可手执刀叉在空中挥舞。用餐过程要尽量避免一手拿刀或叉、另一只手拿餐巾擦嘴，也要避免一手拿酒杯，另一只手用叉取菜。

正跟中国人吃饭拿筷子指着别人不够礼貌一样，西餐的刀叉是不能指人的。“不要让刀叉打架”是西餐餐具摆放的基本规则。也就是说，用餐者没有进餐完毕时，刀叉不能并排放。用餐期间没用过的刀子，就放在原位即可，服务生会自动将它收走，用餐者没有必要把干净刀叉特地放入弄脏的餐盘内。

由于在宴会过程中，不同的餐具排列能够传递不同的用餐信号，因而商务沟通中赴宴者要熟悉餐具的具体排列方式。

（2）餐具的信息传递。用餐者需要明白，刀叉除了将食物切开送入口中外，还有一项重要功能，即向他人（包括服务生和别人）传达“用餐中”或是“结束用餐”的信息。因而用餐者特别要注意刀叉的摆放方式，避免发出错误信息。在法式餐厅中，将刀叉斜放表明“用餐中”；将刀叉并齐平行放在盘中，柄的部分稍微向右侧挪放表明“用餐完毕”。而在英式餐厅中，为表明“用餐中”，一般将刀叉在盘子中间摆成“八”字形且注意不要让他们滑落即可。为表示“用餐结束”，英式餐厅中则是将刀叉并齐，柄的部分放置于六点钟方向。考虑到刀刃的危险性，刀刃必须要朝向内侧。因而，在西餐

中，按照英式餐厅的礼仪，要是跟别人交谈的话，刀叉分别放在餐盘边上，放成汉字的八字。

2. 餐具的基本用法

西餐的餐具是刀、叉、匙、盘子，另有一些用于吃特殊菜肴的专用餐具。

(1) 餐刀的基本用法。餐刀除了用于切割食品或涂抹牛油、酱料之类外，还用来帮助将食品拨到叉齿上或者按压食物。若有多把餐刀，应由最外面的一把依次向内取用(刀叉摆放的顺序正是每道菜上桌的顺序)。刀的种类有：食用刀、鱼刀、肉刀、奶油刀、水果刀等。鱼刀的正确握法是用拇指、食指和中指拿住鱼刀，与握铅笔的姿势相同。如果用餐时，有三种不同规格的刀同时出现，一般正确的用法是：带小小锯齿的那一把用来切肉制食品；中等大小的用来将大片的蔬菜切成小片；而那种小巧的，刀尖是圆头的、顶部有些上翘的小刀，则是用来切开小面包，然后用它挑些果酱、奶油涂在面包上面。

应该注意的是，千万别用刀取食物送入嘴里。使用刀时，刀刃不可向外。如果用餐时需要暂时离席，或是要放下刀叉去取物，应将刀和叉在盘子上放成八字形（刀叉两头指向钟表上 10:00 和 4:00 的位置)，这表示你会继续食用这道菜，同样应该注意刀刃要朝内，还要注意叉放置在内侧，刀在外侧。

(2) 餐叉的基本用法。叉主要用来送食物入口，也可压在食物上起到固定食物的作用。

吃西餐一般有三副叉，分别吃色拉、吃海鲜、吃主菜。三副叉按照顺序由外侧向内侧取。最外面一副一般是吃色拉的，中间的一副是吃海鲜的，最里面的一副是供吃主要菜用的，一般带齿，可用来吃牛排。也有的将叉分为食用叉、鱼叉、龙虾叉等。每道菜吃完后，将刀叉平排放盘内，以示吃完。如未吃完，则摆成八字或交叉置于盘上。

叉如果不是与刀并用，则叉齿应该向上。刀叉并用时，叉齿应该向下。

(3) 餐匙的基本用法。在西餐礼仪中，除喝汤或吃甜品外，绝对不可直接用餐匙舀取任何主食、菜肴。使用餐匙时，要尽量保持其周身的干净清洁。用餐匙取食时，动作应干净利索，勿在甜品、汤或红茶之中搅来搅去。用餐匙取食时，务必不要过量，而且一旦入口，就要一次将其用完。而不应该一餐匙的东西反复品尝好几次。

餐匙一般分两种，一种是汤匙，个头比较大，一般摆放在右侧最外端，与刀并列摆放；另一种是甜品匙（糖匙、咖啡匙)，个头比较小，被横着摆放在吃甜品所用的刀叉正上方。有的宴会还会准备茶匙。

持匙用右手，汤匙的握法与握笔方法相同。当用汤匙或调味料用汤匙代替刀时，须右手拿汤匙，左手拿叉。即叉匙并用取食时，叉的持法和刀叉并用时相同，叉齿向下。若汤用深盘或小碗盛放，喝汤时，用右手拇指和食指持汤匙柄，使匙侧起，用汤匙由内向外舀起送入口内。汤匙不可以盛得太满。汤用匙舀出时，从匙的旁边喝，不要用顶端舀喝；汤非常浓时，可把匙尖放入口中。最后可以一边把汤盘倾斜一边舀汤喝，不能将汤盘或汤碗端起来，喝个底朝天。喝时即将喝净时，可将汤盘向外略托起。吃带有腥味或怪味的食品时，均配有柠檬，可用手将汁挤出滴在食品上，以去腥味。如若汤用有手柄的杯子盛时，先用匙尝两口（不是一口)，假如温度适中，可以端起杯子喝。匙可用来取杯底的蔬菜块，喝完后再放到盘里或托盘上，不能用匙咂着喝。用匙尝吸时不能使它发出声音，不能一勺分几口喝完，应一次喝完。

喝完汤之后，应该把汤匙放在餐盘对面的一方。已经使用的餐匙不能放回原处，也不可将其插入菜肴。

3. 餐巾的使用

在西餐宴会中，餐巾作为一个重要的道具，主要用来防止弄脏衣服，可兼作擦嘴及手上的油渍，另外还可用作掩口遮羞。因而餐巾可以擦嘴（如用餐巾一角擦拭嘴边的菜汁、汤汁），但不能用来揩拭眼镜或者擦汗。打喷嚏或咳嗽时不能使用餐巾，更不能用餐巾擦桌子及刀叉等餐具。在用餐期间与人交谈之前，先用餐巾轻轻地揩一下嘴；女士进餐前，可用餐巾轻抹口部，除去唇膏。在进餐时需剔牙，或由口中拿出鱼骨怕别人看到时，应拿起餐巾挡住口部。

入座后，用餐者在主人拿起餐巾后，自己方可拿起餐巾。男士要在女士放好餐巾后再放餐巾。放餐巾时，小餐巾应完全打开，大餐巾只需打开一半，折成对折。使用正方形餐巾时应将它折成等腰三角形并将直角朝向膝盖方向。若使用长方形餐巾则可将其对折然后折口向外平铺。餐巾要尽可能盖住膝盖以上的双腿部分，以避免吃饭时菜肴、汤汁弄脏裙子或裤子。用餐者一般不应该把餐巾系在上衣的纽扣上或女士的裙腰上。

和刀叉的使用类似，餐巾有很多信号的作用，它可以暗示宴会的开始、结束与暂时离开。在正式宴会上，女主人把餐巾铺在腿上是宴会开始的标志。女主人不坐，别人是不能坐的，女主人把餐巾铺在腿上就说明大家可以开始了。倒过来说，女主人要把餐巾放在桌子上了，是宴会结束的标志。在用餐过程中，用餐者可能会有重要电话需要接听。此时，用餐者一边吃一边接不太合适。此时有一个最标准的做法是，离开座位，把餐巾放在座椅的椅面上，表示用餐者过会还要继续回来吃。如放在桌子左方，则表示“一去不复返”了。餐毕，自然地将餐巾放在桌子左方，不必折叠得很整齐，不然会显得不够礼貌，在美国还会被理解为你还想让主人再请你吃一次。

【案例 14－1】

老张吃西餐

老张的儿子留学归国，带了位洋媳妇回来。为讨好未来的公公，这位洋媳妇一回国就诚惶诚恐地张罗着请老张一家到当地最好的四星级饭店吃西餐。用餐开始了，老张为在洋媳妇面前显示自己也很讲究，就用桌上一块“很精致的布”仔细地擦了自己的刀、叉。吃的时候，学着他们样子使用刀叉，既费劲又辛苦，但他觉得自己挺得体的，总算没丢脸。用餐快结束了，吃饭时喝惯了汤的老张盛了几勺精致小盆里的“汤”放到自己碗里，然后喝下。洋媳妇先一愣，紧跟着也盛着喝了，而他的儿子早已是满脸通红。

案例点评：尽管老张吃西餐的笑话没有出现在商务场合，但其对西餐礼仪的缺乏是显而易见的。其中，“很精致的布”——餐巾一般用来擦嘴或手，而不能用来擦餐具；“精致小盆里的汤”是洗手用的，不能用来喝。如果老张能够在平时了解一些西餐礼仪知识，就不至于出现如此“意外”的场景。

四、西餐菜肴食用礼仪

1. 西餐上菜顺序

在西餐宴会上，用餐者一般要了解餐序（点菜吃菜的具体顺序）。西餐大体上分正餐与便餐（工作餐）两种类别。相对于便餐而言，正餐的上菜顺序比较复杂，一般包括“一主六配”。在这样的过程中，吃不同的菜用不同的餐具，喝不同的酒用不一样的酒杯。从餐序上看，便餐比较简单，一般是头盘、色拉类、汤各要一份，再加上一道主菜、一个甜品（也可以不要）。

相对较为复杂的正餐上菜的顺序依次为：头盘、汤、副菜、主菜、蔬菜类、甜品以及咖啡（茶）。具体如下：

（1）头盘（开胃菜或沙拉）。西餐的第一道菜是头盘（头盆），也称为开胃品。开胃品的内容一般有冷头盘和热头盘之分。开胃品有鱼子酱、鹅肝酱、熏鲑鱼、鸡尾杯、奶油鸡酥盒、焗蜗牛、冻子、泥子等类别食品。头盘一般具有爽口、清淡等特点，有特色风味，具有开胃功能。开胃菜数量少，质量较高，属于西餐的“前奏”或者“开始曲”。

（2）汤。和中餐不同的是，西餐的第二道菜就是汤。西餐的汤大致可分为清汤、奶油汤、蔬菜汤和冷汤等四类。品种有牛尾清汤、各式奶油汤、海鲜汤、美式蛤蜊汤、意式蔬菜汤、俄式罗宋汤、法式焗葱头汤。有的西餐中，汤分为清汤、奶油汤和浓汤三种。冷汤的品种较少，有德式冷汤、俄式冷汤等。其中清汤是用母鸡、牛肉、牛骨煮成的，色清亮，用料考究，味鲜爽口，营养价值高。奶油汤是用油炒面加入牛奶、清汤并配上其他原料做成的，味鲜香，但油腻较大。浓汤是用清汤加入少量的炒面，再兑入其他原料做成的。浓汤品种较多，味道各不相同，酸、甜、鲜、咸均有，是西餐汤中范围最广的一种。

（3）副菜。鱼类菜肴一般作为西餐的第三道菜，也称为副菜。副菜一般为海鲜类产品，品种包括各种淡、海水鱼类，贝类及软体动物类。通常水产类菜肴与蛋类、面包类、酥盒菜肴品及鸡肉都称为副菜。因为鱼类等菜肴的肉质鲜嫩，比较容易消化，所以放在肉类菜肴的前面。副菜同样有刺激食欲的功能，份量一般不多。现今西餐中副菜常归纳到头盘的概念之中。由于鱼肉与鸡肉在做熟后都成白色，因而副菜有时又称“白肉”。相对于主菜而言，副菜（白肉）较为清淡。在有些西餐场合，也有不吃副菜而直接上主菜的。

（4）主菜。主菜相对于副菜而言，是西餐的主要成分。副菜上完后，就会上肉、禽类菜肴等主菜，是西餐的第四道菜。主菜一般为红肉（做熟之后呈红色）。肉类菜肴的原料取自牛、羊、猪、小牛仔等各个部位的肉，其中最有代表性的是牛肉或牛排。牛排按其部位又可分为沙朗牛排（也称西冷牛排）、菲利牛排、“T”骨型牛排、薄牛排等。红肉味比较浓，比较厚重，耐饥饿。其烹调方法常用烤、煎、铁扒等。肉类菜肴配用的调味汁主要有西班牙汁、浓烧汁精、蘑菇汁、白尼斯汁等。禽类菜肴取自鸡、鸭、鹅，通常将兔肉和鹿肉等野味也归入禽类菜肴。禽类菜肴品种最多的是鸡，有山鸡、火鸡、竹鸡等。禽类菜肴的原料可煮、可炸、可烤、可焖等，主要的调味汁有黄肉汁、咖喱汁、奶油汁等。不同的烹调方法会形成不同口味的主菜，也适合不同的人群。其中，蒸煮菜是西餐中最清淡的一类菜，比较讲究原汁原味原色，适合老年人吃。

【阅读资料】

西方人有六不吃

（1）不吃动物内脏。

（2）不吃动物的头和脚。

（3）不吃宠物，尤其是猫和狗。

（4）不能吃珍稀动物。

（5）不吃淡水鱼，淡水鱼有土腥味。

（6）不吃无鳞无鳍的鱼：蛇、膳等。

（5）蔬菜类菜肴。蔬菜类菜肴可以安排在肉类菜肴之后，也可以与肉类菜肴同时上桌。蔬菜类菜肴在西餐中称为沙拉。与主菜同时服务的沙拉，称为生蔬菜沙拉，如蔬菜色拉、海鲜色拉、什锦色拉等，一般用生菜、西红柿、黄瓜、芦笋等制作。沙拉的主要调味汁有醋油汁、法国汁、千岛汁、奶酪沙拉汁等。沙拉除蔬菜外，还有用鱼、肉、蛋类制作的。这类沙拉一般不加味汁，在进餐顺序上可作为头盘食用。还有熟食蔬菜，如花椰菜、煮菠菜、炸土豆条。熟食的蔬菜通常与主菜的肉食类菜肴一同摆放在餐盘中上桌，称之为配菜。

（6）甜品。西餐中向来有“没有甜点的一餐饭，则显美中不足”的说法，所以主菜后的点心或水果必不可少，这是完美的句号。西餐的甜品是主菜后食用的，是第五道菜。从真正意义上讲，它包括所有主菜后的食物，如各色布丁、冰淇淋、奶酪、水果、干果、坚果、鲜果、炸薯条、三明治、曲奇饼、烤饼等。冰淇淋主要在夏季食用，布丁类是西餐中食用最广的一类，春夏秋冬均可食用。干果等各种点心的热量比较高，一般冬季食用得比较多。

（7）咖啡（茶）。西餐的最后一道是上咖啡、茶或饮料。喝咖啡一般要加糖和淡奶油。茶的品种比较多，包括绿茶等不发酵茶、红茶等发酵茶以及半发酵茶（前发酵茶：白茶；中发酵茶：乌龙茶、黄茶；后发酵茶：黑茶、加工茶、压制茶）。茶一般要加香桃片和糖。最正规的热饮是红茶或者什么都不加的黑咖啡。等到上咖啡或者茶的时候，宴会几近结束，客人可以开始告辞。

2. 菜肴食用礼仪

（1）开胃菜。开胃菜以色拉为主。吃色拉时，由于上桌前已经完成切割，因而一般不需要持刀“大动干戈”，只需用餐叉叉起食用即可。海鲜类主要包括鲜虾、牡蛎、蜗牛等。一般情况下，小虾可以直接叉食，大虾则需要用手剥壳再送入口中。吃牡蛎则用专门餐叉一只只地吃。蜗牛如果已经去壳则可直接用餐叉取用，若未去壳则要用专门夹子夹出肉食之，其后再吮吸壳内汤汁。

（2）面包。面包主要有鲜面包和烤面包。面包在任何时候都可以吃，但一般在吃鱼和吃肉时开始吃面包。两者在吃法上是有差别的。

鲜面包的取用注意要适量，正确吃法是：用左手拿大小适当、刚巧可以一次入口的一小块，涂上黄油、果酱或蜂蜜后，再送入口中。不要像吃汉堡包那样双手捧着吃，或是拿着一大块，一口接一口地咬着吃。吃未烤的切片面包，也可以这样一小块、一小块撕

着吃。

为避免面包屑乱飞，烤面包是不能撕食的。在吃的时候，可慢慢地咬着吃。吃的时候可配以黄油、鱼子酱。挤些柠檬，味道会更好。

无论吃哪种面包，都不能用它蘸汤或擦盘子。面包不能整个拿起来咬着吃，也不能用叉子叉着吃。

(3) 汤类。在西餐里，汤是一道菜，故对其不可轻视。

喝汤时，讲究以右手持握汤匙，由近而远，向外侧将汤舀起，然后就嘴而食之。倘若以盘盛汤，盘内之汤所剩无几时，可以左手由内侧托起盘子，使其外倾，然后以右手持匙舀之。喝汤时，以下几种情况要尽可能避免：端起汤来喝，趴到汤盆、汤盘上去吸食，用嘴吹汤，或是用盆、盘或汤匙去反复折汤降温。喝汤时要尽可能不出声，喝完后将汤勺放在汤盆前面。

(4) 主菜。在西餐中，主菜花样比较多。以下仅对其中主要的花样进行介绍。

1) 冻子与泥子。冻子，即用煮熟的食物和汤汁冷却凝结而成的一种菜肴。最常见的有肉冻、鱼冻和果冻。吃冻子时，需以刀切割，以叉取食。

泥子通常是指以虾、蟹或动物的肝、脑为主料，配以鸡蛋、芹菜，加上佐料，搅拌而成的一种菜肴。吃泥子时，应主要使用餐叉。

2) 鱼。西餐中所吃的鱼，往往骨、刺很多。首先用刀在鱼鳃附近刺一条直线，刀尖不要刺透，刺入一半即可。将鱼的上半身挑开后，从头开始，将刀放在骨头下方，往鱼尾方向划开，把骨剔掉并挪到盘子的一角。最后再把鱼尾切掉。也可以先用刀将鱼头和鱼尾割下，放在盘里，然后用刀尖顺着鱼骨将鱼从头到尾劈开。必要的时候，可先用餐刀将其切开，将骨、刺轻轻剥出后再把它切成小块，以叉入口。对不想吃的鱼皮，亦可照此办理。要是鱼的腥味太重，可在吃前用手挤上一点柠檬汁。

4) 鸡。吃鸡时，除非主人打了招呼，切勿直接下手操练。而需先设法去骨后，再以刀叉切割成小块，而后分而食之。

5) 肉。在西餐里，肉菜指的是猪肉、牛肉、羊肉。在肉菜里，牛排、羊排、猪排，尤其是牛排经常属于“重中之重”。吃肉菜时，一般要从左往右，以大小一次入口适度为宜，将其以刀叉切割进食。切带骨头或硬壳的肉食时，应尽量不要太用力，避免撞击盘子发出声音。

(5) 点心。西餐中常见点心有饼干、馅饼、三明治、通心粉、土豆片（土豆条）、烤土豆等。

1) 饼干。吃饼干时，应当用右手单独拿着吃。吃蛋糕时，亦需如此。

2) 馅饼。吃馅饼时，应当先用刀叉切成大小适当的小块，然后再用右手托着吃。

3) 三明治。吃三明治时，一般应当用双手捧着吃。如果不太大，则可仅用右手捏着吃。

4) 通心粉。通心粉又叫意大利面条。吃的时候，不应一根一根挑着吃。标准的方法是，右手握叉，在左手所握的汤匙的帮助下，将其缠绕在餐叉上，然后入口而食。吸食是不对的。

5) 土豆片（土豆条）。油炸土豆片或者土豆条，在西餐里多被用作点心。除非土豆片、土豆条等里有汁需要用叉子食用，在其他情况下应以手取食。一次取用数量不要过

大。如果土豆条太大，不好取用，就用叉子叉开。需要用番茄酱的话，一般用手拿着或者用叉子叉着小块蘸汁吃。

6）烤土豆。烤土豆大都是连皮一起上桌的。吃的时候，应用左手轻按住它，右手持刀先在其上切个口子，令其散热。过一会儿，再用餐叉从口子里取食之。必要的话，还可略作切割之后再吃。吃时，还可浇上一些专用的肉汁。

(6) 甜品。西餐里最常见的、最受欢迎的甜品有布丁、冰淇淋等。其食用方法分别如下。

西餐里上桌的布丁一般是流质的，故不应直接以手取食，或以刀叉助餐。正确之法是以专用的餐匙取食之。在西方国家里，冰淇淋是正餐必备的主要甜品，而非可有可无的一种冷饮。冰淇淋上桌时，通常被置于专用的高脚玻璃杯内，应以餐匙食之。

(7) 果品。在西餐中，果品的种类很多，吃法讲究也很多。用餐者要注意中西餐中吃水果的区别，在西餐中该用刀叉的时候必须使用，而不能随意采用平时的方法。吃西餐时，所提供的水果有干果、水果之分。以下主要介绍草莓、菠萝、苹果、香蕉、橙子、葡萄等常见的水果的基本食用方法。

1）草莓。普通的草莓，可用手取食，沾些糖或酸奶油也可以。吃带调味汁的草莓，则必须使用餐匙。

2）菠萝。吃菠萝时，首先应当将其切割成小块，然后再以餐叉进食。不要用手抓食，或举而咬食。吃鲜菠萝片时，始终使用刀和叉。

3）苹果。正规的吃苹果方法是，取一个苹果，先切成大小相仿的四块，然后逐块去皮，再以刀叉食之。不过现在绝大多数人都是用手拿着去皮的小块苹果直接吃了。

4）香蕉。对付整只的香蕉，应先剥除其外皮，再用刀叉切成小段，逐段食之，一般不应当一边用手拿着剥皮，一边慢慢咬着吃。在非正式场合如野餐，海滩等，要把香蕉剥出一半，然后像猴子一样吃。

5）橙子（橘子）。吃橙子有两种方法。正规的吃法是，先用刀除去其外皮，再用刀叉将其内皮剥离，然后用刀叉分瓣而食。大众的吃法，则是在用刀去皮后，切成几小块，然后用手取食。剥橙子皮有两种方法，两者都要使用尖刀。方法一：螺旋式剥皮。方法二：先用刀切去两端的皮，再竖直将皮一片片切掉。剥皮后，可以把橙肉掰下来。如果掰下的部分不大，可一口吃掉。如果太大，要使用甜食刀叉先切开，后食用。如果橙子是切好的，也可以像吃柚子那样使用柚子匙或茶匙挖着吃。吃橘子要先用手剥去皮，再一片一片地吃。可能要剥皮并去除白色覆盖膜，尤其是膜很厚的时候。

6）葡萄（樱桃）。吃葡萄时，可取过一小串，一粒一粒用手揪下来吃。其皮、核，可先悄然吐入手中，再转移至餐盘内。吃果盘内不成串的单粒葡萄或樱桃时，则宜以餐叉相助取食。要想容易地剥去葡萄皮，则要持其茎部放在嘴边，用中指和食纸将肉汁挤入口中。最后把剩在手中的葡萄皮放在盘里。

7）桃（李）。将桃李先切成二分之一半，再切成四分之一半，用刀去核。皮可以剥下来，但如果带着皮切成小块，用甜食刀叉食用也是不错的。

8）西瓜。切成块的西瓜一般用刀和叉来吃，吃进嘴里的西瓜籽要及时清理，并吐在紧凹的手中，然后放入自己的盘子。

其他的果品还有无花果、柚子、柿子、浆果等，限于篇幅不一一赘述。

五、西餐酒水礼仪

以茶待客，以酒会友，古往今来酒水一直在人际交往中扮演着重要角色。在西餐中，酒水礼仪主要涉及酒水种类的选择、酒水的饮用以及酒水的规则三个方面。

1. 酒水的种类

西餐宴会所用酒水主要包括啤酒、葡萄酒、香槟酒、白兰地酒、威士忌酒及鸡尾酒等。

啤酒又称麦酒，酒精含量一般在4度左右。啤酒味道微苦，含大量泡沫和特殊香味。根据工艺的不同，又有生啤、熟啤之分，黄啤、黑啤、红啤之别。饮用啤酒，一般应采用倒三角形或带把的啤酒杯，饮用它的最佳温度在摄氏7度左右，所以不要加冰或久冻。喝啤酒时，讲究大口饮用。不过，尽管啤酒是可以充分消暑解渴的最佳饮品，但在国外，啤酒在西餐宴会上特别是在一些正规的场合很少使用。

葡萄酒是以葡萄为主要原料，发酵酿制而成的一种酒类。它的酒精含量不高，味道纯美，富含营养。根据色彩的不同，葡萄酒可分为白葡萄酒、红葡萄酒、桃红葡萄酒。根据糖分的不同，又可将葡萄酒分为干、半干、微干、微甜、半甜、甜等几种。葡萄酒不仅可以佐餐，而且可以单独饮用。喝不同的葡萄酒，温度有不同要求。喝葡萄酒时，要用专门的高脚玻璃杯。喝白葡萄酒时要捏着杯脚，喝红葡萄酒时则讲究握住杯身。葡萄酒是欧美人士常饮用的低酒精饮料，主要是用餐时与食物一起享用，因此葡萄酒也称为餐酒。

威士忌是用大麦、黑麦、玉米等谷物为原料，经发酵、蒸馏后放入旧木桶中陈化而酿成的。最著名最有代表性的威士忌是苏格兰威士忌、爱尔兰威士忌、波本威士忌、加拿大威士忌四类。根据原料不同和酿酒方法的区别，威士忌又分为麦芽威士忌、谷物威士忌、玉米威士忌、稞麦威士忌和混合威士忌五大类。

2. 酒水的饮用

(1) 酒菜搭配。在西餐中，不同菜肴要配不同酒水，吃一道菜要换上一种新的酒水。西餐餐桌酒水主要可分为三大类，即餐前酒、佐餐酒、餐后酒。

1) 餐前酒。餐前酒又称“开胃酒”，一般是吃主菜之前喝的，即西餐吃开胃菜的时候喝的，例如鸡尾酒、香槟酒、味美思等品种。这类酒的主要特点是一般味比较淡，或者较酸甜爽口，起到打开口味的作用。

香槟酒也叫发泡葡萄酒，或者“爆塞酒”，是一种富含二氧化碳和泡沫的白葡萄酒。酒精含量在10度左右，最适宜饮用温度为摄氏8度左右。喝香槟酒时，常用腿细长细长的郁金香型酒杯或者半球性酒杯。用餐者在用郁金香型酒杯喝香槟时，标准拿法是捏杯腿，如果用手握住杯身，喜庆的泡沫就会减少。

鸡尾酒的品种比较多，不特指某一类酒，而是混合型酒。所谓鸡尾酒，是用酒和果汁或其他饮料搭配在一起的混合性饮料。鸡尾酒口味有浓有淡，酒精含量有多有少，色彩缤纷，层次分明。鸡尾酒适合人们在酒吧里或在各种大堂里喝，也用在西餐餐桌上。喝鸡尾酒讲究不同的品种适合不同的对象，如红粉佳人主要适合美丽女郎等饮用。为了便于欣赏鸡尾酒的丰富色泽，一般用高脚广口的玻璃杯盛放。

2) 佐餐酒。佐餐酒指的是在用餐者吃肉吃鱼的时候即吃主菜时喝的酒。佐餐酒主要分白葡萄酒和红葡萄酒。在餐具的排放中，用餐者右手正前方由外侧向内侧依次摆放的三个杯子，分别用来盛白葡萄酒、红葡萄酒、清水。三个杯子由外侧到里侧越来越大，白葡萄酒杯最小，红葡萄酒杯居中，水杯最大。吃主菜时讲究吃白肉喝白酒，吃红肉喝红酒（此处红白酒分别指红葡萄酒和白葡萄酒，白肉一般指的是鸡肉、鱼肉和海鲜，红肉指的是牛肉、羊肉和猪肉）。考虑到喝白葡萄酒的最佳温度为摄氏 13 度（一般来说，年份近的、清淡的白葡萄酒饮用温度要比年份远的、浓郁的白葡萄酒低），喝白葡萄酒时一般需要加点冰块。而红葡萄酒的标准饮用温度为摄氏 18 度左右，因而什么都不需要加。喝白葡萄酒和红葡萄酒时的拿杯子的基本手法有所差别。喝白葡萄酒的标准化拿法是拿杯腿，喝红葡萄酒的标准化拿法是拿杯子身体，不捏杯腿。

3）餐后酒。餐后酒是在主菜用完后用来化解油腻、帮助消化的，主要包括白兰地酒、威士忌酒。有时餐后酒可以用红茶或者黑咖啡代替。迎合西方人吃完主菜主人会致欢迎词和告别词的习惯，在致辞时用餐者会干杯，因而香槟酒以及其他像雪莉酒、金酒之类的甜酒也属于餐后酒。

正规场合中最主要的餐后酒就是白兰地酒。白兰地酒是用葡萄酒发酵后蒸馏精制而成，酒精含量为 40 度左右，色泽金黄，香甜醇美。白兰地酒最佳饮用温度要上 20 摄氏度。白兰地酒虽然不能和黄酒那样通过蒸或者烫来加热达到合适温度，但可以通过手掌为杯中酒“加温”。白兰地酒杯是大肚子杯、小口杯、矮腿杯，腿非常矮。因而喝白兰地酒的标准动作是用中指和无名指夹着杯腿，让整个酒杯坐在手掌之上，用手掌托着酒杯。喝白兰地酒时，由于白兰地酒往往是压轴戏，饮用者一般会有观其色，嗅其香，酒要移到鼻子附近来嗅一嗅的基本过程，以体现酒之名贵，给主人捧场。其实，客人们观其色、嗅其香的过程正是通过手掌心给杯子里的酒加温的过程，以达到最合适的饮用温度。待其香味洋溢时再慢慢小口品尝。喝白兰地酒，往往在开始时还有主人试酒的简短过程，意味着酒没有任何问题，客人可以放心大胆地喝。由于白兰地酒相对较浓烈，不讲究“酒满敬人”，因而主人应该尊重客人选择，主人要讲主随客便，不要随意劝客人喝过多的酒而耽误后续事情。

威士忌酒是用谷物发酵酿制而成的烈性蒸馏酒，口味浓烈，刺激，酒精含量为 40 度左右。最好的威士忌酒产在英国，苏格兰威士忌很有名，喝的时候可以干喝，也可以加点苏打水、冰块或者姜汁。喝威士忌酒，常用专门的平底小玻璃杯，耐心细致地慢慢品尝。

【阅读材料】

表明白兰地酒储存年份的基本标记

☆☆☆	代表 3 年
☆☆☆☆☆	代表 5 年
V. S. O. P（Very Superior Old Pale）	代表 5～8 年
Napoleon（拿破仑）	代表 8～20 年
X. O（Extra Old）	代表 20～25 年
X. （Extra）	代表 25 年以上

（2）饮酒礼仪。

1）斟酒。通常，酒水应当在饮用前再斟入酒杯。有时，男主人为了表示对来宾的敬

重、友好，还会亲自为其斟酒。在侍者斟酒时，勿忘道谢，但不必拿起酒杯。可是在男主人亲自来斟酒时，用餐者必须端起酒杯致谢，必要时还需起身站立或欠身点头为礼。除主人与侍者外，其他宾客一般不宜自行为他人斟酒。

2）敬酒（祝酒）。敬酒指的是在正式宴会上，由男主人向来宾提议，为了某种事由而饮酒。在敬酒时，通常要讲一些祝愿或祝福之言。在正式宴会上，主人与主宾还会郑重其事地发表一篇专门的祝酒词。敬酒，可随时在饮酒过程中进行。致正式祝酒词最适合在宾主入席后、用餐前开始。在他人敬酒或致辞时，其他在场者应一律停止用餐或饮酒，应坐在自己座位上，面向对方认真地洗耳恭听。宴会上相互敬酒表示友好，活跃气氛，但切忌喝酒过量。喝酒过量容易失言，甚至失态。

3）干杯。干杯指的是在祝酒、敬酒时，以某种方式劝说他人饮酒，或是建议对方与自己同时饮酒。在干杯时，往往要喝干杯中之酒，故称干杯。

干杯，需要有人率先提议。提议干杯者，可以是致祝酒词的主人、主宾，也可以是其他任何在场饮酒之人。提议干杯时，应起身站立，右手端起酒杯，或者用右手拿起酒杯后，再以左手托扶其杯底，面含笑意，目视他人，尤其是祝酒对象，口颂祝颂之词。如祝对方身体健康、生活幸福、工作顺利、事业成功等。

在主人或他人提议干杯后，应当手持酒杯起身站立。在干杯时，应手举酒杯，至双眼高度，口道“干杯”之后，将酒一饮而尽，或饮去一半，或适当的量。然后，还需手持酒杯与提议干杯者对视一下，这一过程方告结束。即便滴酒不沾，也要拿起水杯表达敬意。

在这方面，中西餐有一些明显差别。在西餐宴会上，人们只祝酒不劝酒，只敬酒而不真正碰杯。使用玻璃酒杯时，尤其不能彼此碰杯。在西式宴会上，越过身边之人，而与相距较远者祝酒干杯，尤其是交叉干杯是不合适的。

【阅读材料】

美国人用餐的戒条六条

其一，不允许进餐时发出声响。

其二，不允许替他人取菜。

其三，不允许吸烟。

其四，不允许向别人劝酒。

其五，不允许当众脱衣解带。

其六，不允许议论令人作呕之事。

3. 酒水的规则

(1) 西餐酒水饮用规则。在西餐中，酒水的饮用需要遵循一些基本规则，如吃红肉喝红酒，吃白肉喝白酒。老外也讲究吃一道菜换一种酒。在喝酒过程，西方人还经常有以下礼数：先喝白酒后喝红酒（主要指葡萄酒）；先喝浅色的酒，后喝深色的酒；先喝年轻的酒，后喝年长的酒；先喝味淡的酒，后喝味甜的酒；先喝酸的酒，后喝味甜的酒。从以上可以看出，如果饮用葡萄酒，往往会是先喝白葡萄酒，然后是玫瑰红葡萄酒（颜色介于红白之间，国内叫作桃红），最后才是红葡萄酒。如果有年份较长的洋酒，由于其名贵和酒味醇厚的缘故，往往作为压轴用。诸如白兰地酒、威士忌酒、金酒等味重的烈度比较重的酒一般也都是压轴的。甜酒之类的一般容易饱肚，因而也常常后喝。

(2) 酒会特点。以酒水为主角和以冷食为主是西餐酒会（鸡尾酒会）的两大特征。另外，它还具有以下特点：不必准时，不限衣着，不排席次，自由交际，自选菜肴。

因而，客人在出席酒会时，时间相对自由（可以在期间任何时候到达或者出席），不必像正式宴会那样客套。如果没有特殊要求，客人在打扮上无需刻意雕饰，只要大方端庄、干净整洁即可。酒会一般不设专门的固定座位，几乎不涉及桌次和位次等问题。用餐者选择食物相对自由，也可以由侍者帮忙取用。在酒会上，用餐者可以随意选择交际对象，自由交谈。

另外，尽管酒会相对从简，却也需要一些基本礼仪，包括掌握餐序、排队取食、多次少取、力戒浪费、勿施于人 、禁止外带、适度交际等。

总之，在西餐礼仪中，餐具、餐巾的使用都有明确的规范，酒水的选用与酒杯的使用都有明显的规则。商务沟通者要注重实践，善于学习，努力使自己成为有较高西餐礼仪修养的人。此外，商务沟通者还需要学会一些最基本的咖啡礼仪和饮茶礼仪，努力做到以合理的规范、优雅的风度出现在各类频繁的商务沟通活动中。

【阅读资料】

高级西餐饮酒小知识

较高级的西餐宴会一般要用 7 种酒，而且每道菜都要跟上 1 种酒。在西餐宴会中，吃什么菜，配饮什么酒，配用什么杯子，这方面的规定和要求是很严格的。具体规定如下：

上冷盘或海味杯时，要饮烈性酒，用烈性酒杯；

上汤时，饮雪利酒（Sherry），用雪利酒杯；

上海鲜时，饮冰镇白葡萄酒，用白葡萄酒杯；

上副菜时，饮淮好的红葡萄酒，用红葡萄酒杯；

上主菜时，饮香槟酒，用香槟酒杯；

上甜点时，饮砷酒（port），用葡萄酒杯；

上水果和奶酪时，一般不需上酒；

上咖啡时，饮白兰地酒或利口酒，用白兰地酒杯和利口酒杯。

本　章　小　结

本章首先介绍了中西餐礼仪，包括座次礼仪、餐具使用礼仪及中餐上菜和就餐礼仪，然后在中餐礼仪的基础上介绍了西餐的来源，着重介绍了西餐座次礼仪、餐具及餐巾礼仪、菜肴的种类及使用礼仪和西餐酒水礼仪。商务宴请要求人们有较高的礼仪素养，注重得体、大方、规范，讲究主随客便和客随主便。

思考练习

1. 中餐技能训练题：中餐敬酒礼仪（分角色进行）。

2. 西餐技能训练题：

（1）西餐餐序、位次训练：模拟正式西餐位次排列及正餐上菜。

（2）西餐餐具礼仪训练：模拟掌握正式西餐刀叉匙盘等餐具的摆放以及刀叉等的使用。

案例分析

王玲在一家外企做总经理秘书工作，中午要陪同总经理到西餐厅宴请利华公司的张总。她到餐厅入座后，摊开餐巾别在衣服领口上，然后躺靠在椅背上叫服务员拿菜谱点菜。

第一道食物面包和汤上来了。喝汤时，由于刚上的汤比较烫，为了加快汤的冷却，她忙一边用汤匙搅和着热汤，一边用手在汤碗上方不停地扇动。后来，又用刀子切了面包放进汤中，然后用叉子将面包叉出来吃。不一会儿，牛排上来了。她右手拿刀，左手拿叉，将牛排全部切成小块，然后用叉子一块块地送入口中。突然，她的手机响了，她顺手将餐巾放在桌旁，边接电话边往洗手间走去……

思考：

请问该案例中王玲有哪些失礼之处？该如何改正？

第十五章 面 试 礼 仪

导入案例

××公司通过面试，录用了应届毕业生小王。小王在众多面试者中并不是最出类拔萃的，但他却脱颖而出，最终被公司录用。总经理助理不解地问总经理，为什么公司偏偏看好小王。总经理这样回答，面试前小王提前抵达公司，时间观念很强；在大家等候时，小王并没有像其他应聘者那样喋喋不休地高谈阔论；面试中他仪表整洁、服装干净、举止得体，认真地聆听面试官的每一个问题并做出清晰的回答；面试后，他礼貌致意表示感谢，并随手带走了面前的纸杯。另外，门口散落着一些小纸片等杂物，小王看到后没有视而不见，而是停下来将它们一一捡起并带走。

这些小小的举动是其他应聘者所忽视的，他如此重视这次面试并做了充分的准备，所以我很欣慰并看好他……

案例点评：小王在本次面试中，重视并知晓基本的面试礼仪，守时而至、仪表整洁、谈吐文明、举止得体等，在面试整个过程中都表现较好，最终赢得了面试官的青睐，也给自己赢得了机会。因此，在面试过程中，求职者除了具备良好的专业素养外，掌握一些面试礼仪惯例和技巧是非常必要的。

知识要求

1. 理解面试基本礼仪的内涵。
2. 了解电话面试和现场面试基本技巧。
3. 掌握面试前、面试中和面试后的基本礼仪。

第十五章　面试礼仪

关键术语

求职面试　基本礼仪　电话面试　现场面试　面试三阶段

第一节 面试礼仪概述

面试是求职者综合素质在短时间内的集中展现，是求职者的道德品质、个人修养、知识能力、仪容仪表、言谈举止、心理素质、社会交往能力等多方面的考验与展示。一个注重良好仪表、着装干净整洁、举止大方得体以及谈吐文明的求职者更容易获得面试官的好

感，因此学习并掌握一定的面试礼仪是非常必要的。

一、面试礼仪的概念

面试礼仪是指在面试过程中，求职者应该遵守的基本礼节、行为规范和仪式。它主要包括求职材料的制作、面试礼仪和签订协议等方面的规范，通过求职者的应聘资料、仪容仪表、仪态举止、沟通语言等方面体现，最根本的要点是对交往对象的尊重和友好，并使对方感受到被尊重、被关注。

二、面试礼仪的作用

在面试中，求职者的基本礼仪在很大程度上影响着面试官的判断，也决定着求职者的未来和前途。遵守一定的面试礼仪有助于树立求职者自身良好的形象，展示个人良好的道德品质和文化修养，拉近与面试官的距离，有助于顺利完成面试全过程。另外，对于用人单位来说，重视面试礼仪，有利于树立良好的企业形象，创造良好的工作环境。“教养体现在细节，细节展示了素质，素质决定成败”。面试礼仪是细节，是小处，若是你不重视它，尴尬、失意和落后会随之而来，在小处忽略，那么在大处就更易失败。对于求职者来说，面试礼仪并不是条条框框的束缚，而是求职者素质和教养的体现，更是智慧和交往艺术的展现。

三、面试礼仪的基本分类

由于时间和空间所限，面试可以分为电话面试和现场面试两种类型，因此面试礼仪主要探讨这两方面的基本礼仪。电话面试相对于现场面试而言，求职者更容易准备和掌握，而现场面试对求职者各方面的考验和要求都较为严格，需要花些时间和精力做好准备。

第二节　电 话 面 试 礼 仪

电话具有传递信息迅速、使用方便、失真度小、效率较高的优点。随着社会的发展、时代的进步以及人们生活节奏的加快，当今越来越多的单位会选择电话面试。而电话面试也会是求职者需要经过的“第一关”，招聘单位会根据电话面试的基本情况，对求职者各个方面的情况有个初步的掌握，然后再来决定应聘者是否可以参加现场面试，通过电话面试来筛选一部分应聘者，节省了彼此的宝贵时间。另外，随着求职者制作简历技巧的提升，简历中也难免存在“水分”，通过电话筛选也可以初步了解求职者的相关情况。因此，电话面试很重要，作为求职者应了解和掌握以下一些电话面试礼仪。

一、提前准备

通常招聘单位会与求职者约定时间来进行电话面试，但有时电话面试是没有提前预约的，针对这种“从天而降”的情况，求职者往往手足无措，紧张慌乱，因此求职者一定要做好以下几个方面的准备。

1. 了解电话面试的主叫方

通常情况下，电话面试的主叫方是用人单位的人事主管、人事主管专员或其助理。用

人单位的人事主管可以直接作出决定，而主管助理需要向其上级汇报并推荐，了解电话面试的主叫方，求职者可以自如应对，如果在通话中时不时可以叫出对方的职位和姓名，也是比较合乎礼仪的。

2. 了解电话面试中有可能涉及的问题

电话面试中，用人单位首先会对求职者自荐信和简历中的内容进行重新确认，看是否符合事实，合情合理。确认基本信息之后，用人单位会对求职者问一些关于工作方面的问题，例如求职者自身的专业知识、技能技巧、工作态度、求职意向等。

3. 做好电话面试的物品准备

为了提高通话效率，求职者在拿起听筒之前，首先应做好电话面试的准备工作，明确通话的要点。准备一份个人简历、资料清单、面试大纲以及纸笔，相关资料简短清晰、一目了然，以便通话中随时查看，理清思路和重点，帮助求职者快速记忆并组织回答。此外，对于比较复杂的通话内容，也应提前记录在专用记录单上或者笔记本上，以便随时查考。

4. 做好电话面试的心理准备

面对电话面试，求职者应具有充分的心理准备，一旦自己投递过简历，就有随时随地接到电话面试的可能，因此思想上要重视它并尽量随身携带简历。在接听电话时，用人单位通常会对求职者的常规信息进行核实，求职者可以翻开自己投递的简历，以备不时之需，对用人单位提出的问题提前做好准备。

5. 保持电话畅通

"保持电话畅通"是求职者面试礼仪和诚意的基本体现，也是求职成功的前提条件之一。在电话面试的准备阶段，求职者保持电话的通畅尤为重要，由于种种原因，例如手机欠费、通信信号问题等原因导致用人单位无法联系，从而使求职者错失机会就得不偿失了。因此，作为求职者，为了让用人单位能够及时联系到自己，最好定期检查通信工具是否畅通；给用人单位留联系方式时，手机号码一定是有效的，除了留手机号码，还可以留固定电话号码；手机按时充电，以免电量不足，避免手机关机而无法联系。

【小贴士】

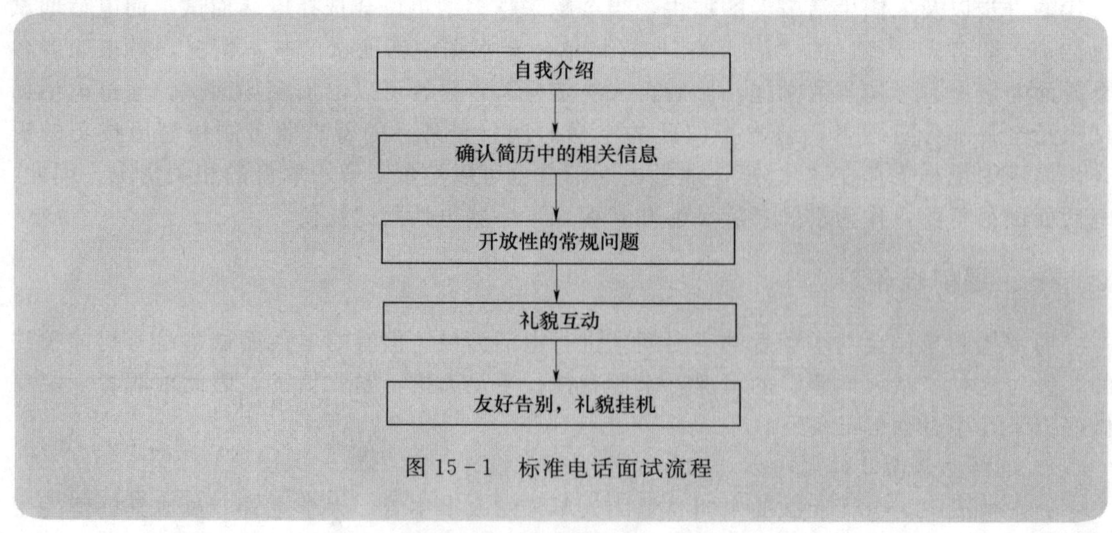

图 15-1　标准电话面试流程

二、及时接听

电话是时效性较强的通信工具，尤其是作为求职面试的媒介，及时接听非常必要，若错失一个电话就有可能与你喜欢的一份好工作擦肩而过。通常在电话铃声三声之内接听是比较有礼节的，如果电话铃响五声之后接听，要及时向对方致歉并说明原因。

三、讲究礼貌

1. 礼貌问候

作为一种“只闻其声，不见其人”的现代化通信工具，电话是人们工作生活中必不可少的联络工具，因此更要求求职者讲究礼貌、态度谦和、塑造良好的电话形象，注意语音、语调和语速的恰当使用。电话接通后，应聘者应该首先主动问好，使用请托用语和文明用语，例如接听电话可以以“您好”来问候对方，而不是“喂”、“说话”、“哪位”等语言。

2. 美化声音

电话面试中很大程度上依靠声音，声音就是使者，就是敲门砖，就是印象分、形象图，求职者必须通过声音给对方树立良好的印象，所以传到电话那一端的声音必须是一个清晰、中肯、诚挚、让人感兴趣的声音。表达流利、口齿清晰、语气自然、语速适中、语调谦和是电话面试的重点，因此电话面试中，求职者应注意美化自己的声音，传递良好的个人形象。

3. 注重仪态

求职者不要以为是在进行电话面试，对方看不到自己，就可以在仪容仪表、仪态举止上放低要求。在电话面试中，要持有“对方看得见我”的心态，注重自己的行为举止。电话面试中，微笑应答很重要，其实一个微笑的面部表情是可以通过电话传递给对方的。如果你打电话时，躺在床上，身体不正，懒散的、无精打采的姿态对方是可以通过声音感受到的，相反若端正坐姿、挺直身体、阳光自信，通过电话可以传递给对方亲切悦耳、充满活力、朝气蓬勃的印象。

4. 礼貌挂机

通话结束互道再见和祝愿，切忌用命令的口气，否则易招来对方的反感。礼貌挂机遵循两个原则：一是打电话尊者先挂机；二是主叫方先挂机。因此，电话面试结束后，礼貌等待用人单位挂机后再挂电话，挂电话时一定要轻缓，切不可发出很大的声音，让对方以为你心存不满，心有怨气。

四、注意时间

1. 恰当选择时间

如果应聘者作为电话的主叫方，应注意选择恰当的通话时间。面试电话应选择在白天 8:00 以后，假日最好在 9:00 以后，夜间则要在 22:00 以前，以免干扰对方正常休息，避免在午休时间、22:00 点之后、7:00 之前、三餐时间打电话。面试电话可以选择在工作时间上午 10:00～11:00，下午 3:00～5:00 间拨打，较为合理。

2. 控制通话时间

如果应聘者作为电话的被叫方，应注意电话交谈所持续的时间。通话中应尽可能清晰、简短地回答询问，缩短通话时间，遵循“通话三分钟”的原则，提高电话的通话能力。

第三节 现场面试礼仪

一、面试前基本礼仪

1. 求职材料的准备

求职材料是求职者本人对自身的一个全面总结和评价，应能够较为客观地反映求职者的基本情况，清晰地表达出求职者的求职意向和愿望，同时也是自我形象展示的有利平台和机会。求职材料是向用人单位自我推荐的较好途径，准备好求职材料是迈向成功求职的重要一步，通常求职材料包括求职信和个人简历。

（1）求职信。求职信是求职者针对特定的用人单位表达自己希望得到该单位某项工作而写的特殊信件，具有介绍信和自荐信的作用，通过表达求职意向并概述自身能力引起对方的关注和兴趣，达到求职的目的。

1）编写原则。

a. 简明扼要。求职信应切入主题、简明扼要、条理清楚，以一千字左右为宜，应使用第一人称来撰写。语言要简明，用词要得当，评价要客观，用真实朴素的书面语言来传递求职者的思想感情。

b. 真实客观。求职信要真实反映求职者客观情况，既不能自吹自擂、妄自菲薄，也不能故作姿态、过分谦虚，求职信要真实客观地撰写，把握好可信度。

c. 态度诚恳。求职信往往是用人单位在简历前看到的有关求职者的基本材料，一封态度谦和、诚恳真切的求职信会给用人单位一个良好的印象。撰写时，语言和句子要简单明了，自然真切，语气一定要肯定且有礼貌，勿用令人费解的句子。

d. 突出个性。求职信应在形式和内容上突出个性，避免千篇一律。个性化的求职信彰显出求职者对本次面试的重视和对所聘职位的热情，也是对用人单位的一种尊重。大同小异、重复雷同的求职信会给用人单位没有诚意和应付的感觉。

2）基本格式。求职信的基本格式通常要符合书信的一般要求：称呼、正文、结尾、署名、日期等。其中正文部分主要内容包括介绍自己所具有的用人单位需要的基本条件和才能，表达自己对工作的求职意愿和态度，简单突出你的相关实力，强调你所受过的培训、教育经历、技能和成就等。

（2）个人简历。简历是对求职者本人学历、经历、特长、爱好及其他有关情况所作的简明扼要的书面介绍，是用于求职应聘的书面交流材料，它向未来的雇主表明自己拥有能够满足特定工作要求的技能、态度、资质。成功的简历就是一件营销武器，它向用人单位证明自己能够胜任单位用人的标准和条件。简历是用人单位对求职者进行分析、比较、筛选、决定是否录用的主要依据，因此要注意个人简历的以下几个方面。

1）编写原则。

a. 简明扼要。简历不应太长，太啰嗦，简历越长，被认真阅读的可能性就越小。通常情况下，简历的长度为1～2页A4纸，同时简历要十分清晰，便于阅读，需引起招聘方注意的主要内容，用黑体字做小标题，一目了然。

b. 针对性强。简历应该具有明确的针对性，求职于不同的行业、不同的公司和不同的职位，提交的简历应有所差别，具有一定的针对性。在制作简历之前，登录相关的公司网站查询，或者在专业的招聘网站下载不同简历模板，要根据不同职位的要求在简历中突出自己与之相应的能力和经历。

c. 真实可信。简历一定要实事求是、言之有物、真实可信，诚实客观地反映个人情况会使用人单位对你产生信任感，若夸大其词会在面试时露出破绽。

相关链接

建立诚信，实话实说

小刘是一所大学会计专业的毕业生，在自己的简历中他弄虚作假，写下了曾发表过一篇关于“汇率稳定”的文章，希望这篇学术论文能在银行面试中起到作用。面试中，主考官问起他对汇率稳定的观点时，小刘结结巴巴，说不出个所以然，他虽然身为会计专业但对汇率稳定问题根本没有什么研究，是托其他同学在所发表的文章后加上了自己的名字。

面试官得知小刘弄虚作假，对他的诚信打上了问号，最终，小刘也与该家银行失之交臂。

点评：俗话说“一语重千斤”，在以人为本的时代背景下，用人单位更看重的是求职者的道德修养和价值观，因此“诚信”作为很重要的度量标准，另外诚信也是社会交往赖以维系和发展的基础。即使求职者的费尽心机，总会有露馅的一天，到头来将是对自己最大的打击。本案例中小刘弄虚作假，失去诚信，让用人单位对其诚信产生质疑，最终拒他于门外。

2）主要内容及格式。

a. 基本情况。求职者个人基本情况包括姓名、性别、年龄、籍贯、政治面貌、毕业学校、专业、健康状况、家庭地址、联系电话、E-mail等。这一部分通常放在简历的最上面，主要是便于用人单位与求职者及时联系。在基本情况一栏中，求职者最好能贴上本人近期免冠照片，简历照片不宜五花八门，应以一至两寸的彩色半身职业近照为佳，男士穿白衬衫、单色领带和黑色西装外套，女士可穿带衣领的白色或浅色衬衫加单色小西装或者外套，以便给用人单位一个较好的第一印象。

b. 求职意向。即求职目标或个人期望的工作岗位，表明求职者希望得到什么样的工种、职位以及本人的奋斗目标，可以和个人特长合写在一起。

c. 教育经历。应写明起止时间、学校、专业并列出所学主要技能及资格证书。

d. 工作经历。对于有工作实践经验的求职者来说，工作经历无疑是简历中最重要的部分。它包括从事某项工作的起始时间、就职单位及岗位、工作职责及取得成就，顺序上

从近期开始列出。

e. 兴趣爱好。诸如文艺、体育、旅游、摄影、协作等方面的特长和兴趣爱好。在介绍自己特点时，个人的兴趣爱好是否要写明，取决于应聘的工作性质。爱好和兴趣若与工作有关，不妨多写几条，以便引起用人单位的重视和关注。

f. 个人评价。求职者对自己做一个简单评价，把自己各方面能力加以归纳和总结，切忌过分吹嘘。语气要诚恳、礼貌、自信。

3）投递方式。求职者简历可以有以下三种方式投递到用人单位：

a. 邮局投递。求职者本人到邮局，按照用人单位相关部门的通信地址邮寄简历。这种方式可以给用人单位留下较深刻的印象，较有诚意的感觉，但缺点是时效性较差，比较耽误时间。

b. 电子邮件。目前许多用人单位的招聘活动都是在网上进行，这就需要求职者在网上投递简历，招聘单位通常在电脑中筛选，所以求职者必须掌握一定的电子简历制作技巧并注意合乎礼节地在网上投递简历。求职者通过电子邮件投递简历时应注意最好以“附件”的形式投递并注明自己的姓名。

【阅读资料】

简 历 .doc

一位资深的人力资源管理人员说，他每天都会收到求职者通过电子邮件发来的简历，很多求职者都是以附件的形式发送简历，但对于文件名来说，很多人都存储为“简历 .doc”文件，这样的文件给这位人力资源管理人员下载、存储文件带来了不少的麻烦，而且即便是存储了文件也不利于及时查询到相关求职者的简历内容。因此，这位管理人员说求职者通过电子邮件发送自己简历时，最好是注明自己的姓名，例如“王虹简历 .doc，张明简历 .doc”等，这样一目了然，而且也反映出求职者做事认真、条理清晰。

c. 当面递交。求职者亲自前往，当面将自己的简历递交给用人单位。

（3）其他相关材料。面试之前，除了准备好求职信和个人简历，还应准备好其他的相关物件和资料，例如公文包、用于记录的笔记本、个人身份证、证件照、成绩表、学历证书、获奖证书，各类英语、计算机等技能等级证书等备查文件的正本和复印件等，并将所有准备好的文件都应该平整地放在一个牛皮纸的信封里或文件夹中，以便随时查看、方便携带。另外，在面试前还应了解和熟悉用人单位的相关情况，可以提前登录用人单位的官方网站，浏览网页，了解其相关情况，从而为面试做好充分的准备并且能够给面试官树立一个良好的印象。

不做无准备的求职者

小郭同学面试某大型企业时，面试官问他对企业了解多少。他想了一会儿然后说道：我接到面试通知时还没来得及查看贵企业的相关资料，所以不太了解。面试官对

他说："我们招聘自然希望对方能够对我企业有一定的了解，你还是回去再多了解一下吧。"就这样，小郭同学与该企业失之交臂。

因此，求职者在面试前应掌握求职单位的一些基本信息，是非常必要的。

2. 出行的准备

作为求职者参加面试，应提前做好出行准备，了解并熟悉应聘单位的相关资料，包括求职面试的时间、应聘单位名称、地址、联系人和联系方法等，应掌握到应聘单位的行车路线，以便按时赴约。面试前最好提前到面试地点去一趟，以避免面试当天迷路或迟到。如果面试途中遇到什么预想不到的麻烦事，责任可能不在你，但你一定要采取措施，例如，给用人单位的面试官打电话，把迟到的原因解释清楚并征求你是否可晚些到达或能否重新安排一次面试机会。

3. 仪表的准备

（1）男士。面试时，男士自身形象的着装应给人以干净利落、干练精神的印象，在仪容仪表的准备上，男士应做好以下方面：

1）仪容。男士发式干净利落，坚持"前不附额、侧不掩耳、后不及领"的原则，不蓄须，眼睛、鼻子和嘴巴健康美化、干净卫生，保持面部干净清爽。

【小贴士】

男士仪表自查表

（1）头发是否干净？

（2）头发是否梳理整齐？

（3）是否染彩发？

（4）头发长度是否合适？

（5）牙齿是否刷过？饭后漱口或用口香糖？

（6）口中是否有烟酒葱蒜等异味？

（7）身上是否有汗味或其他异味？

（8）指甲是否整齐、干净？

（9）胡须是否刮干净？如果蓄须是否干净？

（10）鼻毛、耳毛是否修干净了？

2）西装。男士应在平时就准备好一至两套得体的西装，不要到面试前才去匆匆购买，否则不容易选购到合身的西装。西装颜色应当以主流颜色为主，如黑色、灰色或深蓝色系，这样在各种场合穿着都不会显得失态。另外，若一身深色系西服，不能搭配白色袜子，不然会很唐突，不协调。

3）衬衫。西装搭配的衬衫最好以白色或浅色为主，面试前应熨平整，不能给人"皱巴巴"的感觉。平时就应选配几件合适的衬衫，若面试前才匆匆购买，崭新的衬衣穿上去会显得不自然，太抢眼。

4）领带。面试时，衬衫搭配的领带可选择网格状或圆点状，显得比较得体，会给招聘者留下亲和力较强、易于合作的良好印象，尽量避免搭配条状领带。另外，领带的颜色

注意和西服色系搭配，避免过于花哨和抢眼。

5）皮鞋。皮鞋注意清洁卫生，最好提前一天擦拭皮鞋。颜色的选择上注意与西服的色系搭配，尽量选择深色系皮鞋，给面试官稳重干练的感觉。

6）配饰。男士求职者仪表上注意配饰，例如皮包和手表。皮包可以选择可提可背式，便于携带，建议佩戴手表，给人以大方得体、职场化的感觉。另外，男士皮带的皮带扣不可过于花哨，应选择一些大众化、职场化的皮带扣为宜。

（2）女士。

1）仪容。求职女性应施以淡妆。美容化妆是生活中的一门艺术，目的是让自己更美、更自信。适度而得体的化妆，可以体现女性端庄、美丽、温柔、大方的独特气质，使女性求职者在面试过程中更能出色地体现良好的精神面貌和乐观、积极的求职态度，达到振奋精神和尊重用人单位的目的。

对于女性求职者，化妆一定要坚持自然、清淡的原则，切不可浓妆艳抹（图 15－2）。

图 15－2　清新淡雅的妆容

a. 嘴唇。嘴唇是脸部最富色彩、最生动的地方，也是最吸引人的部分，所以无论如何要使嘴唇显得有润泽感。年轻女士宜用紫色口红，避免用大红或橙红，过于刺目的嘴唇会给人以血盆大口的印象，使主试人唯恐避之不及。唇线不可画得太深，否则会使你的嘴显得突出和虚假。

b. 眼睛。眼睛是心灵的窗户。因此，眼睛在面试时的作用是举足轻重的。为了使眼睛在面试时能动人传神，面试之前就应稍加修饰，例如女士可以描一描眉毛，使之更加妩媚。眼睛小的，可以在眼睛四周轻轻地描上眼圈，但不能描得太黑太深，不要露出修饰的痕迹。如果你有近视、斜视和眨眼之类的毛病，就有必要戴上一副眼镜去面试，不要让眼睛的毛病贻误了你取胜的机会，但要注意眼镜片保持通透、干净。

c. 鼻子。你可以在鼻梁上略施淡粉，因为面试时如果灯光太亮，会使鼻子出油发亮，如果天气太热，鼻梁上也容易出汗。有粉刺鼻、酒糟鼻和鼻炎者，最好提前到医院去诊治，以免妨碍面试的效果。平常鼻毛长的人，面试前要格外注意修剪。

d. 香水。选择香水要与自身的气质相配，香味宜淡，闻上去要给人以舒畅的感觉。

【小贴士】

女士仪表自查表

头发是否干净？

头发是否梳理整齐？

是否染彩发？

发型和发饰是否过于特别？

牙齿是否刷过？饭后漱口或用口香糖？

口中是否有烟酒葱蒜等异味？

身上是否有汗味或其他异味？
指甲是否整齐、干净？
是否涂了鲜艳或另类的甲彩？
香水是否喷得过浓 ？

2）服装。女士求职者一般以西装、套裙为宜，这是最通用、最稳妥的着装。不论年龄，一套剪裁合体的西装、套裙和一件配色的衬衣或罩衫外加相配的小饰物，会使你看起来显得优雅而自信，会给对方留下良好的印象。女性求职者切忌穿太紧、太透和太露的衣服。不要穿超短裙（裤），不要穿领口过低的衣服；夏天，内衣（裤）颜色应与外套协调一致，避免透出颜色和轮廓，否则会让人感到不庄重、不雅致，也给人轻佻之感，这是求职之大忌。

面试时，女士自身形象的着装应给人以端庄稳重、优雅职业的印象，在服装的准备上，女式套装的颜色应与自身身份相符，避免颜色过于鲜艳，选择黑色、白色和灰色三种安全色的职业套装，这样色系的套装会使人显得大方干练、成熟稳重（图 15－3）。

图 15－3　合宜的面试裙装

3）皮鞋。皮鞋鞋跟不宜过高，款式不宜过于前卫。夏日最好不要穿露出脚趾、露出脚后跟的凉鞋，更不宜将脚趾甲涂抹成红色或其他颜色，丝袜以肉色为雅致。另外，皮鞋鞋跟不可过高，更不能穿着“松糕鞋”，鞋跟过高给求职者本人也带来诸多不便，通常女士求职者皮鞋鞋跟在 4～5 厘米为宜。皮鞋的颜色应与衣服下摆一致或再深一些，这样可略显身材高挑，推荐中性颜色的鞋，如黑色、藏青色、暗红色、灰色或灰褐色，不要穿红色、粉红色、玫瑰红色和黄色的鞋（图 15－4）。

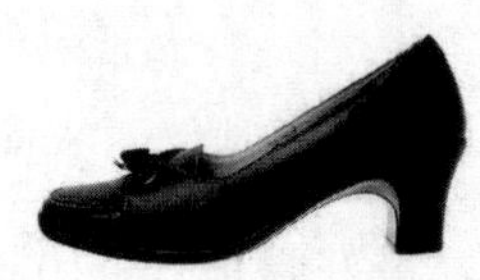

图 15－4　合适的皮鞋

4）袜子。女士穿裙子应当配长筒丝袜或连裤袜，袜子颜色应选用肉色、黑色的丝袜，不能穿带图案或网格状的黑色丝袜，不能在公众场合整理自己的长筒袜，而且袜口不能露在裙摆外边，避免“三节腿”的尴尬场面，条件允许的话应再带一双备用丝袜。

5）配饰。女性求职者仪表准备中，搭配的配饰主要有丝巾、胸针及饰品类，但面试时佩戴的饰品尽量少而精，全身上下不得超过三件，否则会给面试官以不稳重、不成熟的感觉。另外，饰品搭配上注意画龙点睛，而不能画蛇添足，通常佩戴项链就不必再佩戴胸针及丝巾了。

4. 对面试问题的准备

现场面试时，用人单位面试官将会向求职者提出一些问题，为了缓解紧张情绪，求职者应对面试官有可能提出的问题事先有所准备，以便回答时胸有成竹、不慌不忙、对答如流。以下是一些比较通用、常见的面试问题：

（1）你为什么选择我公司？你对我们了解多少？

（2）你能简单形容（介绍）一下自己吗？

（3）你的长期和短期目标是什么？你准备怎样实现它们？

（4）五年之内你有什么样的打算？

（5）你认为你的强项和弱项是什么？

（6）你的朋友如何评价你？

（7）什么事情或东西将激发你的最大热情？

（8）你认为你哪一方面的资历将有助于你今后的职业成功？

（9）你是怎样评判成功的？

（10）你认为你将以何种方式来为我公司做出贡献？

（11）一个成功的管理者应具备什么样的资历？

（12）最令你感到满足（认可、成就、幸福、成功）的事情是什么？请例举 2～3 个例子。

（13）你为什么选择了你正从事的专业领域？

（14）在大学里，你最喜欢和最不喜欢的科目是什么？

【小贴士】

面试中如何谈薪金？

在面试中，如果面试官问到你对所应聘工作的薪水有何要求时，该如何有礼有节地回答呢？如果报价太高，面试官可能会因为成本问题让你“出局”，而报价太低的话，又容易让面试官对你的个人能力产生怀疑，质疑你是否有能力胜任这份工作，还是出于其他目的而以低薪加入？因此面试中妥善、巧妙地回答薪水问题有利于求职者面试过程的顺利进行，通常情况下，薪水问题是应该谈及的，但求职者事先应该对于该工作在行业内薪酬基本情况做一定的了解，掌握最高薪金和最低薪金，在谈论薪金时本人可以取均值，另外，薪酬是与求职者所做工作的性质以及个人能力的高低相挂钩的，所以回答关于薪酬问题时，不妨以此来作答。

二、面试中基本礼仪

1. 守时守信、按时赴约

（1）提前抵达面试地点。面试当天，一定要守时守信、按时赴约，最好提前 5～10 分钟到达面试地点，要给自己留出 10 分钟左右的富余时间。对面试地点比较远、地理位置也比较复杂的，求职者不妨先跑一趟，熟悉交通线路、地形，甚至事先搞清洗手间的位置，并观察应聘单位的基本情况，这样你就知道面试的具体地点，同时也了解路上所需的时间。如果一切顺利，你可以利用这十余分钟的时间，待在车内或接待室里稳定情绪，按时到达面试官办公室，以示求职的诚意，给对方信任感，同时也有利于调整自己的心理，作一些简单的准备，避免仓促上阵和手忙脚乱。也可以利用这十余分钟的时间，在洗手间中简单整理自己的仪容仪表，以良好的仪容、饱满的情绪面对面试官。

（2）选择时机进入。如果求职者提前抵达用人单位，不宜提早进入面试地点，最好不要提前 10 分钟出现在面试办公室，否则聘用者很可能因为手头的事情没处理完而觉得很

不方便。外企的老板往往是说几点就是几点，一般绝不提前。当然，如果事先通知了许多人来面试，早到者可提早面试或是在空闲的会议室等候，那就另当别论。通常情况下，早到后可以利用时间来稳定情绪、整理衣装，提前5分钟左右进入面试地点。

（3）礼貌致歉。如果确实由于突发情况或不可避免的情形而导致求职者不能按时抵达面试地点，诸如北京、上海、南京等大城市，路途遥远且堵车情形很严重，对于不熟悉的地方也难免迷路。如果确实无法按时抵达，应当提前打电话通知相关联系人，诚恳说明情况并致歉。

相关链接

仓皇尴尬的应聘者

有一位求职者到用人单位参加面试，面试前他突然想去洗手间，但因对写字楼的环境不熟悉，也找不到合适的人问路，自然一时搞不清到底哪个门是。结果竟一头撞进了火警通道，还冒失地按了火警铃，结果整个楼响成一片，着实轰动了一把。他慌慌张张地躲了一阵之后才去了洗手间，等到再去面试的时候，已错过了预约的时间，此时面试主考已扬长而去。他也就永远地失去了进入这家公司的机会。如果路程较远，宁可早到30分钟，也不该迟到5分钟。

2. 礼貌进入、互致问候

（1）敲门进入。进入面试办公室时，要先轻轻敲门2～3下，得到允许后再进去，如果叩门后，没有人应答，等1～2分钟后再叩门，敲门时要注意敲门声的大小和敲门的频率。即便房门是敞开着的，也要象征性地敲门，获得允许后进入（图15-5）。如果有相关人员带领求职者进入面试办公室，就可以免去敲门的环节。切忌不敲门而贸然闯入面试办公室，入室时不要先把脑袋探进去东张西望，四周环顾，而应该是整个身体同时进入，落落大方，合乎礼节。进入面试办公室之后，求职者随手将房门轻轻关上。

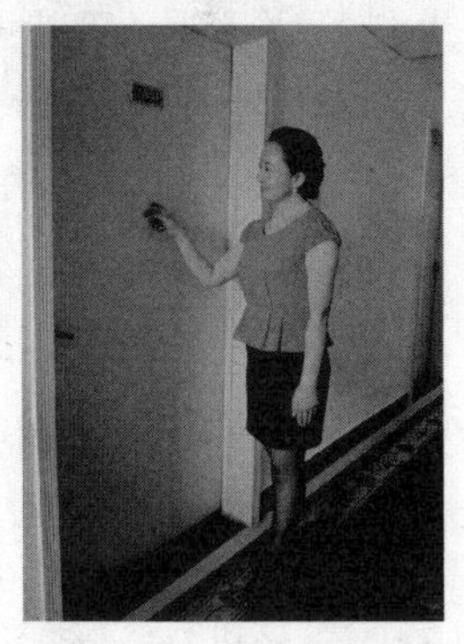

图15-5 敲门进入

【阅读资料】

孟子欲休妻

原文：孟子妻独居，踞。孟子入户视之，谓其母曰："妇无礼，请去之。"母曰："何也？"曰："踞。"其母曰："何知之？"孟子曰："我亲见之。"母曰："乃汝无礼也，非妇无礼。《礼》不云乎？'将入门，问孰存。将上堂，声必扬。将入户，视必下。'不掩人不备也。今汝往燕私之处，入户不有声，令人踞而 视之，是汝之无礼也，非妇无礼也。"于是孟子自责，不敢言妇归（图15-6）。

——《韩诗外传·卷九》

图 15－6 孟子休妻

译文：孟子的妻子独自一人在屋里，伸开两腿坐着。孟子进屋看见妻子这个样子，就对母亲说："这个妇人不讲礼仪，请准许我把她休了。"孟母说："什么原因？"孟子说："她伸开两腿坐着。"孟母问："你怎么知道的？"孟子说："我亲眼看见的。"孟母说："这是你不讲礼仪，不是你媳妇不讲礼仪。《礼经》上不是这样说吗？将要进门的时候，必须先问屋中有谁在里面；将要进入厅堂的时候，必须先高声传扬，让里面的人知道；将进屋的时候，必须目光往下看。《礼经》中这样讲，为的是不让人没准备，无所防备。现在你到妻子闲居休息的地方去，进屋没有声响，人家不知道，因而让你看到了她两腿伸开坐着的样子，这是你不讲礼仪，而不是你的妻子不讲礼仪。"

孟子听了母亲的教导后，认识到自己错了，再也不敢说休妻的事了。

点评：从"孟子休妻"的小故事中，我们得知，即使是最亲近的人，也应给予基本的尊重和礼节。敲门进入是个人良好素质的综合体现，也是一个良好的习惯。

(2) 行问候礼。进入面试办公室后，根据场合及情境应对用人单位的面试官行问候礼。诸如以下一些常用见面问候礼，可以随时随地、灵活使用：

1) 点头。求职者向面试官点头问好，辅以15度的鞠躬方式，并说明自己的姓名及表明友好、谦逊的态度。

2) 微笑。微笑是让交往对象彼此感觉愉快、舒心的面部表情，它能够在短时间内缩短人与人之间的心理距离，为接下来的面试交流创造温馨和谐的氛围。进门后，给予面试官一个自然大方、真诚友善的微笑能够增进与面试官的沟通，树立一个良好的"第一印象"。

3) 挥手。根据面试场地的情况，若求职者本人与面试官相距较远，有时也可以致挥手礼以示礼貌。

4) 握手。进入面试办公室，通常情况下求职者不要主动上前与面试官握手，除非是面试官先伸手，求职者可以上前行握手礼。握手时，伸手动作要自信大方，态度谦和，表现出真挚的情意，伸出右手，虎口相对，掌心相握。握手时要面带微笑，注视对方，上身

自然前倾，双脚并拢，边握手边向对方打招呼致意。

5）名片。通常情况下，求职者不主动给面试官递送名片，但有时面试官会给求职者名片，在接收对方名片时，求职者应以双手接过来，并认真看一看，熟悉对方职衔，若遇有生僻字可及时确认，然后将名片妥当地放置在名片夹中或手提包里，千万不可随意往裤兜里塞。看过名片后，尽量在心中牢记对方的姓名、职位等个人信息，在谈话中适时称呼，会给对方良好的感觉，如果再从口袋里重新取出名片来看，会让人感到不够诚意，进而给对方留下不良印象。

(3) 必要的自我介绍。面试时的介绍并不是多余的重复，而是为了加深印象，给面试官直接真切的感觉。自我介绍通常要求简短清晰，并对用人单位给予此次面试机会表示感谢。例如，“我是×××，来自××，很高兴能够有机会来到贵公司参加面试。”

3. 面带微笑、目光合宜

面试时，进入场地应面带微笑，主动与面试官打招呼并问候。求职者应当与面试官保持目光接触，以表示对招聘者的尊重和关注。切忌表情麻木、目光犹疑、躲避闪烁，否则会给人以“缺乏自信、心绪烦杂”的不良印象。

交流中目光要时不时地看着对方，双方谈到共同感兴趣的话题时视线自然接触，目光要柔和、亲切、真诚，但不能死盯着对方，以免让人产生不自在、不自然的感觉，通常情况下目光停留在交往对象的“黄金沟通注视区”，即以双眉为底线，下巴为顶点的倒三角形（图 15-7）。目光停留在这个区域，会给对方亲切自然、轻松自如的感觉，给面试官诚恳、认真的印象，容易使整个面试过程在比较轻松的氛围下进行。

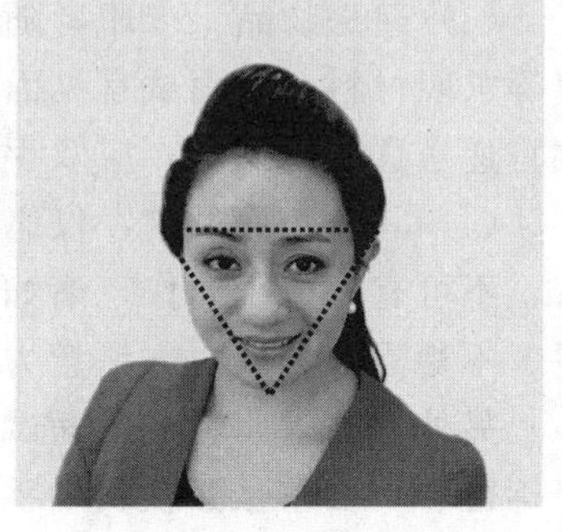

图 15-7　沟通注视区

4. 仪态端庄、举止稳重

人的形象不仅仅体现在服装搭配上，仪态举止也尤为重要。面试中，从进门到出门，应有挺拔的站姿、干练的走姿、优雅的坐姿，整体给面试官仪态端庄、举止稳重之感。另外，与招聘者交谈时不要频繁地耸肩、手舞足蹈、左顾右盼、坐姿歪斜以及晃动双腿等，手势也不宜过多，在需要时适度地配合表达即可。

(1) 站姿。一个挺拔的站姿会给面试官良好的精神面貌，站立时要顺应身体的自然形态，做到头正颈直、双肩平展、挺胸抬头，保持身体平衡，轻松自如。男士与女士站姿的显著区别是“分不分腿”，女士忌分腿，身体立直，右手搭在左手上，贴在腹部，脚跟靠紧，脚掌分开呈“V”字形或“小八字”形（图 15-8）；男士身体立直，双手置于身体两侧，两脚平行，比肩宽略窄一点。

(2) 坐姿。求职者应等待面试官邀请或示意后才礼貌坐下。坐的时候上半身保持挺拔和端正，两肩自然放松，双臂舒展，身体重心应落在臀部，坐在椅子的 2/3 处，切不可坐满座，落座的动作大方得体。女士切忌分开腿，两脚呈八字形，也不要跷起二郎腿，不停地抖动脚尖；不可坐在椅子上左右摇动，或用手托着腮帮子（图 15-9、图 15-10）。

图 15-8 良好站姿

图 15-9 良好坐姿

(3) 递送物品。求职者随身携带个人简历、相关证件、求职信笺、学历证明、获奖证书等求职材料，与面试官见面时，要保证能够迅速取出所需资料，而不是到处翻找。给面试官递送这些物品时，应双手奉上，以示礼貌，落落大方。

(4) 其他。面试中，仪态举止除了保持良好的站姿和坐姿之外，还要注意其他肢体语言，不可有一些小动作，诸如折纸、转笔、乱摸头发、嘴巴和耳朵等，否则会显得很不严肃、不稳重，分散对方注意力。

另外，当求职者进入面试办公室后，面试官如果手头正忙于其他事宜，求职者需要安静等待，不要东张西望、动手动脚、闭目养神、无所事事或中间插话。有时，如果你等的时间长了，面试人员会建议你先看一下桌上的杂志，这时即使你不想看，也别拒绝，礼节上要友善地接受。

相关链接

面试的水，该动吗？

一般在面试时，对方会给你用塑料杯或纸杯倒一杯水。这些杯子比较轻，而且给你倒的水也不会太多，加上你面试时往往会比较紧张，不小心碰倒杯子的情况难免发生。你的水杯放的位置不好，就很容易把水弄洒。一旦洒了水，心里一慌，不是语无伦次就是手忙脚乱，很长一段时间都调整不过来。虽然对方通常会表现得很大度，但也会觉得你慌慌张张、局促不安，所以要非常小心。有些求职者临走了，看到满满一杯水没动，觉得不好意思，就咕咚咕咚喝上几大口。喝水忌讳出声，这是国际礼仪常识，吃喝东西出声都是极失礼的举动，也是对他人的不尊重，特别是在正式场合，往往会引起别人的反感。

建议面试时，尽量不动水杯，把杯子放得远一点，水喝不喝没有关系。若喝过水，切记将水杯妥善放好，并在面试结束时将它带走。

【小贴士】

面试中，入座后的“手”和“腿”

手势配合适当，切忌手舞足蹈；
切忌抓耳挠腮、用手捂嘴说话；
切忌挖鼻、剔指甲等小动作；
切忌乱摸头发、耳朵等；
不能将手握得太紧。

切忌腿部不停抖动；
切忌跷起二郎腿；
切忌脚尖直指面试官；
切忌分开两腿。

图 15-10　面试中的良好坐姿

5．尊重对方、积极聆听

相关链接

倾听是你能够给予对方最大的赞美。

——卡耐基

招聘人员不希望应聘者像木头桩子一样故作深沉、面无表情。应聘者在听对方说话时，要积极地聆听，不时做出点头同意状，表示自己听明白了，或正在注意听。同时还要面带微笑，当然也不宜笑得太僵硬，要发自内心。在面试中如果招聘经理多说话，说明他对你感兴趣，愿意向你介绍情况，热情交流。但许多学生误认为只有自己滔滔不绝地说话，才会引起对方的好感和兴趣，往往会抢着说话，或打断对方的讲话，这些都是很不懂礼貌的表现，会使自己陷于被动局面。

【小贴士】

倾听的注意事项

四目相望：倾听时眼睛看着对方，要有眼神的交流；

一心一意：倾听时要全神贯注，排除干扰，将注意力集中在面试官身上；

尊者为王：倾听时将面试官看作王一样，给予足够的重视和尊重；

重点突出：倾听时注意记住面试官讲话的重点，详略得当；

态度诚恳：倾听时上身前倾，接近面试官，表示认真、关注的态度；

适时插话：倾听时不要随意打断对方讲话，适时机补充和插话。

6. 谈吐优雅、表达清晰

语言是人们沟通交往的基本工具，人与人之间靠语言交流思想、传递信息、表达感情。在面试过程中，语言往往是面试官从侧面考察、评价求职者文化水平、道德修养的一个方面，因此求职者在面试中应追求语言完美，控制说话的语速，保持语调平静适中，力求谈吐优雅、表达清晰、自信幽默，用语言来塑造良好的自我形象，给对方留下深刻的印象。

如果遇到与招聘者意见不一致时，尽量不要直接给予反驳和质疑，应巧妙地处理异议，降低拒绝的对抗性，切记不要据理力争，非要与招聘者争个是非对错或高低；注意自身的谈吐礼仪，尽量优雅合宜，清晰表达。如果不太明白面试官的问题时，应礼貌地请他重复。自己不懂得回答的问题，不妨坦白承认，但表明自己认真的态度。

三、面试后基本礼仪

1. 礼貌道别，表示感谢

成功的面试有适当的时间限制，面试时间太长太短都不太合宜，双方应适时结束。当然，面试时间没有具体的规定和限制，谈话时间的长短要视面试内容和面试双方人员而定，一般宜掌握在半小时至四十五分钟左右。

面试结束，求职者应礼貌起身，将座椅推还至原位，与面试的主考官以握手、点头、微笑等方式道别并表示感谢，例如，“谢谢贵单位给予我今天面试机会，希望您能不吝赐教并保持联系”、“如果能有幸进入贵公司工作，我必定全力以赴，请多多指教”、“您对我是否称职还有什么疑问吗”，等等，然后随手关门并再次致谢，欠身离开（如图15－11）。

图15－11 适时结束，礼貌道别

2. 及时询问，适时总结

面试结束后，如果招聘者没有给予你通知，求职者应保持联系，及时询问，而不是坐等消息。询问面试结果也是面试过程结束后一个比较重要的环节，但求职者不要面试一结束就四处打听结果，急于求成，显得缺乏自信、不成熟、不稳重。通常情况下，用人单位在面试结束后可能需要2～3天的时间来最终确定录用人选，有些大型单位甚至需要更久的时间。因此这段时间，对于求职者来说，应耐心等候消息，不要过早打听面试结果。太过急切再加上语言表达有误，就很有可能让用人单位把你从录用名单中删掉。另外，如果求职者未被录用，也不该气馁和灰心，应将本次面试当作经验积累，仔细回忆并整理整个面试经过，从本次面试中分析失败

原因，吸取教训，为下一次的成功面试积累经验、奠定基础。

【小贴士】

咨询式信函

尊敬的××先生：

感谢您昨天为我面试花费的时间和精力。和您谈话觉得非常愉快，并且了解到许多关于贵公司的情况，包括公司的历史、管理形式以及公司理念和服务宗旨。

正如我们谈过的内容，我的专业知识、社会阅历和经验成绩对于贵公司是比较吻合且大有用处的，尤其是本人吃苦钻研、执著进取的精神。我还在公司、您本人和我之间找寻到许多共同点，诸如锲而不舍、热情大度、诚实守信等，本人对贵公司的前途和发展信心百倍，希望有机会能够成为贵公司您团队中的一员，能够和您共同努力，为公司的发展献出一己之力。

再次真诚地感谢您，希望有机会与您详谈。

求职者：××

××年××月××日

3. 撰写一封感谢信

面试结束后，求职者应与用人单位保持联系，最佳方法是写一封感谢信或给招聘者打一个电话。感谢信要力求言简意赅并及时发出。求职者撰写一封感谢信在面试后尤为必要，不仅可以让用人单位和面试官觉得求职者具有良好的个人修养和礼貌，而且也能展现出求职者对本次面试的重视和求职的积极意愿。

一封标准的感谢信应包括以下一些内容：感谢用人单位提供给本人一次面试机会；简要概括一下面试内容和经过；再次陈述自己的专业知识、相关技能和求职态度。用人单位的面试官面对许多求职者，记忆是短暂的，感谢信是求职者自我推荐的最后机会，能够让面试官加深印象，感谢信讲求一定的时效性，通常应在面试后 24 小时之内发出书面或口头感谢信，不能时间太久。

另外，对于感谢信发送的形式，应该是以电子邮件还是传统信件，是手写还是打印等问题，应视情况而定，看以往求职者与用人单位联系方式而定。例如，如果以前用人单位从一开始就与求职者通过电子邮件的方式约见、联络，那么求职者应当在面试结束后及时通过 E－mail 发送一封感谢信，表达自己诚挚的谢意和积极进取的工作态度，若在面试环节中表现不太理想，也可以借此机会弥补和补救。

【小贴士】

感谢式信函

通常感谢式信函可分为两种情况：一种是求职者被录用，另一种是求职者未被录用。

1. 求职者被录用

尊敬的××：

此信可作为贵公司录用我的正式接受信，我理解并接受贵公司给予我的相关条件和待遇。

在开始工作之前，我将在本周内与人力资源部相关人员进行联系，请求填写一些文字材料以便贵公司存档。另外，根据贵公司要求，我将安排一次体检以便保险之需，如果您能提供一些有助于我适应工作的文字性资料，我将不胜感激。

您及贵公司的相关人员在整个面试招聘的过程中认真负责、态度和蔼、积极乐观，给我留下了较为深刻的印象，我期盼着早日加入××团队，也期盼着结交更多的新同事，感谢您对本人的信任和支持，我将在工作岗位不遗余力。谢谢！

求职者：××

××年××月××日

2. 求职者未被录用

尊敬的××：

首先非常感谢您于××年××月××日给予我面试的机会。贵公司所提供的岗位似乎与我的专业和研究领域相吻合，然而贵公司最终没有给予我在此就业的机会，对此我相信我本人仍存在改进和发展的方向及空间，也许是我的某些方面还没有达到贵公司的要求和标准，希望能够收到您的回复，坦率地指出本人的不足之处，以便我及时改进和提高。

也许在今后贵公司大力需求新人之时，您还会想起、记得我，那时我相信我各方面也会有较大的提升和发展，希望您能够再次给我机会。

再一次感谢您的宝贵时间和充沛精力，倘若您允许，我会与您保持联系，谢谢！

求职者：××

××年××月××日

本章小结

面试礼仪是指在面试过程中，求职者应该遵守的基本礼节、行为规范和仪式。根据面试的类型，求职者应知晓并掌握电话面试和现场面试的基本礼仪，并懂得适时应用。电话面试中，求职者应做到提前准备、及时接听、讲求礼貌、注意时间等基本细节。在现场面试中，需要求职者精细准备，做好充分的准备，现场面试可以具体分为面试前、面试中和面试后三个阶段：

（1）在面试前，求职者要注重求职材料的准备，包括求职信、个人简历和其他相关资料精心制作，充分准备；做好出行前的准备，熟悉交通路线、地理位置等基本情况；求职者本人仪容仪表的打扮和装备。

（2）在面试中，求职者尽量能够做到守时守信、按时赴约；礼貌进入、互致问候；面带微笑、目光合宜；仪态端庄、举止稳重；尊重对方、积极聆听；谈吐优雅、表达清晰。

（3）在面试后，求职者应礼貌道别，表示感谢，并与用人单位保持联系，及时询问，适时总结，还可以撰写一封感谢信，表达自己的求职意愿和感谢之意。

思考练习

1. 浅谈什么是面试礼仪？掌握它的作用是什么？

2. 电话面试应注意哪些基本礼仪？

3. 现场面试分为哪三个阶段？并简要说说各个阶段应遵循的基本礼仪有哪些？

4. 技能训练题：以两组为单位，甲组为用人单位，乙组为求职者安排一次现场面试，表演出在现场面试环节中，应展现哪些良好的基本礼仪？

案例分析

小吴同学在求职之初，屡试屡败。一天下午，他走进就业指导中心寻求帮助。指导中心的老师让他回忆前几次面试中，有没有什么失误之处。小吴仔细思考了一会后，想到自己在第一次面试中过于紧张，说话没有条理；在第二次面试中没有重视和注意自己的谈吐礼仪，当对方问到他有什么业余爱好时，小吴不假思索地回答“喜欢和朋友们喝酒聊天”,“喜欢宅在屋里打游戏”。

在反思以前面试中的不当之处后，就业指导中心的老师让他在准备下一次面试中，除了较为扎实的专业知识外，还应要做到：面试前以正常说话口吻简短地做两分钟的“自我介绍”，对简历中的每一方面的内容，都要做到心中有数，对所应聘的公司要做到大致了解，并且一定要想“我为什么要来，我来了能做什么这样的问题，面试时注意说话的语速和音调，尽量保证让面试官听清楚。注意自己的言谈举止，面试过程中保持良好的精神状态，注意站姿、走姿和坐姿等。总而言之，就业指导中心的老师提醒小吴应知晓面试礼仪，重视细节。

一周后，他满脸欢欣地再次走入学校的就业指导中心，说他近期参加了××公司的面试，在十多位面试考官的面前，他神态自若，回答流利，有理有据，得到了面试官的一致好评。面试结束后，小吴接到了他被录用的好消息。

思考：

1. 是什么让小吴同学赢得了××公司的面试？

2. 你认为面试中的基本礼仪是琐碎的束缚吗？为什么？

第十六章　涉外商务礼仪

导入案例

中国人在国家会议上的不雅举动

近年来，在包括八国峰会、亚太经合组织会议、中非论坛、博鳌论坛、达沃斯论坛、金砖国家会议等大型高端国际会议上，中国官员、企业家和学者等出现的频率很高。同时，在这些会议上，中国与会嘉宾却频频出现“不雅举动”，致使一些礼仪规范和规则得到一定程度的破坏，一些会议成员也被认为“失礼”或者“没有教养”。具体的不雅举动如下。

不雅举动1：抢坐前排或退居后排，把会场中间留出空白造成会议主人难堪。

不雅举动2：电话多、进出频繁。有官员在前排向主持人提问后因内急而匆匆离场。

不雅举动3：遵循“女士优先”原则，尊重女官员、女企业家、女学者、女明星，但对女翻译、女导游、女陪同、女记者等却相对傲慢，有别于国外嘉宾的“一视同仁”。

不雅举动4：部分官员和企业家在公开场合训斥下属。

不雅举动5：会议过程经常出现抖腿的举动。

不雅举动6：男士、女士穿着过于随便，如男士穿浅色西装或休闲装，穿白色或带花袜子；女嘉宾特别是采访正式会议的女记者穿超短裙、休闲装等。

不雅举动7：部分官员喜欢前呼后拥，部分下属喜欢照顾领导，有损领导的国际形象。

案例点评：中国人在国际重要政务、商务场合的不雅举动值得商务工作者引起重视。这些年，随着涉外商务礼仪的逐渐普及，类似的不雅举动有一定好转。然而，正如中国游客在境外旅游过程中具有的“中国特色”一样，这类不雅行为时不时地出现，明显影响社会主义发展中大国——中国的世界形象。这类行为如若不加以改变，必将成为西方媒体报道中具有嘲讽性花絮的“亮点”。

知识要求

1. 掌握涉外商务礼仪的基本原则。
2. 了解东西方文化差异。
3. 了解主要国家的文化风俗与禁忌。

第十六章　涉外商务礼仪

关键术语

涉外礼仪　礼仪习俗　禁忌　文化差异

随着市场经济的进一步发展和国际交往的日益频繁，与国际商务人士开展商务沟通已经十分普遍。能否正确理解并运用涉外商务礼仪关系到国家、民族和个人的形象。涉外商务礼仪是融洽商务交谈双方、促进友好往来和展示个人风采的重要工具。

第一节　涉外商务礼仪概述

一、涉外商务礼仪的含义

在礼仪界，按应用范围而言，礼仪可分为政务礼仪、商务礼仪、服务礼仪、社交礼仪与涉外礼仪。其中商务礼仪主要指的是在商务活动中体现相互尊重的行为准则，是礼仪在商务活动过程中的具体运用。它指明了商务活动中商务人员在仪容仪表和言谈举止方面的基本要求。而涉外礼仪没有过多指明政务与商务等内容上的差别，而着眼于沟通的国际性问题，它指明了我们在参与国际往来中的行为规范。

基于以上理解，我们认为，涉外商务礼仪是指人们在国际范围内开展广泛的商务沟通过程中所需要遵循的行为规范，是礼仪在国际商务沟通过程中的具体运用。由于国际间商务沟通的频繁性等原因，涉外商务沟通者对该领域的知识给予了充分的关注。更由于国际上不同国家与民族文化差异的显著性以及涉外商务沟通场合“洋相”频繁发生，学界对这方面的研究比以往更为重视。

二、涉外商务礼仪的基本原则

由前可知（详见第九章跨文化沟通），在跨文化商务沟通过程中，我们主要应遵循的基本原则包括相互尊重原则、求同存异原则、入乡随俗原则、尊重隐私原则、适度把握原则、平等交流原则、谨慎对待原则、适应差异原则。

在涉外商务沟通中，不同国家和民族的人对于礼仪的理解差异很大。为了更好地进行商务交往，尽可能避免由于不同文化、制度等差异引起的一系列问题，结合各国的礼仪习惯与风俗禁忌，涉外礼仪需要遵循以下八大原则。

1. 遵守惯例，互利互惠

在涉外商务沟通中，我们经常会发生由于不同文化而导致的行为习惯不同甚至有所冲突的情况。该原则主要解决商务沟通者应该如何正确对待他国风俗以及本国特点的问题。

一般而言，各种交际活动，往往存在一定的行动惯例，值得商务沟通者共同遵循。这是双方开展有效商务交流的基本要求，它指明沟通双方在沟通中具有自身独特做法的同时要尊重其他国家及其民族的风俗习惯，切实做到互惠互利。另外，互惠互利也表明了沟通双方要加强角色互换，善于站在对方的角度思考问题。

【阅读资料】

尊重客人的信仰

在一次印度官方代表团前来我国某城市进行友好访问时，为了表示我方的诚意，有关方面做了积极的准备，就连印度代表团下榻的饭店也专门换上了、舒适的牛皮沙发。可是，在我方的外事官员事先进行例行检查时，这些崭新的牛皮沙发却被责令立即撤换掉。原来，印度人大多信仰印度教，而印度教是敬牛、爱牛、奉牛为神的，因此，无论如何都不应当请印度人坐牛皮沙发。这个事例表明，旅游服务人员是很有必要掌握一些宗教礼仪。

2. 保守机密，维护形象

在涉外交往过程中，沟通者尽管在开展业务交往中仅代表某一商务主体，但同时在一定程度上也代表国家与民族。这样的角色就要求沟通者要注意保守国家和组织机密，维护国家、民族、组织形象，具体体现在：商务沟通者应具备坚定的政治立场，严格遵守组织纪律，严格遵守和执行请示报告制度，维护国家、民族和组织利益。自然，如果沟通者在这样的过程中不善于把握涉外礼仪，在与他人交往过程中难免会出现一些相对尴尬或者不和谐的场面，那必然将影响个体形象，而更重要的是必然影响特定国家、民族和组织的社会形象。从该角度出发，沟通者在涉外交往中要时刻注意个人言谈举止、服饰仪容，不可蓬头垢面、不修边幅。

【案例 16－1】

将“洗手盆”的水一饮而尽

英国的温莎公爵曾经主持了一个招待印度当地居民首领的宴会。在宴会结束的时候，侍者为每个客人端来了洗手盆。让人想不到的是：印度首领在没有了解风俗的情况下，冒失地喝掉了洗手水。而作为主人，温莎公爵并没有“聪明”地指出他们做法的不妥，而是装了糊涂，一边继续与客人谈笑风生，一边也端起自己面前的洗手水，自然地仰起头来一饮而尽。于是，大家也都纷纷端起了自己面前的洗手水。仿效着温莎公爵，宴会在热烈而又祥和的气氛中取得了预期的成功。

案例点评：案例中的印度首领很显然不懂得英国宴会的“洗手盆”礼仪，而温莎公爵的“糊涂”做法却为彼此交往营造了和谐的氛围。在该礼仪场合，主人温莎公爵装装糊涂，行行宽容，采用了与人相处的良好方式，真可谓“大智若愚”。

3. 入乡随俗，求同存异

该原则很好地回答了我们在涉外沟通中该遵守何种礼仪为好的问题。由于各国家和民族都有各自的具体进程与发展轨迹，它们在宗教、语言、文化、风俗习惯等方面具有不同差异是很显然的。这样的差异实在难以强求统一。如果我们能够在涉外交往中注意尊重对方的特有习俗，更容易增进双方沟通与理解，有助于促进商务沟通的顺利进行。

该原则要求商务沟通者在涉外沟通的礼仪方面做到：在作为客人时讲究“客随主便”，在作为东道主时讲究“主随客变”。在商务交流中，我们都要充分了解对方的风俗习惯，在遵守国际惯例的前提下取得共识，加强沟通。一般情况下，沟通者应无条件地尊重对方，不对沟通对象的风俗习惯妄加非议。另外，我们需要了解沟通对象的民族禁忌与宗教禁忌，尽可能避免无意地“触犯”对方，造成过多的猜忌与不信任，从而影响双方的有效沟通。

【案例 16－2】

邓小平先生“客随主变”

邓小平同志素有吸烟的习惯，而且习惯先点燃一支烟再与他人交谈。1985 年 9 月 20 日上午，邓小平同志会见新加坡总理李光耀先生，在会客厅，当工作人员把香烟递给他时，他断然拒绝说：“烟，今天不吸了。”在座的人惊奇地问：“邓主任今天为什么不吸烟了?”邓小平回答说：“李光耀总理闻不得烟味。”原来，这是邓小平 1978 年访问新加坡时知道的。当时，他拜会李光耀总理和李光耀总理回拜他时，他都没有抽烟，并且风趣地说：“客随主‘变’嘛”!

案例点评：案例中，素有吸烟习惯的邓小平先生在会客场合尊重宾客而“破例”采取不抽烟的做法，体现了平等待人的良好修养。

4. 言谈谨慎，尊重隐私

鉴于涉外商务沟通很容易涉及国家机密以及组织的商业机密等内容，再加上不合适的言谈会涉及对方的文化差异和风俗禁忌等内容，商务沟通者在沟通中务必注意言谈谨慎。比如，在涉外交往中，称呼的运用就特别富有技巧。“部长阁下”、“总统阁下”、“大使先生阁下”、“将军阁下”等常用在对地位高的政府官员、外交使节、军队中的高级将领身上，然而这样的称呼在美国、墨西哥、德国等国家并不常用，而是常称“先生”。在涉外沟通中，言谈稍有不慎，常可能会贻笑大方。

不打探个人隐私，是现代人文明程度的重要标志之一。尊重个人隐私已逐渐成为一项国际社会交往的惯例。尊重隐私，是指在涉外交往时，一定要注意对交往对象的个人隐私权予以尊重，即凡涉及对方个人隐私的一切问题，都应该自觉地、有意地予以回避。由于东西方的民族文化差异很大，不同国家在饮食、服饰、风俗、喜好等各方面具有严格的规定与禁忌，为了更和谐地加强商务来往，沟通者务必了解对方国家及民族的文化差异，不轻易触及对方隐私。这里包含的隐私有收入支出、年龄大小、恋爱婚姻、健康状况、个人经历、生活习惯、宗教信仰、家庭住址等，这些内容在国际交往中均被外方人士看作是“不可告人”的“绝对隐私”。除了不问对方隐私外，我们还要做到保护隐私。保护隐私，特指在国际社会交往中应尽力不传播、不泄露隐私问题，即沟通者要主动采取必要措施去维护个人隐私。

【案例 16－3】

“谈笑风生”中的话不投机

一天，刚参加工作不久的孙小姐被派到外地去出差。在卧铺车厢内，她碰到了一位来华旅游的美国姑娘。由于对方首先向孙小姐打了一个招呼，孙小姐觉得不与人家寒暄几句实在显得不够友善，便操着一口流利的英语，大大方方地随口与对方聊了起来。

在交谈之中，孙小姐有点没话找话地询问对方：“你今年多大岁数呢?”不料人家所答非所问地予以搪塞：“你猜猜看。”孙小姐觉得没趣，转而又问：“到了你这个岁数，你一定结婚了吧?”这一回，那位美国小姐的反应更令孙小姐出乎意料：对方居然转过头去，再也不搭理她了。一直到分手，她们两个人再也没有说上一句话。

案例点评：案例中，孙小姐没有做到在涉外交往中“尊重隐私”，导致双方的“话不投机”。在国外，不宜向他人打探个人隐私。按照常规，对方是有权利拒绝回答自己的隐私的。

5. 注重公德，爱护环境

社会公德是指在人类长期社会实践中逐渐形成的、要求每个社会公民在履行社会义务或涉及社会公众利益的活动中应当遵循的道德准则。社会公德要求人们自觉遵守，并依靠社会舆论的力量维护，任何人违反了都要受到舆论的谴责。社会主义社会公德既保护社会利益，也保护个人的合法利益，不仅在国内商务沟通中需要严格遵守，于涉外商务沟通场合也需要遵守。公德的内容很广泛，可延伸到职业道德、家庭美德等内容。

爱护环境指的是来自各个国家与民族的人有义务爱惜与保护人类赖以生存的环境。这不仅体现为爱护环境的意识，更侧重于爱护环境的行动。具体包括不虐待动物、不随地吐痰、不损坏公物、不损毁自然、不随意吸烟、不乱扔废弃物、不随意制造噪声、不随意堆放私人物品。

6. 尊重妇女，女士优先

纵观世界各国，除了部分国家（如韩国的妇女解放概念尚未被普遍接受）外，绝大多数的国家都认为，“女士优先”是国际社会公认的“第一礼俗”。西方人有一种形象的说法：“除女士的小手提包外，男士可帮助女士做任何事情。”一般而言，女性在同等状况下更应受到尊重。为了体现绅士风度，男士要主动对女性作出关心、保护和照顾。在日常生活中，演讲场合先说“女士们”再说“先生们”，进餐时服务员上菜的顺序是先女后男，男女同行时女右男左（右边尊贵），男士为女性提包撑伞，人们在上车时让女性先行，下车时男士要为女性先打开车门等行为，都充分体现了该原则。

“尊重妇女、女士优先”原则还要求，在尊重、照顾、体谅、关心、保护女性方面，男士们对所有的女性都一视同仁，不因女性的形象、财富与职务职称等发生明显变化。

【案例 16-4】

到底应该为谁先开门?

在一个秋高气爽的日子里，迎宾员小贺，着一身剪裁得体的新制服，第一次独立地走上了迎宾员的岗位。一辆白色高级轿车向饭店驶来，司机熟练而准确地将车停靠在饭店豪华大转门的雨棚下。小贺看到后排坐着两位男士、前排副驾驶座上坐着一位身材较高的外国女宾。小贺一步上前，以优雅姿态和职业性动作，先为后排客人打开车门，做好护顶关好车门后，小贺迅速走向前门，准备以同样的礼仪迎接那位女宾下车。在整个过程中，小贺在服务中目视客人，礼貌亲切地问候，动作麻利而规范、一气呵成。可是，很明显，那位女宾满脸不悦，这使小贺茫然不知所措。通常后排座为上座，一般凡有身份者皆在此就座。优先为重要客人提供服务是饭店服务程序的常规，这位女宾为什么不悦？小贺错在哪里？

案例点评：案例中的迎宾员小贺由于未能按照国际上通行的做法先打开女宾的车门，致使那位外国女宾不悦。如果小贺能够了解这一原则，完全可以避免这一不必要的尴尬。

7. 行止有序，以右为尊

“行止有序”要求我们在涉外商务沟通中要特别注重行为的先后顺序，如男士与女士行为先后、主人与客人行为先后、握手时先伸手者与响应者的差别、乘车时的位置安排、坐电梯时的进出顺序等。如果沟通者在这方面不能很好面对，有可能在商务交流中带来一系列的尴尬，直接影响沟通双方的深入交流。因为这些行为将涉及尊严、尊卑、贵贱等内容，而这些内容的不合适处理将导致交往“秩序”的混乱。

“以右为尊”原则要求我们在国际商务交流中遵循国际惯例，坚持“以右为上，以左为下；以右为尊，以左为卑”。人们普遍能接受在并排站立或行走、就座的时候，右高左低。其实这一原则普遍适用于政治磋商、商务往来、文化交流，私人接触、社交应酬等。大凡在这些场合需要排定位置体现主次尊卑，“以右为尊”都是普遍适用的。因此，在涉外商务沟通中，我们需要做到：主人应主动居左，而让客人居右；男士主动居左，请女士居右；晚辈居左，请长辈居右；职位较低者居左，职位较高者居右。

在非并排排列的谈判场合，“以右为尊”的原则仍然有效。在正式谈判时，有两种情况：一是谈判桌竖放，判断主次则以面向室内时的右侧为上座，以左侧为下座；二若谈判桌横放，则以面向正门为上，以背向正门为下，但在同侧并列的座次中，在主谈者右侧的位次高于其左侧的位次。

8. 热情合理，谦虚有度

该原则要求涉外沟通者在坚持自身特色与尊重对方文化的同时，在礼仪行为上做到得体、合理、适度，尽可能做到不卑不亢。“热情合理”要求人们在国际交往过程中直接同外国人打交道时，不仅要做到待人要热情而友好，还要注意把握好待人热情友好的具体分寸，否则就会事与愿违，过犹不及。具体而言，热情合理将体现在“关心有度”、“批评有度”、“距离有度”、“举止有度”。“谦虚有度”则是在对待自我评价时应该遵循的一个基本原则，要求自身做到不一味地自吹自擂和自我标榜的同时，也没有过多必要在对方面前自我贬低，给多方过于谦虚和客套的感觉。在涉外交往中，我们要切记一点，那就是我们不仅代表个人，更代表一定的国家、民族和组织，因而我们在涉外沟通中要做到行为从容得体，堂堂正正。我们没有必要在外国人面前表现得畏惧自卑，低三下四，也不应该表现得自大狂傲，放肆嚣张。

【阅读资料】

谦虚也有错的时候

一位英国老妇到中国游览观光，对接待她的导游小姐评价颇高，认为她服务态度好，语言水平也很高，便夸奖导游小姐说：“你的英语讲得好极了!”小姐马上回应说：“我的英语讲得不好。”英国老妇一听生气了，“英语是我的母语，难道我不知道英语该怎么说?”老妇生气的原因无疑是导游小姐忽视东西方礼仪的差异所至。西方人讲究一是一，二是二，而东方人讲究的是谦虚，凡事不张扬。

第二节 东西方文化及礼仪差异

一、文化与礼仪的关系

“人无礼则不立，事无礼则不成，国无礼则不宁。”礼仪是属于社会的。社会之外无所谓礼仪。礼仪，是社会文明全面的、直接和间接的表现，是整个社会文明与社会秩序的基础。从某种意义上讲，礼仪是一种处世理念与行为规范。不同的国家拥有不同的社会背景，拥有不同的文化内涵，包括诸多的风俗习惯、宗教信仰、喜好特点等。礼仪与风俗文化、宗教信仰等相互交融，是文化的基本表现工具。一定的文化背景是特定个体及其人群行为的礼仪基础。

人类在社会历史发展过程中的活动方式以及活动所创造的物质产品和精神产品的总和。在当今的世界，文化的多样性特别明显。在全球化过程中，各个不同国家与民族的文化相互促进，彼此交融，呈现了多元化和谐发展的局面。正是因为各个国家和民族都有自身的独特历史与地理文化，在礼仪规范上，它们在国际惯例之外呈现出明显的差异。

从本质上讲，文化没有高低贵贱之分，这就意味着我们要平等对待各种不同的文化。同样，礼仪没有统一固定的标准，因而我们需要正视东西方文化的差异，平等对待各国的礼仪习俗，抱着沟通的态度了解对方风俗习惯及民族禁忌，在国际沟通中才不至于“失礼”。我们既要保持自身国家及其民族的文化和礼仪特色，也要尊重对方文化和礼仪价值。

从以上可知，了解对方文化可以更好地理解对方的礼仪行为，了解对方的发展历程可以熟知对方的文化内涵以及由此产生的礼仪禁忌。入乡随俗、求同存异正是尊重对方文化

传统及其礼仪特色的重要体现。

二、东西方文化的差异

在跨文化沟通中，东西方文化的差异比较明显。比如在饮食中，中国人习惯用筷子，喜欢吃纤维类蔬菜；西方人习惯用刀叉，喜欢吃肉。在处事时，东方人在对待不同意见时一般讲究以理服人，以德服人，西方人则喜欢在投票中遵循“少数服从多数”的原则。

为了更好地在跨文化沟通中把握涉外礼仪规范，我们有必要更好地了解东西方文化的差异。

【阅读资料】

上海 APEC 会议中的红与蓝

在 2001 年召开的上海 APEC 会议上，上衣共有红、绛红、绿、蓝、咖啡和黑色等颜色供选择。人们发现，到最后，各国家和地区领导人都穿上了中国的民族服装，红色和蓝色成为领导人们最喜爱的颜色。同时我们可以发现，中国国家主席江泽民、菲律宾总统阿罗约、新加坡总理吴作栋、中国香港特别行政区行政长官董建华、马来西亚总理马哈蒂尔等亚洲国家与地区领导人不约而同地选择了红色。这和亚洲国家大致相同的文化背景是一致的，在这些国家看来，红色代表着幸运、财富和喜事，而在西方文化中，红色是血的颜色，蓝色则代表冷静与沉着，因而布什等西方国家领导人主要选择了蓝色。

（一）东方文化与西方文化

对处于不同地理位置的国家而言，东方和西方是一个相对的地理概念。但近代以来，人们形成了一个基于东方概念的共识：东方指的是欧洲以东的地区（以亚洲为主），主要包括中国、日本、朝鲜，以及东南亚、阿拉伯等国家和地区。在现代，东西方又增加了意识形态的内容，增加了政治和经济的含义。因而，现代意义上的东方指的是社会主义国家、经济不发达国家，而西方指的是资本主义国家、经济发达国家。本书中，我们认为，东方文化近现代以中华文化为代表，古代以华夏文化为代表，此外包括相近与相关的印度文化、日本文化、东南亚文化以及部分非洲地区的历史传统文化等。西方文化在近代和现代主要以西欧、北美文化为代表，古代主要以古罗马、古希腊文化为代表，包括西方世界中共同的标准、价值观、风俗习惯等。

（二）东西方文化的主要差异

1. 整体、个体之差异

由于各自不同发展历史等原因，不同的政治、经济、社会环境造就了不同的文化观念。在当今世界上，明显存在东方文化的整体性、综合性与西方文化的个体性。西方强调的个体性特征强调个体自由度的发挥，看重自由与权力，比如美国人崇尚英雄主义和个人主义，而东方人讲究“仁孝”，注重与社会、自然的和谐相处，讲究在集体中和平相处。东方人更看重集体利益，包括家族和国家利益，主张把个人利益和集体利益，国家利益联系在一起，富于爱国和献身精神。而西方人更重视个体利益，追求人权，认为如果连个体利益都无法保障，集体利益无从谈起。值得指明的是，西方文化的个人主义并非是一个贬义的词语，包括自主抉择、自力更生、尊重他人、尊重隐私等内容。

但是，尽管两种观念有明显差异，却都是提高社会系统功效的重要因素。两种观念可以进行有效融合与互补。近年来，西方国家倡导“团队精神”，采取“国有化”和“社会保障体系”等正是东方文化向西方文化的渗透。

2. 义利关系之差异

在东方，重义轻利或者义利兼顾是十分普遍的一种文化观念，然而在重利轻义的西方文化氛围中，这有点不可思议。在西方，人们大多生活得比较现实，特别注重各种利益的实现。从某种角度看，他们更加“务实”而不“虚伪”，自我意识更为强烈。正因为彼此对“利”与“义”的重要性认识上存在差异，东西方人在相互谦让方面明显会产生不同。比如，中国人觉得谦让是交往的一种美德，而西方人或许会因为追逐自身某方面的利益而“干脆”地舍弃“义气”之类的东西。因而，像关羽之类的义气英豪完全有可能会被西方人认为是不懂得进取与追求，不懂得合理享受，不懂得争取自己的利益。

3. 思维方式之差异

相对于西方人思维方式的直观性，东方文化在思维方式上则往往包含有意会成分。也就是说，和东方人相关的很多交往场合，人们喜欢采用暗示或者其他一些不是特别直接的思维与表达方式，留给对方更多的想象空间，“此时无声胜有声”是东方人相处的一种特有境界，常常在一定情况下取得特殊的效果。然而，这样的行为对于西方人而言显得有些深奥，令人不太容易接受。他们往往会认为东方人的思维方式不够坦诚，不愿意直抒胸臆，喜欢在拐弯抹角中“搅弄是非”。在商务谈判中，西方人喜欢开门见山，且在谈判中不喜欢停下或者保持沉默，而是习惯于速战速决。

4. 法制观念之差异

在东西方文化的碰撞中，我们可很明显地感觉到，中国人提倡自我完善，主张用礼、道德来约束自身（自律），而不提倡用法律法规来约束人。而西方人提倡随心所欲，习惯“以法制己”（他律）。因而，在日常沟通中，东方人对于“人治”更为习惯，习惯于“长官意志”，偶尔还会出现“人治大于法治”的现象。而在西方更为普遍的是法制的权威感更为明显，法治行为更为盛行。

5. 求同求异之差异

多年来，东方人特别是中国人讲究“和为贵”或“天人合一”，近年来又特别注重“和谐管理”，这是东方文化中求同思维的重要体现。相较之下，西方人更喜欢标新立异。在这样的思路之下，东方人更加强调整体作用，喜欢“求同”，西方人以细节分析见长，突出个体作用，喜欢“求异”。比如，东西方文化差异在日常涉外礼仪中体现得很明显。比如在征求正餐用中餐还是用西餐时，西方人会有明确的回答，而东方会以“客随主便”等原因选择多数人的意向作为自身选择，这样的选择在西方人看来有些不可思议，觉得难以理解。

6. 感情表达之差异

在情感表达上，西方人相对较直接与大胆，而东方人的感情表达更为细腻与含蓄。例如，在西方，无论关系亲疏，“感谢”、“劳驾”、“请”和“对不起”挂在嘴边。称谓时重在平等亲近，多为直呼其名，远近皆宜，不管辈分与尊卑，亲切自然得体。在东方文化

中，商务公事使用“感谢”、“劳驾”、“请”和“对不起”等，但是关系密切的家人朋友亲戚不用，以避免距离感。称谓时重在尊敬，上对下或者双方平等时直呼其名，下对上必须以“关系”、“职位”称之。再如，“梁山伯与祝英台”的爱情故事，相信西方人不容易看懂。同样，西方人对于中国古代的大家闺秀、男尊女卑以及古时家法等束缚人们的行为觉得很费解。在他们看来，似乎这一切根本没有必要如此进行，这一切发生的有点荒唐。

由上可知，东西方文化之间的差异十分明显，而文化的差异必将产生东西方在涉外礼仪的差别，具体将体现为餐饮礼仪、服饰礼仪、见面礼仪、交谈礼仪及其爱好禁忌等的不同。当前，我们正处在思想大活络、观念大碰撞、文化大交融的时代，中西方的文化差异的碰撞不可避免。在当今世界经济全球化程度日益加深的情况下，东西方文化的互补与融合是开展现代商务交往的重要基础。商务人士要想成功地进行国际商务交往，就必须从文化层面理解和认识国际商务礼仪，及时调整自身礼仪行为，避免产生不必要的误会，促进国际商务活动的顺利开展。

三、东西方礼仪的差异

东方礼仪主要指中国、日本、朝鲜、泰国、新加坡等为代表的亚洲国家所代表的具有东方民族特点的礼仪，西方礼仪主要指流传于欧洲、北美各国的礼仪。

由于地理位置的不同和文化因素的影响等原因，东西方礼仪存在的差异主要体现在以下方面。

1. 在看待血缘亲情方面

东方人重视家族和血缘关系，家庭观念根深蒂固。在他们的视野中，人际关系中最稳定的是血缘关系。在这一方面，西方人更看重利益关系，胜过家庭血缘关系，因而独立意识明显，强调个性自由，追求个人利益的倾向十分明显。

2. 在遵守时间观念方面

东方人在时间的把握上不够理想，不少人觉得不遵守时间没啥，因而经常可以看见参加会议迟到或者上课迟到的情况，也经常可以看见教师无故拖堂、领导发言累赘等现象。其实，对时间观念比较淡漠都是不够尊重他人时间的表现。

相对而言，西方人比较守时，做事注重效率。西方人惜时如金，约好的时间不能随意改变。西方人的工作时间与业余时间分明，休假时间一般不打电话或者谈论工作。在西方人看来，不守时是一个人责任感不强的表现。不守时的人往往更加缺少合作的空间。因而在涉外商务活动中，东方人一定要注意守时，预先的约定要设法努力遵守，以免失去沟通的机会。

3. 在对待隐私问题方面

东方人强调群体，注重和谐的人际关系，因而从注重共性拥有的角度，东方人喜欢问寒问暖，彼此寒暄。在多数东方人的理念中，这是富有人情味的表现。

西方人强调个性自由，认为“个人的尊严看得神圣不可侵犯”。因而，不可随意打听个人的收入、婚姻等隐私内容，不然会被认为是失礼的行为。当然，他们也比较尊重对方的隐私权。

4. 在具体表达方式方面

东方人以“让”为礼，凡事都要礼让三分，显得较为含蓄和谦逊。面对夸奖，东方人特别是中国人常常会说“过奖了”、“惭愧”、“我还差得很远”等字眼，表示自己的谦虚。对于自身及其家人，东方人会用特定的称呼如“鄙人”、“不才”、“舍弟”等。

西方人强调实用，表达率直、坦诚。面对别人真诚的赞美或赞扬，西方人往往会用“谢谢”来表示接受对方的美意。

5. 在商务礼品馈赠方面

在东方，特别是在中国，人际交往特别讲究礼数，重视礼尚往来。生活中，送礼的名目繁多。节假日以及婚丧嫁娶、生日、提职、加薪等往往都会有送礼行为。中国人及日本人在送礼时费尽心机、精心挑选，但在受礼人面前却总是谦虚而恭敬地说“微薄之礼不成敬意，请笑纳”之类的话。东方人在受礼时，通常会客气地推辞一番。接过礼品后，一般不可当面拆看礼物，唯恐对方因礼物过轻或不尽如人意而难堪，或显得自己重利轻义，有失礼貌。

西方人在送礼时强调务实，在讲究礼貌的基础上力求简洁便利，反对繁文缛节、过分客套造作。西方人一般不轻易送礼给别人，除非相互之间建立了较为稳固的人际关系。西方人在送礼形式上比东方人简单。一般情况下，他们既不送过于贵重的礼品，也不送廉价的物品，但却重视礼品包装，讲究礼品的文化格调与艺术品位。西方人送礼时，总是向受礼人直截了当地说明：“这是我精心为你挑选的礼物，希望你喜欢”，或者说“这是最好的礼物”之类的话；西方人一般不推辞别人的礼物，接受礼物时先对送礼者表示感谢，接过礼物后总是当面拆看礼物，并对礼物赞扬一番。

6. 在对待老龄的态度方面

东方礼仪一般是老者、尊者优先，凡事讲究论资排辈。东方尊老爱老的风俗特别明显。

西方礼仪崇尚自由平等，在礼仪中，等级的强调没有东方礼仪那么突出，而且西方人独立意识强，不愿老，不服老，特别忌讳“老”。

第三节　各国礼仪风俗及禁忌

俗话说，“百里不同风，千里不同俗”。它往往指的是同一国家内不同省份和地区的礼仪及习俗差异。可想而知，对于不同国家和民族，礼仪以及习俗的差异将会更加明显。商务人士要想在跨文化沟通中有成功的表现，要想避免在重要场合失礼，尽可能不引起对方反感导致涉外商务沟通的失败，就必须要了解重要国家的商务礼仪及其一些禁忌。

考虑到涉外商务交往的频繁程度、在世界商务领域的重要程度等因素，这里主要编写美国、俄罗斯、日本、韩国、英国、加拿大、法国、德国等重要国家的部分礼仪风俗及禁忌。

一、美国礼仪风俗及禁忌

美国位于北美洲中部，是世界上最热门的一个移民国家，聚集了世界上 150 多个民族。美国居民 57%信奉基督教，28%信奉天主教。[1] 其主要的礼仪风俗及其禁忌有：

[1] 周思敏．你的礼仪价值百万，北京：中国纺织出版社，2009.1，P237.

(1) 服饰礼仪。美国人平时穿着注重舒服感，讲究个性，喜欢运动装和休闲装。但在正式场合，相应规矩明显增多。在上班或赴宴等场合，美国人喜欢穿正规的衣服，女士在办公室以裙装为主，尽可能避免穿牛仔裤。参加丧事要着黑色或素色的衣服。社交场合中的美国人常常是文质彬彬，优雅得体。在美国，女性最好不要穿黑色皮裙。

(2) 餐饮礼仪。美国人一般不在餐馆请客，喜欢在家中宴请朋友。对于菜肴，美国人偏甜，喜欢少盐味，忌咸，忌油腻。不喜欢过烫过热的菜肴，不喜欢清蒸和红烩菜肴。喜欢牛肉、鸡肉、鱼肉，火鸡肉，不喜欢狗肉、猪肉、蛇肉、鸽肉等。在酒水和饮料方面，美国人喜欢喝冰啤酒、可口可乐、冰水、威士忌、白兰地、冰矿泉水等。和美国人一起进餐，要注意尽可能不要发出声响，不喜欢替别人夹菜，不喜欢劝酒。他们不愿意和抽烟人在一起进餐，不喜欢人在自己餐碟里剩下食物。

(3) 见面礼仪。美国人日常见面相对随意，朋友间不拘泥于礼节，见面时常用“哈罗”表示问候。见面时喜欢直呼其名以缩短彼此距离，而不是用“先生”、“小姐”等称呼，一般只是对法官、医生、高级官员、教授等用头衔相称。正式场合讲究礼节，握手是最普通的见面礼。在与美国人握手时，眼睛不能盯着其他地方看，否则会视为傲慢和不礼貌。男子之间见面都是握手，如果关系很熟，妇女之间、男女之间都可亲吻面颊。为避免不必要的麻烦，男子不要向妇女赠送衣物、香水和化妆品。一般不主动递交名片。美国人不随便送礼，赠送礼物有严格规定，业务交往中送礼的费用只能减免税收 25 美分。

(4) 交谈礼仪。美国人时间观念强，约会要事先约定时间。在公共场合，美国人特别谦让女性，处处让女士优先。美国人在日常生活中喜欢开玩笑，但与其进行商务洽谈时说话必须慎重，因为他会认为你说话算数。美国人忌讳被询问年龄、婚姻、收入、宗教信仰、物品价值等个人私事。注重谈话的“个人空间”，一般以 50 厘米以外为宜。

(5) 其他喜好与禁忌。美国人对山楂花与玫瑰花非常偏爱。在动物中，美国人普遍爱狗。美国人最喜爱的色彩是象征着纯洁的白色，但忌讳白色百合花作为礼物送人。此外，人们还喜欢蓝色和黄色，忌讳常用于丧葬的黑色。美国人忌讳将黑人称作“Negro”，最好用“Black”一词；美国人忌讳别人冲他伸舌头，这常被视为侮辱人；忌讳“星期五”和数字“13”（灾难的象征）；美国人不喜欢蝙蝠（被认为是凶神恶煞的象征），因而不能向美国人介绍印有蝙蝠图案的旅游产品；忌讳在街上走路啪啪作响；忌用一根火柴为三个人点烟；黑猫从面前经过和打破镜子被看作是凶兆。

【小链接】

世界各地教师节

委内瑞拉（Venezuela）：1 月 15 日

泰国（Thailand）：1 月 16 日

蒙古（Mongolia）：2 月的第一个星期日，确定于 1967 年

苏丹（Sudan）：2 月 24 日，确定于 1971 年

捷克斯洛伐克（Czechoslovakia）：3 月 28 日

也门（Yemen）：4 月 16 日

葡萄牙（Portugal）：5 月 18 日，确定于 1899 年

韩国（South Korea）：5 月 25 日

德国（Germany）：6 月 12 日
朝鲜（North Korea）：9 月 5 日
印度（Inida）：9 月 5 日
中国（China）：9 月 10 日
美国（America）：9 月 28 日
波兰（Poland）：10 月 14 日
俄罗斯（Russia）：每年 10 月的第一个周日
法国（France）12 月 25 日

二、俄罗斯礼仪风俗及禁忌

俄罗斯由前苏联发展而来，地跨欧亚两洲，位于欧洲东部和亚洲大陆的北部，以热情、豪放、勇敢、耿直而著称于世。俄罗斯疆域辽阔，人口众多，资源特别丰富。主要的宗教信仰为东正教。

（1）服饰礼仪。由于自身特定的政治与多民族原因，俄罗斯有属于本民族并明显区别于其他欧洲国家的民族服饰和服饰礼仪。典型的民族服装是：男子是斜襟长袖衬衣，在领口和下摆有绣花，穿时在衬衣外面系一根腰带；裤子稍肥。在寒冷季节一般穿厚呢子外衣或毛皮外衣，头戴毡帽，脚穿高阁皮靴。女子服装一般是用麻布做的有垫肩的长衬衣。在俄罗斯的北部和中部地区，已出嫁的女子在衬衣外面要穿一件无袖长衣——“萨拉方”，在南部地区则穿一种手工编的带有方格图案的毛料裙子。在俄罗斯民间，已婚妇女必须戴以白色为主的头巾，未婚姑娘则不戴头巾，但常戴帽子。在城市里，俄罗斯目前多穿西装或套裙，俄罗斯妇女往往还要穿一条连衣裙。

（2）餐饮礼仪。俄罗斯人喜欢喝烈性酒伏特加，喜欢中国二锅头，而且一般酒量都大，啤酒大多当饮料喝。妇女爱喝酸牛奶和果子汁。俄罗斯人喜欢喝红茶并有加柠檬和糖的习惯，不喜绿茶。主食大多数是以黑麦、小麦面粉制成的面包。黑面包是俄罗斯人爱吃之物。俄罗斯人不吃某些海物（乌贼、海蜇、海参）和木耳。早餐较简单，中餐与晚餐较讲究。俄罗斯人将手放在喉部，表明已经吃饱。

（3）见面礼仪。惯于和初次会面的人行握手礼。对熟悉的人尤其是在久别重逢时则大多要与对方热情拥抱。有时还会与对方互吻双颊。俄罗斯人对称呼很有讲究，过去惯以“同志”称呼他人。除与老年人打交道外，该称呼现在已不再流行。在正式场合采用“先生”、“小姐”、“夫人”之类的称呼。对有一定地位的人，最好以其职务、学衔、军衔相称。忌讳以左手接触别人，或以之递送物品。

（4）交谈礼仪。与俄罗斯人交谈时，一定要避免谈及有关政治矛盾、经济难题、宗教矛盾、民族纠纷、前苏联解体、阿富汗战争以及大国地位等问题。在服务性场所，一般给小费。俄公共场所禁止吸烟，不许随地吐痰。假如你与俄罗斯人在一个较正式场合认识和交谈，应努力记住对方全名，既要称呼他的名字还要加上父姓，以示尊敬和客气。千万要记住：称“您”不能称“你”；让烟时，一般要递上烟盒让其自取，不能只给一支；忌讳

用一根火柴替三人点烟。

(5) 其他喜好及禁忌。视向日葵为“光明的象征”，故被称为“太阳花”；拜访俄罗斯人时，送给女士的鲜花宜为单数；俄罗斯人最偏爱“7”（成功、美满的预兆）；上厕所的代语是“对不起，请等一下”，或说“对不起，我去打个电话，请等一等”；不能送他人尖利的东西，如刀、别针等物；不能送别人手帕，因为送手帕预示着分离；忌在家里和公共场所吹口哨（口哨声会招鬼魂）。

三、日本礼仪风俗及禁忌

日本位于亚洲东部，是个注重礼仪的国家。大和族是日本的主要民族，主要宗教是神道教、佛教和基督教。

(1) 服饰礼仪。交际场合穿着比较讲究，在正式场合通常穿西式服装。和服是日本民族的传统服装。在民间交往中，有时穿和服，配布袜、木屐或草履。和服的色彩、图案、款式、面料，都象征着一定地位与身份。每逢节日或婚丧嫁娶，均根据不同的场合穿各式不同和服。

(2) 餐饮礼仪。非常喜欢喝酒，无互相敬酒的习惯。喜欢喝茶。讲究“和、敬、清、寂”四规的茶道。斟茶时，日本人的礼貌习惯是以斟至八成满为最恭敬客人。一般不吃肥肉和猪内脏，也有些人不吃羊肉和鸭子；招待客人忌讳将饭盛过满过多，不可一勺就盛好一碗；忌讳客人吃饭一碗就够（象征无缘）；忌讳用餐过程中整理衣服或用手抚摸、整理头发（不卫生和不礼貌的举止）；使用筷子时忌把筷子放在碗碟上。

(3) 见面礼仪。日本人等级观念很强，见面常用敬语与谦语。初次见面的问候礼，鞠躬30度，告别礼是45度。与日本人初次见面一般不握手，但有互相交换名片的习惯。在日本讲究送礼，也讲究还礼。送、收礼的人互不见面，一般都通过运输公司服务员完成。送礼时，喜欢送成双成对的礼物，如一对笔、两瓶酒。但送新婚红包时，一般送3万、5万或7万日元，忌送2万日元和2的倍数（民间认为“2”易导致夫妻感情破裂）。礼品包装纸也有讲究，忌选黑白色（代表丧事），忌选绿色（不祥），宜用红色，最好用花色纸。进入日本人住宅时必须脱鞋。窥视主人家的厨房是不礼貌的行为。在日本，没有请同事到家与全家人交往的习惯。日本人从来不把工作带到家里，妻子也以不参与丈夫的事业为美德。

(4) 交谈礼仪。日本人有极强的时间观念，因此约会时要准时。接待客人不是在办公室，而是在会议室、接待室。日本人吸烟，但不用香烟招待客人。谈判时，日本人用拇指和食指圈成“O”字形，你若点头同意，日本人就会认为你将给他一笔现金。日本不流行宴会，商界人士没有携带夫人出席宴会的习惯。商界的宴会是在大宾馆举行的鸡尾酒会。在与日本人交谈时，不要边说边指手画脚，别人讲话时切忌插话打断。

(5) 其他喜好及禁忌。日本人送礼时敬重数字7，忌讳“9”和“4”（日语发音分别为“苦”和“死”），不喜欢偶数（8除外），不喜欢13，忌讳3人合影。安排食宿要避开4层楼4号房间4号餐桌。商务活动以春季与秋季为宜，忌讳2月与8月（营业淡季）。送花给日本人时，别送白花（象征死亡），也不能把玫瑰和盆栽植物送给病人。喜爱白色与黄色，讨厌绿色与紫色（都具有不祥与悲伤的含义）。喜欢樱花，商品忌用荷花（妖花）、狐狸（贪婪）、獾子（狡诈）等图案。菊花和有菊花图案的东西不能作为礼物相送，因为那

是皇室家族的标志，别人不敢接受。最喜欢的动物是象征长寿的仙鹤与龟，最讨厌碧眼的波斯猫（预示将有不吉利的事情发生）。忌讳别人打听收入，女性忌讳别人打听其年龄、婚姻等。日本人不喜欢3人合影，因为中间人被夹着，是不幸的预兆。

四、韩国礼仪风俗及禁忌

韩国位于亚洲东北部，是亚洲的重要政治与经济强国，素有“礼仪之邦”和“君子之国”的称号。韩国人主要信奉佛教，佛教徒约占全国总人数的三分之一。尊敬师长，孝顺父母是该国重要的传统习俗。韩国的农历节日和我国差不多，也有春节、清明节、端午节、中秋节。

（1）服饰礼仪。穿衣相对庄重保守，不会过于前卫。韩国人传统服装是：男子一般上身穿袄，下身穿宽大的长裆裤，女子一般是上穿短袄，下穿齐胸的长裙。商务活动中，韩国人注重服饰，男子穿深色西服、系领带。女士着装优雅大方，讲究整洁、朴素和庄重。

（2）餐饮礼仪。主食主要是米饭、冷面，菜肴有泡菜、烤牛肉、烧狗肉、人参鸡等。饮食以酸辣为主要特点，对泡菜情有独钟，有“没有泡菜，吃饭没味”之说。对韩国人饮食而言，汤必不可少。韩国男子酒量都不错，也喜欢劝酒，比较喜欢烧酒、清酒、啤酒往往来者不拒，妇女多不饮酒。与人相处时，抽烟要征求他人同意。韩国人喜欢喝茶和咖啡。通常不喝稀粥，不喜欢喝清汤。吃饭时，一般用筷子，基于环保，韩国人只提供铁餐具。喝茶或喝酒时，主人常以1、3、5、7的数字来敬酒、敬茶、布菜，并忌讳用双数停杯罢盏。

（3）见面礼仪。在社交礼仪上，韩国常用点头或鞠躬作为见面的礼节，一般不采用握手。初次见面时，经常交换名片。在称呼上多使用敬语和尊称，很少会直接称呼对方的名字。赠送礼品时，最好选择鲜花、酒类和工艺品，喜欢中国特色礼品，但不喜欢日本货。[1]民族自尊心很强，反对崇洋媚外，倡导使用国货。韩国人讲究严格的男尊女卑，进入房间时女人不可走在男人前，女人须帮助男人脱下外套。坐下时，女人要主动坐在男子后面。不可在男子面前高声谈论。双方见面的时候，女性总会先向男性行鞠躬礼、致意问候。男女同座的时候，往往也是男性在上座，女性在下座。如有礼物交换，送礼者要用双手将礼物呈送至对方面前，接礼者应用左手支撑右臂或右腕，以示尊重。

（4）交谈礼仪。与外国人打交道，讲究预约，时间观念较强。社交场合中，大部分韩国人会讲英语，对讲日语的人没有好感。业务洽谈，往往在旅馆的咖啡室或附近类似的地方举行。需要称呼国家或者民族时，忌讳称“南朝鲜”、“南韩”、“朝鲜人”，而应称“韩国”或者“韩国人”。不易谈论的话题是政治腐败、经济危机、意识形态、南北分裂、韩美关系、韩日关系等。

（5）其他喜好及禁忌。韩国人珍爱白色；忌讳数字是“4”和“13”，楼房的编号严忌出现“4”字，医院、军队绝不用“4”字编号。

五、英国礼仪风俗及禁忌

英国位于欧洲，由英格兰、威尔士、苏格兰和北爱尔兰组成。英国大部分人信奉伊斯

[1] 许爱玉．现代商务礼仪．杭州：浙江大学出版社，2006.3，P167.

兰教，也有信奉天主教。英国人在正式场合注重礼节，崇尚“绅士风度”和“淑女风范”。

（1）服饰礼仪。英国人仪表修洁、服饰得体和举止有方。过去英国人赴宴的绅士行头为燕尾服，头戴高帽，手持文明棍，现在常穿西服，打传统保守式领带。女士着深色套裙或素雅的连衣裙。西服配饰忌打带条纹式领带。

（2）餐饮礼仪。英国人用餐讲究情调、气氛、座次、服饰等礼节。英国人喜欢喝酒，特别是葡萄酒、威士忌或者啤酒，一般不喝烈性酒，酒吧比比皆是。偏好牛肉，禁食狗肉。喜欢喝茶，特喜红茶。就早餐不谈生意，午餐比较简单，对晚餐比较重视，宴会一般都在晚餐进行。

（3）见面礼仪。握手礼是交际活动中使用最多的见面礼节。英国人见面不像美国人随便以“哈罗”打招呼，也不像法国人非要拥抱或亲吻。由于英国天气多变，谈论天气是双方见面打开话匣子的最好方式。体育、动物、历史、建筑和园艺等也是安全的交流话题。为人谨慎保守，待人接物较为含蓄。见面时忌讳用同一根火柴连续点燃两支香烟。一般不要邀请朋友到家中，但一旦受到邀请则应欣然前往，并记住给女士带上一束鲜花或巧克力。给英国女士送花宜送单数，不送双数和13枝。英国人喜欢当面打开礼物，并表示谢意。

（4）交谈礼仪。时间观念性极强，遵守诺言。上年纪的英国人，喜欢别人称呼其世袭爵位或荣誉的头衔。至少，也要郑重地称“阁下”或“先生”、“小姐”、“夫人”。非工作时间一般不进行公事活动，就餐时谈公事视为犯大忌而令人生厌。与英国商人交往需要慢慢接近，不能操之过急。商务往来比较注重信用，做事有耐心。商务活动最好避开圣诞节以及复活节前后两周，一年中适宜的商务时间是2～6月，9月中～11月。交谈不要谈及私事、家事、收入、宗教等问题，一般也不涉及政治和有关皇室的话题，也不要谈论北爱尔兰、金钱和价格等内容。

（5）其他喜好及禁忌。英国人喜爱玫瑰、月季、蔷薇花，忌讳百合花和菊花（被视为死亡象征）；宠爱狗和猫等动物，厌恶黑猫，不喜欢大象。偏爱蓝色、红色与白色（国旗的主要色彩），对墨绿色相对反感；在图案方面的禁忌甚多，如大象（蠢笨的象征）、孔雀（祸鸟、淫鸟）、猫头鹰等；忌讳的数字“13”与“星期五”。当二者碰在一起时，不少英国人会觉得大难临头；在英国，动手拍打别人，翘“二郎腿”，右手拇指与食指构成“V”形时手背向外，都是失礼的动作。

六、加拿大礼仪风俗及禁忌

加拿大位于北美洲，面积居全世界第二位，是世界上人口密度最小的国家之一。加拿大为移民国家，英裔居民占42%，法裔居民占27%。加拿大人中信奉天主教的居民占47.3%，信奉基督教的居民占41.2%。

（1）服饰礼仪。在非正式场合，加拿大人穿着随意，常着夹衫、圆领衫、便装裤等。在正式场合着装比较整洁、讲究，男子穿西装，女子穿裙服。女子服装不太讲究面料，但讲究款式新颖、颜色协调、舒适方便。服装颜色不宜太显眼，款式不能过于奇异。

（2）餐饮礼仪。加拿大人饮食以肉类、蔬菜为主，面食、米饭为辅。口味清淡，偏甜酸，不喜欢太咸。忌食动物内脏、脚爪和肥肉，不食辣食品以及怪味腥味食品。喜欢饮酒，喜喝白兰地、香槟、啤酒、金酒威士忌苏打、葡萄酒等。早餐比较简单，午餐带饭或

用快餐，晚餐为正餐，比较丰盛。

(3) 见面礼仪。加拿大人朴实、随和友善、热情好客。见面和分手一般握手致意，熟人之间用拥抱礼和亲吻礼，喜欢直呼其名。

(4) 交谈礼仪。加拿大人时间观念强。公务约会一般在餐馆，执行会一般在饭店、俱乐部举办。加拿大人喜欢谈经济文化发展、天气、体育、旅游、风俗等话题，不能询问年龄、收入、家庭状况、婚姻状况等私人问题。不喜欢将加拿大与美国相比，不谈政治、世族、宗教等社会敏感问题。商务谈判中要集中精力，切忌心不在焉。

(5) 其他喜好及禁忌。送礼应有目的，不随便送礼。送礼讲究包装，一般用彩色礼品纸包裹，礼品上附有签名贺卡。接受者应当面打开并致谢。加拿大人常以家宴款待客人。上门作客时应随带一瓶酒、一盒糖、一束鲜花等礼物。作为礼物的酒要在宴请时使用。由于白色百合花用于丧礼，不能用作一般礼品。忌讳黑色与紫色。在家不吹口哨，不讲不吉利的事情，加拿大人忌讳数字 13 和星期五。宴会忌讳单数。忌说“老”字，养老院称“保育院”，老人称“高龄公民”。

七、德国礼仪风俗及禁忌

德国位于欧洲中部，德意志人占 95%左右，另有少量丹麦人，索布族人。其中，有 50%的人信奉基督教，有 45%的人信奉天主教，另有少数人信奉东正教和犹太教。

(1) 服饰礼仪。德国人举止端庄，讲究风度。不喜欢花哨的服装，注重衣冠的整洁，穿西装一定要系领带。在赴宴或看文艺演出时男士常穿深色礼服，女士则穿长裙并略施粉黛。商务活动中，德国商人讲究穿着打扮。一般男士穿深色的三件套西装，打领带，并穿深色鞋袜。女士穿长过膝盖的套裙或连衣裙，并配以高统袜，化淡妆。不允许女士在商务场合穿低胸、紧身、透明的性感上装和超短裙，不允许佩戴过多首饰（不超过三件）。

(2) 餐饮礼仪。德国人爱吃油腻食品，且口味偏重，爱吃香肠、火腿、土豆，爱饮啤酒，但在吃饭待客方面都崇尚节俭。吃饭时和喝酒时不能大声交谈，更不要从嘴里发出啧啧的声音。在宴会上和用餐时，注重以右为上的传统和女士优先的原则。举办大型宴会一般在两周前发出请帖。用餐讲究餐具的质量和齐备。宴请宾客时，桌上摆满酒杯盘子等。有个重要习俗是吃鱼的刀叉不能用来吃别的。

(3) 见面礼仪。礼貌用语是德国人日常生活中的润滑剂。“早上好”、“晚上好”和“晚安”是德国人不可缺少的日常词汇。见面与告别时要握手致意，特别是熟人、朋友和亲人见面时常见的是“哈罗”加拥抱。德国人年龄越大越讲究礼数，年轻人相对放松些。亲吻礼多用于夫妻、情侣之间，并未广泛使用。在一般情况下，切勿直呼德国人的名字。称其全称或仅称其姓，则大都可行。德国人对职衔、学衔、军衔看得比较重。注意卫生，和其交往时一定要注意干净再干净。给德国人赠送礼品务须审慎，尽量选择有民族特色、带文化味的东西。

(4) 交谈礼仪。德国人对工作严肃认真，一丝不苟，思考深刻敏锐。对工作的时间观念很强，迟到或过早都被视为不懂礼。谈生意时一般使用商业名片。德国不但货物品质好，服务质量也属上乘。可谈论个人爱好、足球之类，不要涉及打垒球、篮球或美式橄榄球，也不要涉及关于二战和希特勒的问题。与德国人交谈时，称“您”表示尊重，称“你”则表示地位平等，关系密切。

（5）其他喜好及禁忌。德国人忌讳“13”、“星期五”和“666”。德国人较现实，送花时最好不要送具有浪漫意义的玫瑰花。德国人在公共场合可以大声地擤鼻子。忌讳在公共场合窃窃私语，不喜欢他人过问自己私事。不要给德国女士送玫瑰、香水和内衣（都有特殊意思），玫瑰表示“爱”，香水与内衣表示“亲近”，即使女性之间也不宜互赠。忌讳将刀、剪、餐刀、餐叉等餐具送人（意味着“断交”）忌讳茶色、黑色、红色和深蓝色。

此外，我们还需要重点关注以下国家的礼仪风俗及禁忌，包括亚洲的新加坡、伊朗、蒙古等国家，欧洲的意大利、希腊等国家，大洋洲的澳大利亚、新西兰等国家，美洲的巴西、阿根廷、墨西哥、委内瑞拉等国家，非洲的埃塞俄比亚、南非、埃及等国家。

【阅读资料】

德国更崇尚博士头衔

博士头衔在德国极受尊重。留德10年的学术大师季羡林曾写道，德国社会非常重视学衔，说话必须称呼对方的头衔。对方是教授，必须呼之为“教授先生”；对方是博士，必须呼之为“博士先生”。“不这样，就显得有点不礼貌。”

季羡林在《我的女房东》里说，通过了博士口试后，当天晚上，女房东突然笑着问他：“我从今以后是不是要叫你‘博士先生’?”季羡林慌忙拒绝后女房东才照旧叫他“季先生”。

在德国萨尔大学获得法学硕士、法学博士学位的清华大学法学院教授、国际私法与比较法研究中心主任陈卫佐告诉中国青年报记者，这一传统在德国依然根深蒂固。德国现任联邦总理默克尔拥有物理学博士头衔，德国民众一般都尊称她为默克尔博士。

“恐怕没有哪个国家比德国更为崇尚博士头衔，拥有博士头衔的人可以永远将头衔放在名字前，印在护照和其他证件上。”陈卫佐说，“如果你是博士，那么，你的银行卡、保险卡、交通卡上都可以印上‘Dr.’的字样。如果拥有两个博士头衔，还会并排印上两个‘Dr.’”。

八、法国礼仪风俗及禁忌

法国位于欧洲西部，法国主要宗教是天主教，其次是基督新教、东正教、伊斯兰教和犹太教。

（1）服饰礼仪。法国的男士和女士穿戴极为讲究。“巴黎式样”道出了法国人的时尚与流行。在正式场合，法国人通常要穿西装、套裙或连衣裙，颜色多为蓝色、灰色或黑色，质地则多为纯毛。出席庆典仪式时，一般要穿礼服，男士所穿的多为配以蝴蝶结的燕尾服，或是黑色西装套装；女士所穿的则多为连衣裙式的单色大礼服或小礼服。

（2）餐饮礼仪。法国大餐的盛名远扬海外。法国人一年到头离不开酒，但贪杯而不过量。除早餐外，顿顿离不开酒，习惯于饭前用开胃酒疏通肠胃，饭后借科涅克（白兰地）之类的烈性酒以消食，佐餐时，吃肉类配红葡萄酒，吃鱼虾等海味时配白葡萄酒；玫瑰红葡萄酒既可用于吃鱼，也可用于下肉。女士爱用玫瑰红以显示口味清淡，不嗜烈物。法国人不仅看菜下酒，还讲究喝什么酒用什么杯子。法国人在餐桌上敬酒先敬女后敬男。绝大多数人在餐桌上饮不碰杯，食无声响。

（3）见面礼仪。爱好社交，善于交际。大都爽朗热情。善于雄辩高谈阔论。在人际交往中法国人一般以握手为礼，少女和妇女也常施屈膝礼。在男女之间、女士之间见面时，还常以亲面颊或贴面来代替相互间的握手。法国人有男性互吻的习俗。两个男人见面，一般要当众在对方面颊上分别亲一下。在法国一定的社会阶层中，"吻手礼"颇为流行。施吻手礼时，注意嘴不要触到女士的手，也不能吻戴手套的手，不能在公共场合吻手，更不得吻少女的手。走路、进屋、入座，都要让妇女先行。如果初次见面就送礼，法国人会认为你不善交际，甚至认为粗俗。

（4）交谈礼仪。与法国人谈生意一定要守时，否则不会被原谅。与法国人交谈时，如能讲几句法语，一定会使对方热情有加。交谈时喜欢相互站得较近，耸肩膀一般具有高兴的含义。一般纪律较差，不大喜欢集体行动。法国人在交谈时习惯于用手势来表达或强调自己的意思，如用拇指和食指分开表示"二"；表示"是我"这个概念时，他们指胸膛。拇指朝下表示"坏"和差的意思。

（5）其他喜好及禁忌。法国人非常喜爱鸢尾花。送花时支数不能是双数，不要送菊花、杜鹃花及黄色花。不要送带有仙鹤图案（蠢汉与淫妇的象征）的礼物。法国人忌讳核桃，忌用黑桃图案。送花时要格外小心，不同的花有不同含义。玫魂花表示爱情，男人不能送红玫瑰给已婚女子。郁金香表示爱慕之情，兰花表示虔诚，百合花表示尊敬，紫丁香表示我的心是属于你，白丁香表示我们相爱吧，红茶花表示我觉得你最美丽等。法国人视鲜艳色彩为高贵，认为蓝色是宁静和忠诚的色彩，粉红色是积极向上的色彩，厌恶墨绿色。法国人视马为勇敢的象征，视孔雀为恶鸟。法国人认为"13"数字及"星期五"都不吉利，法国人忌讳男人向女人送香水。不愿意别人打听其政治倾向、工资待遇以及个人私事。

【阅读资料】

• 外事礼仪颜色禁忌

1. 日本人认为绿色是不吉利的象征，所以忌用绿色。
2. 巴西人以棕黄色为凶丧之色。
3. 欧美许多国家以黑色为丧礼的颜色，表示对死者的悼念和尊敬。
4. 埃塞俄比亚人则是以穿淡黄色的服装表示对死者的深切哀悼。
5. 叙利亚人也将黄色视为死亡之色。
6. 而巴基斯坦忌黄色是因为那是僧侣的专用服色。
7. 而委内瑞拉却用黄色作医务标志。
8. 蓝色在埃及人眼里是恶魔的象征。
9. 比利时人也最忌蓝色，如遇有不吉利的事，都穿蓝色衣服。
10. 土耳其人则认为花色是凶兆，因此在布置房间、客厅时绝对禁用花色，好用素色。

• 外事礼仪花卉禁忌

1. 德国人认为郁金香是没有感情的花。

2. 日本人认为荷花是不吉祥之物，意味着祭奠。

3. 菊花在意大利和南美洲各国被认为是“妖花”，只能用于墓地与灵前。

4. 在法国，黄色的花被认为是不忠诚的表示。

5. 绛紫色的花在巴西一般用于葬礼。

6. 在国际交际场合，忌用菊花、杜鹃花、石竹花、黄色的花献给客人，已成为惯例。

7. 在欧美被邀请到朋友家去做客，献花给夫人是件愉快的事，但在阿拉伯国家则违反了礼仪。

本章小结

涉外商务礼仪是指人们在国际范围内开展广泛的商务沟通过程中所需要遵循的行为规范，是礼仪在国际商务沟通过程中的具体运用。由于不同国家和民族的人对礼仪的理解差异很大，我们在涉外礼仪方面需遵循以下八大原则：遵守惯例，互利互惠；保守机密，维护形象；入乡随俗，求同存异；言谈谨慎，尊重隐私；注重公德，爱护环境；尊重妇女，女士优先；行止有序，以右为尊；热情合理，谦虚有度。

文化与礼仪密切相关。东西方文化差异很大，体现在整体个体之差异、义利关系之差异、思维方式之差异、法制观念之差异、求同求异之差异以及感情表达之差异。

不同国家和民族，礼仪以及习俗的差异特别明显。鉴于国家特点与商务活动的频繁程度，商务沟通者特别需要关注美国、俄罗斯、英国、德国、日本、韩国、加拿大与法国等国家的礼仪习俗及喜好禁忌。

思考练习

1. 什么是涉外商务礼仪？涉外商务礼仪需要遵循哪些基本准则？

2. 东西方文化的主要差异体现在哪些方面？

3. 谈谈你对美国与俄罗斯主要礼仪风俗与禁忌的认识。

案例分析

在一次涉外商务活动中，我国企业代表在与外国商务代表协商签订了一份商务合作合同后，举办了一场有关商品的剪彩仪式活动。在仪式活动中，当我国企业代表致辞时，他说：“先生们、女士们，大家下午好，我非常高兴……”此时，外国商务代表中有两位女士、三位男士，他们均表现出不愉快的表情，但没有做出太大的举动。后来，在剪彩过程中，这位企业代表不小心把剪下的红缎带大花掉落在主席台上。虽然他一再地解释是自己的疏忽造成的错误，但外国商务代表仍然非常生气，离席而去。

思考：

1. 为什么外国商务代表在企业代表致辞时会面露不愉快的神情？
2. 我国企业代表有剪彩仪式上有何不妥当之处？

附录　主编指导大学生参赛掠影

(2010～2018)

2010 年 10 月，在浙江大学城市学院举行的“礼仪 2010”全国大学生礼仪大赛浙江赛区复赛中，由胡佩佩、张娇娇、陈宣和等同学组成的浙江工业大学队，荣获浙江赛区三等奖。韩经纬同学（右一）获得“礼仪先生”专项奖。

2012 年 7 月，在“职场礼仪 2012·第二届全国大学生礼仪大赛”中，浙江工业大学“三原色”礼仪队（队员：宋咏莲、茅琳艳、王哲宇、任佳楠），以精彩的礼仪展示、全面的礼仪知识和良好的情景模拟能力在全国 22 支参赛队伍中脱颖而出，荣获团体银奖。

2012 年 10 月，浙江工业大学“三原色”礼仪队在浙江省大学生礼仪大赛中凭借清新靓丽的自我介绍、娴熟全面的礼仪知识、精彩的才艺表演《竹楼情》和颇具表现力的礼仪情景模拟《行走职场》，在浙江省高校 20 支大学生礼仪队伍中荣获团体一等奖。

2015 年 8 月，指导团队（队员：万臣晨、郑姝琦、尹翊萌、曾夙夙，作品：《中国（海口）中欧伞业博览会》）在第 11 届中国国际会展文化节中荣获“国家会议杯”第 7 届中国会展院校大学生专业技能大赛金奖。

2016年8月，指导团队（队员：蒋芳芳、洪思思、黄梦捷、金天、钟欣雅，作品：《2017中国海口智能家居博览会》）在第12届中国国际会展文化节中荣获“国家会议杯”第8届中国会展院校大学生专业技能大赛银奖。

2017年8月，指导团队（队员：王雅丽、潘寒冰、马乐、梅田田、钱含星，作品：《2019中国泛娱乐发展大会钱塘峰会》）在第13届中国国际会展文化节中荣获“杭州国博杯”第九届中国会展院校大学生专业技能大赛金奖。

2017 年 12 月，指导团队（队员：徐蒙莹、叶含章、章超荟、郑娅、王盈盈，作品：《2018 首届全球分享经济发展大会》）荣获第七届浙江省会展策划大赛一等奖。

2018 年 12 月，指导团队（队员：吴鑫滢、王璐、王越、王羽行，作品：《2020 中国・杭州国际体育发展博览会》）荣获第八届浙江省会展策划大赛二等奖。

参 考 文 献

（一）沟通篇参考文献

[1] 许湘岳，蒋璟萍，费秋萍．礼仪训练教程．北京：人民出版社，2012.

[2] 康青，蔡惠伟．管理沟通教程．上海：立信会计出版社，2011.

[3] （美）奥罗克著，康晓光译．演讲的真理．北京：人民邮电出版社，2011.

[4] 胡介埙．商务沟通原理与技巧．大连：东北财经大学出版社，2011.

[5] （美）Michael R. Carrell，Christina Heavrin 著．谈判基础：理论、技巧和实践．焦邻颖译．上海：格致出版社，2010.

[6] 千高原．赞美他人的艺术．北京：中国纺织出版社，2010.

[7] 王群，邱伟光．礼仪宝典．上海：复旦大学出版社，2010.

[8] 李霞，等．商务谈判与操作．北京：清华大学出版社，2010.

[9] 严明．商务沟通实战教程．北京：科学出版社，2010.

[10] （美）斯各特·奥伯（Scot Oberlin）著．当代商务沟通．赵永前译．北京：中国市场出版社，2009.

[11] 康青．管理沟通（第二版）．北京：中国人民大学出版社，2009.

[12] 许肖辉．倾听是一种艺术．北京：北京工业大学出版社，2009.

[13] 黄漫宇．商务沟通．北京：机械工业出版社，2008.

[14] 张昊民．管理沟通．上海：上海人民出版社，2008.

[15] 易开刚．现代推销学．上海：上海财经大学出版社，2008.

[16] 刘兴倍．商务交流．北京：清华大学出版社，2007.

[17] 王宝山等．商务谈判．武汉：武汉理工大学出版社，2007.

[18] 步社民．跟我学礼仪全集．北京：海潮出版社，2007.

[19] 广宇．现代礼仪全集．北京：地震出版社，2007.

[20] 康青．管理沟通（第一版）．北京：中国人民大学出版社，2006.

[21] 王慧敏．商务沟通教程．北京：中国发展出版社，2006.

[22] 林雨萩．跟我学礼仪—实用礼仪培训手册．北京：北京大学出版社，2006.

[23] 宋莉萍．礼仪与沟通教程．上海：上海财经大学出版社，2006.

[24] 金正昆．国际礼仪．北京：北京大学出版社，2005.

[25] （美）洛克（Locker，K. O.）著．商务与管理沟通．康青，等译．北京：机械工业出版社，2005.

[26] 宿春礼．商务电话沟通技巧．北京：中国国际广播出版社，2005.

[27] 王建民．管理沟通理论与实务．北京：中国人民大学出版社，2005.

[28] 李志敏．跟卡耐基学商务礼仪．北京：中国商业出版社，2005.

[29] 方其．商务谈判：理论、技巧、案例．北京：中国人民大学出版社，2004.

[30] （美）查尔斯·E. 贝克．管理沟通——理论与实践的交融．康青，王蔷，冯天泽译．北京：中国人民大学出版社，2003.

[31] 苏勇，罗殿军．管理沟通．上海：复旦大学出版社，1999.

（二）礼仪篇参考文献

[1] 吕艳芝．公务礼仪标准培训．北京：中国纺织出版社，2012.

[2] 许湘岳，蒋璟萍，费秋萍．礼仪训练教程．北京：人民出版社，2012.
[3] 万里红．最实战商务礼仪．北京：机械工业出版社，2012.
[4] 金正昆．商务礼仪．西安：陕西师范大学出版社，2011.
[5] 金正昆．社交礼仪．西安：陕西师范大学出版社，2011.
[6] 刘莉华．商务礼仪模拟教程．上海：格致出版社，2011.
[7] 李嘉珊．国家商务礼仪（第2版）．北京：电子工业出版社，2011.
[8] 王群，邱伟光．礼仪宝典．上海：复旦大学出版社，2010.
[9] 李建峰，董源．社交礼仪实务．北京：北京理工大学出版社，2010.
[10] 李昀．形象决定未来．桂林：漓江出版社，2010.
[11] 周思敏．你的礼仪价值百万．北京：中国纺织出版社，2009.
[12] 张晓明．沟通与礼仪．北京：科学出版社，2009.
[13] 余洁．最新社交礼仪指南．北京：中国致公出版社，2009.
[14] 陈国强．面试礼仪与口才．北京：中国经济出版社，2008.
[15] 于雷．时尚礼仪教程．北京：中国物资出版社，2007.
[16] 许爱玉．现代商务礼仪．杭州：浙江大学出版社，2006.
[17] 童地轴．公关与礼仪修养．北京：人民教育出版社，2006.
[18] 崔诚祚．让女人拥有“s”形线条．汕头：汕头大学出版社，2006.
[19] 金正昆．国际礼仪．北京：北京大学出版社，2005.
[20] 金正昆．服务礼仪．北京：北京大学出版社，2005.
[21] 王晞．牟红．旅游实用礼宾礼仪．重庆：重庆大学出版社，2004.
[22] 薛建红．旅游服务礼仪．郑州：郑州大学出版社，2004.
[23] 姚旭．交际礼仪．北京：中国劳动社会保障出版社，1995.
[24] 胡锐．现代礼仪教程．杭州：浙江大学出版社，1995.